Mila Lazić, Silvia Tarquini

MARC SCIALOM
IMPASSE DU CINEMA

Esilio, memoria, utopia / Exil, mémoire, utopie

Artdigiland.com Ltd
direttore editoriale: Silvia Tarquini
23, Griffith Downs – The Crescent
Drumcondra
Dublin D9
Rep. of Ireland
www.artdigiland.com
info@artdigiland.com

Mila Lazić, Silvia Tarquini (a cura di)
MARC SCIALOM. IMPASSE DU CINEMA
Esilio, memoria, utopia / Exil, mémoire, utopie

Le interviste a Marc Scialom a cura di Mila Lazić e Silvia Tarquini saranno a breve disponibili nella loro versione originale in video HD e in solo audio sul sito: artdigiland.com

in copertina:
Marc Scialom e Mohamed Aïssa in *Nuit sur la mer* (2012).
Courtesy Shellac Sud

traduzioni dal francese: Nidia Natalini
traduzioni dall'italiano: Martine Vaute

editing e redazione: Francesco Carini, Letizia Rossi

progetto grafico: Alberto Guerri
impaginazione ed elaborazione immagini: Romana Nuzzo

crediti fotografici: il libro è illustrato con foto di famiglia di Marc Scialom e fotogrammi e foto di scena dei suoi film. Si ringraziano per la concessione Marc Scialom, l'associazione Film Flamme, la produzione Shellac Sud

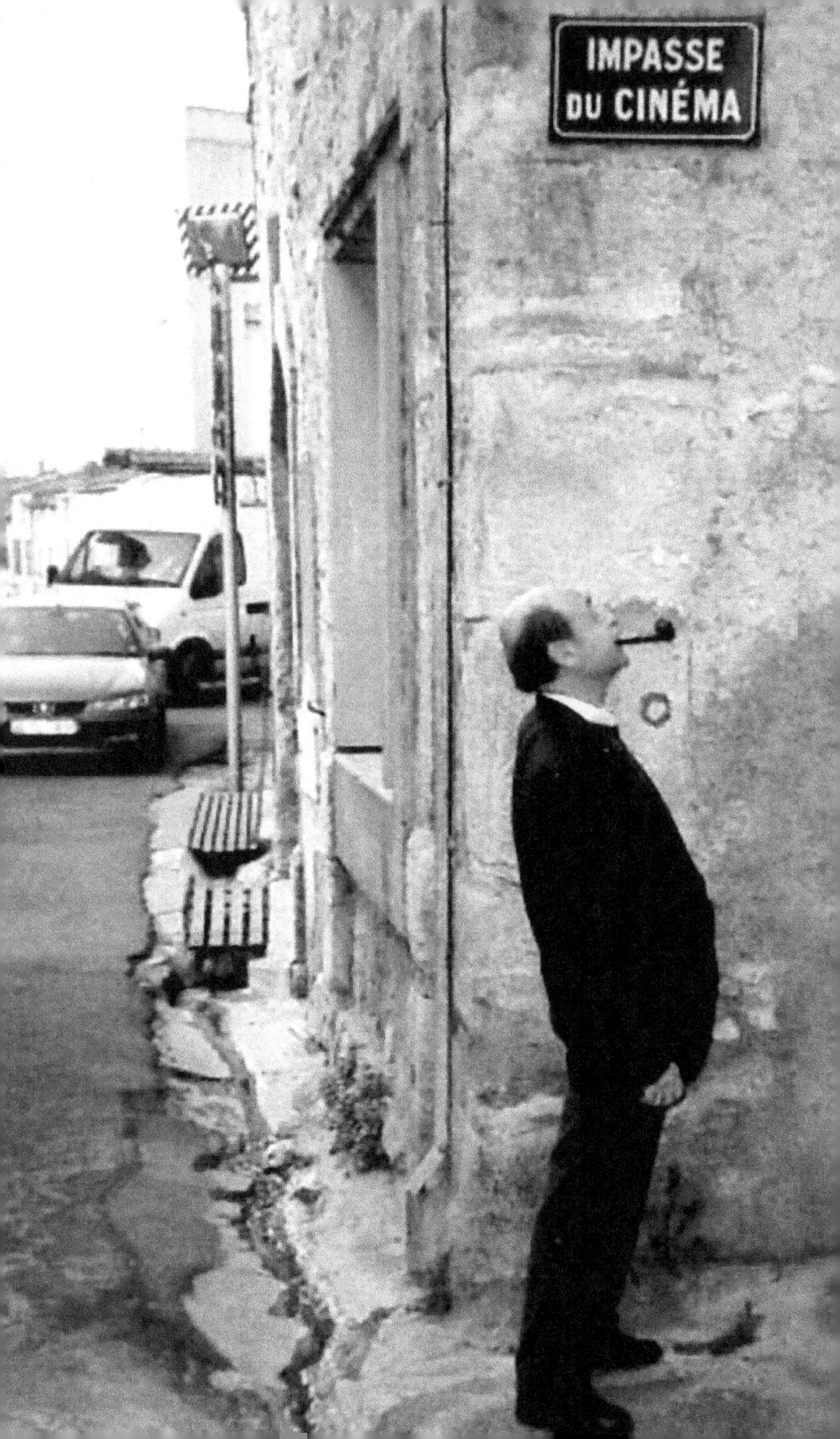

ringraziamenti

Ringrazio il festival I Milleocchi di Trieste per aver portato in Italia, nel 2011, *Lettre à la prison* e *La parole perdue* – occasione nella quale sono entrata in contatto con Marc Scialom – e Mila Lazić per aver immediatamente accolto e sempre sostenuto l'idea della realizzazione del libro;

Daniela Gross, per aver ospitato presso il Museo ebraico Carlo e Vera Wagner di Trieste la prima videointervista a Scialom – realizzata da Mila Lazić –, che ha costituito l'inizio del lavoro. La videointervista, che qui è stata in parte sacrificata a vantaggio dell'economia generale del libro, sarà disponibile nella sua versione integrale sul sito Artdigiland;

Roberto Silvestri per aver accettato e straordinariamente svolto il difficile compito di offrire il background storico della biografia di Scialom e per averlo fatto attraverso la storia del cinema militante nordafricano, compiendo il reinserimento nella storia del cinema del cortometraggio *La parole perdue*;

Dario Marchiori, per aver allargato, sorprendentemente, a tutta la produzione letteraria e scientifica di Scialom il suo intervento sul film "dantesco" *Exils* e su *La parole perdue*;

Alessandro Capata, per aver analizzato il particolare campo di interesse che riguarda il lavoro di Scialom come traduttore di Dante, e per aver saputo tessere connessioni tra il suo approccio alla traduzione e il lavoro cinematografico;

Chloé Scialom, per il suo senso di responsabilità e la sua generosità: è grazie a queste sue qualità che, prima di tutto, *Lettre à la prison* e il suo messaggio hanno potuto essere restituiti al mondo; e per aver molto contribuito, in questo volume, a far emergere gli aspetti più intimi e profondi della personalità e della poetica di suo padre;

Jean-François Neplaz, per il risolutivo impegno prestato al recupero di *Lettre à la prison*, e per la ricostruzione che ci offre nel libro del percorso che ha portato al restauro, alla presentazione al Festival International du Documentaire di Marsiglia e alla distribuzione del film nelle sale francesi, senza dimenticare le sue necessarie considerazioni sul tipo di valore "politico" del film;

Saad Chakali, per la ricchezza del suo testo, che analizza con tagliente profondità il "sentimento" di *Lettre à la prison* rispetto a colonialismo e razzismo ed evidenzia vicinanze con precise zone contemporanee del cinema della soggettività, fino a Philippe Garrel;

Federico Rossin, per la sua analisi linguistica di *Lettre à la prison*, che contribuisce in maniera circostanziata al reinserimento del film nella storia del cinema coevo e nel più ampio contesto delle frange della storia del cinema con cui il film condivide disposizioni e immaginario;

Giuseppe Spina (Nomadica), per aver contribuito alla diffusione di *Lettre à la prison* e per la sua testimonianza nel volume, calata nel presente tunisino e nella scelta di un operare cinematografico "dal basso";

Marco Bertozzi, per la sua prefazione sensibile, che accosta Scialom ad Alberto Grifi, Chris Marker e Jean Rouch, filmmaker "spaesati", incessantemente alla ricerca, attraverso il cinema, di un "contatto" con la realtà; acuta nel cogliere la sostanza storica della vicenda di Marc Scialom e del lavoro editoriale che ad essa abbiamo dedicato;

Marc Scialom, infine – e con poche parole, perché non ne tollererebbe una sola di più – per la sua inesauribile disponibilità e per la sua simpatia;

ringraziamo inoltre Martine Derain (Editions Commune) e Jean-François Neplaz (Film Flamme) per la gentile concessione del testo *Souvenir, que me veux-tu?* di Marc Scialom, Fabrizio Crisafulli per i suoi preziosi consigli, e Nidia Natalini per la sua insostituibile rilettura dei testi.

Silvia Tarquini

direttore editoriale Artdigiland
co-curatrice del volume

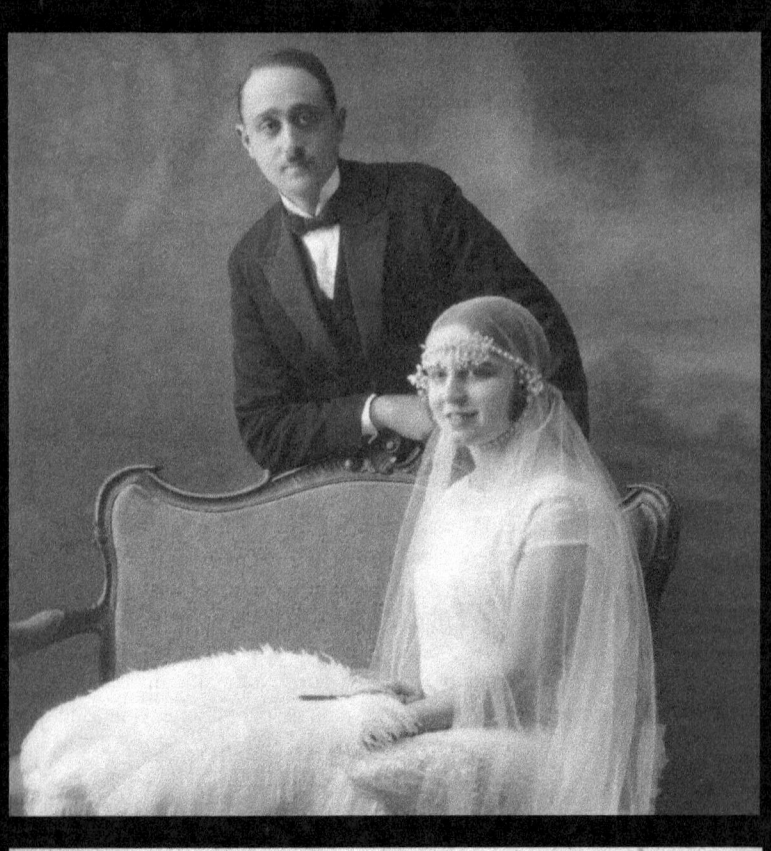

Emilia V.va G. Spizzichino
Giulio Attia e consorte
Emilia V.va D. Scialom

partecipano il matrimonio dei loro figli

Mimi e Vittorio

e saranno lieti in tale occasione di ricevere la
S. V. mercoledì 4 febbraio 1925 nella sala delle
Feste del Tunisia Palace alle ore 21.

sulle lingue

Per questo volume, che nasceva in italiano, abbiamo voluto mantenere le versioni originali dei contributi di Marc Scialom, Saad Chakali, Jean-François Neplaz, Chloé Scialom e offrire, solo in lingua originale, il primo capitolo del romanzo di Scialom in corso di scrittura *La machine réalité*. Abbiamo voluto fornire al lettore francofono la traduzione della biografia di Scialom, e abbiamo ceduto alla tentazione di tradurre in francese il testo critico di Federico Rossin, in modo che la sezione dedicata a *Lettre à la prison* fosse pressocché integralmente bilingue. Infine abbiamo tradotto anche le introduzioni delle curatrici, per aumentare ancora la leggibilità del volume per i francofoni. Ne risulta un libro *quasi* bilingue, in cui le lingue, nel segno di Scialom, cominciano a mescolarsi.

l'editore

sur les langues

Pour ce volume, né d'abord en italien, nous avons voulu maintenir les versions originales des contributions de Marc Scialom, Saad Chakali, Jean-François Neplaz, Chloé Scialom et offrir, en français seulement, le premier chapitre du roman de Scialom en cours de rédaction, *La machine réalité*. Nous avons voulu en outre fournir au lecteur francophone la traduction de la biographie de Scialom, et nous avons cédé à la tentation de traduire en français le texte critique de Federico Rossin, de sorte que la section consacrée à *Lettre à la prison* soit presque intégralement bilingue. Enfin, pour augmenter la lisibilité du livre en français, nous avons traduit les introductions des auteurs. Il en résulte un volume *presque* bilingue, dans lequel les langues, sous le signe de Scialom, commencent à se mêler.

l'éditeur

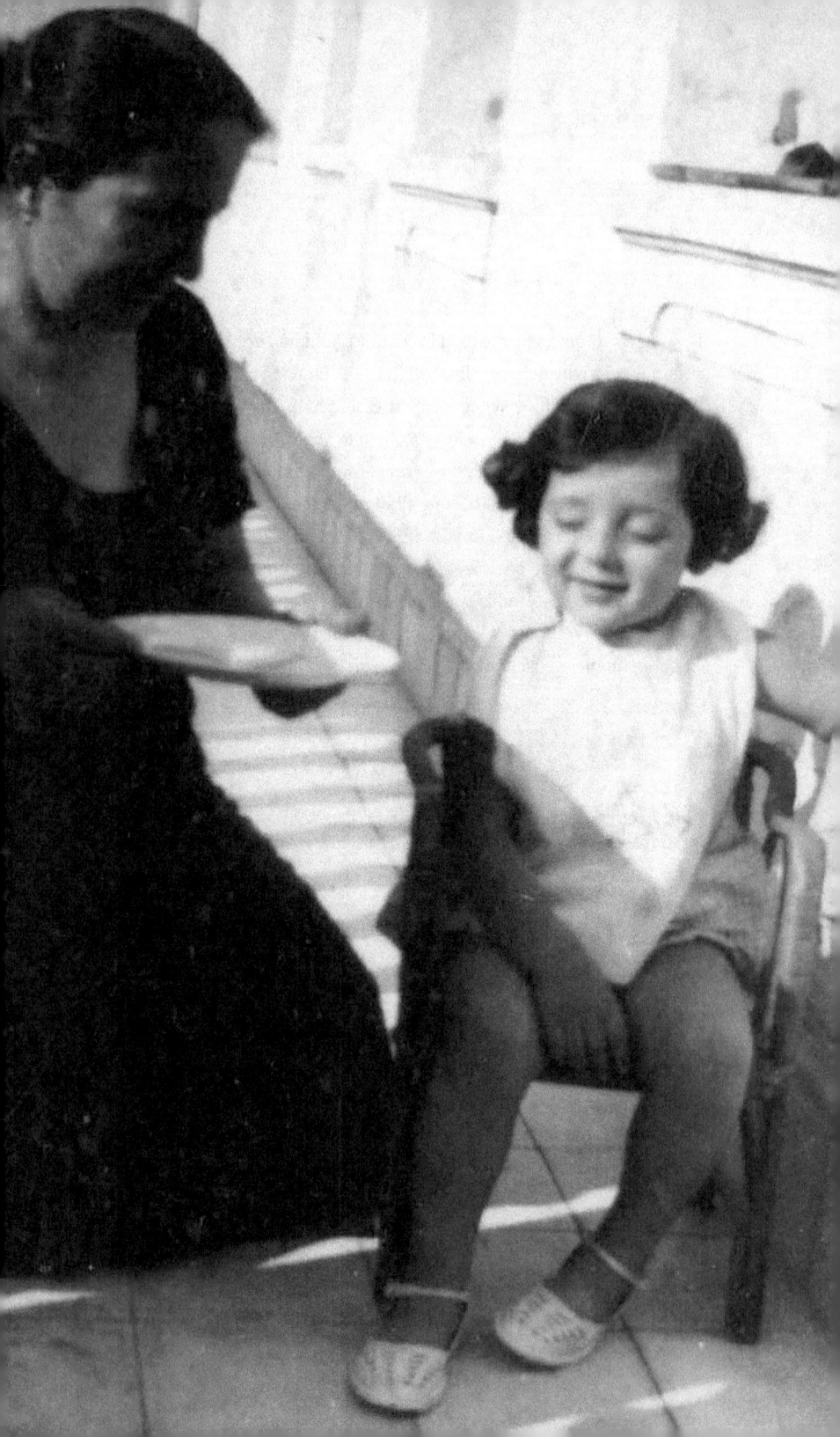

Le lingue mi attraversano e mi lasciano.
La mia lingua materna,
quell'italiano che ho parlato con la Nonnina,
che ho poi dimenticato,
ma che molto più tardi ho saputo
insegnare ad alto livello all'università,
lo sto perdendo di nuovo e me ne vergogno.
Mi pare di possedere quasi perfettamente
il francese ma, parlandolo e scrivendolo,
ho talvolta l'impressione strana,
affascinante, di tradurre...
da quale altra lingua?

Marc Scialom

Apertura

Entre-deux, entre-trois

prefazione di Marco Bertozzi

Mila Lazić e Silvia Tarquini riattivano un cristallo di memoria filmica, una perla cinematografica sottratta all'oblio e alla dimenticanza. L'occasione è quella del reinserimento di un film perduto, *Lettre à la prison* di Marc Scialom, nella storia del cinema. Una operazione fondamentale, in cui le curatrici riescono nell'arte dell'ascolto laddove molte istituzioni latitano. La vicenda di Scialom e del suo film rimosso sono luogo di condensazione estetico-antropologica senza pari. Il libro lo evidenzia in profondità, attraverso una serie di interviste e di illuminanti contributi storico-critici. Dall'inizio, sino all'oggi, nel tentativo di allargare cornici di riferimento, abbattere stereotipi identitari, ridurre alterità semplificate, siano esse culturali o cinematografiche. Dunque l'esperienza artistica di Scialom come luogo di interconnessione fra erranze – Tunisi, Marsiglia, Paris – in dinamiche mai banali, oltre il recinto delle appartenenze "pure". Senza scorciatoie salvifiche, perché l'autore diviene testimone di spazi di interconnessione mobili, di *entre-deux* ma anche di *entre-trois*.

Una strategia che rimanda alla emancipazione degli artisti contemporanei nei paesi arabi. Al loro avere preparato molti degli immaginari di cui si sono nutrite le Primavere, tra nuovi media, vissuti quotidiani e creazioni artistiche. Un'onda *underground,* una militanza diffusa tra cantanti hip hop, rapper, graffitari, filmmaker, mediattivisti, in molteplici forme di resistenza, contro la censura e la violenza, nell'esplorazione di un possibile altro. Nell'estrema difficoltà, per noi, di comprendere i processi di cambiamento di una scena artistica che

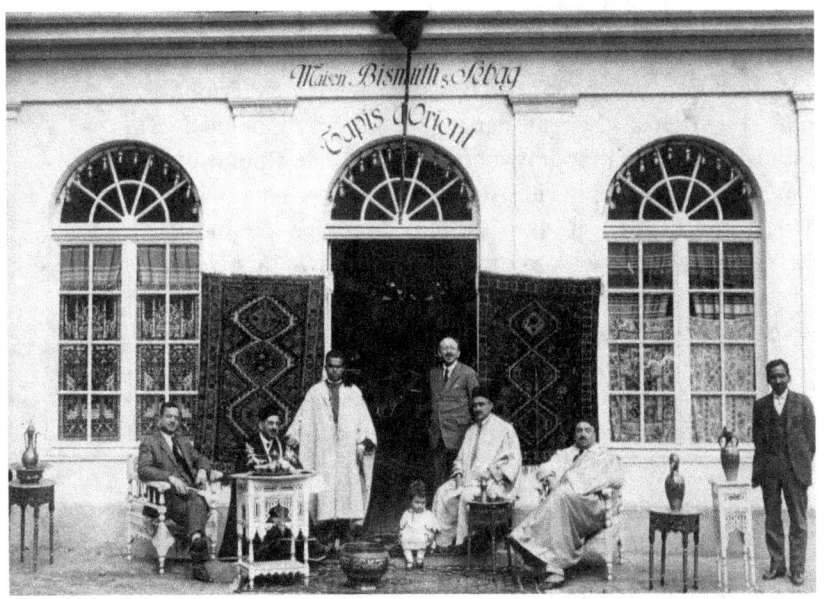

stava definendo spazi di innovazione e di anticipazione rivoluzionari.

Ecco, il libro ci guida in una trama di riferimenti storici – da quelli geopolitici a quelli artistici – contestualizzandoli nell'ambito del cinema nordafricano ed europeo. L'opera di Scialom nasce all'interno di una famiglia perseguitata (prima come ebrea, poi come italiana, quindi come francese) per cui l'idea di esilio marca tutta la poetica dell'autore. Di più: è all'origine dell'interesse di Scialom per Dante, vissuto come l'esule per eccellenza, nonché come ritorno alla lingua italiana delle origini. Un rapporto con le lingue che si concretizza nel "destino" di Scialom, traduttore in francese della *Divina Commedia*. Ma anche nell'ultima sua opera, *La machine réalité*, un romanzo di cui questo libro pubblica il primo capitolo.

Dunque la storia di *Lettre à la prison* è la storia di un film "mancante". Il libro ce ne restituisce il ritrovamento, il restauro e la restituzione al pubblico e lo fa dando voce ai protagonisti di un avventuroso ripristino estetico e storiografico.

Scialom stesso intreccia lo straordinario racconto della lavorazione del film e dei sentimenti che lo accompagnano, laddove le intenzioni "artistiche" del lavoro si incontrano/scontrano con l'esperienza viva, sul campo. Come nei momenti in cui qualcosa prende il sopravvento, nelle clandestine sedute di montaggio notturno in cui il demone dell'opera sembra imporsi magicamente per guidare l'intero processo compositivo. Un'esperienza già vissuta durante le riprese – quando comprende che i set di Marsiglia e di Tunisi possono con-fondersi – in momenti di esaltazione creativa che rimandano ad analoghi racconti di filmmaker "spaesati", da Alberto Grifi a Jean Rouch, sino all'amico Chris Marker. Una vicinanza importante quest'ultima: *Exils* (1966), il "cortometraggio sulla *Divina Commedia*" di Scialom, è prodotto dalla Argos-Films, la stessa casa di produzione de *La jetée* di Marker, su suggerimento di Marker stesso, e *Lettre à la prison* è girato con una camera avuta in prestito da lui. Eppure è proprio per la tiepida reazione di Marker alla visione di *Lettre* che Scialom perde fiducia nel suo cinema. Anche qui qualcosa prende il sopravvento e l'apertura alla forza limpida e oscura delle immagini sembra non essere sufficiente per continuare a credere all'urgenza espressiva. Eppure il valore di quel film è enorme, sia per come interviene sui temi dell'esilio e del colonialismo, sia per la collocazione nella trama dei riferimenti estetici del periodo, fra echi contemporanei della Nouvelle Vague e rimandi alla storia del cinema d'arte e di ricerca. Penso, ad esempio, all'utilizzo della voce narrante autoriflessiva, espressione di mondi interiori che coinvolgono sbandamenti più che certezze e conducono verso pratiche dell'improvvisazione filmica. Che significa rischio, precarietà, apertura, proprio come la vita e la condizione del migrante impone. Ma anche attacco ai paradigmi dell'occidentalismo, in un canale di comunicazione interculturale lontano dagli stilemi del cinema classico, per cui la presenza della camera costituisce atto di relazione, unica "verità" producibile/raggrumabile nel film stesso. Un incessante scambio di posizioni dell'occhio, in cui l'alternativa reale/fittizio rafforza una costruzione filmica in grado di offrirci stranianti squarci di realtà, ben più profondi di quelli della semplice rappresentazione documentaria. Quasi un rouchiano "cinema di contatto", pienamente interno – ancora una volta – alla vicenda della Nouvelle Vague.

Un'altra sezione del libro si concentra sull'ultimo film di Scialom, *Nuit sur la mer*, in cui sembra compiersi il passaggio dalla condizione di esule, in qualche modo afasico, a quella di viaggiatore assetato di conoscenza, libertà, utopia. E il senso del *Nostos*, in tutta la sua problematicità, si palesa sin dalla prima scena del film, quando sul porto di Marsiglia i giovani operatori ricordano i loro paesi al di là del mare. Una attitudine autobiografica per viaggiatori-eroi della metamorfosi: e, insieme, della continuità. Con Scialom, protagonisti di una civiltà fondata sul mare. Segnati, come Omero, Ulisse, Dante, da mai compiuti ritorni.

Frammenti

di Mila Lazić

Nel cinema, quasi tutte le cose
migliori capitano per caso.

John Ford

Se la giovane Chloé Scialom non fosse stata curiosa, mentre aiutava suo padre in un trasloco, nel 2005, un capolavoro della storia del cinema sarebbe andato dimenticato e perduto per sempre e questo volume non esisterebbe.

Grazie a Chloé e al gruppo di suoi amici cinefili dell'associazione marsigliese Film Flamme, *Lettre à la prison*, girato nel 1969 e a suo tempo non capito, ha avuto la possibilità di rinascere e riproporsi. Il passato si è ripresentato nel suo futuro. Passato e presente si sono mescolati, (con)fusi, come le immagini a colori, del lavoro d'esordio di Scialom, *En silence*, si sono mescolate con quelle in bianco e nero di *Lettre à la prison*, e quest'ultimo ha dato l'impulso alla realizzazione di *Nuit sur la mer*.

L'avventura cinematografica, iniziata con un semplice trasloco, nel 2011 approda al Festival internazionale del cinema e delle arti I Milleocchi di Trieste. È lo stesso anno in cui ho l'occasione di conoscere Silvia Tarquini. Il gruppo Malastrada film, amici di Chloé e Film Flamme, per fortuna, sono anche amici de I Milleocchi, amici miei e del direttore del Festival Sergio Mattiassich Germani. Sono loro a offrirci il dvd della copia restaurata. Sergio, riconoscendone subito il valore, inserisce *Lettre à la prison* nel programma della X edizione del Festival e ne invita l'autore, offrendo a me e a tutti i presenti in sala l'opportunità di vedere il film sul grande schermo. La proiezione, rafforzata da un'altra opera straordinaria, per me allora sconosciuta, *La parole perdue*, è un momento, forte ed emozionante, come quelli che solo il vero cinema può far vivere.

I due film, molto diversi tra di loro – il primo è un lungome-traggio, girato sperimentando con un'unica cinepresa, sul de-stino di un Tunisino approdato in Francia in cerca del fratello, l'altro un corto di animazione, con straordinari dipinti realiz-zati durante la ripresa, ispirato alla battaglia di Biserta – sono dominati da una poesia straripante, libera, selvaggia, violenta e angosciante.

Scialom si presenta dopo la proiezione, racconta i propri per-corsi cinematografici insieme a frammenti della sua vita di "pluri-esule". Si esprime con la grande semplicità di chi ha metabolizzato tante vite e tante realtà. Il suo pensiero, la sen-sibilità, la lucidità intellettuale mi affascinano quanto i due film appena visti. Il momento cinematografico e quello in sala non si possono separare: si tratta di un'unica realtà.

Sono pervasa da un'ondata di emozione, da un impellente de-siderio di condividere la mia esperienza con il maggior nu-mero di persone possibile, desidero sapere di più, vorrei realizzare "qualcosa" per preservare le testimonianze e rifles-sioni di Scialom, così sagge e traboccanti di umanità. Per for-tuna, non sono sola: Silvia [Tarquini], con la sua inseparabile videocamera, prova gli stessi sentimenti e ci ritroviamo "com-plici". Federico [Rossin] appoggia il progetto, offrendo subito un suo contributo. Siamo già in tre. In breve tempo, grazie alla pronta collaborazione di un'amica del Museo ebraico Carlo e Vera Wagner di Trieste, realizziamo una lunga videointervista. Scialom narra delle sue origini, della nonna, dell'infanzia, del significato di essere ebreo e italiano a Tunisi durante la se-conda guerra mondiale. Dall'occupazione nazista alla feroce strage di Biserta, i fatti storici si mescolano alla narrazione della perdita della terra e della memoria, dell'esilio, del sentirsi cittadino planetario, del rapporto con le lingue, della scoperta del cinema, del lavoro letterario, della traduzione della *Divina Commedia*, delle sue scelte... Non si stanca, il suo racconto è preciso, originale, stimolante.

Il giorno dopo Scialom riparte per Avignone e noi rimaniamo con un ricchissimo materiale per iniziare una nuova avventura.

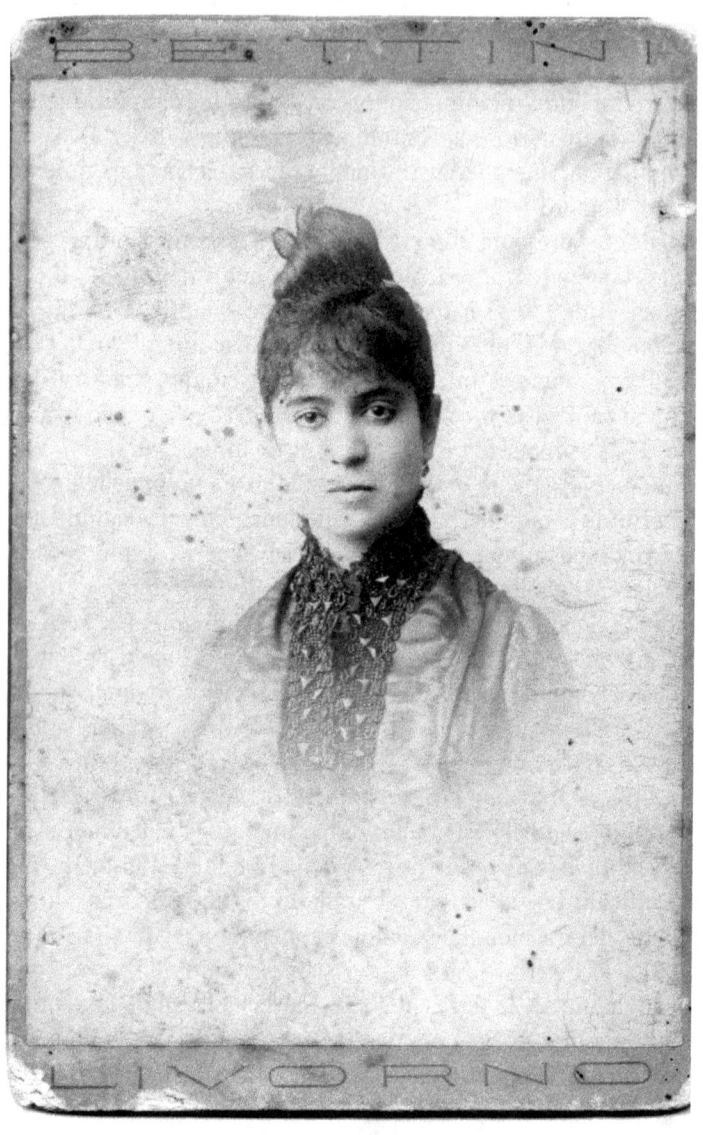

Mentre la lunga intervista realizzata a Trieste si ridimensionava e smembrava, i contributi di Alessandro Capata, Saad Chakali, Dario Marchiori, Jean-François Neplaz, Federico Rossin, Chloé Scialom, Roberto Silvestri, Giuseppe Spina e Silvia Tarquini impostavano man mano un'approfondita e appassionata analisi a tutto tondo del percorso e della poetica di Marc Scialom, restituendo la sua opera alla storia del cinema e dell'umanità, con risultati a volte persino commoventi. Da quel settembre 2011, con Marc Scialom è iniziata un'ininterrotta e intensa collaborazione. La sua incondizionata disponibilità e i suoi interventi hanno rappresentato per noi un enorme privilegio.

Scialom ci sprona sempre a ripensare ai fatti accaduti nella storia dell'umanità. Cerca di far sorgere l'idea che sia possibile ricostruire quello che è stato rotto. Con le immagini della morte (reversibile) della donna e del cane, in *Lettre à la prison*, o la cancellazione della ferita dal volto e della svastica dal braccio, in *Nuit sur la mer*, rafforza il pensiero di una ricostruzione possibile e auspicabile.

«Penso che ci siano due specie di guerre. Le vere e proprie guerre di liberazione, come per esempio quella della Resistenza francese o italiana contro i nazisti, o come quella della Resistenza algerina contro i colonizzatori francesi, sono delle guerre giuste, necessarie. Invece le guerre di rivalità, i semplici conflitti di potere, come le guerre tra le monarchie europee di una volta, o come quella del 1914-1918, sono guerre controproducenti e i loro morti sono inutili».

Il ventunesimo secolo sembra ancora incapace di trovare soluzioni, ma Marc Scialom, che ne fa parte, non si arrende. Si oppone alle azioni sciocche e superficiali, alla "pseudocultura" fondata sul potere economico, e lotta con i mezzi che conosce. Sosteniamo la sua osservazione che l'utopia «non è un sogno senza fondamento», che l'utopia «contenga una verità che non è ancora concretizzata, ma che è destinata a concretizzarsi», come ha già dimostrato il passato lontano.

Fragments

par Mila Lazić

traduction de Martine Vaute

> *Dans le cinéma, presque toutes*
> *les meilleures choses surviennent par hasard.*
>
> John Ford

Si la jeune Chloé Scialom n'avait pas été curieuse, alors qu'elle aidait son père dans un déménagement, un joyau de l'histoire du cinéma aurait été oublié, perdu pour toujours, et ce livre n'existerait pas.

Grâce à Chloé et au groupe de ses amis cinéphiles de l'association marseillaise Film Flamme, *Lettre à la prison*, tourné en 1969 et non compris en son temps, a eu la possibilité de renaître, de se reproposer au public. Le passé s'est représenté dans son avenir. Passé et présent se sont mêlés, comme se sont confondues les images en couleurs de l'œuvre initiale de Scialom, *En silence*, avec celles en noir en blanc de *Lettre à la prison*, et ce dernier film a impulsé la réalisation de *Nuit sur la mer*. Commencée après un simple déménagement, l'aventure cinématographique aborde en 2011 au Festival international du cinéma et des arts I Milleocchi de Trieste. C'est cette même année que j'ai l'occasion de connaître Silvia Tarquini. Par chance, le groupe Malastrada.film, ami de Chloé et de Film Flamme, est également ami des Milleocchi, ses membres sont mes amis et ceux du directeur du Festival, Sergio Mattiassich Germani. Ce sont eux qui nous offrent le DVD de la copie restaurée. Sergio, qui en reconnaît aussitôt la valeur, inscrit *Lettre à la prison* au programme de la Xe édition du Festival et invite son auteur, offrant à toutes les personnes présentes dans la salle ainsi qu'à moi-même l'opportunité de voir ce film sur grand écran. La projection, corroborée par une autre œuvre extraordinaire, alors inconnue de moi, *La parole perdue*, est un moment fort et émouvant, de ceux que seul le vrai cinéma peut faire vivre. Les deux films, très différents entre eux – le premier est un long métrage, tourné de manière expérimentale avec une seule caméra, sur le destin d'un Tunisien débarqué en France à la recherche de son frère, l'autre est un court métrage d'animation, avec d'extraordinaires peintures réalisées durant les prises de vues, inspiré par la bataille de Bizerte – sont dominés par une poésie foisonnante, libre, sauvage, violente, angoissante.

Scialom se présente après la projection, il raconte son propre parcours cinématographique ainsi que des fragments de sa vie de «pluri-exilé». Il s'exprime avec la grande simplicité de celui qui a métabolisé tant de vies et tant de réalités. Sa pensée, sa sensibilité, sa lucidité intellectuelle me fascinent autant que les deux films qu'on vient de voir. Le moment de cinéma et le dialogue avec la salle ne peuvent être séparés: ils sont une même réalité.

Je suis envahie par une onde d'émotion, par un désir impérieux de partager mon expérience avec le plus grand nombre de personnes possible, je désire en savoir davantage, je voudrais réaliser «quelque chose» pour sauvegarder les témoignages et les réflexions de Scialom, si sages et débordants d'humanité. Heureusement, je ne suis pas seule: Silvia (Tarquini), avec son inséparable caméra vidéo, éprouve les mêmes sentiments et nous nous retrouvons complices. Federico (Rossin) appuie notre projet, offrant aussitôt sa contribution. Nous sommes déjà trois. En peu de temps, grâce à la prompte collaboration du Musée hébraïque Carlo et Vera Wagner de Trieste, nous réalisons une longue interview vidéo. Scialom parle de ses origines, de sa grand-mère, de son enfance, de ce que signifiait être juif et italien à Tunis pendant la Seconde Guerre Mondiale. De l'occupation nazie au féroce massacre de Bizerte, les faits historiques se mêlent au récit de la perte de la terre et de la mémoire, de l'exil, du sentiment d'être citoyen de la pla-

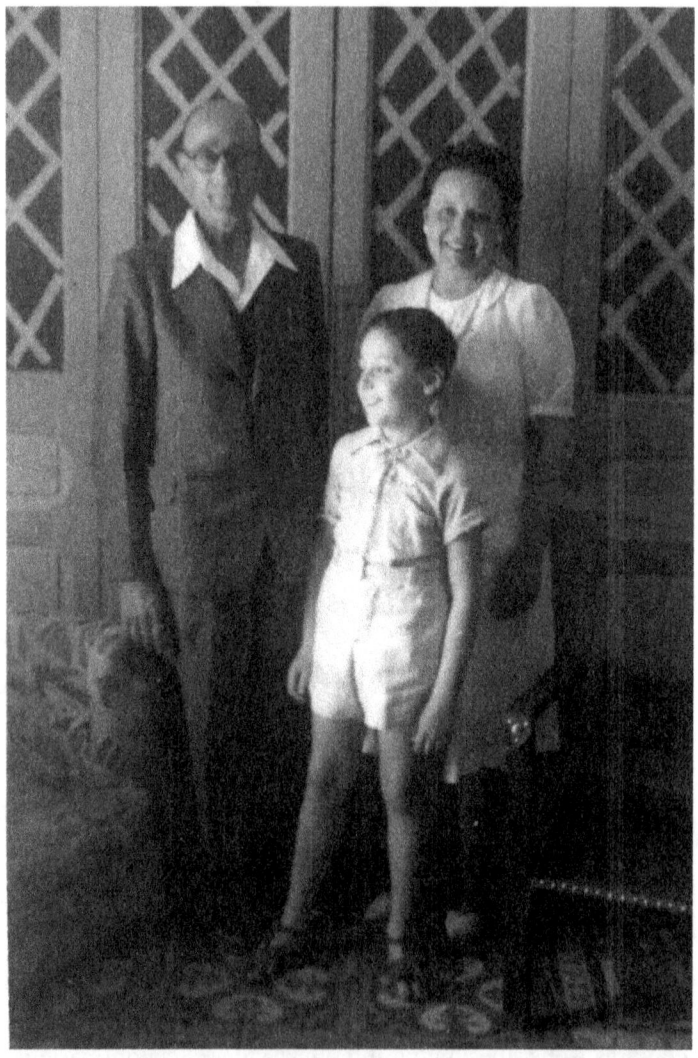

nète, du rapport aux langues, de la découverte du cinéma, du travail littéraire, de la traduction de la *Divine Comédie*, de ses choix personnels... Il ne se lasse pas, son récit est précis, original, stimulant. Le lendemain Scialom repart pour Avignon et nous restons avec un matériau très riche pour commencer une nouvelle aventure. Tandis que nous opérions des réajustements et d'indispensables coupes dans la longue interview réalisée à Trieste, les contributions d'Alessandro Capata, Saad Chakali, Dario Marchiori, Jean-François Neplaz, Federico Rossin, Chloé Scialom, Roberto Silvestri, Giuseppe Spina et Silvia Tarquini entamaient une analyse approfondie et passionnée de l'ensemble du parcours et de la poétique de Marc Scialom, restituant son œuvre à l'histoire du cinéma et de l'humanité avec des résultats parfois très émouvants. Depuis septembre 2011, nous avons commencé avec Marc Scialom une collaboration intense et ininterrompue. Sa disponibilité inconditionnelle et ses interventions ont constitué pour nous un immense privilège. Scialom nous incite constamment à repenser les faits survenus dans l'histoire de l'humanité. Il cherche à faire surgir l'idée qu'il soit possible de reconstruire ce qui a été brisé. Avec, dans *Lettre à la prison*, les images de la mort (réversible) de la jeune femme et du chien, ou encore, dans *Nuit sur la mer*, l'effacement de la blessure sur un visage et de la croix gammée sur un bras, il renforce l'idée d'une reconstruction possible et souhaitable. «Je pense qu'il y a deux sortes de guerres. Les guerres de libération proprement dites, comme par exemple celle de la Résistance française ou italienne contre les nazis, ou comme celle de la Résistance algérienne contre les colonisateurs français, sont des guerres justes, nécessaires. En revanche les guerres de rivalités, les simples conflits de pouvoirs, comme les guerres d'autrefois entre les monarchies européennes, ou comme celle de 1914-1918, sont des guerres contre-productives et leurs morts sont inutiles».

Le XXIe siècle semble encore incapable de trouver des solutions, mais Marc Scialom, qui en fait partie, ne s'avoue pas vaincu. Il s'oppose aux actions stupides et superficielles, à la pseudo-culture fondée sur le pouvoir économique, et lutte avec les moyens qui sont les siens. Nous appuyons son observation que l'utopie «n'est pas un songe sans fondement», que l'utopie «contient une vérité non encore concrétisée, mais destinée à se concrétiser», comme l'a déjà montré le passé lointain.

Monoliti

di Silvia Tarquini

Il sole calò e tutte le strade s'adombravano:
e giunse la nave ai confini dell'oceano profondo.
Odissea, XI, 15-17

Homme libre, toujours tu chériras la mer!
Charles Baudelaire, *L'Homme et la mer*, in *Fleurs du mal*

Nella prima, bellissima, sequenza di *Nuit sur la mer* (2012) di Marc Scialom, vediamo una troupe filmare, non ancora al tramonto, uno scorcio del porto di Marsiglia. I giovani operatori parlano dei paesi che sono dall'altra parte del Mediterraneo, e di Tunisi, città natale di Scialom. Il film annuncia la propria disposizione riflessiva e autobiografica, e dichiara il cinema di Scialom di nuovo e sempre ancorato a Marsiglia, in continuità con *Lettre à la prison* (1969-1970), il film "mancato", mancante alla Nouvelle Vague, negato alla storia del cinema fino al 2008. Marsiglia, in *Lettre à la prison*, è una città-purgatorio, collocata tra il paradiso perduto delle origini tunisine (e dell'innocenza) e l'infernale, razzista Parigi, *pars pro toto* per una Francia fredda e colpevole di colonialismo. La camera si muove libera, passando da un elemento all'altro – come spesso in *Lettre à la prison*, ma questa volta Scialom ha una piccola produzione alle spalle – cogliendo quello che la realtà offre sul momento: una nave che parte, una densa nuvola di fumo che si infuoca incontrando il sole... Poi si sofferma sulla torre CMA-CGM, progettata da Zaha Hadid, quartier generale dell'omonima società di navigazione. L'edificio è un monolito imponente, dalla natura inevitabilmente drammatica, incisione definitiva nel paesaggio, pugnalata senza pietà che ridisegna per sempre l'orientamento. Qualcuno della troupe propone di fermare l'inquadratura prima

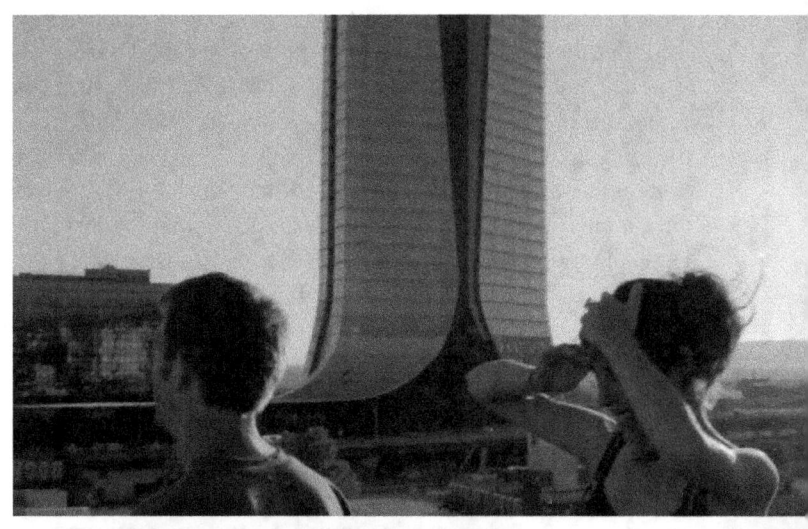

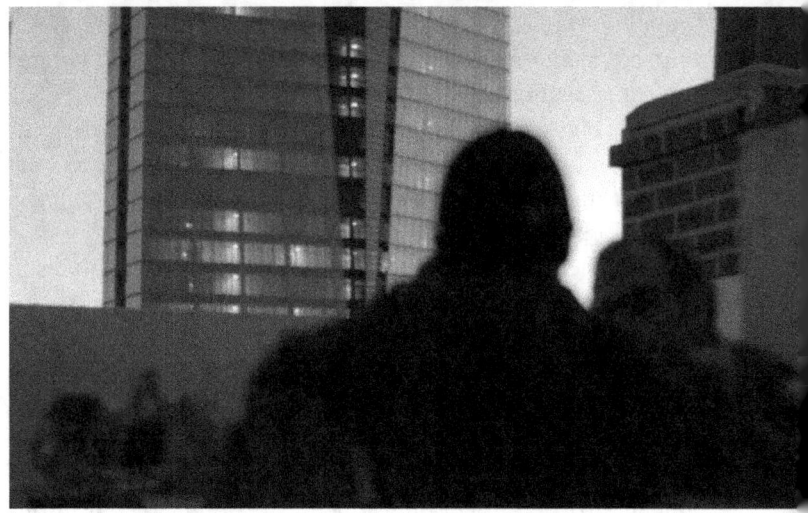

di mostrarla, ma come si può ignorare una tale "presenza"? Nella location successiva, evidentemente vicina, con la luce del giorno che è ulteriormente scesa, il grattacielo si mostra in maniera mutata. Mentre la troupe di amici si prepara da mangiare – all'aperto, come sulla terrazza tunisina di *Lettre à la prison* e come, più avanti in *Nuit sur la mer*, nel giardino-utopia di Steffi – e si comincia a parlare di identità, l'involucro esterno della torre viene reso trasparente dall'accendersi delle luci all'interno, trasformando quella che era una struttura monolitica chiusa, pesante, pura materia, in una tessitura di luce, riumanizzata. Queste due "fasi" del grattacielo della Hadid, una opaca e lugubre e una luminescente, sembrano curiosamente ben rappresentare i due poli tra i quali si "sospende" il film di Marc Scialom, la *nuit* e la *mer*: la morte, l'esilio, l'assenza, da una parte, e, dall'altra, la luce, la libertà, l'assenza di confini, l'umanità, e anche l'"appartenenza", ma, sartrianamente, appartenenza a qualcosa di infinitamente grande e indistinto. Il grattacielo di Marsiglia fa pensare al monolito nero di *2001: Odissea nello spazio* di Kubrick, monolito che Marc Scialom, in una delle interviste di questo libro, con grande sensibilità associa alla montagna del Purgatorio dantesco (ricordiamo che Scialom è traduttore francese della *Divina Commedia* di Dante per le edizioni Le Livre de Poche). Nel XXVI canto dell'*Inferno* – dice Scialom – la montagna del Purgatorio appare ad Ulisse come simbolo dell'ignoto: «come altrui piacque». Senza che ci sia dato di sapere e di capire.

Il grattacielo, in sé, è un simbolo negativo per Scialom, in quanto parte di una trasformazione di Marsiglia che sta avvenendo all'insegna delle logiche capitalistiche, ma il suo utilizzo, nelle sue due fasi, nella sequenza di apertura di *Nuit sur la mer* è un esempio della profonda capacità di Scialom di sintonizzarsi – ora come alla fine degli anni '60 con *Lettre à la prison* – con le frontiere più avanzate e più sensibili dei linguaggi artistici. Ancorandosi, nello stesso tempo, agli insopprimibili segni della sua complessa soggettività. E preoccupandosi sempre di chi questi grattacieli li deve costruire.

Monolithes

par Silvia Tarquini
traduction de Martine Vaute

Le soleil baissa et tous les chemins s'assombrissaient;
et le navire parvint aux confins de l'océan profond.
Odyssée, XI, 15-17

Homme libre,
toujours tu chériras la mer!
Charles Baudelaire, *L'homme et la mer*, in *Fleurs du mal*

Dans la première et très belle séquence de *Nuit sur la mer* (2012) de Marc Scialom, on voit une équipe de cinéastes filmer, peu avant le crépuscule, une partie du port de Marseille. Les jeunes opérateurs parlent des pays qui sont de l'autre côté de la Méditerranée, et de Tunis, ville natale de Scialom. Le film annonce son propre dispositif réflexif et autobiographique, il déclare le cinéma de Scialom comme encore et toujours ancré à Marseille, en continuité avec *Lettre à la prison* (1969-1970), ce film «manqué», manquant à la Nouvelle Vague, nié par l'histoire du cinéma jusqu'en 2008. Marseille, dans *Lettre à la prison*, est une ville-purgatoire, située entre le paradis perdu des origines tunisiennes (et de l'innocence) et l'infernal, le raciste Paris, *pars pro toto* d'une France froide, coupable de colonialisme.

La caméra se déplace librement, passant d'un élément à un autre – comme souvent dans *Lettre à la prison*, mais cette fois Scialom est épaulé par une petite production – enregistrant ce que la réalité offre dans l'instant: un navire qui appareille, un dense nuage de fumée qui s'embrase en rencontrant le so-

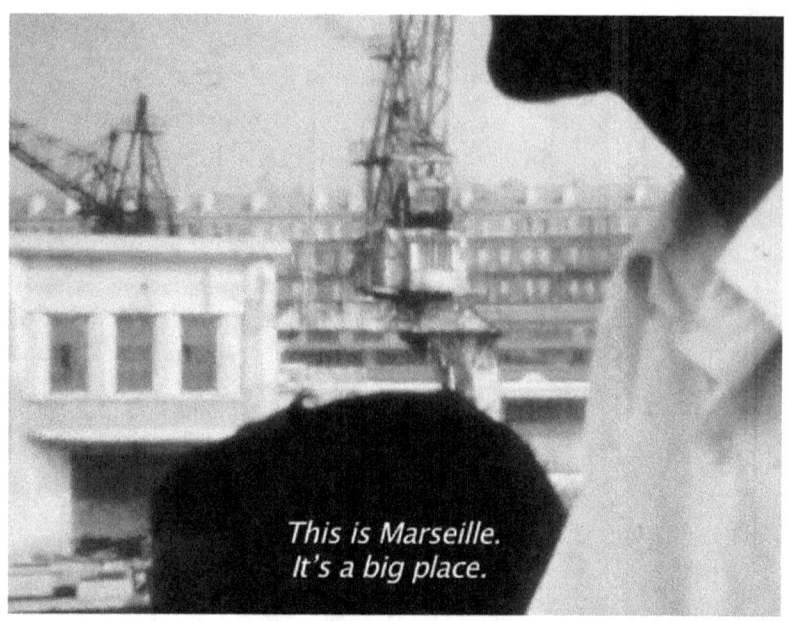

This is Marseille.
It's a big place.

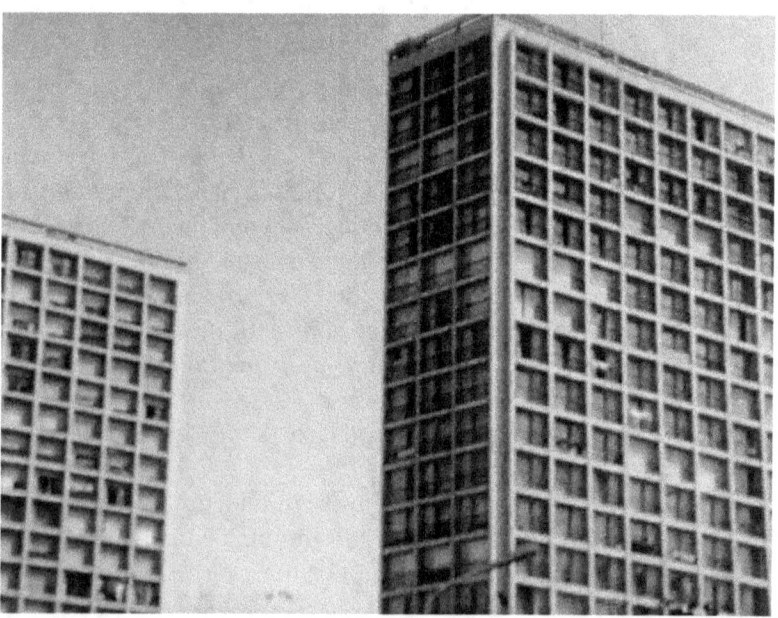

leil... Puis elle s'arrête sur la tour CMA-CGM construite d'après un projet de Zaha Hadid, quartier général de la compagnie de navigation homonyme. L'édifice est un monolithe imposant, son aspect est inévitablement dramatique, c'est une incision définitive dans le paysage, un coup de poignard impitoyable qui en redessine pour toujours l'orientation. Quelqu'un de l'équipe propose d'interrompre la prise de vues avant que cette tour n'entre dans le champ, mais comment pourrait-on ignorer une telle "présence"?

Dans les plans suivants, évidemment tournés peu après, sous une lumière désormais crépusculaire, l'aspect du gratte-ciel s'est modifié. Tandis que la troupe d'amis se prépare un repas en plein air – comme sur la terrasse tunisienne de *Lettre à la prison* et comme, plus tard dans *Nuit sur la mer,* dans le jardin-utopie de Steffi – et commence à parler d'identité, l'enveloppe extérieure de la tour semble être devenue transparente, un ensemble de lampes ayant été allumées à l'intérieur, et ceci transforme la structure monolithique close, pesante, pure matière, en un tissu de lumières qui la réhumanise.

Curieusement, ces deux "phases" du gratte-ciel de Hadid, l'une opaque et lugubre, l'autre luminescente, paraissent bien représenter les deux pôles entre lesquels est "suspendu" le film de Scialom, la *nuit* et la *mer*: d'une part la mort, l'exil, l'absence, et d'autre part la lumière, la liberté, le dépassement des frontières, l'humanité, et même l'"appartenance" mais, de manière sartrienne, à quelque chose d'infiniment grand et indistinct. Le gratte-ciel de Marseille fait penser au monolithe noire de *2001, L'odyssée de l'espace* de Kubrick, ce monolithe que Marc Scialom, dans l'une des interviews de ce livre, associe avec une sensibilité aiguë à la montagne du Purgatoire dantesque (rappelons que Scialom a traduit en français la *Divine Comédie* pour Le Livre de Poche). Au chant XXVI de l'*Enfer*, dit Scialom, la montagne du Purgatoire apparaît à Ulysse comme symbole de l'inconnu: «*come altrui piacque*» («comme il plut à un Autre»), sans qu'il lui soit donné de savoir ni de comprendre.

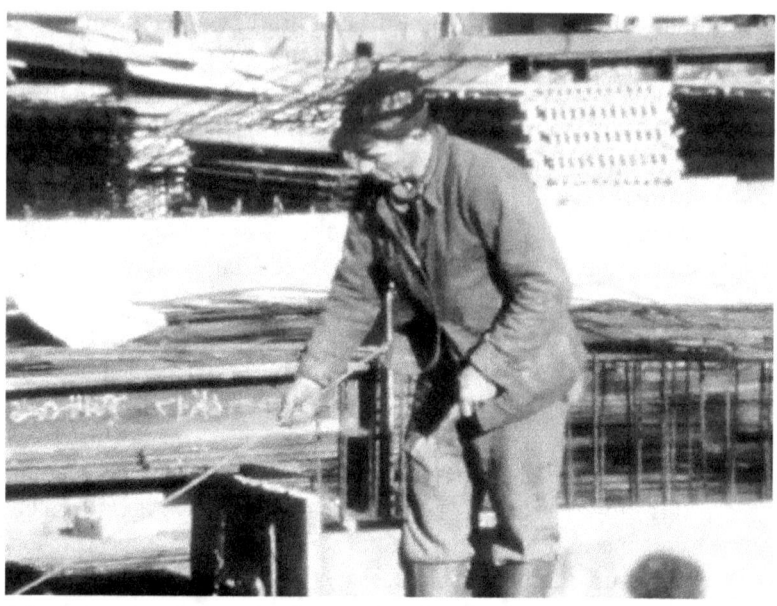

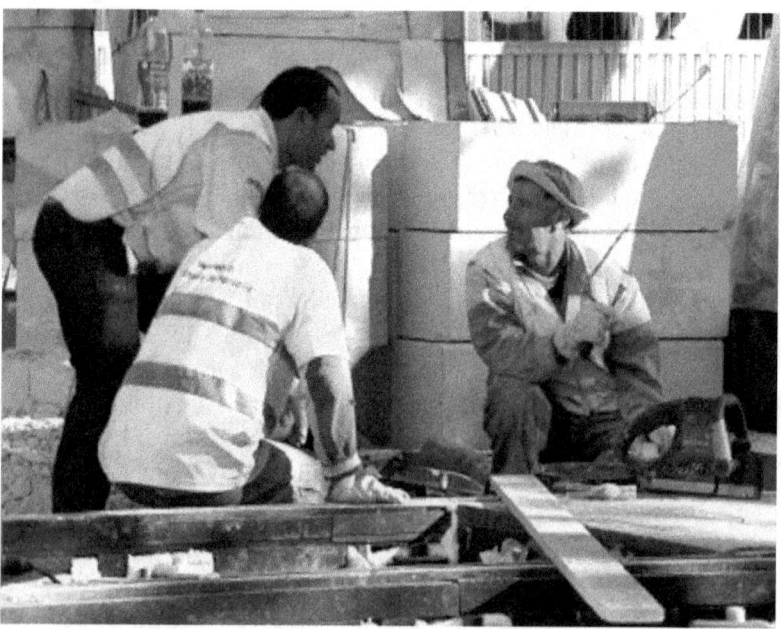

Ce gratte-ciel, pour Scialom, est en soi un symbole négatif, en tant qu'élément d'une transformation de Marseille actuellement en cours suivant les logiques capitalistes, mais son utilisation, en deux phases, dans la séquence d'ouverture de *Nuit sur la mer* constitue un exemple de la profonde capacité de Scialom à atteindre – aujourd'hui comme à la fin des années '60 avec *Lettre à la prison* – les limites les plus avancées et les plus sensibles des langages artistiques. Tout en restant ancré aux thèmes irrépressibles de sa complexe subjectivité. Et toujours inquiet, à cause de ceux qui contruisent de tels gratte-ciels.

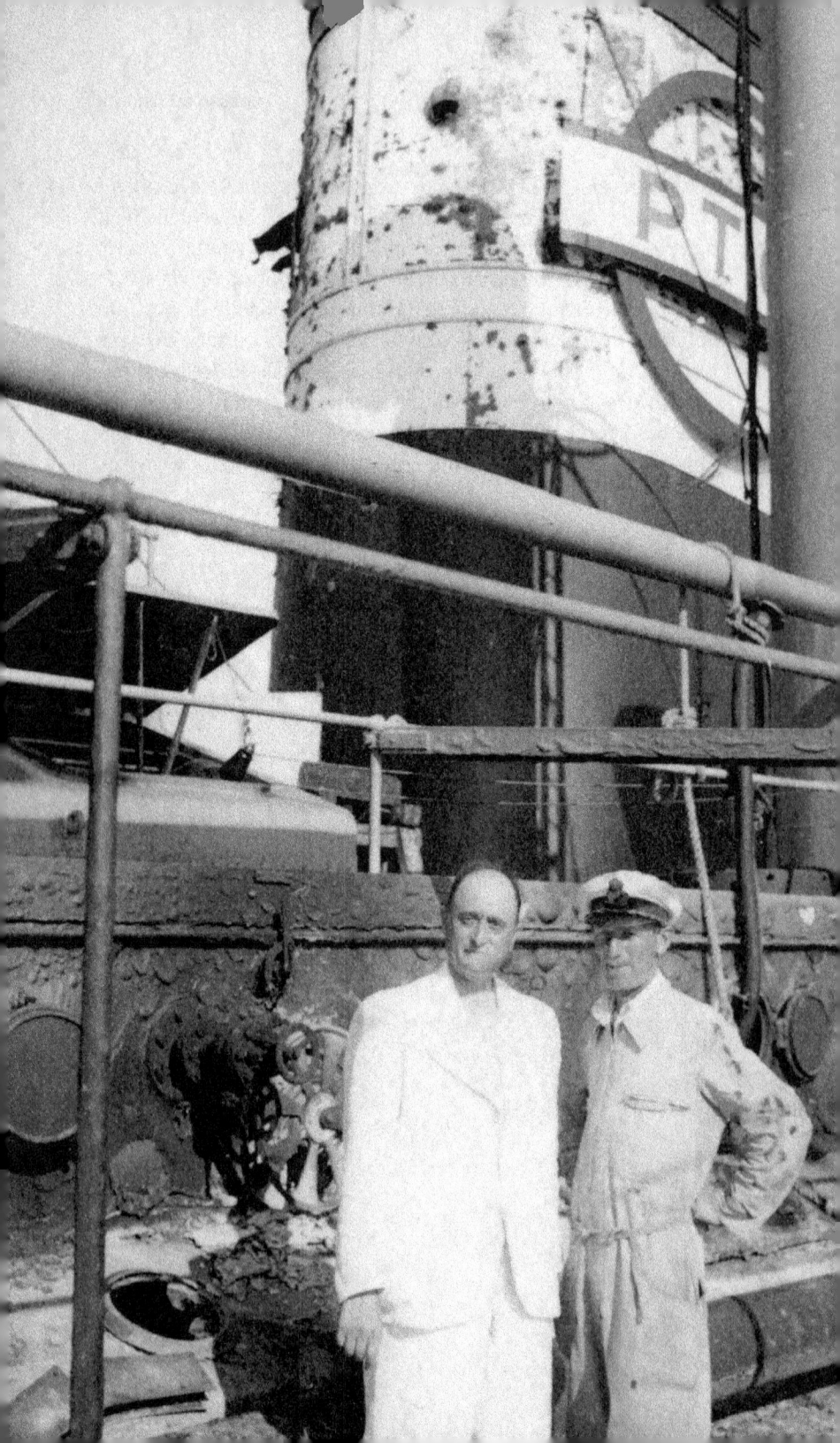

**Ebreo italiano nato a Tunisi,
naturalizzato francese**

Exils

intervista a Marc Scialom, a cura di Mila Lazić

> *Fatti non foste a viver come bruti*
> *ma per seguir virtute e canoscenza.*
>
> Dante Alighieri, *Divina Commedia,*
> *Inferno,* XXVI, 119-120

Partiamo dalla tua storia personale, dall'infanzia e magari da ancora prima della tua nascita. Come mai sei nato a Tunisi?

Sia da parte paterna che materna, la mia famiglia era insediata a Tunisi da tempo. Mio padre è nato lì, mio nonno veniva da Livorno e mia nonna era austriaca, anche se non parlava una parola di tedesco perché mi sembra sia nata a Tunisi anche lei. Parlava un po' di italiano e pochissimo francese. La famiglia di mia madre veniva da Firenze. Sia loro che i parenti di mio padre discendevano da Ebrei fuggiti dal Portogallo nel '500 a causa dell'Inquisizione. Parecchi andarono in altri paesi del Mediterraneo, insieme a quelli fuggiti dalla Spagna. Mia sorella ha fatto delle ricerche e ha trovato queste notizie.

Dunque, sono nato a Tunisi. Abitavo con i miei genitori, i nonni materni e una bisnonna di Firenze, che da quanto ricordo parlava un italiano perfetto. Invece mio padre e mia madre parlavano il misto di lingue del porto di Tunisi. Mio padre aveva imparato l'arabo, come molti Francesi. Quindi italiano, francese e arabo nella mia famiglia erano costantemente mescolati. Io, però, passavo la maggior parte del tempo con la mia bisnonna e parlavo solo italiano; non sapevo una parola d'arabo o di francese. In casa c'era anche una donna di servizio che veniva dalla Sardegna, Carolina. Io l'adoravo e lei adorava me, di conseguenza la mia lingua materna è stata l'italiano. Quando a cinque anni sono andato per la prima volta a scuola, sono tornato a casa piangendo: «Non capisco niente, parlano francese!». Nel 1943, durante la Seconda Guerra Mondiale, sotto l'occupazione tedesca e i bombardamenti americani, ci toccava andare tutte le notti nei rifugi, con mia madre che mi metteva una casseruola sopra la testa perché pensava mi potesse proteggere dalle bombe... E passavamo gran parte della notte così, sotto le bombe che cadevano e le case che crollavano... Terrificante! Durante quel periodo passammo un inverno orribile perché i Tedeschi avevano cominciato a espellere gli Ebrei dalle loro case. Poco alla volta abbiamo capito che ci stavano raggruppando tutti nello stesso quartiere; stavano preparando un ghetto. Quando i nazisti sono partiti, alla fine dell'inverno, nei dintorni di Tunisi sono stati trovati dei forni crematori in costruzione. Per me, bambino, è stato un "insegnamento": ho capito che avevo torto ad esistere, in quanto Ebreo. I Tedeschi se ne sono andati e la guerra è continuata in Italia. Sono arrivati i soldati americani, che ci hanno chiesto alloggio. Mio padre disse subito di sì, così per qualche tempo vissero con noi, a casa nostra, alcuni simpatici ufficiali e soldati statunitensi. Si mangiava tutti insieme. Poi, a guerra finita, i Francesi di Tunisi hanno cominciato a guardarci come nemici per le nostre origini italiane. Dunque, secondo insegnamento: prima avevo il torto di essere Ebreo e ora quello di essere Italiano. Mio padre ha trovato la cosa così intollerabile che ha voluto prendere la nazionalità francese. All'età di 14 anni sono diventato francese, con tutta la mia famiglia. Nel frattempo, la bisnonna e i miei nonni erano morti, l'italiano era diventato una cosa da dimenticare e a scuola assimilavo non solo la lingua, ma anche la cultura francese. Ho completamente dimenticato l'italiano, che ho imparato *nuovamente* solo molto tempo dopo, a scuola e poi all'università, in Francia, prima a Parigi e poi ad Aix-en-Provence. Ho voluto fare studi sia di italiano che di francese, ho conseguito il diploma sia in italiano che in francese e infine mi sono laureato in italiano con una tesi sulla *Divina Commedia* di Dante, più precisamente sul *Purgatorio*.

Ma quando e perché hai lasciato la Tunisia?

A Tunisi, a 17, 18 anni, alla fine degli studi secondari, avevo parecchi amici tunisini, mussulmani, e avevo cominciato a occuparmi di giornalismo per un quotidiano che si chiamava «La Presse», per il quale seguivo essenzialmente cultura, teatro e cinema. Ero amico di un gruppo di pittori tunisini molto bravi, marxisti (come lo ero io all'epoca e un po' anche adesso, anche più di un po'). Il marxismo non ha finito di essere utile. Mi ricordo soprattutto di Nejib Belkhodja, ottimo pittore, rimasto sempre mio amico, è morto due o tre anni fa, e di Mohamed Saada, che non era pittore ma musicista. Suonava il flauto arabo e componeva. Le musiche di flauto arabo che si sentono nel film *Lettre à la prison* sono sue, le aveva composte e interpretate per un mio film precedente, *En silence*, oggi distrutto. Anche lui è morto qualche anno fa. Era l'epoca della Guerra d'Algeria ed eravamo tutti per la liberazione algerina. Prima era stata la volta dell'Indocina, dove si è sviluppato lo scontro tra America e Vietnam. Leggevo molto Sartre, mi si parlava di Camus, ma era il primo ad interessarmi di più. Tifavamo per la liberazione di tutti i paesi colonizzati, l'Africa Nera, l'Africa occidentale francese, l'Africa equatoriale francese. Più o meno in quel momento sono stato chiamato a fare il servizio militare in Francia. L'ho fatto in ritardo per motivi di studio. Sono andato in Provenza, ad Orange, ad adempiere al mio compito. Un giorno, nel 1961, nella camerata di soldati in cui mi trovavo, ho visto entrare un mio ex compagno di scuola, mio coetaneo, che non vedevo da anni. Ho constatato con stupore che aveva tutti i capelli bianchi; non capivo come fosse possibile. Gli ho chiesto: «Cosa ti è successo, cos'hai?». Lui mi ha risposto: «Prima voglio bere». Di fronte alla caserma ha comprato una bottiglia di rum e ne ha bevuto quasi la metà. Ha cominciato a parlare e mi ha raccontato la storia più orribile che io abbia mai sentito. Mi ha detto che, stipendiato dalla Francia, da un anno aveva cominciato a lavorare in Tunisia nell'ambito di un accordo bilaterale riguardante l'insegna-

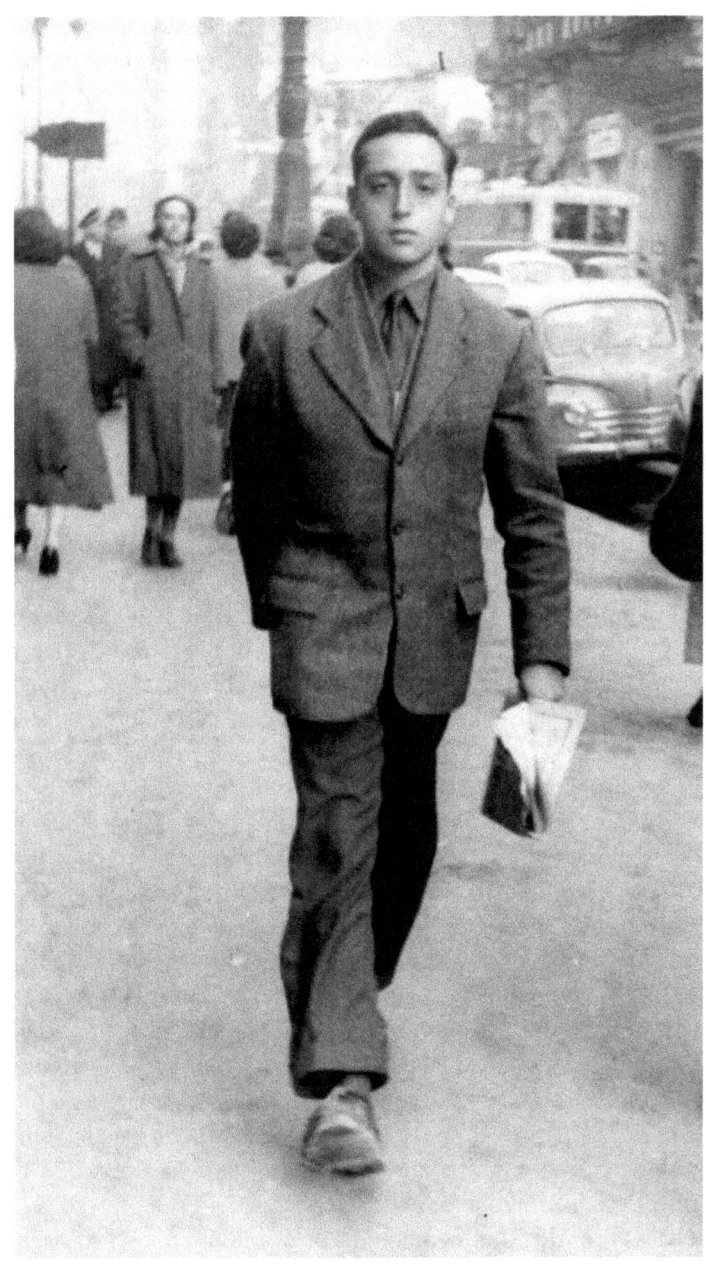

mento della cultura francese ai giovani tunisini. Ma prima devo spiegare cos'accadeva in Tunisia durante la Guerra d'Algeria. La Tunisia era stata liberata ben prima dell'Algeria, senza spargimenti di sangue, e Bourguiba era diventato il primo presidente del paese. Bourguiba era molto amico di De Gaulle, aveva ammirazione per gli Stati Uniti ed era un estimatore dell'Occidente in generale. A causa di tutto questo, mentre si svolgevano gli scontri tra Francia e Algeria, i paesi arabi cominciarono a considerare Bourguiba un traditore, tanto più che a Biserta, nella Tunisia liberata, era rimasta una base francese tollerata dal presidente. Soldati e militari francesi partivano da questa base e questo non piaceva agli Algerini. Bourguiba capì che doveva cambiare atteggiamento e cominciò a mostrare dissenso nei confronti della Francia, esigendo la liberazione di Biserta. De Gaulle rifiutò e così Bourguiba organizzò una grande manifestazione attorno alla base di Biserta, con cittadini venuti da tutto il paese. De Gaulle inviò paracadutisti dall'Algeria che cominciarono a mitragliare la folla, l'esercito tunisino rispose e ci fu una terribile battaglia in cui furono uccise circa 6000 persone, quasi tutti civili (non c'è accordo sulle cifre, ma...).

Tornando al mio compagno di scuola, mi raccontò che dopo aver iniziato a insegnare in un liceo di Tunisi in qualità di funzionario francese (situazione in cui mi trovavo in quel momento anche io), godeva di uno statuto speciale che gli permetteva di fare una settimana d'insegnamento a Tunisi e una di servizio militare a Biserta. Un giorno si trovava in caserma e gli dissero che non poteva tornare nella capitale. Lui chiese come mai e gli risposero di non poter dare spiegazioni per segreto militare. Non aveva una radio per capire cosa stesse succedendo. Rimase così per uno, due o tre giorni, finché una mattina gli diedero l'ordine di salire su un carroarmato. Si ritrovò nella torretta mobile, accanto alla mitragliatrice e a un militare di carriera che guidava. Le porte della caserma si aprirono e i veicoli entrarono in città. Vedeva arrivare manifestanti tunisini che gettavano sassi contro i carri; il caporale disse: «Adesso spari!». Il mio amico rispose: «Ma no, non sparo...», e l'ufficiale, puntandogli la pistola alla tempia, replicò: «Spari, oppure lo farò io». Ha avuto paura e ha sparato, e ha visto cadere parecchie persone, tra le quali i suoi allievi che erano venuti a manifestare. Ha ucciso i suoi allievi! Ecco la sua storia, non ne conosco una più terribile di questa. Non l'ho più rivisto da quel giorno, perché lui aveva appena finito il servizio militare, mentre io lo stavo cominciando. Non so cosa ne sia stato di lui. Ho lasciato la Tunisia essenzialmente per questa ragione, non solo in quanto Francese, ma perché Ebreo. Tutto tornava a galla: c'era già una certa diffidenza fra Ebrei e Mussulmani, ma con la strage di Biserta tutto è diventato più forte. Ho sentito che non potevo più rimanere e sono partito.

In Tunisia, oltre che al giornalismo e alla scrittura, ti eri avvicinato al cinema?

A Tunisi, durante i miei studi al liceo, di domenica mattina andavo spesso al cineclub Le Paris. Questa struttura era diretta da intellettuali comunisti e qui ho visto parecchi film sovietici, di Eizenštein, Pudovkin e altri. Sono rimasto particolarmente colpito da *La corazzata Potemkin* e da quel momento il cinema è diventato ciò che volevo fare. Quand'ero bambino volevo diventare pittore, ma a quell'età, 17-18 anni, il mio sogno era fare il regista. Ho cominciato con un film ambientato nel Sud della Tunisia, il 16mm a cui accennavo prima, intitolato *En silence*. Era la storia di un amore tra un Tunisino e una Francese, ma era un'opera troppo *naïf*, poco interessante. Dopo aver sposato una montatrice, mi sono spostato con lei a Parigi, dove, attraverso il suo lavoro, ho incontrato alcuni cineasti, come Chris Marker e Mario Marret. Sono diventato più o meno loro amico e mi sono avvicinato più seriamente al cinema.

Come si chiama la tua prima moglie?

Ha due nomi, uno europeo e l'altro arabo, nonostante lei non lo sia. Discende da una delle famiglie ebree nate in Tunisia

marc scialom

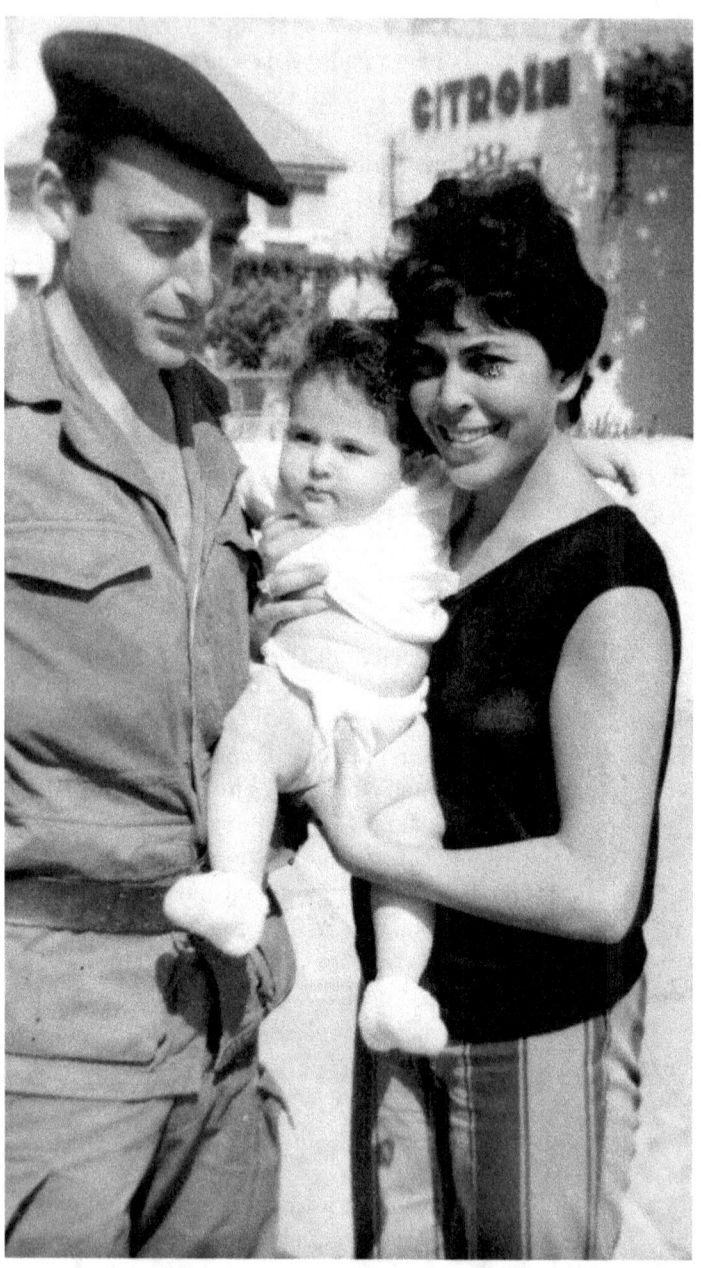

prima che vi arrivasse l'Islam. È una cartaginese! Si chiama Simone Nedjma Tuil, ma si fa chiamare Nedjma Scialom. Ha conservato il nome di quando eravamo sposati, in modo da avere il nome arabo-ebreo.

E in Francia come hai cominciato?

Ho cominciato scrivendo la sceneggiatura di *Exils*, un film su Dante, che oggi non mi piace affatto: troppo accademico, freddo... Ho fatto vedere questa sceneggiatura a Chris Marker che l'ha giudicata interessante. Così sono andato a trovare il produttore Anatole Dauman di Argos-Films, su indicazione di Marker. A parer mio Dauman non ha neanche letto la sceneggiatura, mi ha subito offerto qualche caramella e mi ha detto: «Firmi qui, arrivederci signore». Così ho cominciato a girare. A parte quel giorno, non ho più visto Dauman e quel film non è stato distribuito nelle sale; è passato solo in televisione, all'epoca del canale unico. In quel periodo mi stavo separando, di comune accordo, da mia moglie e stavo frequentando un'altra ragazza, Marie-Christine Lefort, che ha recitato in *Lettre à la prison*. Dopo aver cominciato a insegnare francese a Tunisi, quand'ero a Parigi avevo chiesto il trasferimento a La Télévision Scolaire, la tv per le scuole. Quindi, da stipendiato del Ministero dell'Educazione, mi occupavo maggiormente di cinema, televisione e di cose che m'interessavano. Ho passato un anno a dirigere una serie di edizioni geografiche, anche se non ho mai saputo niente di geografia... Poi, dopo il contratto con Dauman per *Exils*, ho fatto una sciocchezza. Ho dato le dimissioni dal Ministero dell'Educazione Nazionale, perché mi sentivo cineasta e non insegnante. Ho fatto quel film su Dante ma poi niente... Provavo a destra e sinistra a fare altri film e non avevo da vivere. Ho tentato con le scuole private, dove ho insegnato per un po', senza mai essere contento, e mi dicevo: «E il cinema? Quando?».
Ritornando a Dante e al film *Exils*, è stata la sola volta in cui ho avuto del denaro e un vero produttore. Il film è stato fatto

in ottime condizioni di realizzazione. Forse per questo ne è uscito un film "mancato". Avevo bisogno piuttosto di fare un'opera un po' "storta", "selvaggia". Il fatto è che si trattava di scegliere e poi montare dei dialoghi fra Dante e le anime che il poeta incontra nel suo viaggio. Per questo film, dove ho alternato il colore al bianco e nero, avevo a disposizione diversi attori e mezzi per la colonna sonora; per l'immagine ho usato delle riproduzioni di opere dell'epoca di Dante, Giotto e vari altri pittori senesi e fiorentini. Il risultato non mi è piaciuto! All'inizio ci credevo, poi ho visto che si trattava di un film freddo, che non mi somigliava. Troppo solenne...

È un cortometraggio?

Sì, è un cortometraggio. E anche questo è stato stupido da parte mia, perché non si fa un film di 17 minuti sulla *Divina Commedia*! È un'eresia. Si fa un film di tre o trenta ore, non di 17 minuti. Ecco il mio giudizio su *Exils*.

Ma hai ricevuto il Leone d'Argento al Festival di Venezia per quest'opera...

Sì, ma non subito. Inizialmente, come dicevo, il film è uscito solo alla televisione. Dauman non faceva niente per promuoverlo. Circa sei anni dopo, se ne è interessato un amico italiano di cui forse avete sentito parlare, Enrico Fulchignoni, professore di Storia del Cinema a Paris 4, che aveva realizzato alcuni documentari. Me ne ricordo, in particolare, uno su Leonardo Da Vinci. Enrico era un uomo intelligente; è stato lui a farmi conoscere Jean Rouch. Enrico Fulchignoni ha organizzato una proiezione del mio film e mi ha detto: «Prendo il film e vado alla Biennale di Venezia perché voglio farlo vedere lì». Ho vinto il Leone d'argento, ma ho ritirato il premio sentendo che non lo meritavo, che il film non valesse più di tanto.

Con quale tecnica è stato realizzato?

La macchina da presa era appesa al soffitto e poteva fare tutti i movimenti necessari. Si muoveva sulle immagini, in lungo e in largo, a volontà. Abbiamo utilizzato riproduzioni di pitture dell'epoca di Dante, del XIII, XIV secolo, senesi e fiorentine, abbiamo ritagliato dei personaggi su fondo nero, facendo a volte una mini animazione. Volevo che nel film ci fossero due registri, quello del viaggio dantesco e la vita sulla terra, a cui i morti fanno continuamente riferimento. Una caratteristica particolare del poema dantesco, infatti, è che si tratta di un viaggio nel regno dei morti ma si parla quasi solo della vita. Tutti questi morti guardano verso la vita. In fondo come gli esuli, che nella loro nuova terra rivolgono sempre il pensiero alla terra d'origine. Per questo il film si chiama *Exils*. Volevo che la vita terrestre fosse rappresentata con le pitture, mentre il viaggio di Dante fosse rappresentato dal contatto con la materia pittorica, con la camera che si avvicinava al colore, alle forme, alla materia. Ma questo non fu possibile, perché usavamo delle riproduzioni. Il mio amico pittore Mélik Ouzani, lo stesso con cui avrei lavorato di lì a poco a *La parole perdue*, ha realizzato dei falsi piani ravvicinati dei quadri. Non mi pare si veda molto che sono rifatti. Dunque il viaggio è rappresentato in modo non figurativo, un po' astratto, con questo rapporto con la materia pittorica.

Si può vedere questo film?

Ne abbiamo trovato una copia ad Argos-Films. Intanto Dauman era morto e a dirigere la società di produzione c'era sua figlia. Lei ne ha dato una copia a Jean-François, ma tutto il colore si era rovinato, era diventato grigio, giallo. Era ancora più orribile. Quando l'ho fatto c'era una bella qualità del colore. E poi Silvia è riuscita a convincermi a mostrarlo al Festival I Milleocchi di Trieste 2012.

Non lo ami proprio...

No, assolutamente. Jean-François diceva: «Ma è interessante!». Io rispondevo: «No».

Exils è passato alla televisione; poi hai un po' frenato rispetto a una sua possibile ulteriore diffusione?

No, non ho fatto niente, penso che Dauman non se ne occupasse. Poi, più o meno nello stesso periodo, ho deciso di realizzare *La parole perdue*, con Mélik Ouzani, come dicevo, pittore e amico con cui avevo fatto il servizio militare, prima a Orange e poi a Colmar. Decidemmo di girare senza denaro e senza produttore, a modo nostro, seguendo più o meno il metodo di Clouzot in *Le mystère Picasso*. Abbiamo messo fra il soffitto e il pavimento due colonne di legno, tendendo fra esse un foglio di carta trasparente. Lui disegnava e dipingeva dietro il foglio, mentre io tenevo la cinepresa dall'altra parte, filmando così non solo il disegno mentre veniva fatto, ma anche la mano del pittore, proprio come in *Le mystère Picasso*. Si tratta di una dura satira della vita militare e della guerra d'Algeria. Avevo in mente quello che mi aveva raccontato quel ragazzo che aveva ucciso i suoi allievi, ma non ho osato incentrare la storia su questo episodio. Ho voluto lavorare senza produttore, ma, dal momento che ne conoscevo uno simpatico, gentile, di origine italiana, che si chiamava André Valio, accettai che mi facesse da "prestanome" per la produzione (il film non esiste se non ha un produttore). Dunque nei titoli di coda figura la sua casa di produzione parigina Armorial.

La parole perdue è stato distribuito?

No, assolutamente. È un altro film che è andato a dormire...

Ma l'avete presentato almeno agli amici o nei cineclub?

Ho provato a farlo vedere alla poca gente di cinema che conoscevo e tutti mi hanno detto che era difficile, che c'era poca possibilità. Ho lasciato perdere, tanto più che avevo l'idea di fare un lungometraggio e la forte speranza di avere finanziamenti dal CNC, il Centre National de la Cinématographie, e di ricevere un anticipo per la sua realizzazione. Avevo scritto una sceneggiatura molto dettagliata, di 40 o 50 pagine, e l'ho inviata al CNC, che, dopo qualche mese, mi ha risposto negativamente. Allora ho detto: «Basta, questo film lo facciamo!».

È Lettre à la prison... *L'incredibile storia della realizzazione di questo film l'hai raccontata nel tuo testo in questo libro, ma puoi dirci qualcosa sui temi di* Lettre à la prison? *Come sono venute fuori le questioni dell'identità e dell'esilio?*

Riflettendo sul contenuto e sulle ragioni per cui ho voluto fare *Lettre à la prison*, devo dire che, forse, essendo venuto in Francia a 25-26 anni, ho sempre percepito questa nazione come fredda, ostile e difficile da capire. Non sentivo mio questo paese e quando ho incontrato Tahar Aïbi, il protagonista del film, parlando con lui ho scoperto che avevamo lo stesso sentimento. Lui faceva l'operaio specializzato in un laboratorio di ottica. Molto spesso si sentiva oggetto di razzismo. Io non avevo questa sensazione più di tanto, perché non si intuiva che fossi ebreo; ma a volte mi vedevo addosso degli strani sguardi e sentivo riflessioni che non mi piacevano. Per lui era peggio, perché aveva i tratti somatici arabi. Abbiamo scambiato diverse impressioni e in particolare gli ho parlato di alcuni miei sogni. Lui replicò dicendomi che erano simili ai suoi. Così ho cominciato a mescolare le cose e a creare una sceneggiatura in cui il personaggio principale era tunisino e musulmano, ma era un mio riflesso, in quanto Ebreo e di origine italiana. Devo dire che più volte mi sono detto che non potevo fare un film su un Ebreo, perché non sarebbe stato ben visto. In Francia, dopo la guerra d'Algeria, fare un film su un Arabo mi sembrava un po' più accettabile. L'antisemitismo

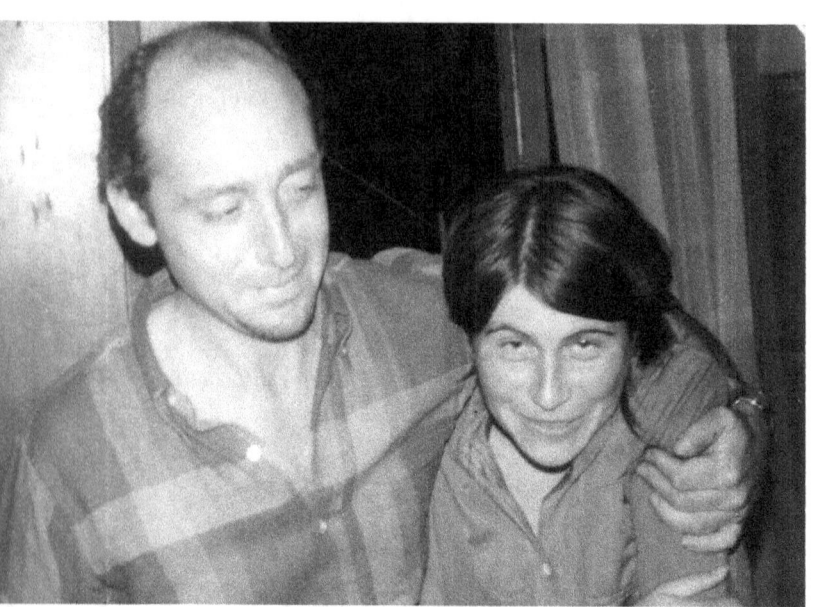

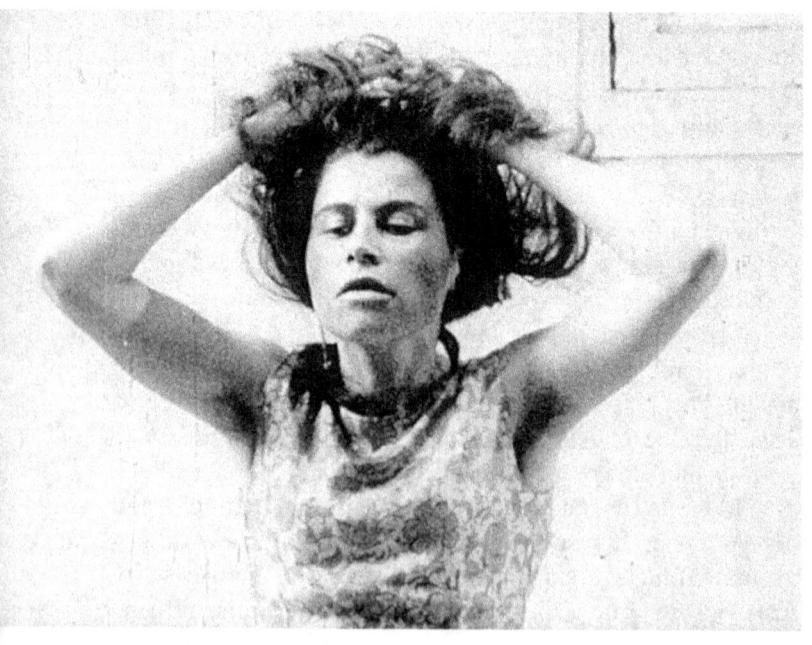

strisciante e non dichiarato era forse ancora più forte dell'odio verso le altre razze. Mi dicevo: «No, se lo faccio su un Ebreo, il mio film non avrà nessun avvenire». L'ho incentrato su un Arabo e l'avvenire non ce l'ha avuto lo stesso, se non 40 anni dopo... Il film è la storia di una perdita d'identità, e quando parlo di perdita d'identità non mi riferisco solo a quella culturale, ma anche a quella personale. «Non so più chi sono, non sono più nessuno».

Nel film succedono molte cose terribili, dalla donna uccisa con un piccone al cane buttato via dal finestrino del treno. Nonostante questo c'è sempre un'atmosfera di grande poesia.

Non bisogna contrapporre poesia e crudeltà. Possono coesistere o essere la stessa cosa. La crudeltà può essere poetica... Da una parte c'è la crudeltà e dall'altra il desiderio d'amore. Ecco, queste sono le due cose che si contrappongono. La violenza io l'ho percepita e compresa dall'età di nove anni, quando ho saputo che vicino Tunisi esistevano dei forni crematori e di cosa si trattasse. Lì ho capito che non avevo diritto d'esistere. La violenza non l'ho inventata per mio piacere, ma l'ho descritta, anche quella subita da Tahar Aïbi. Lui è tornato nel suo paese qualche anno dopo e non mi ha più scritto. Eravamo molto amici... Credo sia morto nei massacri in Algeria. Ha lasciato la Francia perché non ne poteva più del razzismo, ma in patria ha trovato di peggio.

Dopo che è stato ritrovato, prima di arrivare al Festival I Milleocchi di Trieste nel 2011, che vita ha avuto Lettre à la prison?

Dopo il restauro, nel 2008, è stato prima proiettato a Marsiglia, al FID Marseille - Festival International du Documentaire de Marseille, anche se non è un documentario, e ha vinto la Mention Spéciale du Groupement National des Cinémas de Recherche (GNCR). È talmente piaciuto che alla fine il direttore del Festival mi ha chiamato dicendomi: «Voglio proiettare il film per la seconda volta per la chiusura del festival e tu devi venire». Anche in seguito, il film è stato richiesto in molte altre occasioni, in Europa e anche in qualche paese sudamericano e africano, dove tra l'altro non mi hanno invitato perché non potevano pagarmi il biglietto aereo. È stato in seguito distribuito dalla casa di distribuzione Shellac nelle sale di Parigi, Marsiglia e Lione. A Parigi è rimasto due settimane, a Marsiglia quattro ed è stato proiettato in due cinema, mentre a Lione è durato sette giorni. Il pubblico era comunque poco numeroso.

Lettre à la prison *ha dovuto aspettare che tu traducessi la* Divina Commedia *di Dante...*

Sì, avevo poco denaro, c'era la possibilità delle scuole private, del segretariato all'università... Così ho pensato di preparare una tesi di dottorato. All'epoca c'erano due ministeri, quello dell'Educazione Nazionale, in cui ero stato impiegato quando insegnavo, e il Ministero delle Università, in cui potevo ancora inserirmi. Avevo fatto la stupidaggine di dare le dimissioni dall'insegnamento secondario, ma mi restava la possibilità di accedere a quello universitario. Per fare questo bisognava che io preparassi una tesi di dottorato. Durante i successivi sette anni elaborai un lavoro sulle traduzioni francesi della *Divina Commedia* durante il '900. Mi ero separato dalla mia convivente, Marie-Christine Lefort, lavoravo qua e là e con pochissime risorse mi occupavo della piccola Chloé, mentre mio figlio Jean-Louis stava con la madre, Nedjma. Dopo sette anni ho sostenuto la tesi, ma mi è stato detto che per lavorare nell'Università non bastava, perché bisognava avere un *dossier scientifique*, cioè un insieme di articoli pubblicati in diverse riviste in Francia e all'estero. Così ho scritto e pubblicato dei saggi. Dopo un anno o due c'era un posto disponibile come *maître de conférences* a Clermont-Ferrand, ma non mi hanno preso. Qualche tempo dopo ce ne fu un altro a Saint-Etienne e stavolta sono entrato e ho insegnato italiano per dodici anni. Nel frattempo mi sono risposato, con Marie-Paule Ber-

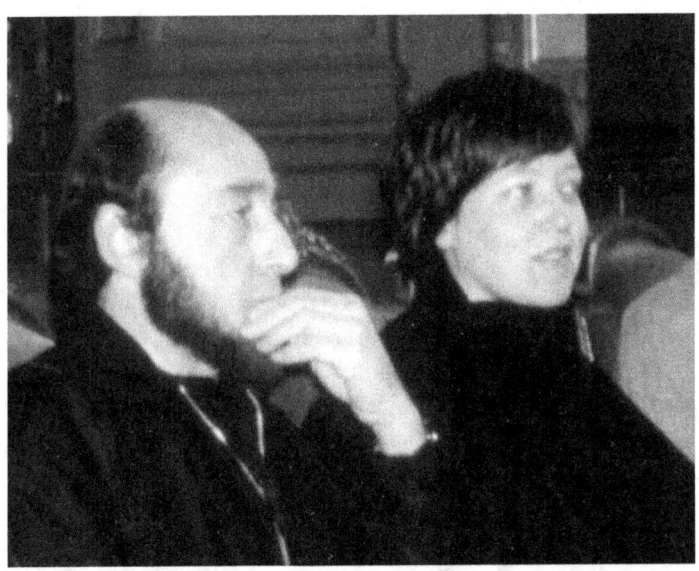

nard, matrimonio che è comunque durato poco a causa della
sua prematura morte per cancro. Così sono rimasto con due
bambine, Chloé, di dodici anni e mezzo e la più piccola, Bérengère, di sei anni. Sono arrivato a 65 anni, e da pensionato
ho deciso di lasciare Saint-Etienne, dov'è sepolta Marie-Paule,
per andare in Provenza. Avrei voluto stare ad Aix-en-
Provence, ma i prezzi erano proibitivi. Così ho ripiegato su Avignone, dove erano più bassi. Chloé mi ha aiutato con il trasloco
fra le due città e in quel momento si è posto il problema delle
bobine dei film, specialmente di *Lettre à la prison*. Mi ha chiesto: «Cosa facciamo di questi film?». Io le ho detto: «Basta, but-
tali via», ma lei ha risposto: «Vorrei almeno vederli». E anche
il seguito di questa storia l'ho già raccontato.

Riferendoti anche all'ultimo tuo film, Nuit sur la mer, *in cui è
importante il richiamo al mito di Ulisse, trattato anche da
Dante, come spieghi il legame fra i tuoi studi su Dante e il tuo
cinema?*

Borges considerava la *Divina Commedia* come "il libro dei libri". Io penso lo stesso, non solo perché Dante è l'esiliato per eccellenza, ma anche perché la *Divina Commedia*, pur essendo un'opera molto costruita e unitaria, paragonata spesso a una specie di cattedrale, è anche frammentaria, con elementi contrastanti e cose apparentemente non coniugabili tra loro. Ad esempio fa riflettere che le anime incontrate da Dante parlino della vita terrestre nonostante si trovino nell'aldilà. C'è sempre questo contrasto fra vita terrena e ultraterrena. Ogni approccio fra Dante e un'anima, poi, comincia *ex abrupto* e finisce *ex abrupto*, come se Dante avesse tagliato l'inizio e la fine dell'incontro, lasciando solo il nucleo, il momento clou. D'altra parte nell'episodio della *Divina Commedia* dove Ulisse racconta il suo "secondo" viaggio, immaginato da Dante dopo quello descritto da Omero nell'*Odissea*, all'inizio della narrazione c'è un'atmosfera antica; fra le evocazioni di Circe e di Penelope, l'eroe parla dell'attraversamento delle colonne d'Ercole e della sua avventura nell'Oceano Atlantico, dove era proibito avventurarsi. Ulisse *si spinge oltre* dicendo epicamente ai suoi compagni: «Fatti non foste a viver come bruti, ma per seguir virtute e canoscenza». Così, proseguendo in questo mare, scopre con stupore una montagna, scura, distante, simile allo Stromboli. Questa immagine non ha più niente di omerico. Si tratta del Purgatorio cristiano. In Dante Ulisse passa dall'antichità pagana al mondo del cristianesimo, ma, in quanto personaggio omerico, non lo sa, non può avere consapevolezza di questa seconda dimensione. Questo incontro segreto tra due mondi, anzi tra due tempi della storia culturale occidentale, è straordinario. Questa scena mi fa anche pensare al monolito di *2001 Odissea nello spazio* di Kubrick. Un oggetto incomprensibile, con Ulisse che resta lì immobile e dice: «come altrui piacque». Non si conosce l'identità di questo "altrui". Ulisse non sa a chi riferirsi, non conosce il nome di Dio o altro. Queste discontinuità, fra vita terrestre e aldilà, fra tale episodio incompiuto e tale altro, fra mondo antico e cristiano mi fanno inoltre pensare alle linee spezzate della pittura di Picasso, in

Guernica o in *La femme qui pleure.* Questa discontinuità è rintracciabile anche nel finale de La *sagra della primavera* di Igor Stravinskij, commovente per il suo ritmo rotto.

Tutto questo, che potremmo chiamare il *linguaggio della frammentazione,* è metafora dell'esilio, che a sua volta è frattura e discontinuità. Per questo ho voluto tradurre la *Divina Commedia,* non per altro.

Lo straniero "livornese" e la parola perduta

di Roberto Silvestri

> Lettre à la prison è il primo film realizzato
> da un Ebreo esiliato su un Arabo esiliato.
> E io adesso aspetto che ci sia un film realizzato
> da un Arabo esiliato su un Ebreo esiliato.
>
> Marc Scialom in *Nuit sur la mer* (2012)

Prologo

Se cercate nella libreria Revolution! di Union Square, Manhattan, i saggi anti-imperialisti di CLR James, li troverete, anche se il commesso non potrà esimersi dal trovare esagerato l'interesse per un teorico marxista nero e antillano così "individualista" da dedicarsi soprattutto agli studi sul Rinascimento italiano e sul cricket. Se cercate in Egitto le tracce dei musical fiammeggianti anni '40 con Leila Mourad, quelli diretti da Togo Mizrahi, regista italiano ma Ebreo di Alessandria, vi prenderanno quasi per sionista. Non li otterrete facilmente. Se cercaste invece nell'immaginario videostore di Guy Hennebelle, il più grande studioso al mondo di "cinema militante", nella sezione "lotta anti-imperialista", i film "maghrebini" di Marc Scialom, il cineasta franco-italo-tunisino che ha tradotto Dante e Boccaccio, restereste piuttosto delusi. Non perché Hennebelle sia stato nel "decennio sessantottino" un emme-elle francese così dogmatico da cancellare dai suoi archivi ogni traccia (criticabile come "orientalista") di un immaginario inguaribilmente europeo o, peggio, vagamente trotskista, ma perché il film più "combattente" di Scialom, *La parole perdue*, è un oggetto ibrido, un "corto documentaristico d'animazione", un gioiello outsider nel circuito militante, indocile alle classificazioni di genere: né solo un pezzo di "cinema politico" né di "cinema militante" né di "cinema parallelo". Come il resto della sua filmografia, d'altra parte, così obliqua rispetto ad ogni incasellamento, segnata a fondo dalle tragedie imperialiste in Africa, Asia e America Latina. Dove collocheremmo infatti l'involontariamente surrealista psico-thriller *Lettre à la prison* che, come *Echi del silenzio* di Peter Emmanuel Goldman, 1967, è un "prototipo unico", tipicamente anni '60 e '70?

Inoltre il '68 drastico, spietato nemico delle caste, diffidava di ogni firma, d'ogni patente d'autore, della retorica anti egualitaria sulla professionalità, preferendo al limite tenere ai margini, off off, sottoterra, "underground", i film o nascondendoli, soprattutto agli occhi indiscreti della polizia politica... *Lettre à la prison* è stato ritrovato dalla figlia di Marc Scialom, Chloé, in una cassa che doveva strapparlo per sempre alla memoria collettiva. E quanti "Alberto Grifi" usciranno dalle casse segrete prossimamente?

La cineteca di Hennebelle

Tornando alla cineteca militante di Hennebelle, che è un po' la scultura interiore dell'epoca Scialom, la messa in forma degli avvenimenti salienti nei dieci anni che prepararono il '68 (decolonizzazione, movimento panafricanista e panarabista e suoi limiti, lotta all'apartheid sessuale ed etnico, rifiuto del lavoro salariato di fabbrica, contestazione delle vecchie gerarchie e delle vecchie idee...) e lo formarono eticamente e politicamente, troveremo alcuni classici sepolti che riguardano la situazione in Maghreb, nell'occidente arabo (nel Mashreq il sole nasce, è l'oriente arabo) che ancora non sono diventati patrimonio comune dell'umanità. Elenchiamoli.

Algérie en flammes (1959), prodotto dall'FLN e diretto dal bretone, ex PCF, René Vautier, 25 minuti a colori di reportage sui partigiani in guerra contro il colonialismo francese. Durante le riprese Vautier viene ferito tre volte sulla "linea Morice".

J'ai huit ans (1961), sugli orfani di guerra algerini accolti in Tunisia prima del 1962, 12 minuti a colori, da un'idea di René Vautier, diretto da Yann e Olga Le Masson e prodotto dal Comité Maurice Audin.

Naturalmente, sempre prodotto dal Comité Audin, il proibitissimo *Octobre à Paris* (1961), documentario di 70 minuti in bianco e nero realizzato da un collettivo diretto da Jacques Panijel sulla manifestazione del 17 ottobre 1961 organizzata a Parigi dal FLN algerino, che fu repressa dalla polizia francese a prezzo di centinaia di morti, con cadaveri ritrovati via via nella Senna i giorni successivi. E dispiego di censura preventiva contro i giornali del PCF «l'Humanité» e «Libération» (non quello gauchiste fondato nel 1973 da Sartre) affinché il mondo non sapesse mai nulla di quella "democraticissima" strage.

E ancora troveremmo *Algérie, anno zero* di Marceline Loridan e Jean Pierre Sergent (1962) sul dopo-liberazione del 3 luglio 1962. *La cellule* (1975) dell'Algerino di Parigi Abdelkrim Bahloul, che vincerà con il suo saggio di diploma all'IDHEC il festival di Belfort: quattro immigrati algerini sono massacrati di botte in un normale commissariato parigino. "Fait divers".

Molti altri i lavori maghrebini di Vautier: i due corti del 1971 *Techniquement si simple*, 15', sul ritorno in Algeria, dieci anni dopo, di un ex militare francese specializzato nel posizionare micidiali mine anti-uomo e *La caravelle*, 8', sulla possibilità di stabilire, ormai, rapporti differenti tra i Francesi e gli Algerini, almeno nelle aule scolastiche, parola di maestra; il lungo *Avoir vingt ans dans les Aurès* (1972), su un gruppo di soldati bretoni "antimilitaristi" che, nelle mani di un abile tenente, diventano dei feroci Rambo anti "fellagas".

Vautier a parte non c'è molto altro. La reticenza del PCF a impegnarsi a fondo, anche cinematograficamente, nelle lotte di liberazione anticoloniale dal 1936 al 1962 è attaccata duramente, non a caso, nel lungometraggio antirevisionista del collettivo maoista Cinélutte, guidato da Serge Le Péron, *Attention aux provocateurs* (1973). E *La battaglia di Algeri* di Gillo Pontecorvo (1966) non metterà piede nelle sale francesi fino al 1971...

L'importanza di Vautier

Rischiando di restare ancora un po' fuori tema bisogna completare necessariamente la bio-filmografia di Vautier, figlio di operai, partigiano decorato al valor militare, diplomato all'IDHEC, e sottolineare il suo forte ruolo nella nascita, nell'ambito del cinema tunisino, di un cinema europeo anticolonialista e di una maggiore e diffusa sensibilità antiimperialista in occidente. Nel 1949-1950 Vautier gira *Afrique 50*, un cortometraggio (medaglia d'oro al festival di Varsavia) piuttosto riuscito: tredici incriminazioni giudiziarie e una condanna a un anno di prigione, per violenze contro un poliziotto. Coimputato il futuro presidente della Costa d'Avorio, Félix Houphouet-Boigny... Nel 1951 progetta e gira in Tunisia *Terre tunisienne*, terminato però da Raymond Vogel perché Vautier viene espulso dai servizi segreti del protettorato francese. «Sì, ho conosciuto René Vautier – ricorda Marc Scialom – e siamo ancora amici. Non ho avuto il piacere di lavorare con lui ma la mia prima moglie, Nedjma Scialom, montatrice, ha fatto nel 1972 il montaggio del suo film *Avoir vingt ans dans les Aurès*».

Nel 1952 Vautier sconta la condanna per *Afrique 50* nelle carceri militari di Saint-Maixent e di Niederlahnstein (zona di occupazione francese in Germania) comminatagli in violazione di un decreto del 1934 firmato Pierre Laval, ministro delle colonie. Del 1955 è il film, scomparso, *Une nation, l'Algérie*, e del 1956 sono il corto turistico *Plages tunisiennes*, che rappresenta la Tunisia a Cannes, e *Chaînes d'or*, cofirmato da Mustapha Fersi e Sassi Rjeb. Tra il 1959 e il 1960, ricercato in Francia e dato per morto, si trova in realtà per 25 mesi nelle carceri tunisine del GPRA, a causa dei suoi legami politici con Abane Ramdane, l'amico di Fanon che verrà liquidato dai vertici del FNL come oppositore pericoloso di Ben Bella. Riabilitato dal 1960, Vautier sarà tra i consiglieri artistici della SATPEC di Tunisi, l'organismo statale di controllo sul cinema (del 1961 è il suo cortometraggio *Karim et Leila*, firmato con lo pseudonimo di Ferid

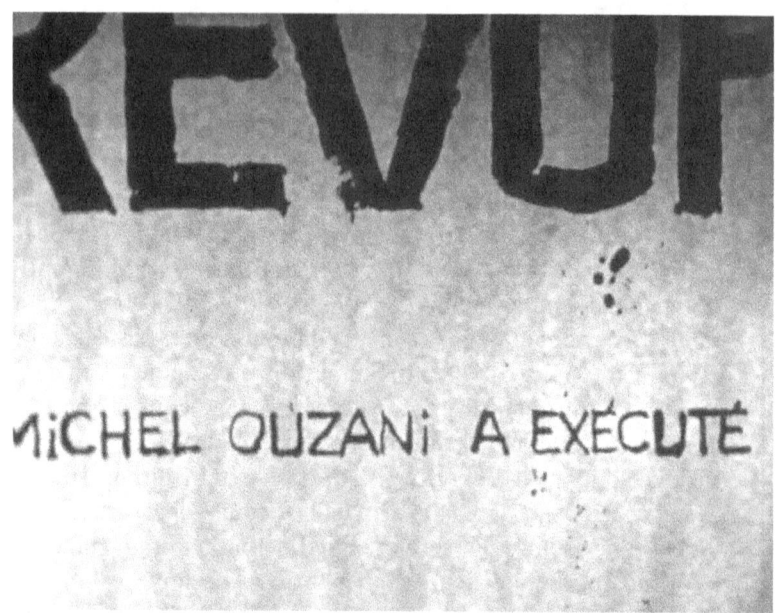

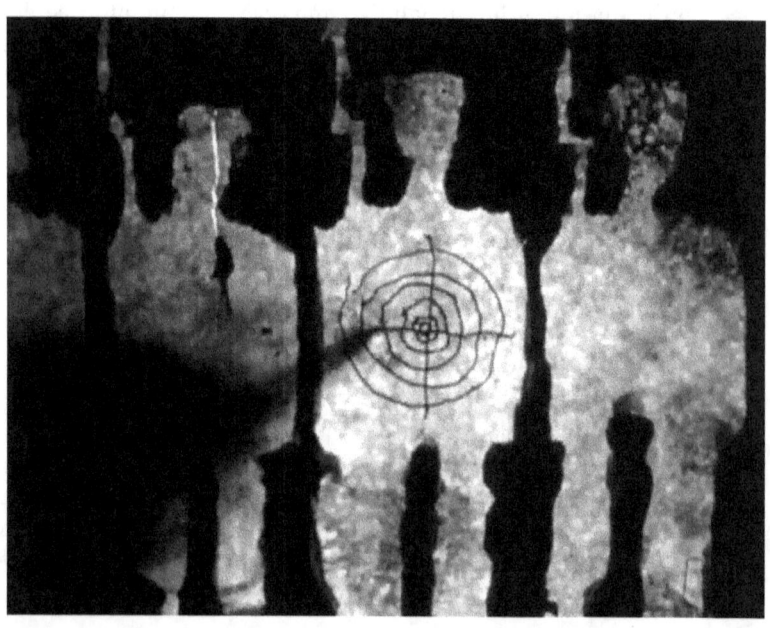

Dendani), sarà il fondatore della federazione algerina del cinema popolare (ciné-pops) e sarà, dal 1961 al 1965, direttore
del centro audiovisivo di Algeri. Realizza i corti per l'esercito di
liberazione *Venant des sables* e *Cinq hommes et un peuple*, e il
lungo a colori *Peuple en marche* (con Ajmed Rachedi e Nasr-Ed-
dine Gunéifi) prima di contribuire come sceneggiatore e direttore di produzione ai due film che faranno conoscere nel mondo
il cinema algerino, *L'aube des damnés* di Ahmed Rachedi (1964)
e *Vent des Aurès* di Lakhdar Hamina (1965). Rossellinianamente
si dedicherà più tardi alla televisione didattica, a Parigi (proprio
come Scialom), non dimenticando di occuparsi della lotta del
fronte Polisario, della formazione di operatori di guerra e di immigrazione algerina. Nel 1973 attuerà un vittorioso sciopero
della fame contro la censura cinematografica.

La vita e il cinema di Vautier, proprio come quelli di Scialom,
si intrecciano dunque continuamente con la storia politica del-
l'Algeria e della Tunisia. Quest'ultima, liberatasi cinque anni
prima, e condotta dal Neo-Destour – il partito socialista de-
stouriano di Bourghiba, nato nel 1934 a stretto contatto con
il sindacato UGTT e represso duramente dalla Francia tra il
'36 e il '38, poi costretto alla lotta armata fino al 1954 – verso
un moderatissimo stato sociale e una terza via autoritario-de-
mocratica tra oriente e occidente, tra l'università islamica Zi-
touna e il collegio francese Saddiki, aiuterà il vicino nella
conquista dell'indipendenza nazionale. Pagherà questa militanza internazionalista e panaraba, e certe deviazioni "esage-
ratamente" socialisteggianti, con il "massacro di Biserta" del
luglio 1961 che è proprio l'agghiacciante punto di partenza di
La parole perdue, il corto di Marc Scialom del 1969.

La parole perdue

Colonna audio. Le silhouette di due voci, una maschile e una
femminile, si inseguono e sovrappongono. La donna sembra
incitare l'uomo a sfogarsi, a liberare il cuore da ciò che l'op-

prime, a non trattenere più il suo urlo interiore. Ma l'uomo sembra afasico, emette solo suoni inarticolati, sospiri addolorati... Poi la metamorfosi riesce, il fonema si trasforma in morfema. Parole isolate, senza nessi logici, che finiranno però per "partorire" se non una sequenza melodica certo un chiaro e secco "no alla guerra" e ai suoi orrori. O meglio. Un "basta per sempre con il lungo secolo dei massacri colonialisti e imperialisti". Sparare sui civili armati di pietre con i blindati, o bombardarli dall'alto, infatti, che razza di guerra è? Karl Kraus, che di nefandezze imperial-regie s'intendeva, avrebbe detto: «l'uomo partorisce al fine ciò che la donna feconda»...

Ma il ricordo ha bisogno di divorare immagini per diventare "memoria fertile". Il cinema, si sa, è l'arma più potente...

Colonna visiva. Intanto, in asimmetria rispetto al soundtrack, si intravede, dietro un foglio bianco di carta translucido, l'ombra nera della mano di un pittore o una pittrice al lavoro. È un disegnatore alle prese con volti e corpi, anche qui in silhouette, alla Otto Dix o alla Pablo Picasso. Come i dannati della terra, i nipoti di Guernica, da una parte, e i loro carnefici, "stessa faccia stessa razza", dall'altra. Sembra dipanarsi una "storia generale della linea" che, da George Grosz a Enrico Baj, da John Heartfield a Renato Guttuso, si curva, si rapprende e si contorce per mettere meglio in satira (soffocandone l'anima) i tromboni borghesi che si nascondono dietro le medaglie dei loro trionfi militari, ottimizzatori di profitti; o che accarezza, invece, delicatamente, i profili, liberandone gli spettri esiziali, di operai, donne del popolo, pescatori, contadini, commercianti, bambini, poeti e anziani, moltitudine in tumulto, fatta in mille pezzi in nome del sacro motto «Trois couleurs, un drapeau, un empire», che tanto avrebbe fatto vergognare La Marsigliese. Questi disegni di segno iper-espressionista, questo combattimento contrappuntistico e dialettico tra suono e immagine, e tra i suoni e tra le immagini tra di loro, secondo la lezione di Eizenštein e Godard, evocano la gloria sinistra delle armi e gli stermini che ne sono la faccia nascosta, la loro "pubblicità regresso". Sequenze di repertorio fuggevoli, di folla civile in fuga o in lotta, di lavoratori e di emigranti e di follia militare all'opera si alternano con i disegni. E "la parola perduta" diventa, solo alla fine dell'odissea tragica, immagine ritrovata. Nuova oggettività. Cinema politico. L'espressionismo – parafrasando Paul Klee – ha infatti il pregio di lavorare sulla sovrimpressione storica di istantanee rimediate e lasciate in decomposizione e ricomposizione, traducendo "l'attimo fuggente" dell'occhio impressionista, in critica diacronica dell'economia emozionale.

La parole perdue, cortometraggio ibrido e "rosso sangue" che dura solo 8 folgoranti minuti, ne è un capolavoro, a lungo sepolto. È stato realizzato nel 1969. La sceneggiatura, le immagini e il montaggio del film sono di Marc Scialom – in collaborazione con il suo amico pittore Mélik Ouzani –, che lo ha prodotto, anche se nei titoli di coda compare un nome di facciata, quello della casa di produzione Armorial che si era resa disponibile ad aiutarlo per evitargli noie legali. Il regista "italiano di Tunisi", innamorato del cinema, insegnante e giornalista di «La Presse», il quotidiano di Tunisi in lingua francese, per vocazione era già diventato cittadino francese e sarebbe diventato più tardi stimato traduttore della *Divina Commedia*. Ma il film, militante e surrealista per forza (quando non si hanno troppi soldi... l'onirico prevale), collage politico di devastante attualità, è rimasto sepolto negli archivi ed è risorto in Francia solo dopo il restauro del 2008. Era stato realizzato per ricordare cos'è l'imperialismo e tutte le vittime delle guerre coloniali. E in particolare in memoria delle vittime dell'orrendo massacro di Biserta. Dall'efferata risposta francese, dal 19 al 23 luglio 1961, alla rivolta popolare e alla richiesta di un paese sovrano che esigeva la chiusura di una base militare utilizzata per bombardare l'Algeria e che Parigi continuava a imporre al paese, ormai indipendente da quattro anni. Una punizione per l'appoggio che i Tunisini stavano dando all'insurrezione algerina. Ma soprattutto un monito della Francia a Bourghiba affinché non scegliesse la pericolosa strada di Nasser, dell'allineamento

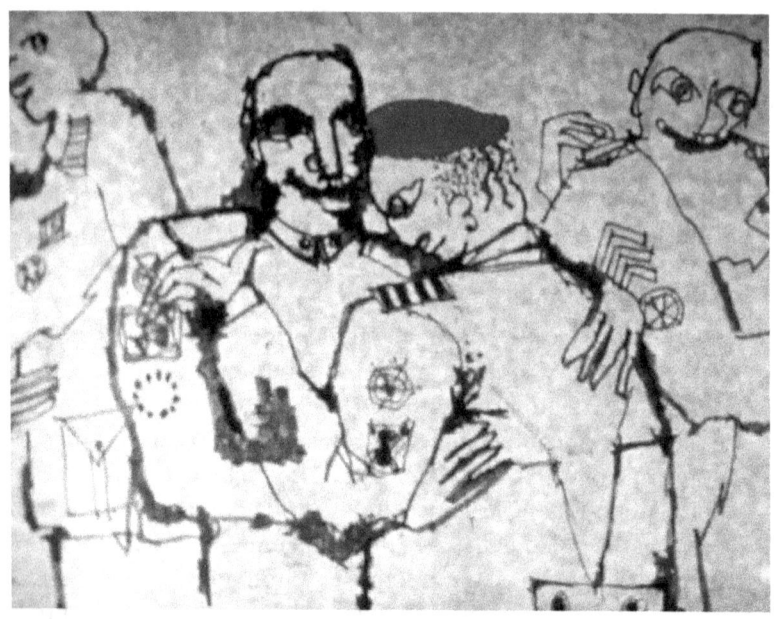

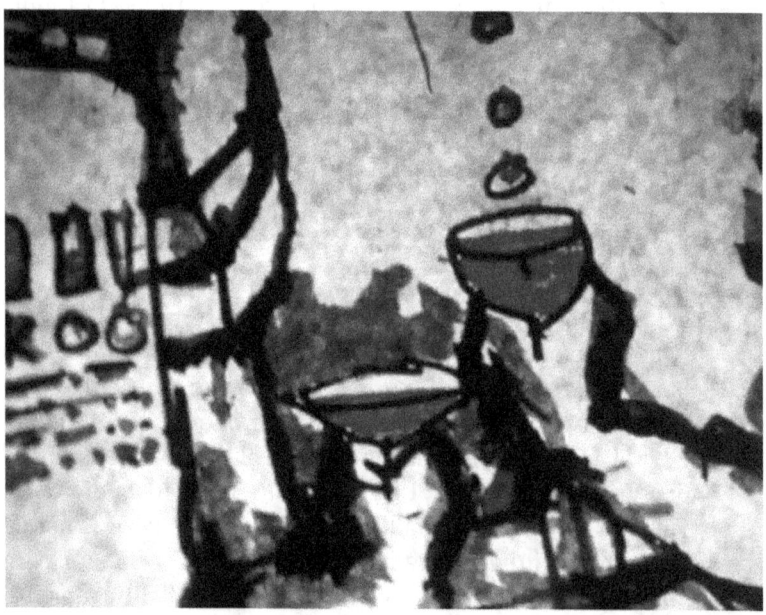

all'URSS, del socialismo panarabo e delle nazionalizzazioni. Così, per ordine e sotto il comando del generale Charles De Gaulle, 6000 cittadini di Biserta (630 secondo le fonti ufficiali) furono assassinati in cinque giorni dalle truppe e dai carri armati francesi usciti dalla base militare. 1555 furono i feriti. Ci raccontò quell'orrore colonialista, in "diretta" per l'Italia, Saverio Tutino, allora corrispondente dell'«Unità». Quell'episodio sconvolgente spinge Marc Scialom a emigrare in Francia, in quanto, avendo acquisito la nazionalità francese, era guardato con un odio che, racconta, malcelava anche l'inestinto antisemitismo. Nel 1967, dieci anni dopo l'indipendenza della Tunisia, conquistata il 20 marzo 1956 ma proclamata il 25 luglio 1957, aveva già pubblicato, spinto da quell'episodio, il romanzo breve *Loin de Bizerte* (Éditions Mercure de France), che descrive il profondo disgusto di un bambino ebreo di Tunisi durante i massacri, nel mese di luglio del 1961. Fatto sta che di socialismo arabo, in Tunisia, non si parlò mai più seriamente. A costo di "inventare" (ben pagandoli) i fondamentalisti islamici...

Il socialismo in una sola testa

Cosa successe esattamente e in che momento della vita politica della Tunisia si situa quel massacro? Siamo in piena fase "socialisteggiante" del governo Ben Salah, l'ex sindacalista rimosso da Habib Bourghiba quando era al vertice dell'UGTT che, nominato primo ministro, controlla ora ben cinque ministeri contemporaneamente e che, come il suo Presidente, farà il grande errore di centralizzare troppo su di sé e di voler dirigere tutto, insofferente a critiche, miglioramenti e consigli (soprattutto "dal basso"). Così il suo ambizioso e cerebrale, paracomunista "piano decennale" di centralizzazione e collettivizzazione dell'economia scatenerà il ritiro degli aiuti economici della Francia, terrorizzata dagli espropri, ma anche la collera dei latifondisti e la rivolta di una parte della popolazione contadina più retriva o di quella più consapevole come classe che ebbe paura però di essere strumentalizzata. Tumulti e rivolte porteranno alla caduta di Ben Salah nel 1969 (e alla contemporanea rielezione di Bourghiba, sempre più abile nel deviare verso i suoi uomini l'odio delle masse).

Il presidente Bourghiba aveva chiesto, in maniera civile e pacifica, l'evacuazione del porto, ma De Gaulle, ossessionato dalla questione algerina, non aveva risposto, pur decidendo, assieme agli Stati Uniti, di abbandonare le basi in Marocco. Bourghiba, colpito nella dignità, rinnova allora la sua richiesta e organizza manifestazioni contro la base militare francese. Il generale De Gaulle rifiuta, ricordando l'articolo 2 del Trattato del Bardo e della Marsa che attribuirebbe alla Francia il diritto di occuparsi della sicurezza e del litorale della Tunisia. Ma la convenzione franco-tunisina del 1955, specifica all'articolo 4 che quel diritto è ormai scaduto. La Francia risponde con i carri armati e il massacro più disumano, e tiene sotto controllo la città fino al 27 luglio, senza che l'ONU intervenga, anche per il veto di Kennedy. Parigi alla fine evacuerà la sua base militare, il 15 ottobre 1963, ma ormai un blocco storico "anticomunista" è formato e terrà sempre più Bourghiba lontano da ogni tentazione. Intanto approfitta della situazione descrivendo il braccio di ferro tra nazionalisti e neocolonialisti, tra patrioti e "invasori", come un combattimento personalizzato, tra due galli nel pollaio. Tanto che un ufficiale, implicato nel colpo di stato "yussefista" del 20 dicembre 1962, incolperà in tribunale il capo dello stato di «avere sacrificato inutilmente la vita dei soldati tunisini in occasione della battaglia di Biserta» strumentalizzando l'esercito per motivi di vanità personale. Il popolo si sentirebbe ormai un «giocattolo nelle mani del presidente e di un primo ministro» che nazionalizzano e collettivizzano le terre in nome di una blasfema utopia, la "società senza classi"...

Infanzia di Scialom

Marc Scialom era nato a Tunisi nel 1934, aveva 27 anni al momento dell'incidente di Biserta. Ebreo sefardita, ma già eccentrico, anche genealogicamente, come ci ricorda: «Appartengo più o meno al ramo "livornese" della comunità ebraica tunisina e più precisamente a quello "portoghese". Dico "più o meno" perché, se effettivamente i genitori di mia madre e il padre di mio padre, sebbene nati tutti a Tunisi, erano di lontana origine livornese, la madre di mio padre era un'"Ebrea austriaca"».

Un'emigrazione in Maghreb, quella degli Ebrei portoghesi, iniziata nel XVI secolo, all'epoca dell'inquisizione e della cacciata degli Ebrei che avevano trovato rifugio in Nordafrica, come commercianti del cuoio soprattutto, dapprima attraverso la mediazione del "liberale" granducato di Toscana. In Tunisia pescatori genovesi si erano già stabiliti, a Tabarca, specializzandosi nella pesca del corallo. E saranno moltissimi gli Italiani che troveranno "nell'altra riva" ospitalità generosa, per esempio dopo il fallimento dei moti carbonari. Così il primo periodico tunisino, del 1838, fu in lingua italiana, ma, mazziniano e sovversivo, fu subito sospeso dal Bey Ahmed. E nel 1886, in pieno protettorato francese, nacque «l'Unione», un giornale di battaglia anarchico e socialista. Una emigrazione italiana ed ebrea che ha partecipato attivamente alla vita politica del paese, alle lotte per l'indipendenza nazionale e l'autodeterminazione, e che ha lasciato indelebili tracce socioeconomiche (il sistema bancario tunisino è stato impostato e gestito per secoli dai "grana", ovvero dagli Ebrei livornesi e i twansa, ovvero gli altri cittadini tunisini di origine ebraica che hanno avuto un peso fondamentale nel sistema commerciale del paese), urbanistiche (basta ricordare il ghetto di La Hara e il cimitero di Borgel, che vediamo in alcune bellissime sequenze di *Nuit sur la mer*) e culturali profondissime, nonostante il fatto che solo il 2% di Tunisini al massimo sono stati

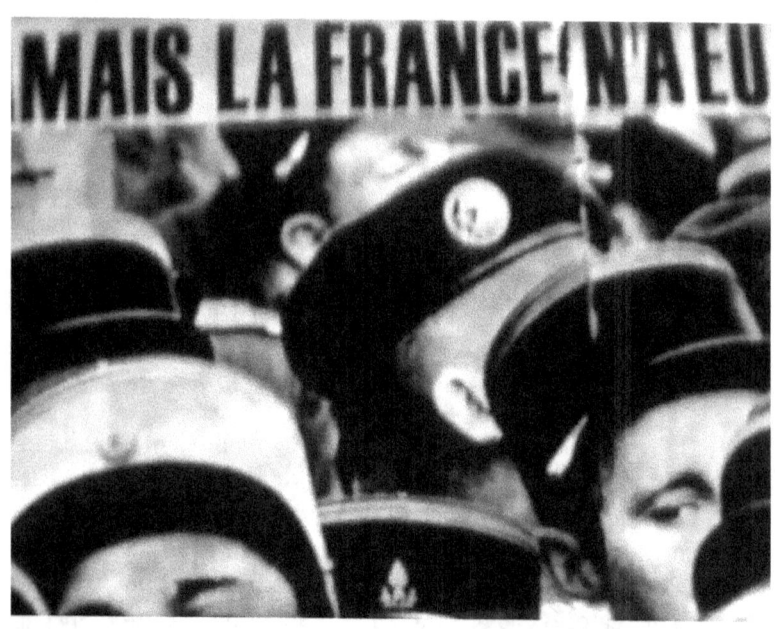

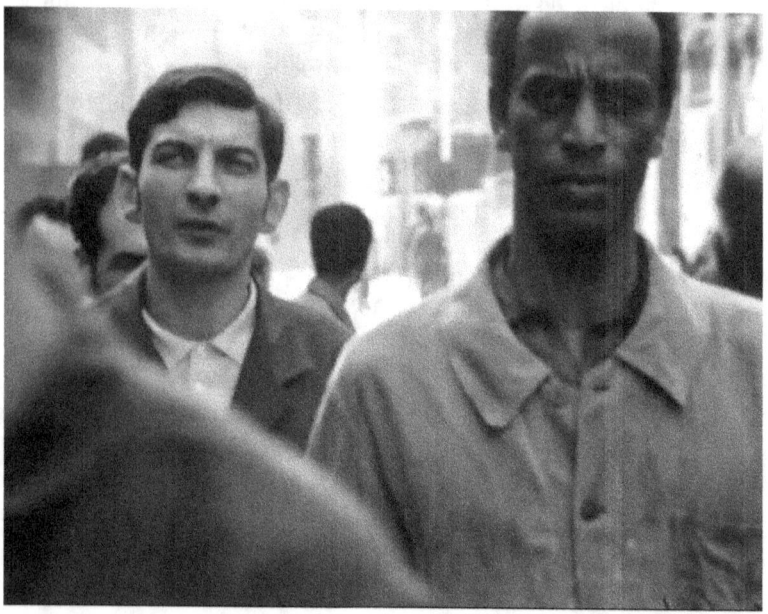

di religione cristiana o ebraica. Citiamo, a parte Scialom, l'importanza e il prestigio di figure come Albert Memmi, poeta e scrittore, poi esule a Parigi; Georges Adda (1916-2000), membro autorevole del partito comunista tunisino dal 1934, Ebreo anti-sionista e filopalestinese; Habiba Msika (1903-1930), la cantante e attrice assassinata giovanissima da un ricco amante che aveva lasciato, a cui la cineasta Selma Baccar ha dedicato il film biografico *La danza del fuoco* (1995); Cheik Afrit, alias Issim Israel Rozzio (1897-1939) autore di oltre 500 canzoni d'amore; il poeta Mario Scalesi; lo scrittore Albert Nacchache, esule dal 1961, autore de *Le rose dell'Ariana* (L'Ariana è un villaggio vicino Tunisi), romanzo in memoria di una civiltà sepolta, quella della grande, raffinata, tollerante, cultura cosmopolita tunisina.

Dopo il patto Mussolini-Laval del 1936 la potente comunità italiana (nel dialetto arabo tunisino esistono molte parole italiane, pochissime francesi) che poteva al massimo aver flirtato anni prima col fascismo in polemica con le prepotenze del protettorato francese (come leggiamo nello studio di Mustapha Kraiem *Le fascisme et les Italiens de Tunisie* 1918-1939, ed. Ceres, Tunisi, 1987), si spostò sempre più a sinistra e nacquero giornali progressisti come «L'italiano di Tunisi» e «Il giornale».

«Mio padre, i suo fratelli, tutta la nostra famiglia e i loro amici – prosegue Scialom – sia ebrei italiani che ebrei tunisini autoctoni, erano di sinistra, generalmente socialisti, radicalmente ostili al fascismo e al nazismo, tanto più che il governo di Pétain li sottomise alle cosiddette "leggi razziali". Mio padre, per esempio, operaio diventato poi assicuratore marittimo, lavorava per conto suo, ma sotto Pétain e Laval si vide imporre un "padrone" francese cristiano di cui diventò l'impiegato. Nel 1943, durante i sei mesi di occupazione tedesca a Tunisi, fummo cacciati via da casa nostra dai nazisti, poi dalla casa dei miei nonni, poi, insieme ai nonni e ad altri, dalla casa di uno zio. Ovviamente sapevamo che Mussolini e Hitler andavano d'accordo e tali prepotenze non potevano suscitare una qualsiasi adesione al fascismo».

Dopo le persecuzioni fasciste e naziste durante la seconda guerra mondiale e la nascita dello stato confessionale di Israele, 25 dei 70 mila Ebrei tunisini, soprattutto le famiglie più ortodosse della comunità, si trasferirono in Israele. La maggior parte degli altri, come la famiglia Scialom, emigrarono in Francia, soprattutto dopo gli esproprii delle terre e dei beni e la guerra dei sei giorni. Ma gli Ebrei italiani avevano subito una seconda persecuzione, questa volta in quanto italiani, e dunque paradossalmente sospettati di "fascismo" subito dopo la Liberazione. A questo proposito Marc Scialom precisa: «Vorrei ricordare, l'ho già spesso raccontato, che subito dopo la guerra, nel '45 o nel '46, mio padre fu accusato a torto di essere stato fascista e fu inviato dalle nuove autorità francesi in un campo di concentramento a Gafsa, nel sud tunisino. Da quel campo mia madre riuscì a farlo uscire dopo un mese di tentativi presso le autorità, che abbastanza presto riconobbero il loro errore. Un po' più tardi, quando ebbi 16-20 anni, entrai in contatto con parecchi intellettuali ebrei comunisti, molti erano insegnanti, che a Tunisi sostenevano attivamente gli Algerini nella loro guerra di liberazione e l'anticolonialismo in generale. Mio padre chiese e ottenne la nazionalità francese nel 1948 (avevo 14 anni) in seguito al suo indebito imprigionamento a Gafsa. Per spiegare il suo desiderio che diventassimo francesi ci disse: «Durante la guerra abbiamo avuto il torto di essere Ebrei, adesso abbiamo il torto di essere Italiani».

Tumulti e conquiste

La deriva sempre più autoritaria del "socialismo arabo-occidentaleggiante" del presidente Habib Bourghiba, culto della personalità compreso, il nepotismo, le pesanti manovre sulla leadership sindacale – quando il leader Ben Salah lo sfiderà verrà rimosso – o la rimozione immediata degli oppositori più ambiziosi e pericolosi (come Salah Ben Yussef, della tendenza "orientale" del Destour, autore di un colpo di stato "pre-islamista" nel 1962), la profonda insoddisfazione sociale provocata dalle politiche dei suoi governi, sempre ostaggio, nonostante la demagogia della decolonizzazione e della lotta all'oscurantismo, di interessi europei "forti", provocarono scioperi, tumulti e lotte periodiche sempre più represse. Le manifestazioni contro il "collettivismo autoritario" del redivivo, ma adesso primo ministro, Ben Salah (l'8 settembre del 1969 insorge Sahel); i tumulti di Ksar Hellal, alla fine del 1977; il "giovedì nero" del 26 gennaio 1978 contro il governo Nouira (200 morti, 1000 feriti); la rivolta di Gafsa del 26 gennaio 1980, con 15 morti civili (più due soldati); la "guerra del pane" del gennaio 1984 contro il governo Mzali (143 morti e migliaia di feriti)... Brutali furono gli interventi polizieschi e dell'esercito contro le manifestazioni contadine, dei minatori e degli operai, ma anche quelle studentesche del biennio 1967-1969 (che Michel Foucault, allora insegnante a Tunisi, ricorda come un vero, duro, lungo e cruento "maggio rivoluzionario", ancor più coraggioso di quello parigino). Degenerazioni pesanti che offuscarono alcune conquiste sociali e culturali irreversibili, di stile francese, come il "CSP", il codice dello statuto personale, che sanciva, dal 1956, la parità tra l'uomo e la donna, compresa l'abolizione del velo, la forte separazione laica tra stato e religione (anche se non gli riuscì l'abrogazione del ramadan), la scolarizzazione obbligatoria per uomini e donne fino ai 16 anni, il divorzio... E anche la nascita di alcune manifestazioni culturali d'eccellenza come le biennali "Giornate del cinema di Cartagine", nate nel 1966, e immediato punto di riferimento mondiale per la loro forte tensione internazionalista e terzomondista impressa dalla direzione del critico e storico Tahar Cheriaa, allontanato poi da Bourghiba alla metà degli anni '70 sia dal festival che dal vertice SATPEC dopo il fallimento della sua politica di "monopolio della distribuzione" per l'opposizione delle potenti majors europee e hollywoodiane. Cinema e Tunisia avevano un rapporto di lunga data. La presenza tutt'ora di un forte movimento di cine e video-club lo conferma. L'operatore dei fratelli Lumière, l'Algerino Felix Mesquich, aveva ripreso il paese, così come l'Egitto, la Siria, il Marocco e naturalmente l'Algeria, alla fine dell'800. E nel 1919 era stato girato un primo lungometraggio in Tunisia, *Les cinq gentlemen maudits* di Luitz Morat e Pierre Régnier, mentre Albert Shammama Shikly, che già nel 1897 aveva organizzato a Tunisi le prime proiezioni pubbliche delle produzioni Lumière di Mesquich, diresse nel 1922 il primo corto tunisino, *al-Zahara* (il naufragio di una ragazza francese, salvata da un aviatore, permette riprese di scene di vita dei Beduini), e nel 1924 il primo lungometraggio, *Ainu al-ġazal*, o *La fille de Carthage*, tragica storia d'amore tra due giovani separati dalle convenzioni sociali.

Gli Italiani ormai, dagli 80-100 mila cittadini di prima del 1945 si sono ridotti a meno di diecimila unità. Mentre non dimostrano lo stesso generoso senso dell'ospitalità nell'accogliere, in Italia, i lavoratori maghrebini in cerca di lavoro, non perdono comunque la voglia di contare qualcosa nei fatti interni della Tunisia (tra fuga di Craxi e colpo di stato di Ben Ali). Intanto la comunità francese è diventata via via più folta. Di Ebrei ormai non ne resta quasi nessuno. Anzi, quando farà la sua comparsa sul grande schermo delle JCC la figura, dipinta con affetto e nostalgia, di un anziano liutaio ebreo-tunisino ne *L'uomo di cenere* (1986) di Nuri Buzid la cosa non passerà inosservata e il film sarà duramente criticato, per questa sequenza "provocatoria", dal pubblico islamista più fanatico. Marc Scialom, intanto, vive in Francia, a Parigi, poi insegna a Saint-Etienne.

«Decisi di lasciare definitivamente la Tunisia verso il 1967, dopo la battaglia di Biserta (1961) e questa mia decisione trovò conferma al momento della Guerra dei Sei Giorni tra Israele, Egitto e altri paesi del Medio Oriente (1967). Infatti, se ricordo bene, mi pare di essermi insediato in Francia già nel '63 o nel '64. Mi sentivo ormai doppiamente rifiutato dalla popolazione tunisina: in quanto Francese (anche se, essendo marxista e anticolonialista, respingevo con passione l'atteggiamento della Francia nei confronti della rivoluzione algerina e i massacri perpetrati a Biserta dall'esercito francese) e in quanto Ebreo (anche se, con la stessa passione, respingevo l'atteggiamento del governo israeliano verso i Palestinesi). Purtroppo la maggior parte dei Tunisini stabilivano automaticamente l'equivalenza, classica, incrollabile, tra Francese e colonialista e tra Ebreo e sionista. Questa seconda equivalenza perdura anche oggi, è molto diffusa, nella mentalità araba e dei Francesi di sinistra. E io, che sono sempre stato di sinistra, anzi di estrema-sinistra, non voglio far finta di non accorgermene. Voglio invece rifletterci, parlarne, dire che lo slancio della mia amicizia per gli Arabi sarebbe demagogia, ipocrisia semplificatrice, se non tenessi conto delle ambiguità, dell'aggressività nascosta o aperta, talvolta dell'odio (qui amore e odio spesso vanno insieme) che risorgono perpetuamente in ognuna delle due comunità nei confronti dell'altra – e che io stesso senza dubbio provo. In breve, la complessità del rapporto tra Arabi ed Ebrei, tra me ebreo e i miei amici arabi, voglio guardarla sempre in faccia e completamente, rifiutando l'atteggiamento compiacente di una certa sinistra francese benpensante. Ho optato per l'esilio in Francia per ragioni di cultura e di lingua. Trasferirmi in Israele, di cui detestavo le scelte politiche, sarebbe stato per me impensabile. Aggiungo che da sempre sono ateo e che per me le religioni, ebrea, musulmana, cristiana, ecc., non hanno nessun altro valore che come fonti di poesia (fonti magnifiche però).

Quando vivevo a Tunisi mi sentivo e mi dichiaravo marxista di tendenza "sartrista" ma non ero iscritto al partito comunista e non avevo nessun rapporto con il partito comunista tunisino. Poi, in Francia, a Parigi, mi sono iscritto al partito comunista francese e vi ho militato qualche tempo, meno di due anni, prima di capire che cosa era lo stalinismo e di optare per partiti più a sinistra (Lutte Ouvrière, Rouge)».

marc scialom

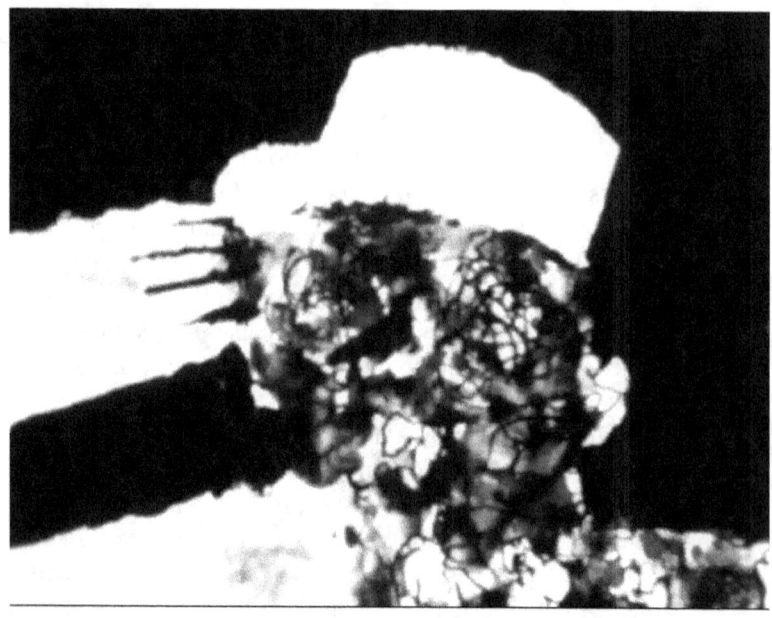

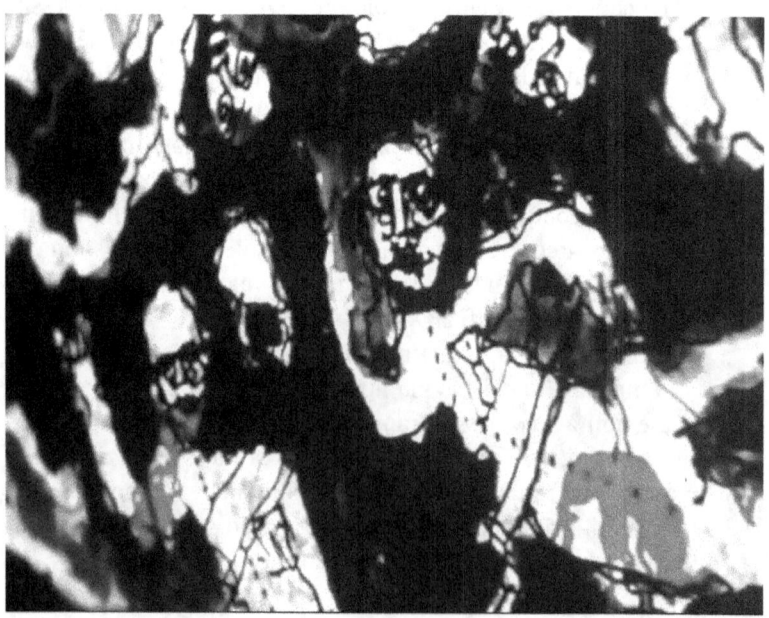

Il precursore

Infatti Scialom dopo aver girato in Tunisia nel 1957 *En silence* (16mm/35mm), un film andato perduto (salvo le immagini presenti in *Lettre à la prison*), e dopo aver collaborato come operatore alle riprese in Tunisia di alcuni film di cui non ricorda i titoli, prodotti dall'Office Tunisien du Tourisme e dalla società di produzione Danoral International Films (New-York), nel 1964-1965, lavora a Parigi all'Institut Pédagogique National, Département de la Télévision Scolaire e realizza alcuni film didattici. Del 1966 è *Exils* (35mm/18') cortometraggio ispirato alla *Divina Commedia* di Dante (co-produzione Argos-Films e Service de la Recherche de l'ORTF, che sarà Leone d'Argento alla Mostra di Venezia post-contestazione, nel 1972.

Ma *La parole perdue* resta anche un film che precorre i tempi. A causa dei legami postcoloniali tra Africa e Francia, e tra cinema africano e Parigi, non sarà così facile occuparsi, nei primi cinquant'anni successivi, dei film realizzati nei nuovi stati indipendenti della storia coloniale. Già il Mauritano Med Hondo riuscirà a realizzare la saga anticoloniale *Sarraounia* (1986) solo grazie a una coproduzione interafricana e in piena "epoca Thomas Sankara". Ma bisognerà aspettare il 1988 e il 2011 perché Senegal e Algeria abbiano il coraggio di ricordare altre due efferate stragi francesi, quella di Sétif del 1945 e di Champ de Thiaroye del 1943. Mentre la Francia celebra la fine del Terzo Reich e il trionfo dei valori della democrazia sul nazismo, dall'altra parte del Mediterraneo, a Sétif, 300 chilometri da Algeri, un gruppo di manifestanti chiede la liberazione del leader del Partito Popolare Algerino, Messali Hadj. Appena la bandiera dell'Algeria, vietata dal governatorato generale francese, viene fatta sventolare, la polizia spara sulla folla, esplode la rivolta degli Algerini e al termine della giornata si contano 103 morti francesi.

La repressione, condotta dal generale Duval, utilizzando anche raid aerei contro i civili, provoca la morte di 45.000 persone tra uomini donne vecchi e bambini (secondo fonti algerine) e

8.000, secondo fonti francesi. In *Nedjma*, romanzo di Kateb Yacine, l'orrore verrà descritto in ogni particolare, comprese le milizie di *pieds-noirs* all'opera nella regione di Costantina che sarà all'origine della guerra di Algeria (1954-1962). Il film algerino *Hors la loi* di Rachid Bouchareb sul massacro di Sétif sarà contestato dai reazionari francesi e dalle organizzazioni di *pieds-noirs*.

Il massacro di Thiaroye, nella periferia di Dakar, avvenne invece nel novembre-dicembre 1944. Truppe di soldati africani d'eccellenza, i *tirailleurs* senegalesi, reduci dal fronte, si ammutinarono per la revoca della paga, il razzismo nell'esercito e le pessime condizioni di vita. I Francesi spararono e uccisero 35 soldati. Sul massacro, che diede slancio al movimento indipendentista in tutta l'Africa occidentale francese, Sembene Ousmane, padre del cinema africano, è riuscito a realizzare un film soltanto nel 1988.

La nuova Tunisia?

La Tunisia in festa dopo la rivoluzione del 14 gennaio e la dura lotta per riconquistare "la libertà, la dignità e la democrazia", nonostante la devastante crisi economica causata dalla politica "deviata" di Ben Ali, accolse con straordinaria e commovente generosità – e senza ricevere alcun aiuto dalle potenze occidentali – decine di migliaia di profughi civili libici, messi in fuga dai bombardamenti e dai rastrellamenti della guerra del 2011 contro Gheddafi.

Béji Caid Essebsi, il nuovo primo ministro tunisino, in un'intervista rilasciata in Francia il 23 marzo 2011 ha dichiarato: «Attenzione, per noi la Libia non è estero, ma una questione interna. Le stesse famiglie vivono ai due lati della frontiera... Noi abbiamo accolto più di 160.000 rifugiati in qualche settimana. Non abbiamo gridato all'invasione. Noi abbiamo portato loro soccorso nei limiti dei nostri mezzi. Gli abitanti delle regioni frontaliere li hanno accolti a casa loro. Non ci hanno segnalato un malcontento locale. Voi, in Francia, quando in un momento di crisi, 5.000 tunisini sbarcano a Lampedusa, molto, molto lontano dal vostro paese, voi ci vedete un cataclisma. Marine Le Pen corre a Lampedusa. È meglio restare calmi».

Un solo venditore ambulante angariato dalla polizia di Sidi Buzid aveva avuto la forza, secondo la leggenda, di rovesciare, poche settimane prima, le Parti Unique, il "partito unico", nazionale e "socialista" di Ben Ali, e il suo articolato e poliziesco sistema di potere (i poliziotti passano da 20 mila a 87 mila, un sistema di spionaggio capillare interno perfetto, oltre che una tutela perfetta degli interessi economici dei grandi gruppi economici transnazionali): chissà che quel suo gesto estremo e contagiante non prefigurasse per questo gioiello del Mediterraneo un futuro di patria dei "clandestini", degli "illegali", degli apolidi, dei nomadi, dei "sans papiers", degli hoboes e dei "vagabondi", cioè dei lavoratori che fanno funzionare davvero tutto il mondo senza essere nemmeno troppo ringraziati per questo... Guy Dugas, nel 2004, in *Tunisie, rêve de partages* (ed. Omnibus, Paris) lo aveva del resto ribadito: «La Tunisie est terre d'accueil, ouverte aux étrangers, aux déracinés et aux apatrides»...

La tradizionale ospitalità della Tunisia, e non solo il suo spirito "internazionalista" (tragicamente all'opera soprattutto durante la guerra di liberazione d'Algeria come si è visto nella crisi di Biserta) è infatti cosa di lunga data. L'avevano scoperto per primi Enea e i suoi uomini in fuga da Troia... Così come, in anni più recenti, i nostri lavoratori, contadini, operai e pescatori, che, tra la fine dell'800 e l'inizio del '900, e poi durante il fascismo, perseguitati da latifondisti e padroni avidi e armati, trovarono nell'altra riva una alternativa possibile allo sfruttamento bestiale nel mezzogiorno d'Italia, alle retate mafiose e all'arresto per "tumulto continuo". E conquistarono, non senza conflitti e contraddizioni, la loro seconda patria e la possibilità di costruirsi un futuro più roseo senza, a intralciarli, nessuna "legge Bossi-Fini". La maggior parte di questi immigrati vissero soprattutto a Tunisi, nel quartiere periferico e marinaro soprannominato non a caso "La piccola Sicilia", dove nacque anche la mamma del cineasta nordamericano Francis Ford Coppola.

In un bel documentario di Mohamed Challouf e Mahmoud Ben Mahmoud, *Italiani dell'altra riva* (Tunisia, 2000) si racconta, attraverso le testimonianze di concittadini illustri (come Claudia Cardinale, ex "miss Goulette" 1957, o Maurizio Valenzi, ex sindaco di Napoli) o meno, la storia dell'emigrazione di migliaia di proletari settentrionali o meridionali, stabili o "stagionali", che vissero e lavorarono per decenni, senza subire discriminazioni di carattere etnico, politico o religioso, con lavoratori ebrei e musulmani, spesso condividendone, mescolandone e moltiplicandone lotte, festività e usanze. Lo racconta anche Ferid Boughedir nella commedia giovanilista *Un été à la Goulette* (Tunisia, Francia, Belgio 1996), la storia di tre amici, l'autista Yussef (musulmano), il pescatore Giuseppe (cristiano) e Jojo, il re del brick all'uovo (ebreo), e soprattutto dei loro figli e figlie che vivono gli anni folli del twist, abitano nello stesso palazzo e intrecciano i loro rapporti, anche sentimentali, con gli avvenimenti storici, spesso drammatici, che dalla fine degli anni '50 alla fine degli anni '60 fanno tutto il possibile per dividerli. Matrimoni, lavori, circoncisioni, feste, amori, guerre o processioni a Santa Rosalia renderanno Sidi Bou Saïd, la Goulette, il suq, la Medina o la "città europea" un crogiuolo multiculturale ormai miracoloso: accoglienza calorosa, solidarietà umana, tolleranza religiosa e rispetto per atei, agnostici e minoranze di tutti i tipi sono sentimenti e comportamenti ormai demodé o fuori legge quando, siamo nel 1966, prevarrà l'identità ancorata ai peggiori dogmi delle rispettive tradizioni culturali. E l'"altro" diventerà improvvisamente fonte di paura, nemico sconosciuto e pericoloso. Così il fecondo métissage è trasformato in insalubre, incestuosa identità congelata. Le loro tre figlie non riusciranno a perdere – come stabilito da un loro patto segreto – la verginità prima del 15 agosto con i loro ragazzi, ognuno di fede religiosa differente. Per colpa della Guerra dei Sei Giorni. Il sogno si trasforma in incubo. Molti Tunisini dovettero lasciare il paese, scegliendo la Francia piuttosto che Israele, se ebrei, o rientrando in Italia.

Se pensiamo che la nostra comunità, di oltre 100.000 abitanti, era stata per tutto il secolo scorso perfino più numerosa di quella francese (nel 1911 gli Italiani rappresentavano il 59,3% della popolazione europea del paese, nel 1921 il 55%), e che aveva dovuto affrontare, tra il 1922 e il 1945, soprattutto contraddizioni interne, si vedrà come il panorama fosse completamente mutato. La lotta interna più drammatica è stata quella tra fascisti e anti-fascisti espatriati, come ci racconta lo storico Mustapha Kraiem in *Le Fascisme et les Italiens de Tunisie 1918-1939*, che inquadra storicamente l'ambiente in cui nacque Marc Scialom.

E non dobbiamo dimenticare che, tra le iniziative del dopo rivolta 2011, Dara el Dhékra (Casa della Memoria) si propone, attraverso una serie di azioni culturali puntuali, di introdurre nei programmi scolastici l'apporto giudaico alla storia del paese e di aprire il primo museo di arti e tradizioni degli Ebrei in Tunisia, anche se nel museo nazionale del Bardo esiste già un'ala consacrata alla storia ebraica.

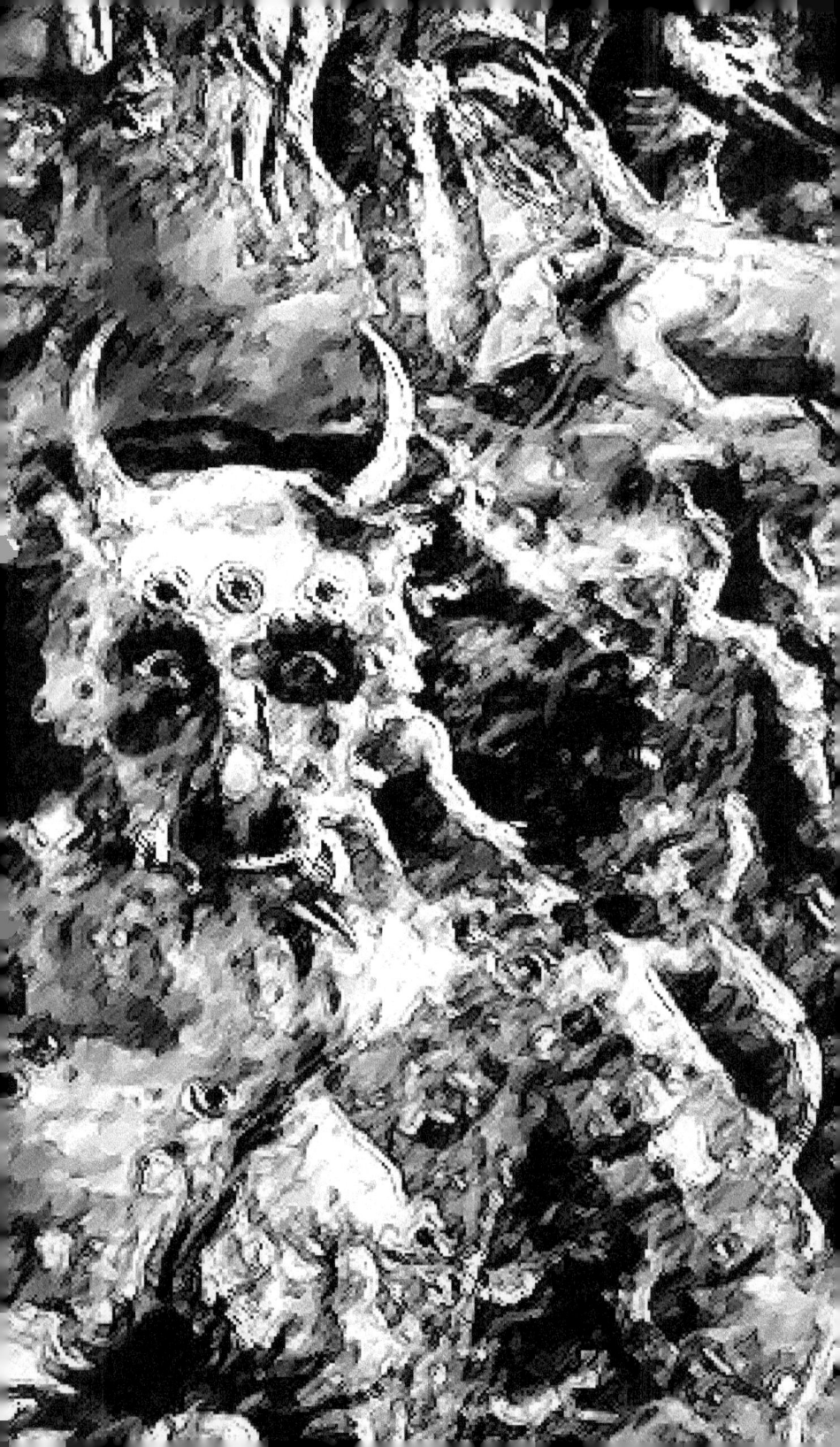

Soggettività e frammentazione.
Cinema, letteratura, traduzione

L'impermanenza del cinema:
«Exils» e «La parole perdue»

di Dario Marchiori

Im-memoria di Chris Marker, esule del cinema

Shock inaugurale, il sentimento di fascinoso spaesamento provocato dalle panoramiche incessanti che aprono, ovvero dischiudono, l'intensissimo *Lettre à la prison* di Marc Scialom, lettera intima trasfigurata dall'onirismo della finzione e spalancata con sguardo curioso sul mondo esterno. L'opera di Scialom, non solo cinematografica, è l'opera di un apolide, febbrilmente attraversata da un movimento incessante, che non conosce il riposo momentaneo del nomade ma soltanto la violenza subita dall'esule. Violenza che si riflette sulla storia materiale dei suoi film, dei quali il primo rimastoci è *Exils* (1966) – a parte qualche inquadratura di *En silence*, mediometraggio a colori del 1957, innervata nel corpo vivo, in bianco e nero, di *Lettre à la prison*. La rapidità e la violenza saranno la scena inaugurale da cui prendere le mosse per avvicinarsi al cinema di Scialom, e in particolare ai cortometraggi *Exils* e *La parole perdue* (1969), sui quali ci soffermeremo più lungamente, non senza cercare di confrontarli all'intera sua opera, cinematografica e non.

Rapidità, discontinuità, opacità: *Exils*

Coprodotto da Argos-Films e dalla sezione sperimentale dell'allora unica rete nazionale francese, l'ORTF, *Exils* è un adattamento sperimentale della *Commedia* di Dante, realizzato interamente a partire da immagini fisse rifilmate e "messe in movimento" da Scialom: dipinti e disegni di Mélik Ouzani, che ritroveremo come pittore ne *La parole perdue* tre anni dopo; affreschi e miniature della tradizione cristiana; illustrazioni destinate al poema di Dante. Il modo in cui Scialom rifilma le immagini fisse – e solo in questo senso le "anima", mentre si potrebbe essere tentati di definire *Exils* e *La parole perdue* film "d'animazione" – segue una strategia formale inaugurata dai documentari sperimentali sulla pittura di Luciano Emmer ed Enrico Gras (soprattutto i giotteschi *Racconto da un affresco* e *Il dramma di Cristo narrato da Giotto*), e di Alain Resnais e Robert Hessens (si penserà qui soprattutto a *Guernica*). Le immagini sono utilizzate in parallelo col testo, talora per illustrarlo talora per condensare un passo dantesco, secondo una tendenza quasi saggistica che fa lavorare in parallelo le immagini, il testo della *Commedia* e la dimensione musicale ("concreta": sussurri, grida e lamenti; più astratta: musica d'atmosfera, dissonanze). Il risultato di questa stratificazione di materiali parzialmente eterogenei è intenzionalmente poco armonioso, e non si riduce ad un'intenzione illustrativa. Da un lato, infatti, Scialom fa prova di un'intenzione didattica, convocando immagini che favoriscano la comprensione e riducendo o riassumendo la complessità delle metafore e delle similitudini dantesche in espressioni più concise, e più accessibili al pubblico francese, che conosce meno la *Commedia* di quello italiano, e che ne ha ricevuto troppo spesso una versione "classicista"[1]. D'altra parte, Scialom persegue una certa opacità che impedisce una comprensione semplicistica ed immediata, contraddicendo la visibilità e la trasparenza dell'immagine, stratificando urla lamenti borborigmi, introducendo musica astratta, filmando dettagli per nulla o appena decifrabili, ricorrendo al negativo e a effetti di luce e di metamorfosi dell'immagine, si veda ad esempio l'effetto di cancellazione quasi completa (potremmo dire: la sua trasformazione in traccia, in sindone) del volto di Beatrice all'inizio del film, quando la voce off ne annuncia la morte, ma ancora alla fine quando la sua immagine è alternata a quella di Dio, in una lettura mistica (potremmo dire: dreyeriana), al contempo materialista e metafisica, amorosa e ultraterrena, del verso conclusivo della *Commedia*: "l'amor che move 'l sole e l'altre stelle". A quest'alternanza si aggiunge l'inserto fra le ultime, sublimi parole della *Commedia* di un'eco dell'incontro con Francesca nell'*Inferno*, cui rinviano sia il testo (cfr. nota 9) che l'immagine. La poetica del montaggio alternato di Scialom si manifesta qui con un'alternanza estrema, "estatica", tra metafisico (il volto di Dio) e terreno (l'amore umano, e l'immagine della terra natia). Dio è terreno, è amore, è Beatrice, è Francesca, è ricordo del, forse ritorno al Paese natale.

Il film si apre con una sorta di prologo e col famoso annuncio, tratto dalla *Vita Nova* (XXIII capitolo, canzone *Donna pietosa e di novella etate*, v. 56): «morta è la donna tua ch'era sì bella». Seguendo una tendenza propria dell'intera sua opera, filmica e non, Scialom mette al centro della propria poetica il nesso tra mortalità e amore, il radicamento nella storia[2] dell'essere umano, valorizzando così la dimensione terrena della *Commedia*. In maniera complementare all'amore per Beatrice, il tema della morte è centrale per Scialom, che considera la *Commedia*, rispetto a Dante, come «nata dal suo lutto e dal suo esilio, racconto di un viaggio presso i morti, esuli assoluti»[3]. Esilio dalla vita, piuttosto che separazione dalla vita, perché i morti danteschi – continua la scritta – non hanno per nulla «rinunciato alle passioni che li hanno fatti vivere». Ricordiamo come la morte sia centrale anche nel romanzo coevo *Loin de Bizerte* (1967)[4], costruito attorno a due avvenimenti appena schizzati e in qualche modo complementari, lasciati ai margini per meglio risuonare nel non-detto, ovvero la malattia del padre da un lato, la morte violenta dei Tunisini di Biserta per mano dei Francesi dall'altra – morte violenta che sarà centrale anche ne *La parole perdue* e nella *Lettre,* che hanno molti aspetti in comune con il romanzo. Infine, questo interesse per la violenza è presente anche prima del trauma di Biserta, e forse in maniera più fondamentale, fin da alcuni poemi di *Journal d'été*, il primo libro di Scialom[5], secondo una poetica sur-

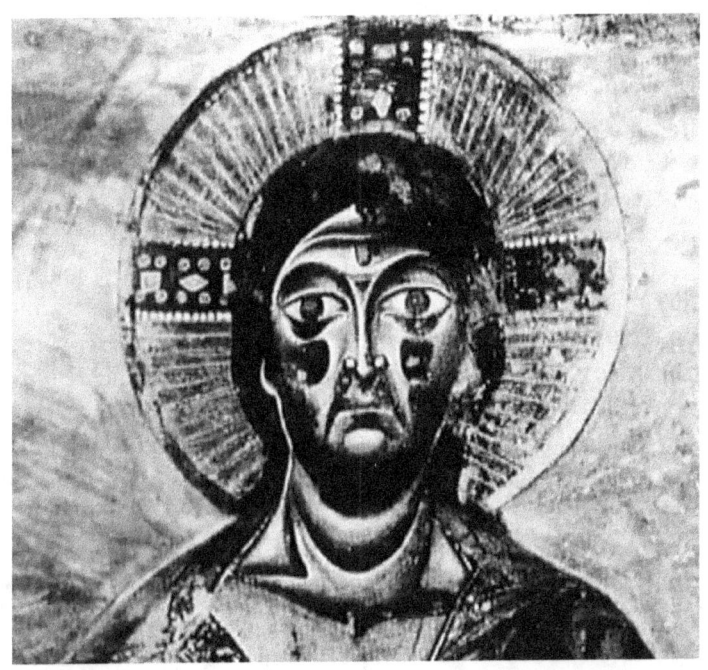

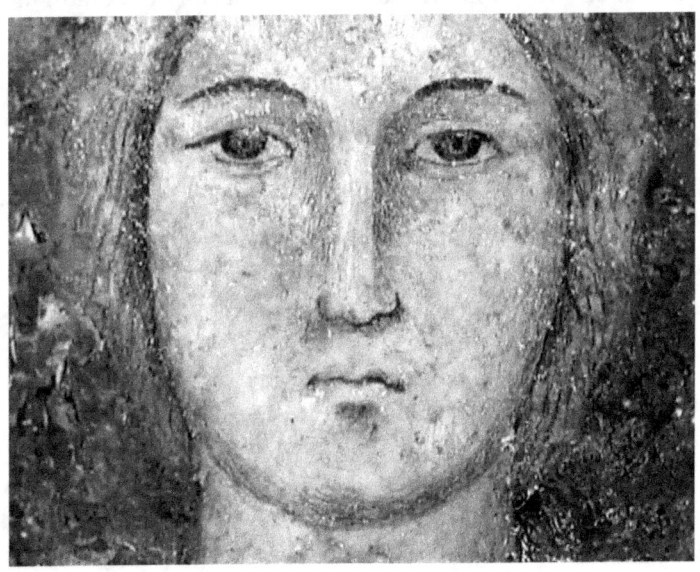

realista del desiderio come compenetrazione violenta – estatica – di Eros e Thanatos. Ma torniamo ora alla questione della rapidità della *Commedia*, connessa all'impermanenza e alla fragilità della vita terrena.

Grazie al banco d'animazione, Scialom muove l'inquadratura e percorre le immagini fisse, le dinamizza, facendole interagire con le sovrimpressioni, soprattutto nel caso di Virgilio, semplice silhouette in negativo di una figura togata che si muove linearmente nello spazio filmico, senza amalgamarsi con lo sfondo secondo facili illusionismi: le immagini sovrapposte si incrociano e instaurano legami concettuali, invece che dell'ordine della rappresentazione. Alla figura di Virgilio, si affianca talora quella di Dante, rappresentato unicamente dalla lunga ombra di un corpo sempre fuori campo – se le anime dei morti sono essi stessi "ombre", Dante è colui che produce un'ombra, che "rompe" la luce del sole come nel testo della *Commedia*[6], in quanto appartiene al mondo dei vivi. Per "muoversi" nello spazio dell'immaginario dantesco, sempre rifilmando al banco d'animazione, Scialom non si risparmia "carrellate" e rotazioni dell'inquadratura, zoom e raccordi sull'asse. Questi ultimi, più rari, si ritrovano in particolare nel caso di Beatrice, nel *Paradiso*: la sua figura e quella di Dio sono le uniche ad avere una posa frontale, ieratica, più statica rispetto al resto del film (soprattutto nel caso di Beatrice), oppure estremamente mobile, cangiante, inafferrabile, a tratti sfocata (l'esperienza vertiginosa dell'immagine di Dio, nel finale).

La ricerca sull'opacità della rappresentazione e sulla resistenza tutta storica del testo dantesco – lontano nel tempo e nello spazio per lo spettatore francese della fine degli anni '60 – si traduce anche attraverso l'opacità del rapporto tra il film stesso e l'io autoriale, laddove la presenza di Scialom si manifesta "solo" indirettamente, attraverso il prisma ermeneutico dell'esilio (estremamente personale, come sappiamo conoscendo il regista). Eliminando quasi completamente la prima persona del poeta – i pochi riferimenti all'io dantesco si trovano soprattutto all'inizio e alla fine del film –, Scialom crea un dramma polifonico, situando lo spettatore al cuore di un'esperienza innanzitutto sensoriale, lasciandolo accompagnare dalla silhouette di Virgilio e aggredire da immagini e suoni fino alla vertigine. In *Exils* insomma, la soggettività dell'autore lascia spazio alla centralità dello spettatore, alla sua immersione soggettiva nella *Commedia* come "dramma dell'esilio", quasi che la statura dell'opera di riferimento, e il fatto stesso di partire da un testo preesistente, impedissero al regista di trasporvi direttamente una dimensione autobiografica. Ad eccezione di *Exils*, l'intera opera di Scialom mette al centro l'implicazione soggettiva dell'autore, e si contraddistingue come un'opera costruita alla prima persona singolare maschile: l'io lirico del *Journal d'été*; l'io autobiografico di *Loin de Bizerte*; l'io afasico de *La parole perdue* chiamato ad articolare il suo trauma da una voce di donna; l'io monologante dell'altro, dell'Arabo in cui Scialom riesce a proiettare se stesso nella *Lettre* rivolta al fratello assente, rinchiusa però nel solipsismo psicotico dell'alienazione dell'emigrato. Laddove sogna di costruire un "io" altro da sé, femminile stavolta, come nel progetto di *Le citronnier*, il film finisce per arenarsi – un fallimento che schiuderà uno stadio ulteriore del lavoro di Scialom, ovvero l'inscrizione della sua propria figura nel suo secondo lungometraggio *Nuit sur la mer*[7], dove interpreta un personaggio tragicomico che ricorda in parte il Godard degli anni '70, confrontato allo schermo video e alla distanza che lo separa dal girato, in parte il Godard degli anni '80, artista e "idiota" dostojevskijano, in parte infine il Godard delle *Histoire(s) du cinéma*. In *La machine réalité*, il romanzo in corso di scrittura, dove il protagonista si trova a scambiare la propria identità con quella delle persone che incontra, si profila un io metamorfico, preda di un gioco di specchi vertiginoso, che viaggia da un corpo all'altro mescolando identità e alterità, immaginario e autobiografia, in una "trans-carnazione" costante che trascina tutto nel suo vorticoso *stream of unconsciousness*. Ancora una figura dell'esilio, del movimento incessante, dell'impermanenza.

Filmare il presente: interruzione, accelerazione, condensazione

Contenere in un cortometraggio di 18 minuti il capolavoro di Dante è una sfida impossibile, e l'esigente Scialom, che dedicherà più tardi la sua tesi di dottorato alle traduzioni francesi della *Commedia*, non potrà che risultarne sempre più insoddisfatto, fino ad oggi. Scialom riprende (e traduce) soprattutto brani dell'*Inferno*, da cui provengono i due terzi dei testi presenti nel film, e soprattutto le parti dialogiche, mentre le parti descrittive sono riservate piuttosto all'immagine, secondo una tendenza propria in generale dell'adattamento e del passaggio dalla scrittura alla messinscena teatrale o cinematografica. In modo complementare alla presenza fortissima dell'*Inferno*, così evidentemente "terreno", l'ineffabile predomina nel *Paradiso*, di cui Scialom riprende pochissimi brani. Anche in questo caso, il regista privilegia la dimensione materiale – le citazioni giottesche, in particolare quelle degli angeli così "materici" della Cappella degli Scrovegni, sono anch'esse da intendersi come una presa di posizione estetica, di stampo "realista". L'incontro tra realismo e surrealismo, la compenetrazione di inferno e paradiso in una chiave tutta terrena si troveranno ancora in *La machine réalité*, laddove l'io narrante progetta di girare un film o scrivere un romanzo a partire dal *Giardino delle delizie* di Hieronymus Bosch: ancora una volta, come in *Exils*, quel che sembra un discorso morale sulla metafisica diventa per Scialom una rappresentazione dell'esilio, vista tuttavia come l'immagine utopica di una felicità fragile[8], secondo una tendenza presente anche in *Nuit sur la mer* – un tema sul quale ci soffermeremo più avanti.

La selezione e traduzione di brani[9] operata da Scialom per *Exils* si compone di passi più e meno celebri, di passaggi ripresi brevissimamente o suggeriti soltanto (con un'immagine, senza testo: è il caso di Satana al centro dell'Inferno; con una scritta, senza figurazione: i nomi di tre dei quattro profeti maggiori,

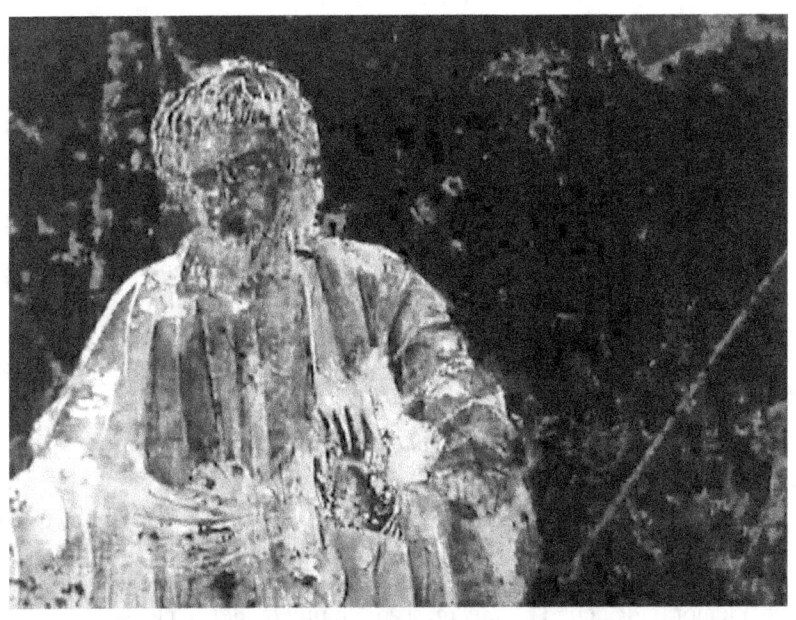

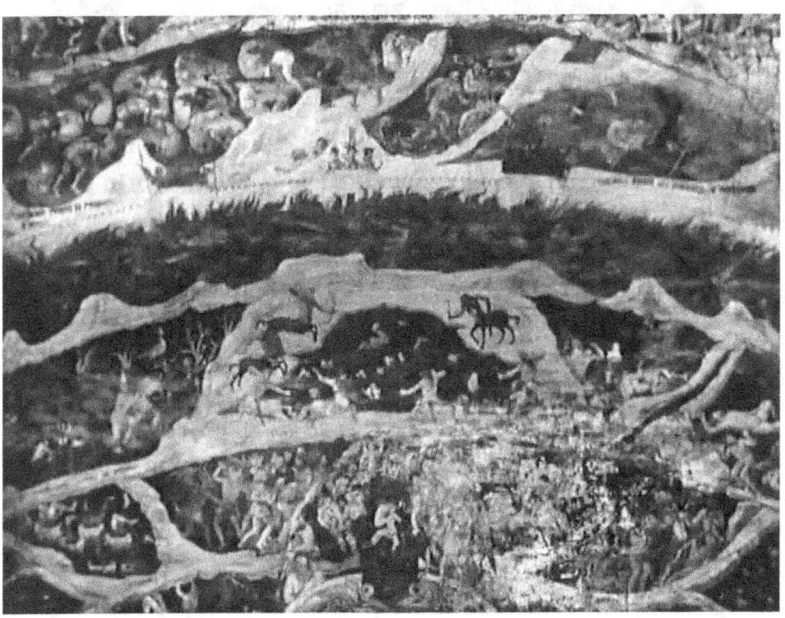

nel Paradiso) e di altri brani ripresi *in extenso* (come l'incontro con Ulisse, il più lungo e il più elaborato, anche dal punto di vista delle risonanze visive delle immagini scelte da Scialom). L'estrema varietà di trattamento riservato alle fonti dantesche, oltre a rivelare la conoscenza dell'opera da parte di Scialom, permette talvolta di dare allo spettatore il tempo dell'incontro con l'anima incontrata da Dante, talvolta semplicemente di suggerire atmosfere e approfondire questioni (ad esempio la richiesta delle anime di essere ricordate sulla Terra: un altro segno importante del loro attaccamento al mondo dei mortali), senza rendere necessariamente riconoscibile l'identità dei personaggi. Anche per questo, soprattutto nell'*Inferno*, Scialom tende ad accelerare il ritmo dell'azione e riprende i momenti che sottolineano la rapidità del viaggio, come il famoso "non ragioniam di lor, ma guarda e passa" (*Inf.*, III, 51), che gli servono al contempo per suggerire i molteplici incontri che non può filmare: piuttosto che "antologizzare" integralmente i passi "memorabili" della *Commedia*, secondo una tendenza che sarebbe risultata accademica e classicizzante, Scialom interviene rimaneggiando alcuni passaggi e talvolta prelevando singoli versi o frammenti di versi, "interrompendo" così il testo dantesco[10] in modo da enfatizzare il senso di discontinuità proprio della *Commedia* nel suo insieme, e all'esperienza violenta dell'esilio e della morte. I rumori e i suoni lamentosi dei dannati, così come la musica sperimentale (forse l'aspetto meno riuscito, o comunque più "datato" del film) permettono di accelerare il ritmo e di perseguire un'atmosfera generale.

Si è detto che la rapidità dei movimenti dell'inquadratura e il ritmo accelerato e brusco della traduzione (spesso ridotta[11], talvolta condensata) permettono di interpretare una dimensione importante della scrittura dantesca per Scialom, ovvero la rapidità e la discontinuità del ritmo della *Commedia*, ed esprimono formalmente la dimensione dell'esilio. Ma questa cifra stilistica non è certo isolata nell'opera di Scialom, che rimane sempre legata alla poetica surrealista del collage, della metafora, della condensazione onirica – quest'ultima lasciata in secondo piano in *Exils*, forse in ragione del "realismo" della *Commedia*[12], salvo nel finale di cui si è già parlato. Il fatto stesso che Scialom segua linearmente (con rarissime eccezioni) l'ordine dei canti danteschi è significativa della sua volontà di rispettare la linearità "catartica" della *Commedia*, ma sembra antitetica al resto della sua opera, strutturata su andirivieni spaziali e alternanze temporali, su compenetrazioni ardite fra livelli del racconto anche eterogenei e fra punti di vista di personaggi diversi. Più vicino ad *Exils* è in questo senso *Journal d'été*, che racconta abbastanza "linearmente" un'estate decisiva per l'io lirico, cominciando da Tunisi per proseguire a Firenze e a Parigi e ritornare infine a Tunisi – prima esperienza della migrazione, del viaggio che cambia impercettibilmente ma irreversibilmente lo sguardo sulla *Heimat*. Nulla ancora che lasci presagire la violenza dell'esilio, tuttavia, in questa prima opera di Scialom, se non il senso profondo del passare del tempo, di un presente che non può che passare ma del quale si può ancora gustare la durata. Il presente, l'istante, sono il fulcro del *Journal* (il titolo è già indicativo: "diario"), che si apre proprio con una poesia dal titolo *Presente*, in cui si legge ancora la possibilità di vivere una sensazione di felicità e pienezza, che sparirà nelle opere successive (forse la si poteva trovare ancora in *En silence*, almeno a giudicare da quel che ne rimane): «Ero sdraiato sul cielo / Sopra al mare e alle agavi // La luce era // L'estasi non si divide in parole e in frasi // Il poema più bello è un cielo / Vuoto»[13]. La felicità fenomenologica, senza dèi, di un'appartenenza che non conosce frontiere.

Al presente del *Journal* si sostituirà in seguito la ricerca spasmodica del presente, il sogno di una pienezza perduta, la consapevolezza tragica dell'impermanenza e della violenza. Se talvolta Scialom abbandona la rima per un rapido prosimetro già nel *Journal*, il ritmo accelerato e discontinuo di *Exils* e di *Loin de Bizerte* introduce una novità fondamentale, ed in un certo senso terribile, nella sua poetica. Nel romanzo, la fortissima oralità della scrittura ed il ricorso limitatissimo all'interpunzione – più consueto in poesia, e comunque più "felice" nei versi "li-

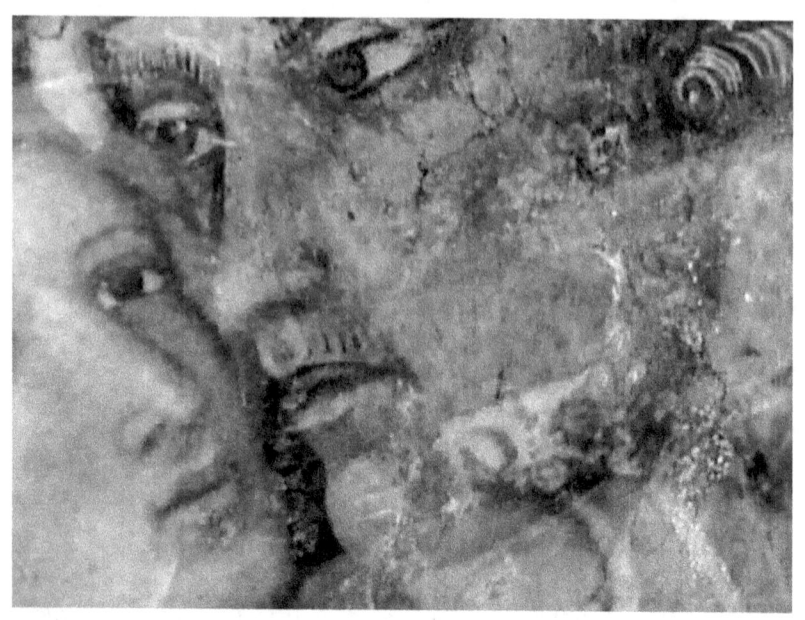

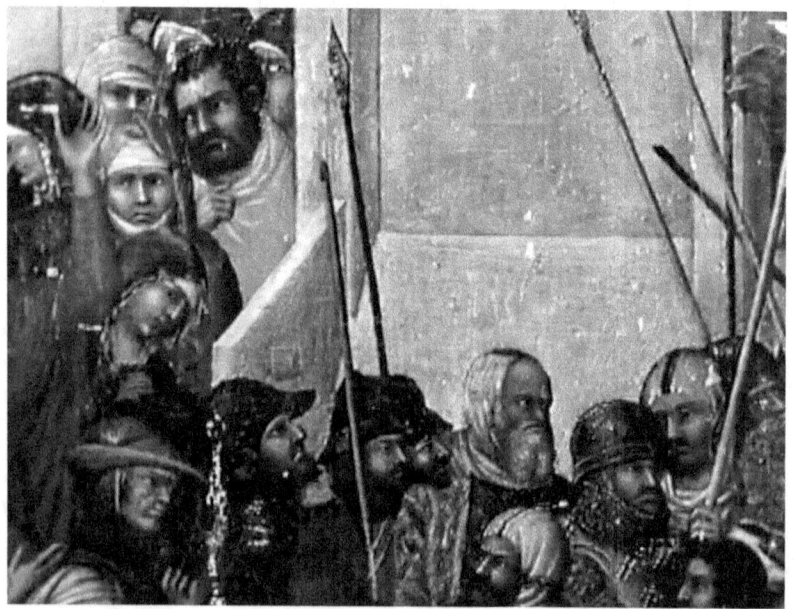

beri" del *Journal* – permettono un flusso di coscienza vertiginoso che mescola punti di vista, identità dei personaggi, strati temporali e luoghi. L'onnipresenza – "fuori campo" – del massacro di Biserta, annunciata fin dal titolo, si materializza puntualmente nei frammenti di notizie radiofoniche (brevi, in corsivo, incomplete e isolate da spaziature) che il giovane Joseph, protagonista di *Loin de Bizerte* ed evidente alter ego di Scialom, ascolta distrattamente, o meglio denegando l'impatto violento di quanto accade non lontano da Tunisi, in particolare l'avversione per la Francia e per i Francesi che Scialom stesso finirà per subire[14]. In un passaggio Scialom costruisce addirittura in "montaggio alternato" la situazione del giovane Joseph e le informazioni sul massacro – che non hanno nessun impatto immediato sulla trama narrativa principale, ma che alimenteranno continuamente le sue visioni. L'angoscia per un'identità ebraica sentita come ingombrante, violenta e talvolta estranea – angoscia che si ritrova nell'altrettanto ingombrante identità araba del protagonista della *Lettre* – si traduce attraverso un linguaggio accelerato, irrequieto, che non trova requie nel presente ma costruisce andirivieni e serie alternate (ricordando a tratti certi film di Resnais, soprattutto *Muriel*, quanto a forma e a contenuto).

Quest'estetica dell'alternanza ci sembra particolarmente significativa dell'opera di Scialom – l'abbiamo già incontrata nel finale di *Exils* –, quasi che la sua visione dialettica necessitasse sempre la costruzione di polarità e l'aspirazione ad oltrepassarle; eppure, l'alternanza non conosce sintesi dialettica e razionale, soltanto opposizione ed eventualmente ricongiungimento mistico (nel *Journal*) o condensazioni oniriche (da *Loin de Bizerte* in poi). Il fulcro dell'opera di Scialom, che rende così pregnante il suo sguardo, cinematografico e non, sulla realtà, sarebbe allora un presente che non cessa di sfuggirgli tra le mani, di confrontarsi dialetticamente, di conflagrare oniricamente, di opporsi senza soluzione agli altri livelli temporali. Il montaggio costruisce metafore, visioni, "illuminazioni", parallelismi, con un onirismo che non si allontana dalla realtà ma ne am-

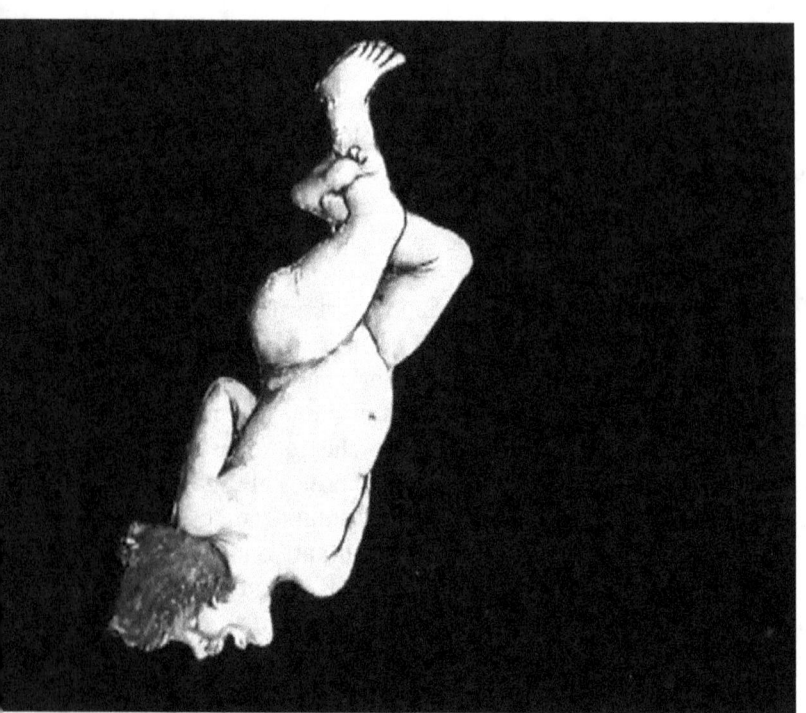

plia la cognizione, come già in Buñuel. Allo stesso modo, nel romanzo del 1967, a conferma dell'idea di una perdita dell'innocenza dai tempi del *Journal*, si veda il reimpiego contrappuntistico della poesia *Midi* (da *Journal d'été*), di soli cinque versi pieni di gioia di vivere (si legga l'incipit: «Il sole è al centro del cielo»), alternati al racconto atroce di una violenza psicologica e fisica al padre – obbligato a mangiare escrementi quindi ucciso (pp. 76-77). L'opera di Scialom è un'opera "a scatti", come definisce lui stesso[15] il proprio montaggio in *Exils*. La ricerca di un cinema centrato sull'io dell'autore, "alla prima persona", non porta Scialom al film-saggio alla Marker o al film sperimentale alla Brakhage; d'altra parte, la voglia di afferrare il presente avrebbe potuto portarlo verso il cinema documentario, rivoluzionato a cavallo degli anni '60 dal "cinema diretto". Nemmeno questa sarà la sua strada, perché Scia-

lom rifugge da apriorismi, dogmi, o comunque da strategie sti-
listiche coerenti, definite, programmate o pianificate. Il suo è
un approccio soffertamente ibrido, al di qua degli inni po-
stmoderni all'infrazione delle barriere fra i generi, alla conta-
minazione. Piuttosto, si avvicinerà alle problematiche postmoderne da un altro punto di vista, quando nella sua tesi di
dottorato sulle traduzioni di Dante sottolineerà l'importanza del
"meticciato" per la *Commedia* così come per il traduttore odier-
no. Il suo rimarrà, come vedremo di seguito, un cinema "impuro", più nel senso di Alexander Kluge[16] che in quello di André Bazin: un cinema che si compone di elementi eterogenei
per comporli in una pratica saggistica e riflessiva, seguendo la
volontà espressiva singolare dell'autore.

Diffrazione, eterogeneità e utopia: *La parole perdue*

A pochi anni di distanza da *Exils*, ma profondamente imbevuto
dell'atmosfera del periodo rivoluzionario 1967-68, *La parole perdue* è un cortometraggio di otto minuti, in 16mm e a colori,
sperimentale come *Exils* ma decisamente "militante", nel
quale un uomo cerca di articolare verbalmente il trauma della violenza coloniale. Scialom riprende la tecnica del banco
d'animazione ma soprattutto vi affianca nuove strategie formali. Innanzitutto rinforza la dimensione riflessiva e "proces-
suale" (già esplorata in *Loin de Bizerte*, si è detto): riprenden-
do il metodo de *Le mystère Picasso* (Henri-Georges Clouzot,
1955), filma il sorgere delle figure sulla tela sotto il pennello
dell'amico Ouzani, inscrivendo talvolta l'ombra della sua mano
dietro la tela, mentre nel finale l'ombra di una mano si frap-
pone tra la cinepresa e la tela per "toccare" l'immagine. Una
differenza importante separa tuttavia *La parole perdue* dal lungometraggio di Clouzot, non slegata dall'enorme disparità d'intenzioni e di mezzi a disposizione – Scialom auto-produce il
suo "piccolo" film[17]. Alla celebrazione del genio dell'artista Picasso si sostituisce infatti la dimensione collettiva propria di

un film "di guerriglia", come rivelano già i titoli di testa, sia per il loro linguaggio bellico, ancorché giocoso[18], sia per la loro grafica e il loro supporto, che ricordano le scritte sui muri durante la guerra d'Algeria o nella Parigi del "Maggio" 1968. Questi rimandi connotativi non servono soltanto ad evocare un contesto storico determinato, ma lo legano a doppio filo al processo creativo, volutamente "povero": le figure tracciate da Ouzani sono oltremodo semplici, spigolose, "art brut", come ad esempio i volti tracciati in rosso o in nero e con un pennello relativamente grosso, che si assiepano come un carnaio di dannati danteschi, e al contempo come una massa potenzialmente rivoluzionaria – a questa idea di folla alienata e rivoluzionaria rinviano anche le immagini di operai filmati per le strade, come apparizioni o "illuminazioni" documentarie. Vi si aggiungono effetti di giustapposizione puntuali, che utilizzano la lezione di Méliès per ottenere apparizioni, sparizioni e sostituzioni, collegandosi alla tradizione del collage nell'animazione sperimentale di Robert Breer, Stan Vanderbeek, Jan Lenica, Vlado Kristl[19], ecc.

La parole perdue è quindi composto da più serie di immagini eterogenee, secondo una tendenza che ci sembra propria del "tardo modernismo" della fine degli anni '60 e del decennio successivo[20]. Per quanto riguarda l'aspetto visivo del film, possiamo rilevare cinque serie eterogenee: immagini dipinte in tempo reale davanti alla cinepresa (volti di colore rosso o nero, i colori rivoluzionari per eccellenza); disegni e dipinti di un festino grottesco "animato" da movimenti del quadro e accompagnate da musiche festive, cui si aggiungono effetti di compenetrazione già presenti in Exils[21] ed effetti di collage e sostituzione; inoltre, disegni di un villaggio aggredito dalle bombe, ove il movimento della cinepresa fa pensare alla soggettiva di un bombardiere e/o di una bomba, seguiti da disegni di corpi dilaniati – qui Scialom ricorre a tecniche che ricordano Exils, muovendo i quadri di Ouzani davanti alla cinepresa e ruotandoli in ogni direzione per ottenere effetti di vertigine, deformazioni e sfocature; inquadrature di operai, e di una rete di recinzione (brevi, in bianco e nero, inframmezzate da inserti di fotogrammi neri nel primo caso, rossi nel secondo); inserti monocromi (neri, bianchi o rossi, che fanno pensare ai film coevi di Godard); quattro fotografie[22].

La colonna sonora, estremamente concreta, alterna rumori di guerra (sirene, bombardamenti, mitragliatrici, esplosioni, volo di aerei), rumori di festa spensierata (sulle immagini grottesche disegnate da Ouzani) e le voci di un uomo che respira affannosamente sforzandosi di parlare e di una donna che lo sprona a parlare («Dì cosa cerchi! Dì quel che vuoi dire!»). Poco a poco, l'uomo comincia ad articolare suoni appena comprensibili, prima ripetendo le parole della donna («...dire...»), poi cominciando ad articolare la violenza del trauma cui ha assistito («...sputa... sangue...» ecc.). Il film di Scialom elabora dunque materiali eterogenei e disparati che corrispondono bene ad una situazione di afasia, da cui progressivamente la voce "protagonista" sembra uscire, per esprimere confusamente il suo flusso di sensazioni. Verso la metà del film, le inquadrature di una rete che si staglia sul cielo, memori di *Nuit et brouillard* di Resnais (1955-56), si alternano a brevissimi fotogrammi rossi, mentre la voce dell'uomo comincia ad articolare come un fiume in piena la violenza delle torture (gli inserti rosso sangue invece sono muti, come grida inarticolate). Quest'alternanza di immagini eterogenee (anche per durata, vista la brevità degli inserti) ci sembra esemplare del rapporto al presente dell'opera di Scialom: l'attimo è il momento del trauma, dell'afasia, dell'immagine inarticolata, brutale, monocroma, che solo il tempo e il racconto, la parola e l'elaborazione formale possono ricucire[23]. La necessità dell'arte ha origini profonde, ma non diventerà mai per Scialom un rifugio terapeutico o catartico, la figurazione calma di un'utopia (tranne, forse, in alcuni momenti del suo ultimo film, come vedremo).

Torniamo al momento centrale de *La parole perdue*, ovvero il montaggio alternato fra la rete, simbolo della prigionia, e il rosso, simbolo della morte violenta, cui segue la presa di parola dell'oppresso. Oramai il tema che la "parola perduta" che l'uomo cerca di ritrovare e articolare è chiaro: la violenza della tortura, specifica della dominazione coloniale francese, ma di portata ben più generale in quanto i punti di riferimento spaziali e temporali non sono esplicitati. Ritrovare la parola per formulare la violenza, per articolare ed elaborare il trauma: si può pensare alle vittime del colonialismo europeo in Africa, ma non si può non pensare al tentativo di sterminio assoluto degli Ebrei ad opera dei nazisti (abbiamo già ricordato l'eco di *Nuit et brouillard*). Il presente violentato dal cortocircuito traumatico deve ritrovare la via del racconto, della formulazione verbale anche simbolistica, ma terapeutica. Qualcosa di simile si ritrova ne *La machine réalité*, laddove il primo incontro del protagonista, in un treno tra Marsiglia ed Arles, ruota attorno a poche parole isolate, frammentarie e prive di sintassi, ed è proprio questo nucleo quasi incomprensibile che contiene l'emozione e la ragione profonda dell'incontro tra i due personaggi, e forse la chiave del loro rapporto che mescola inscindibilmente amicizia e tensione: «Sono soltanto delle parole giustapposte», dice l'uno, cui l'altro risponde: «Ma che l'hanno commossa al punto di piangerne». La diffrazione e l'eterogeneità dei materiali non possono rappresentare l'indicibile utopia, ma sono gli strumenti stilistici che permettono di farne balenare l'intuizione sensibile.

Il lungo cammino verso la riconciliazione: Ulisse

Nel finale di *La parole perdue*, l'integrazione fra le diverse serie di immagini si compie: il Moloch di un generale mostruoso come il Saturno di Goya, composto come il frontespizio del *Leviatano* di Thomas Hobbes (un'incisione di Abraham Bosse) dall'insieme eterogeneo dei corpi che ha consumato, violentato, massacrato si trova, con un gesto teatrale e brechtiano che fa scorrere un siparo e svela lo spazio circostante, accerchiato da una folla di volti come quelli dell'inizio del film. La folla diventa sempre più numerosa, come nella fotografia di manifestanti che appare in inserto, e riesce ad inglobare e inghiottire la figura del generale simbolo della dominazione, mentre risuonano le urla di una folla e l'appello di una voce *over* agli operai e ai soldati, a brandire i loro propri strumenti, le loro "armi" di proletari («l'ascia, il piccone, il badile, la falce, la cazzuola, il martello, la zappa»). Forse qui più che in ogni altro suo film, Scialom riesce a portare la sua estetica della discontinuità al livello di una sintesi rivoluzionaria, di stampo internazionalista. L'estasi mistica e amorosa della fine della *Commedia* lascia spazio all'utopia, in cui si riconciliano pulsione e ragione, inconscio e coscienza. La dimensione collettiva dell'utopia non può che diventare l'aspirazione profonda di un esploratore della soggettività come Scialom: partire da un'interrogazione profonda sulla propria identità e sulla possibile appartenenza ad una comunità e a una tradizione per arrivare infine ad una sintesi tra popoli, storie e linguaggi. Il cosmopolitismo, la necessità di un'identità multipla che si lascia attraversare dall'alterità, che si apre a ciò che non conosce, diventa così la chiave dell'utopia di Scialom (abbiamo già ricordato come nella sua tesi del 1985 proclamerà la necessità del *métissage*). In fin dei conti, la poetica di Scialom è quella di un assetato di realtà, che tuttavia rifugge dal soddisfarsi dell'istante presente, oramai illusorio dopo aver conosciuto la potenza del trauma: all'abbandono al presente corrisponde il rischio dello choc, della violenza imprevista e imprevedibile, senza ritorno. Forse per questo la dimensione documentaria della sua opera è così forte (soprattutto in *Lettre à la prison*): perché sembra quasi voler "toccare" la realtà[24] presente, ma conserva la nostalgia infinita di un contatto davvero immediato con la realtà. Per questo, scevro dal feticismo del pianosequenza del cinema "moderno", Scialom ricorre sempre a un montaggio piuttosto rapido e comunque al principio dell'interruzione, creando asperità e irregolarità. In *Nuit sur la mer*, sembra ancora rifuggire dal lasciar durare l'inquadratura: le inquadrature più lunghe sono per lo più quelle de *Le citronnier* che il regista guarda sullo schermo di un computer, e che gli sembrano inutili, o non lo soddisfano più. Arte paradossale perché capace di filmare il presente ma costretta

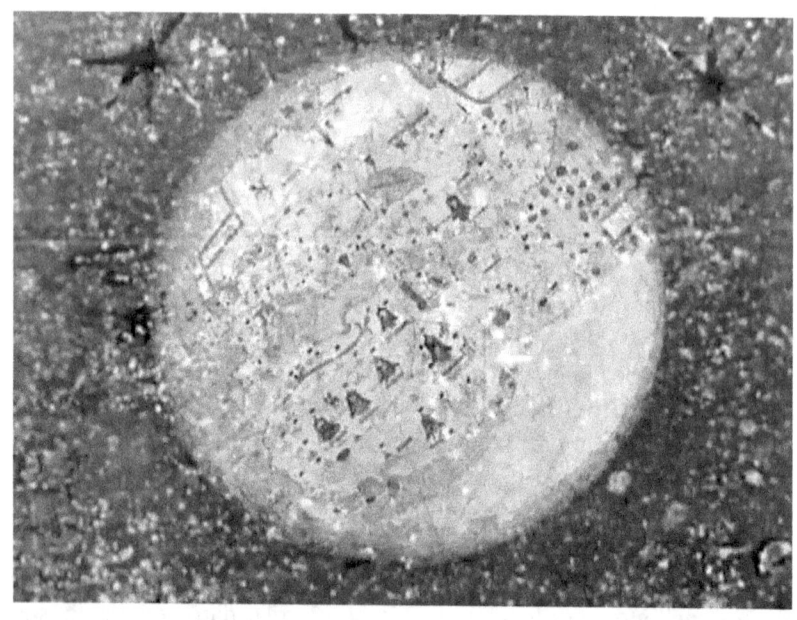

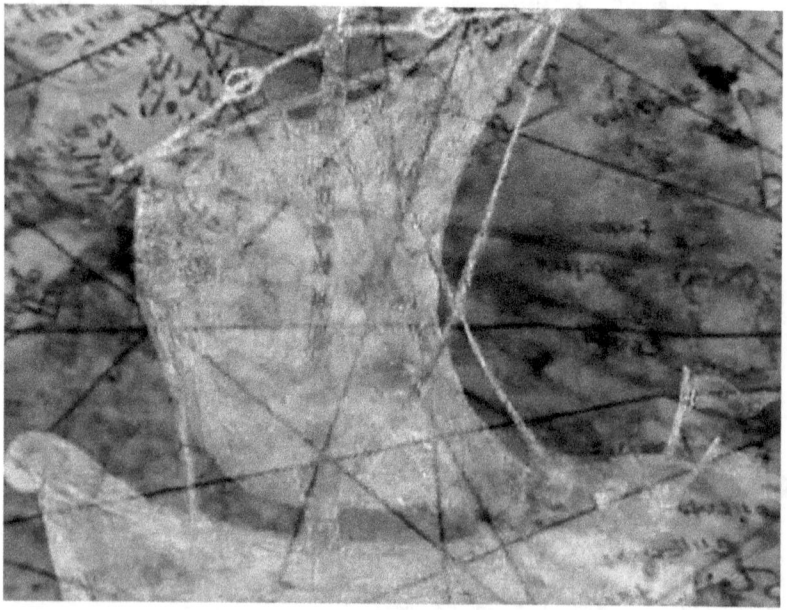

a mostrarne l'impermanenza, il cinema non può limitarsi a filmare la durata del presente, deve piuttosto mostrarne la diffrazione, la complessità, la stratificazione dolorosa, intensa perché necessaria e necessaria in quanto intensa. In questo senso, l'estetica del meticciato interpreta in tutte le sue vitalissime contraddizioni l'ampiezza, e la difficoltà di gestazione dell'opera di Scialom.

Il nucleo originario del meticciato come utopia estetica si trova a nostro avviso in un'immagine ricorrente dell'opera di Scialom che, prendendo alla lettera la dimensione autobiografica di *Loin de Bizerte*, potrebbe risalire a un ricordo d'infanzia nel museo nazionale del Bardo a Tunisi, cui lo Joseph del romanzo ha l'abitudine di recarsi col padre. Si tratta del paradigma del *mosaico*, che peraltro permette a Joseph di confrontarsi vittoriosamente, ovvero dialetticamente, con la tradizione ebraica, laddove nello spazio di un paragrafo trasforma il riferimento alla "legge mosaica" in riflessione sul "mosaico" (in francese, Scialom gioca sull'omografia di *mosaïque*, prima aggettivo poi sostantivo, scritta in corsivo nel romanzo proprio per segnalarne lo slittamento semantico)[25]. Modello di una diffrazione coerente, di un'eterogeneità armoniosa, il mosaico è l'utopia destinata a tramontare, oramai considerata infantile e tristemente congedata verso la fine del romanzo[26], eppure ci sembra permanere come un modello ideale, capace di tenere assieme discontinuità e rappresentazione. L'opera stessa di Scialom si compone così come una specie di mosaico moderno, irregolare, affascinato dall'informe, che riflette l'intensità personale e tutta politica di un'esperienza singolare (così potremmo riassumerne la dimensione sartriana). Una costellazione di film unici, diradati, eterogenei fra loro e al loro interno; "variopinti", verrebbe da dire pensando all'ampiezza della sua paletta cromatica, che lo fa passare dall'oscurità pastosissima del 35mm di *Exils* al bianco e nero 16mm sgranato, smangiato dal sole o dalla notte e quasi allucinato della *Lettre* (con una violenza che ricorda i primi film di Pasolini, ma anche le cromie dell'Ektachrome di certi film africani di Jean Rouch); dalla semplicità selvaggia, sospesa tra Picasso e Basquiat, de *La parole perdue*, al polimorfo *Nuit sur la mer*. Un'opera nel suo insieme eterogenea che coinvolge, come abbiamo visto, anche la letteratura e l'attività di ricerca e di traduzione di Scialom. Un'opera-mosaico fatta coi ciottoli multicolore lasciati sulla battigia dalle onde del mare, che facevano sognare il piccolo Joseph che voleva essere pittore, e che immaginava di entrare nel mosaico e andare a giocare coi delfini (cfr. nota 25). Prendere il largo nel mare dell'arte rimane il sogno di Scialom (il cui terzo nome, secondo quanto si legge ne *La machine réalité*, sarebbe proprio Joseph), ma da quel mare sarà doppiamente esiliato: prima dal mare di Tunisi come esperienza immediata della felicità di esistere nella propria terra natia, poi, dopo il fallimento della *Lettre*, un lungo esilio dall'arte, per quanto trasformato in frequentazione assidua, quella dell'insegnante, del ricercatore, del traduttore.

Non è un caso se il mare è l'elemento che più affascina il giovane autore del *Journal d'été*, così come la Tunisia di *Loin de Bizerte* sarebbe impensabile senza il colore e l'odore del mare. E sul mare si chiuderà ancora *Nuit sur la mer*: il regista, interpretato dallo stesso Scialom, oramai incompreso e forse impazzito si trova a contemplare il mare come Ulisse sull'isola di Ogigia, quell'Ulisse assetato di avventura che era il personaggio che l'aveva più attratto nel suo adattamento della *Commedia*[27]. Scialom recita a memoria il quinto libro dell'*Odissea* (vv. 345-353), probabilmente nella traduzione di Victor Bérard (1924), laddove si racconta l'ebbrezza gioiosa di Ulisse che parte con la sua zattera per il mare aperto. Le imprecisioni e le dimenticanze, come già le fratture e gli effetti di cancellatura delle immagini di *Exils*, sono segni della diffrazione inevitabile del presente. Eppure, almeno un lapsus non può non sembrarci rivelatore del vero prototipo (in cui evidentemente risuona la memoria di un'altra figura "eretica", quella dell'Ebreo errante) degli "Ulisse senza Itaca" cui è dedicato il film, ovvero l'Ulisse dantesco, esule per eccellenza, assetato di "virtute e canoscenza", incapace di trovar requie presso il focolare domestico. Scialom conclude infatti un verso recitando le parole "l'altra stella", mentre nel brano corrispondente dell'*Odissea* stelle e costellazioni sono chiamate per nome. Le parole "stelle" e "altro" si trovano invece proprio nel XXVI canto dell'*Inferno* dantesco[28]; allo stesso tempo, ci sembra pertinente pensare che il lapsus possa anche rimandare alla fine della *Commedia*, che si chiude proprio sulle "altre stelle", tanto più che la diffrazione cosmica del finale di Dante ben si adatta alla volontà di apertura utopica del finale di *Nuit sur la mer*. Una riconciliazione è forse infine possibile, nella condivisione del dialogo e del racconto, nello scambio anche impetuoso della discussione amicale: l'Itaca cui approda oggi Scialom, sembra proprio il fatto di fare a meno di Itaca, di accettare l'erranza e di credere nella mescolanza e nel dialogo, nella metamorfosi continua che si generalizza ne *La machine réalité*[29]; ma nulla si trasforma in mito o in ideologia, e la verità del confronto rimane aspra anche in *Nuit sur la mer* e nel romanzo *in fieri*. Soltanto, Scialom sembra voler interrompere la catena tragica della violenza, la legge mosaica o quella del contrappasso dantesco, per accettare l'impermanenza dolorosa della vita, "l'incostanza delle cose"[30]. L'esule algerino, ulteriore alter ego del regista, potrà dire allora, dolorosamente rifiutando il rientro in patria: «*L'exil, c'est un des plus beaux mots de la langue française, même si c'est un mot très triste*».

---

1. Al proposito, cfr. la sua tesi di dottorato: Marc Scialom, *Les anti-traducteurs. Aspects de la* Divine Comédie *en français pendant l'entre-deux guerres, suivis d'un Répertoire chronologique et raisonné des traductions françaises du poème (XVe-XXe siècles)*, relatore Prof. Pierre Brunel, Sorbona, Parigi, discussa il 17 giugno 1985.
2. Il radicamento della *Commedia* nella Storia sarà uno degli elementi centrali della sua tesi di dottorato (M. Scialom, *Les anti-traducteurs*, cit.). Cfr. il riassunto della Conclusione (traduzione mia): «La Conclusione (pp. 352-2386) tenta di mostrare certe similitudini del progetto inconscio nelle opere dei traduttori che sono state studiate: occultare a) la storicità della *Commedia* e la poetica particolare del suo autore b) la situazione storica del testo di arrivo e il lavoro stesso del tra-

duttore. Questo duplice modo di procedere è loro comune, e tende a sottolineare eccessivamente l'universalità del poema, a scapito della sua specificità storico-letteraria. Esso si inscrive nel clima d'incertezza politica e di perdita d'identità che caratterizza il periodo fra le due guerre mondiali, in cui Dante, assieme ad altre grandi figure, costituiva un emblema a-storico dell'Occidente latino. Infine, esso tende a nascondere la traduzione stessa come genere letterario specifico». Quest'ultima nota è importante per giustificare la posizione e la necessità artistica di Scialom, l'autore di *Exils* che osa "adattare" la *Commedia*, che più tardi si sarebbe trovato a tradurre la *Commedia* per l'edizione delle *Œuvres complètes* di Dante per i tipi di: Le Livre de Poche, Parigi, 1996.

3. Citazione dai titoli di testa del film.

4. M. Scialom, *Loin de Bizerte*, Mercure de France, Parigi, 1967. Si noterà la somiglianza col titolo del film collettivo coevo, *Loin du Vietnam* (1967), coordinato dallo stesso Chris Marker che introdusse Scialom ad Anatole Dauman per *Exils*, e che lo aiuterà a realizzare la *Lettre*.

5. M. Scialom, *Journal d'été*, Debresse, Parigi, 1955.

6. Cfr. *Purgatorio*, canto III, vv.88-99; *Id.*, canto V, vv. 25-36.

7. Si noterà tuttavia che la fortissima riflessività di *Nuit sur la mer* è già presente, diversamente, in *Loin de Bizerte*, romanzo modernista capace di interrogare i limiti, le ragioni, le strategie e la processualità dell'opera letteraria.

8. Scialom vi si mostra particolarmente interessato al pannello centrale (più che a quello di sinistra, l'etereo Paradiso, ma anche rispetto a quello di destra, infernale e più vicino ad *Exils*), dove formicano «piccoli esseri surreali, stranamente indaffarati, che immaginiamo volubilissimi: discendono tutti dal piccolo Adamo e dalla piccola Eva del pannello di sinistra, sono tutti esiliati come loro dal Paradiso Terrestre, vivono tutti questo esilio in un'atmosfera di felicità impensabile ma sordamente minacciata».

9. Diamo qui in nota una mappatura dei testi ripresi e adattati da Scialom in *Exils*. Si è già detto della citazione iniziale dalla *Vita Nova*. Dall'*Inferno:* I, 1-2, 65-7, 71, 112-21 (incontro con Virgilio); III, 49, 51; V, 89-90, 97-9, 104-5, 124-8, 130-6, 138 (Paolo e Francesca); VIII, 36 (Filippo Argenti); X, 22-4, 42, 46-8 (Farinata), 68-9 (Cavalcante), 130-2; XII, 61-3 (un centauro; segue una piccola incoerenza, laddove Scialom fa dire a Virgilio: "*Allons, passe!*" mentre il testo dantesco presta a Virgilio l'intenzione di fermarsi a parlare coi centauri); XIX, 69, 72-5 (Niccolò III); XXII, 126 (?) (la zuffa dei diavoli); XXIV, 83-4 (?, comunque memore dei momenti di spaesamento di Dante), 140-2, 144-5, 148, 150-1 (Vanni Fucci); XVI, 82-3, 85 (i tre fiorentini, ma i versi sono utilizzati più in generale – e forse per questo situati qui e recitati da voce femminile – a proposito del desiderio delle anime di essere ricordate in Terra); XXVI, 91-2, 94-102 (ridotto), 106-13, 116-7, 127-9, 133-8, 141-2 (Ulisse); XXX, 94-6 (attribuito a voce femminile – forse la moglie di Putifarre – invece che a Mastro Adamo), 58, 60-7 (Mastro Adamo); XXXIII, 43-7 (il conte Ugolino); XXXIV, 129-30, 133, 138-9 (ampiamente riscritto). Dal *Purgatorio:* V, 4-6, 46, 49-52, 98-102, 104-7 (Bonconte da Montefeltro); VI, 47, 58-60 (?); XI, 79-81, 91, 94-6 (Oderisi da Gubbio su Giotto e Cimabue); XX, 70-1, 73-5 (Ugo Capeto); "Quando ti rivedrò?" (Beatrice?); XXVII, 10-1, 20-1, 16-8, 35-6; XXX, 11 e 19 (condensati), 55-7, 73-5 (Beatrice), 83, 96; XXXI, 10-2, 98; XXXIII, 142-5. Dal *Paradiso*: XXII, 124-9 (Beatrice); inserto dall'*Inferno*: V, 97 (Francesca: "...la terra dove nata fui"); XXXIII, 46-8, 52-5, 57, 112-4, 142-3, 145 (visione di Dio).

10. Il passaggio ripreso più ampiamente è composto da dieci versi consecutivi, laddove Virgilio spiega a Dante (e al lettore) il viaggio che lo attende (*Inf.*, I, 112-21).

11. Un esempio importante è l'ambigua sparizione della "pieta del vecchio padre" che non avrebbe potuto trattenere Ulisse dal partire una volta rientrato (*Inf.*, XXVI, vv.94-5; Scialom potrebbe aver voluto togliere importanza alla compassione per il padre, o al contrario sottolinearne l'importanza), che riecheggia il rapporto complesso nei confronti del padre, tenero e violento allo stesso tempo, che si ritrova nel coevo *Loin de Bizerte*. Si noterà che queste due opere precedono di due anni la morte del padre di Marc Scialom, nel 1969, mentre i due film successivi (*La parole perdue* e lo scacco della *Lettre*) sono immediatamente posteriori a questa data. Non ci addentreremo tuttavia in interpretazioni psicologiche – sempre oltremodo delicate – in questa sede.

12. Su cui cfr. ancora M. Scialom, *Les anti-traducteurs*, cit.

13. M. Scialom, *Journal d'été*, cit., p. 7 (le traduzioni sono mie – me ne scuso presso l'autore). Un altro esempio significativo di questa gioia di cogliere l'attimo presente, che si trova lungo tutto il libro, è la poesia *Istantanee* (cit., p. 26). Il viaggio in Europa introduce tuttavia una nostalgia violenta per il paese natio: cfr. il secondo poema intitolato *Paris*: «La realtà è a Tunisi. In ogni altro luogo sono anestetizzato / [...] / Ah datemi il mare da mordere / [...]» (p. 62); al ritorno a Tunisi, nell'ultima poesia del libro, il poeta potrà ancora ritrovare il presente, ma forse con una nota leggermente malinconica suggerita dal "*pourtant*" del terzultimo verso e dal "*déchirant*" dell'ultimo verso (seguito dall'ipostasi mitologizzante dell'attimo: "*l'Instant*"): « [...] / Non ho voglia di morire / Poiché è così vicino / Così meraviglioso e tuttavia così vicino / Il canto infaticabile delle onde sulla spiaggia / Il canto straziante dell'Istante».

14. Cfr. per esempio p. 69: «di colpo mi ha preso la mano e se l'è messa sulla coscia, ho bloccato i miei pensieri // *donne e dei bambini ridotti in brandelli a bruciapelo ad opera di autoblindo una città intera sottomessa da due giorni ad un bombardamento aereo a bassa quota* [...] duemila vittime [...]». È indicativo il nesso tra sessualità e violenza, e fra Eros e Thanatos, che si trova già nel *Journal* ed evidentemente nella *Lettre*. Cfr. al proposito anche p. 102: «lei ha aperto le cosce e lui fece l'amore ecco era sbalordito, ed era già finita. Non era nulla o poca roba. Biserta bruciava».

15. Cfr. l'intervista a cura di Alessandro Capata, *infra*.

16. Cfr. A. Kluge, *Gelegenheitsarbeit einer Sklavin. Zur realistischen Methode*, Suhrkamp, Francoforte, 1975, p. 220.

17. *La parole perdue* è autoprodotto con l'aiuto "legale" di Armorial, una casa di produzione vicina a Anatole Dauman (fondatore e direttore della ben più nota Argos-Films, che aveva prodotto *Exils*), cui si debbono pochi ottimi film, ad esempio: *Les escargots* di René Lalou, con disegni di Roland Topor (1966), *La planète sauvage* sempre di Lalou, ma anche lo sperimentale *La grande foire* di Jean Mitry (1961). Armorial sarà anche coproduttore, con la mitica Sunchild productions, d'*India Song* di Marguerite Duras (1975), e fra l'altro di *Chantons sous l'Occupation*, del giornalista tunisino André Halimi, direttore della fotografia Jean Rouch (1976).

18. «Mario Marret consulente militare / Mélik Ouzani ha curato l'esecuzione / Marc Scialom ha preso la mira / Simone Scialom ha dato il colpo di sciabola / Christine Lecouvette quello di grazia». Operatore radiofonico per la TSF, e regista per caso durante una spedizione scientifica, Mario Marret è meglio conosciuto per aver co-realizzato il magnifico *A bientôt j'espère* con Chris Marker (1967), sullo sciopero della Rhodiaceta à Besançon. A Marker fornirà in seguito materiali della guerriglia in Guinea-Bissau per *Sans soleil* (1983), il che aiuta a chiarire il ringraziamento di Scialom all'inizio del suo film. Marret è inoltre regista di vari film girati in Africa, come *Le sang des autres* (1962), un film sulla donazione del sangue che prende la forma di un pamphlet umanista contro la violenza coloniale in Maghreb: un film particolarmente vicino alle preoccupazioni di Scialom (nella prima metà del film, la musica dissonante di René Cloërec risuona col coevo *Machorka-Muff* di Jean-Marie Straub).

19. Si pensi alle medaglie che appaiono, sparo dopo sparo, sulla silhouette di un soldato, segno di un antimilitarismo piuttosto diffuso negli anni '60, che si ritrova in alcuni film di Kristl (o di Wolfgang Urchs, per restare in RFT). E tuttavia, dopo le medaglie, sulle silhouette compare una serie di timbri postali, a suggerire forse la quantità di lettere (si pensi alla *Lettre*) inviate dai soldati, a suggerire una dimensione più umana, più sofferta e meno caricaturale del ruolo del soldato semplice, membro di una massa anonima, quella del proletariato come quella di un popolo oppresso. Il cuore rosso disegnato su una delle silhouette, e altri passaggi che ricorderemo più oltre vanno tutti in questo senso, preparando l'appello finale all'esercito e al proletariato (cfr. *infra*).

20. Mi permetto di rinviare a D. Marchiori, *Il crepuscolo della modernità: Le gai savoir, un film-laboratorio*, in *Passion Godard: il cinema (non) è il cinema*, a cura di Roberto Turigliatto, Il Castoro, Milano, 2011.

21. È il caso di una donna che porta un grosso mazzo di fiori ad un comandante – cui si aggiunge un effetto di discontinuità quando una bomba prende il posto della donne e dei fiori. Si tratta di un probabile riferimento alle strategie del FLN, e al contempo – vista la forma della bomba – a quelle sganciate dall'esercito francese: segue infatti la fotografia di un arsenale di bombe. Ma potrebbe anche riecheggiare la famosa foto della manifestante che offre fiori ai soldati durante una manifestazione contro la guerra del Vietnam (davanti al Pentagono, nel 1967).

22. Se ne possono contare quattro: 1) quello che sembra un bacio sulla bocca fra un gendarme e un soldato, montato subito dopo il disegno di un comandante che balla con una nera procace, poi con un giovane soldato effeminato (probabilmente per indicare la corruzione morale del potere coloniale francese); 2) un arsenale di bombe sorvegliato da poliziotti, che fa evidentemente pensare ai bombardamenti in Algeria e in Tunisia; 3) una doppia pagina di una rivista francese con la foto di una folla di gendarmi e il titolo seguente: «La Francia non ha mai avuto così bisogno di voi»; 4) una folla durante una manifestazione (nel finale del film).

23. Su questa idea di frattura, cfr. il termine "CRE-VU-RE" scritto sul muro e suddiviso in tre inquadrature successive ("spaccatura", ma anche "infame", in argot, cioè una persona cui si vorrebbe "spaccare" la faccia).

24. «Il tatto è il mio senso primordiale», scriveva nel *Journal* (p. 64, poesia *Disperazione*), rivendicando l'intensità totalizzante del proprio rapporto col mondo.

25. Cfr. *Loin de Bizerte*, cit., p. 15 (cfr. anche p. 42 e p. 97, dove si trova l'idea infantile e commovente espressa dal piccolo Joseph che i mosaici si compongano di ciottoli raccolti in riva al mare). Cfr. già nel *Journal*, pp. 21-22: «Presto me ne andrò a giocare con i delfini in un dipinto pompeiano che ho visto / Era una pittura vivente / Mi schizzeranno con la loro coda li prenderò nelle mie braccia / Entrando in questo mosaico mi trasformerò in mosaico / Tutto il mio corpo composto da piccoli cubi colorati si incrosterà in altri cubi colorati / Per rappresentare il mare l'artista si era servito di cubi di / lapislazzuli // ...» (*L'uomo dai piedi di capra*).

26. Cfr. *Loin de Bizerte*, cit., p. 97: «... non sono fatti con i ciottoli, no, ripeteva tristemente il vecchio andandosene a ritroso e rovesciando la testa all'indietro come un annegato, con la bocca semiaperta...».

27. Non è un caso, come si è detto sopra, che la porzione più lunga della *Commedia* citata in *Exils*, e la più ricca di rimandi iconici, sia quella che narra di Ulisse (Scialom riprende, ancorché in maniera talvolta concisa, ben 32 versi di questo episodio dell'*Inferno*).

28. Cfr. v. 127: «tutte le stelle già de l'altro polo», che Scialom aveva tradotto letteralmente in *Exils*: «*toutes les étoiles de l'autre pôle*».

29. Dove peraltro si legge: «Amo i viaggiatori indigenti. Ulisse è un viaggiatore indigente. E l'Ebreo errante. E Dante».

30. Citazione da *La machine réalité*.

Il "fatale andare" di un ritmo implacabile. Marc Scialom traduttore francese di Dante

intervista a Marc Scialom, a cura di Alessandro Capata

La parola "esilio", per me, e per tutti i membri della mia famiglia, come per qualsiasi Ebreo, ma penso, anche, per qualsiasi essere umano, è quasi sinonimo della parola "vita".

Marc Scialom

La lingua italiana, come hai raccontato, è stata la tua lingua madre, perché parlata dalla tua bisnonna materna, fiorentina, che da piccolo ti teneva per la maggior parte del tempo. Poi gli episodi storici e la scuola ti hanno radicalmente spostato nella lingua e nella cultura francesi. Hai raccontato anche che all'università hai imparato l'italiano di nuovo, studiando Dante. E la scelta di dedicarti all'insegnamento della letteratura italiana sembrerebbe rappresentare un tuo legame con l'Italia, con le tue origini italiane, anche in relazione al rapporto con gli allievi. È così? C'è una parte italiana nella tua identità?

La lingua italiana per me è un territorio instabile, evanescente: più volte l'ho perduta, ritrovata, riperduta. A Tunisi, dalla mia nascita all'età di cinque anni (nel 1939) ho parlato solo italiano. Non sapevo una parola di francese. Avevamo a casa una donna di servizio sarda, Carolina, con cui i miei genitori e mia sorella parlavano italiano. I miei nonni materni e la "Nonnina", così chiamavamo la mia bisnonna, erano quasi esclusivamente italofoni e venivano spesso a casa nostra. Ma nel 1939, all'inizio della guerra, Carolina è dovuta ripartire precipitosamente per la Sardegna. Ci adoravamo, ci siamo separati pian-

gendo molto, come due innamorati. Dopo la sua partenza e la morte della Nonnina, l'italiano che continuava ad essere parlato in casa era quello meno corretto dei miei genitori, nati a Tunisi, che, come tipico del melting-pot tunisino, mescolavano parecchie lingue senza nemmeno accorgersene. Nel loro caso queste lingue erano l'italiano, il francese e l'arabo. Poco dopo il '45 mio padre, socialista e antifascista, accusato a torto dai Francesi di essere stato fascista durante la guerra, si è ritrovato in un campo di concentramento a Gafsa, nel sud della Tunisia. Mia madre si è battuta per far riconoscere l'errore e ci è faticosamente riuscita. Tornato a casa ha fatto domanda di naturalizzazione francese per tutti noi. Da quel momento non abbiamo più parlato italiano in famiglia, tanto più che nello stesso decennio anche i miei nonni sono morti. I miei compagni di scuola erano quasi tutti francesi o tunisini francofoni, ed ero sempre più immerso nella lingua francese, nella letteratura francese. Pian piano mi accorgevo di non saper più parlare la mia lingua materna. Una amnesia quasi completa. Parecchi anni più tardi, al liceo, ho studiato l'italiano e ho avuto l'impressione di impararlo per la prima volta, malissimo però. Non era la stessa lingua: tra una lingua che si parla spontaneamente, più con il cuore che con l'intelletto, quasi inconsapevolmente, e una lingua di cui si analizza la struttura metodicamente, freddamente, c'è davvero molta differenza. Per questo il mio studio dell'italiano a scuola non mi ha soddisfatto: non ritrovavo il sapore della mia lingua originaria. Più tardi, dopo il liceo, sono partito per la Francia. Sono stato contemporaneamente studente alla Sorbona e al Lycée Voltaire. E in quel periodo preparavo il concorso dell'IDHEC (Institut des Hautes Etudes Cinématographiques). Alla Sorbona ho cominciato gli studi di letteratura francese. Ma quel primo anno, nel grigiore di Parigi, mi ricordo di aver vissuto in un'angoscia simile a quella di Tahar, il protagonista di *Lettre à la prison*.
A Parigi ho provato la sensazione nuova e terribile di non esser più nessuno. Era una crisi di identità. Nel frattempo la Tunisia stava diventando indipendente. L'Algeria era in piena in-

surrezione. Il cosiddetto "patriottismo" dei Francesi, che combattevano ostinatamente per conservare le loro colonie, mi ripugnava. L'anno seguente ho lasciato Parigi, gli studi di francese (provvisoriamente) e ho seguito il consiglio di Jean Renoir che mi aveva incoraggiato a imparare a fare cinema con la pratica e non frequentando una scuola, fosse anche l'IDHEC. Poi mi sono iscritto all'università di Aix-en-Provence per studiare lingua e letteratura italiane. È stato il mio modo di difendermi, rifiutando in parte quella Francia a cui non sentivo di appartenere. Però non mi sentivo neanche italiano. Né ebreo. Oggi, a 78 anni, so di non avere altra identità che quella planetaria. In nessun momento della mia vita, comunque, ho avuto la tentazione di attribuire un grande valore, idealizzandoli, a una qualsiasi appartenenza culturale, a un popolo in particolare, a un paese in particolare. Molto presto invece ho sentito intuitivamente che essere "cittadino del mondo" era per me l'unico status accettabile. Credo di aver provato questo sentimento già da bambino, sebbene confusamente, e ho impiegato molto tempo, decenni, a prenderne coscienza e a trovare le parole per esprimerlo.

Come sei arrivato a realizzare Exils, *un cortometraggio ispirato alla* Divina Commedia?

I miei studi in Francia durarono cinque anni. Tornavo a Tunisi per le vacanze estive e lì, seguendo il consiglio di Jean Renoir, ho cominciato a dedicarmi al cinema, spesso come operatore per piccoli film turistici, e poi come regista per il mio film *En silence*, oggi perduto, ma alcune scene del quale, a colori, si possono vedere in *Lettre à la prison*. Ad Aix-en-Provence, e poi di nuovo a Parigi, ho ottenuto i diplomi d'italiano e di francese, quindi sono tornato a Tunisi per insegnare francese in un liceo. Ma abbastanza presto, dopo i fatti di Biserta, ho sentito di dover lasciare definitivamente la Tunisia. Inoltre volevo diventare cineasta e pensavo di avere più probabilità in Francia. Mi sono installato a Parigi con mia moglie

> *Banni de Florence qu'il voulait libre,*
> *durement frappé par la mort de Béatrice,*
> *Dante compose la "Comédie", née de son*
> *deuil et de son exil, récit d'un voyage chez*
> *ces exilés absolus que sont les morts.*

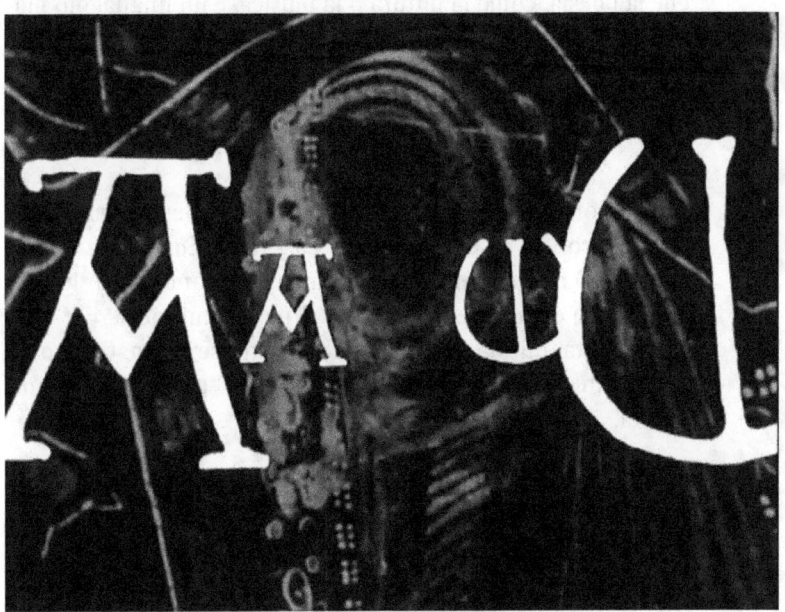

e mio figlio Jean-Louis. Avevo il progetto di un film, *Exils*, un cortometraggio sulla *Divina Commedia*. Ne ho fatto leggere la sceneggiatura a Chris Marker, il quale mi ha mandato dal produttore Anatole Dauman. Per *Exils* ho fatto recitare da una decina di attori brevi passi della *Commedia* estratti da traduzioni che oggi ritengo piuttosto cattive. L'importante per me era sottolineare l'aspetto discontinuo del racconto dantesco, la sua frammentazione, che mi pareva metafora della frattura dell'esilio, continuamente rivissuta dal poeta. Sulla frammentazione in arte come indizio dell'esilio – e di qualsiasi altra frattura identitaria – riflettevo molto, estrapolando, generalizzando, teorizzando. *Exils* è stato un film sbagliato, fallito, ma in cui, optando per scene brevi e uno stile di montaggio a scatti, tentavo di trasferire per lo spettatore non italofono qualcosa del ritmo narrativo del poema dantesco. Maldestramente, provavo così a superare la barriera della lingua, perché pensavo – lo penso ancora oggi – che la poesia, benché mai totalmente traducibile, non è ineluttabilmente legata alla lingua in cui è scritta. Anche la poesia, come la pittura o la musica, è un linguaggio planetario.

Come hai scelto i brani del testo? Sono i più importanti e famosi?

I brani non sono i più importanti, ci sono anche personaggi che Dante incontra in modo fugace. La *Divina Commedia* è rapidissima, Dante incontra un personaggio, scambia con lui poche parole e va oltre. Per questo il poema mi tocca, per questa velocità, questa impressione che tutto se ne va. Questo mi fa pensare all'esilio, perché l'esilio "taglia" un uomo, lo frammenta.

Hai raccontato di aver svolto un dottorato sulle traduzioni in francese della Divina Commedia *nel corso del '900... Il tuo interesse per Dante d'altra parte, ancora prima di Exils, si era già manifestato con la tesi di laurea sul* Purgatorio...

La letteratura comparata m'interessava, e in particolare la
scienza della traduzione. Come hai ricordato avevo fatto una
tesi di laurea su Dante. Pochissime traduzioni francesi della
Divina Commedia, sopra tutte, quella di André Pézard, mi pa-
revano interessanti, anche se le trovavo tutte perfettibili, mentre la maggior parte mi sembrava di pessima qualità. Ho avuto voglia di lavorare prima di tutto su quelle pessime – mi divertiva – per capire meglio come non si deve tradurre. Perciò la mia tesi di dottorato, elaborata nel corso di sette anni,
è intitolata *Les anti-traducteurs. Aspects de la Divine Comédie en français pendant l'Entre-Deux-Guerres*. Più o meno in-
consciamente, mi preparavo a tradurre anch'io il poema. Ti
stai chiedendo il perché di questo mio costante interesse per
Dante... Credo si spieghi in primo luogo con ragioni stretta-
mente personali. Innanzitutto il ricordo della mia bisnonna,
che, come ho già raccontato, quando avevo sette o otto anni,
mi recitava alcuni versi della *Commedia*. Non mi ricordo quali versi, ma tutto il poema per me conserva l'impronta della
sua voce, soprattutto del suo accento, molto diverso da quello dei miei genitori quando parlavano italiano. Lei era fiorentina, e a lei penso quando rileggo i versi del Carducci: «...la
signora Lucia, da la cui bocca, / tra l'ondeggiar de i candidi
capelli, / la favella toscana [...] / canora discendea...». La morte della Nonnina è stata per me la prima esperienza concreta della morte. Morendo, portava via con sé quella voce e quel-
l'accento che mi avevano trasmesso qualcosa della poesia dantesca. Più tardi, scoprendo la *Commedia* nel testo, ho avuto
il sentimento confuso, equivoco, di poter e non poter riafferrare
insieme quella poesia e la lontana voce della mia bisnonna.
Inoltre – continuando a dare le ragioni personali del mio interesse per la *Commedia*, Dante, come ho già accennato, è quel-
l'esule che ogni giorno sperimenta «sì come sa di sale / lo pane
altrui, e come è duro calle / lo scendere e 'l salir per l'altrui
scale»: la parola "esilio", per me e per tutti i membri della mia
famiglia (come per qualsiasi Ebreo, ma penso, anche, per qualsiasi essere umano), è quasi sinonimo della parola "vita". A

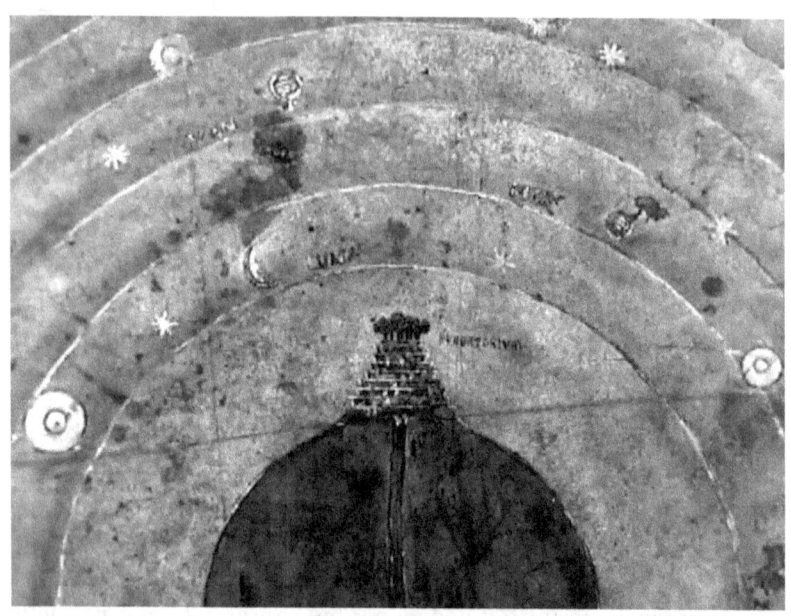

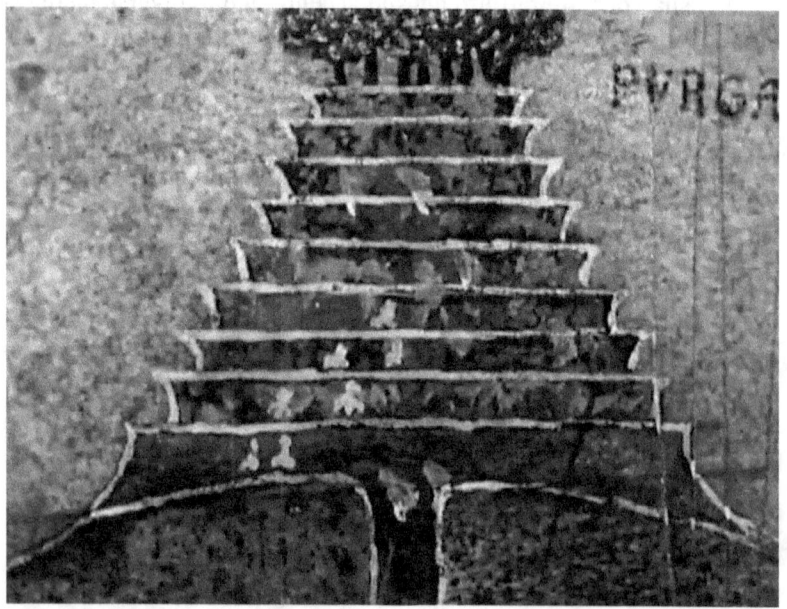

tutto questo, ovviamente, aggiungo la mia ammirazione assoluta per il testo della *Commedia*, e non solo per la bellezza della lingua, delle sonorità, delle immagini. Quello che amo di più del poema di Dante è un suo aspetto contraddittorio: la struttura impone la sua fortissima coerenza se la si contempla complessivamente, ma, quando si esamina il poema nei dettagli, si avverte invece la ricorrente discontinuità di cui parlavo prima. Non intendo soltanto la discontinuità tra i due mondi, quello dei morti e quello della vita terrestre evocata in ogni canto, in ogni pagina. L'intero viaggio di Dante nell'aldilà fa pensare a una successione di lampi, di fulmini. Per esempio sono numerosissime le anime da lui incontrate che gli dicono pochissime parole e subito scompaiono, quasi volessero ribadire il severo consiglio di Virgilio: «Non ragioniam di lor, ma guarda e passa». Come dicevo anche a Silvia e a Mila, quasi ogni episodio comincia *ex abrupto* e finisce *ex abrupto*, quasi ogni incontro è generalmente breve, talvolta violento, sempre sconvolgente perché condensa in pochi versi l'intero dramma dell'anima incontrata, sembra incompiuto, troncato. Spesso gli episodi si succedono senza collegarsi in modo logico, come una serie di immagini caleidoscopiche. Tutto il viaggio narrato, forse sognato, pare svolgersi affrettatamente. Jacqueline Risset ha ragione nel parlare della "velocità" del poema dantesco. Più volte la *Commedia* è stata paragonata a una cattedrale, ma direi che questa cattedrale ricorda un po' quella di Gaudí a Barcellona, la Sagrada Famìlia: perfetta e armoniosa se vista da lontano, ma piena di fratture, di linee spezzate, di misteriose mancanze se vista più da vicino.

Per me questa discontinuità intima del poema ripete senz'altro, sotterraneamente, l'esilio del suo autore. Il lungo viaggio di Dante, vivo nel mondo dei morti, è metafora dell'esilio. L'esilio è una rottura, un'amputazione.

Il tuo interesse si compie con la traduzione della Divina Commedia *per l'edizione francese di tutte le opere di Dante, cura-*

ta da Christian Bec (Le Livre de Poche, 1996). Come hai deci-
so di cimentarti in questo straordinario lavoro?

Dopo la tesi di dottorato e la pubblicazione di alcuni articoli
sui problemi della traduzione poetica, Christian Bec, il direttore dell'Istituto di Italiano dove lavoravo come segretario, mi
ha proposto di redigere una nuova traduzione della *Comme-*
dia per l'edizione completa di Dante che stava preparando. Ho
accettato con entusiasmo. Rimasto insoddisfatto del mio tentativo di "riduzione cinematografica" del poema dantesco, avevo da anni il desiderio di tradurlo per tentare di far percepire
in francese non solo i molteplici livelli del suo senso, e non solo
le audaci bellezze della sua forma, ma l'effetto globale prodotto
in italiano da quel testo in quanto «totalità forma-senso» (ri-
prendo qui un'espressione usata da Henri Meschonnic in *Pour*
la poétique II, Gallimard, 1973). Penso che questo desiderio avesse relazione con la mia intuizione che tutte le frontiere, di qualsiasi tipo, sono "porose". Tutto può e deve attraversare tutto,
ogni appartenenza o identità, linguistica, nazionale, culturale, ogni stretta specificità artistica può e deve aprirsi alla comunicazione, allo scambio. La più esatta e fedele imitazione,
inoltre, è necessariamente ricreazione. D'altra parte, accettan-
do la proposta di Christian Bec, mi preparavo anche a operare per me stesso, in modo intimo: se mi seduceva tanto l'idea
di lavorare poeticamente sulla lingua francese, in relazione con
l'italiano poetico di Dante, era perché intuivo che tale lavoro
mi avrebbe aiutato a chiarire e rafforzare la mia identità, sia
quella culturale che quella personale.

Dunque è fondamentale il nesso che c'è tra il tuo cinema e Dan-
te quale figura di grande esiliato che rifiuta di tornare in patria
al costo di umilianti sottomissioni. A questo proposito quali pas-
saggi della Divina Commedia *sono più vicini alla tua sensibilità?*

Non direi che sento alcuni passaggi particolari del poema più
vicini di altri. Mi commuove soprattutto, nella *Commedia*, il mo-

vimento generale della narrazione, il suo ritmo implacabile, il "fatale andare" dell'"homo viator", inseparabile da quello degli endecasillabi a terza rima. Più o meno per le stesse ragioni, diciamo per empatia, mi commuovono ad esempio il lunghissimo viaggio dell'Ulisse omerico, quello dell'Ebreo errante, le vicende dei vari popoli nomadi e, nell'ambito del cinema, parecchi "road movies" (mi viene in mente in particolare *Il grido* di Antonioni).

Nei canti di Cacciaguida del Paradiso, dedicati alla profezia dell'esilio di Dante, emerge il nesso tra esilio e funzione politica e pedagogica della Divina Commedia, *e quindi della letteratura e dell'arte in generale. Puoi soffermarti su questo aspetto, anche per quello che ti riguarda personalmente come cineasta?*

Cacciaguida consiglia a Dante di testimoniare senza nessun timore, di riferire nel suo poema tutto quel che sta vedendo, udendo e sperimentando durante il suo viaggio ultramondano. Un viaggio ovviamente fittizio, che si svolge in un aldilà ideato dal poeta ma conforme in gran parte a credenze dell'epoca e presentato da Dante come totalmente reale. In questo senso la *Commedia* non è soltanto un racconto meraviglioso, ha anche una funzione pedagogica, anzi *militante* a diversi livelli, specialmente politico ed escatologico, e il lettore di oggi vi può trovare una riflessione ricchissima sulle realtà sociali, politiche, religiose nell'Italia e nell'Europa del Duecento e del Trecento. Per dirla in termini del tutto diversi, Dante personaggio e Dante poeta interferiscono l'uno con l'altro. Il viaggio straordinario di Dante personaggio gli insegna mille cose, e Cacciaguida lo incita a divulgarle. Dante poeta vi si dedica man mano che scrive la *Commedia.*

Mi hai chiesto di passare da questa constatazione alle mie posizioni personali riguardo alle opere d'arte in generale, specialmente i film. Si tratta in fondo di esaminare il rapporto – sempre ambiguo a parer mio – tra "arte pura" e arte impegnata, e forse anche, estrapolando, tra cinema di finzione e cinema documentario. Non credo che in arte occorra distinguere in modo assoluto tra opzioni o generi predeterminati. Un film di finzione è sempre anche un po' documentario e viceversa. In un'opera veramente bella si avvertono sempre "arte pura" e impegno più o meno cosciente. Nei miei tentativi cinematografici provo soprattutto a rimanere libero, evitando di fare scelte artistiche troppo rigide.

Parliamo della traduzione. Come hai scritto nella nota di accompagnamento al testo dell'edizione francese, la tua scelta è stata di rendere l'opera linguisticamente accessibile ai francofoni moderni. Che tipo di problemi ti si presentavano? Hai agito più sulla trasformazione del lessico o della sintassi dantesca, che è molto complessa? Quali sono state le maggiori difficoltà?

Paradossalmente, ho tentato di render percepibile per i francofoni moderni l'aspetto più antico della *Commedia*, cioè la sua modernità originale – poiché all'epoca di Dante il poema fu ricevuto come un'opera nuovissima, rivoluzionaria – e non il suo aspetto attuale – cioè la sua patina "antica" dovuta al passare dei secoli. Ho cominciato rileggendo la traduzione di André Pézard (Gallimard, "La Pléiade", 1965), che mi pareva interessantissima e insieme insufficiente. Ottimo conoscitore di Dante e dei suoi tempi, Pézard è anche un traduttore-artista, penetra profondamente la poesia della *Commedia* e spesso la sa restituire in modo sorprendente. Ma purtroppo la sua traduzione è redatta in un francese irreale, mai esistito, sebbene fortemente arcaizzante, un misto di francese medievale e di vari stadi più recenti della lingua. Insomma, un po' meno radicalmente rispetto a Emile Littré, che tradusse l'*Inferno* in un francese trecentesco esattissimo (nel 1879; occorre un dizionario per capirlo!), Pézard trascura la modernità primitiva del vecchio testo e si lascia illudere o affascinare dalla sua attuale patina antica. E questo è in contraddizione con le intenzioni del poeta. Dante, infatti, non era solo attento al presente e al pas-

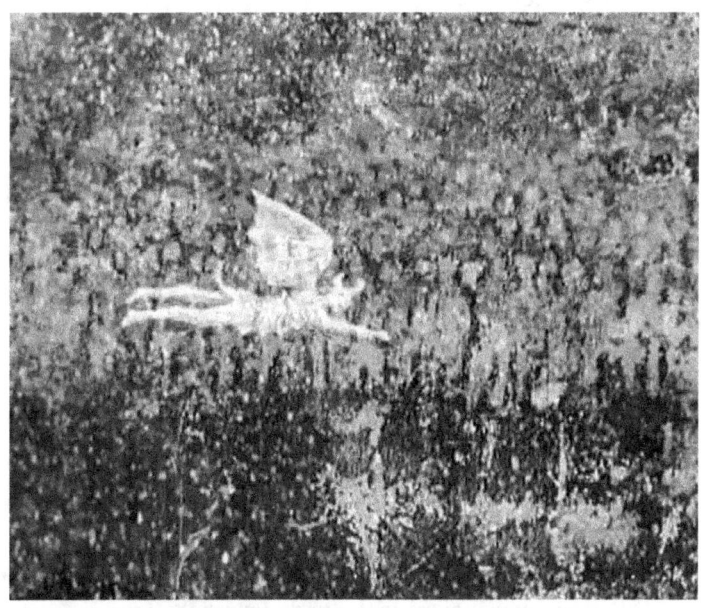

sato della scrittura poetica ma stava inventando, con forza, un futuro della lingua letteraria italiana. Se è vero che l'intero testo della *Commedia* si fonda su una specie di tensione tra tradizione e innovazione, bisogna anche dire che la bilancia pende di più verso l'innovazione.

Félicité-Robert de Lamennais, traduttore romantico del poema (1855-56), aveva capito, almeno, a modo suo, che per evidenziare l'antica modernità di Dante occorre trasmetterla attraverso la nostra. Per queste ragioni la mia traduzione è redatta in francese moderno e, riguardo al lessico, tenta di rendere percepibile la costante inventività linguistica, il carattere direi "sperimentale" della scrittura dantesca, proponendo per esempio equivalenti degli *hapax*: "torreggiavano", "s'infutura", "s'inluia", ecc., diventano nel mio testo "tourroyaient", "s'enfuture", "s'enluie", ecc. Ho cercato, per fare un altro esempio, di riprodurre la preziosa tmesi di *Paradiso* XXIV/16-17. Cito a seguire l'intera frase in cui appare, con la mia traduzione in decasillabi senza rima. Ho tentato di preparare l'orecchio del lettore alla sorpresa della tmesi mediante una rima in "-erce" due versi prima ("dort et se berce"), il che mi ha costretto a discostarmi un po' dalla struttura generale e dal senso considerato in sé, specialmente dal senso di "quïeto":

> 13 E come cerchi in tempra d'oriuoli
> si giran sì, che 'l primo a chi pon mente
> quïeto pare, e l'ultimo che voli,
> 16 così quelle carole, *differente-*
> *mente* danzando, de la sua richezza
> mi facieno stimar, veloci e lente.

> 13 Tels vont tournant d'harmonieux rouages
> d'horloges – et le premier dort et se berce
> en apparence, quand le dernier vole –,
> 16 de même ici, évoluant *diverse-*
> *ment,* rapides ou lentes, ces caroles
> me marquaient le degré de leur richesse.

Questa frase, così tradotta, indica abbastanza chiaramente i principali aspetti del mio metodo.

1) Una traduzione poetica implica sempre delle perdite, e quindi delle scelte. Attento prima di tutto all'effetto d'insieme prodotto dalla "totalità forma-senso", cioè alla vera e propria forza poetica del testo, ho scelto talvolta di trascurare o modificare leggermente certi significati meno importanti. Di conseguenza, riguardo a quei "microsignificati", mi è successo di rinunciare all'assoluta esattezza. Penso che questo tipo di perdite siano molto meno pregiudicanti per la "forma-senso" del poema che non quelle, in certe traduzioni letteralissime, della densità o degli aspetti musicali dello stile: assonanze, allitterazioni, ritmo, sono così ampiamente significanti quanto le parole.

2) Il lavoro sulla sintassi, per me più interessante che la traduzione del lessico, mi si è rivelato inseparabile da quello sulla versificazione. Ho capito fin dall'inizio che non mi sarebbe stato possibile tradurre in prosa: i movimenti sintattici sono

in perpetua relazione dialettica con lo svolgimento dei versi e questa relazione, mediante i vari giochi dell'enjambement e delle dislocazioni ritmiche, è produttrice di "forma-senso", spesso rude, in contrasto, che corrobora la segreta discontinuità di cui parlavo sopra. Per questo ho voluto tradurre la *Commedia* in versi regolari, preferendo però il decasillabo all'endecasillabo, troppo diverso ritmicamente dall'endecasillabo italiano, perché gli accenti tonici nelle due lingue non svolgono affatto le stesse funzioni: Verlaine sceglie talvolta l'endecasillabo con lo scopo di produrre poemi "grigi", senza ritmo apparente, quasi poemi in prosa. Per esempio, traducendo *Purgatorio* XXX/34-39 e sforzandomi di ricomporre in francese un'architettura sonora e un movimento indissolubilmente legati al senso (si tratta del passaggio in cui Dante, nel paradiso terrestre, ritrova e riconosce Beatrice anche prima di aver visto il suo viso):

> 34 E lo spirito mio, che già cotanto
> tempo era stato ch'a la sua presenza
> non era di stupor, tremando, affranto,
> 37 sanza de li occhi aver più conoscenza,
> per occulta virtù che da lei mosse,
> d'antico amor sentì la gran potenza.

ho scelto di mantenere l'enjambement straordinariamente espressivo dei versi 34-35 ("cotanto / tempo"), le allitterazioni in "r" del verso 36, l'energica concisione del verso 39, a rischio di scostarmi – pochissimo, credo – dalla sintassi e anche dal senso:

> 34 Et mon esprit, qui depuis un si long
> temps déjà n'avait plus, par sa présence,
> tremblé jusqu'à se rompre de stupeur,
> 37 sans que l'œil pût encor la reconnaître,
> par une occulte vertu qui vint d'elle,
> sentit l'irrésistible amour ancien.

Come si sarà osservato da questo frammento, la traduzione versificata consente di modulare gli effetti di senso collocando ogni parola in una posizione più o meno preminente nell'ambito del verso. Trattandosi d'altra parte della leggibilità di un testo spesso oscuro, e per proporre al pubblico francofono d'oggi una *Divine Comédie* più facilmente penetrabile, ho giudicato importante, certo, rispettare nell'opera le zone d'ombra volute dal suo autore, ma mi sono adoperato a ripulirlo di quello strato supplementare di "difficoltà" di cui i secoli – cioè la nostra storia e la nostra differenza – l'hanno sfortunatamente ricoperto.

Uno dei miei compiti, in questo senso, è consistito nello sbrogliare prudentemente la matassa sintattica ogni volta che essa intralciava ormai la nostra comprensione. Per esempio, traducendo i versi 41-43 d'*Inferno* I, in cui si osserva un'anticipazione del sintagma verbale rispetto ai suoi due soggetti, mentre quello stesso sintagma verbale è circondato dai suoi complementi:

> 41 sì ch'a bene sperar m'era cagione
> di quella fera a la gaetta pelle
> l'ora del tempo e la dolce stagione;

mi è sembrato necessario, con il rischio di modificare notevolmente il movimento della terzina, ricostruire un ordine delle parole più accettabile in francese moderno:

> 41 aussi l'heure du jour, la saison douce,
> m'induisaient à fonder un bon espoir
> en ce fauve à la robe chatoyante.

Nella tua nota alla traduzione hai anche manifestato l'intenzione di essere fedele al plurilinguismo di Dante, ovvero ai tratti provenzali, latini, dialettali della lingua della Divina Commedia. Come hai ottenuto questo risultato? E, inoltre, questa volontà di rendere conto del plurilinguismo risponde esclusivamente a un'esigenza di rigore filologico oppure è il segno di una particolare predilezione, come sembrerebbe di capire dal tuo precedente romanzo breve Loin de Bizerte *(1967, éd. Mercure de France)?*

Suggerire il plurilinguismo del poema non è stato molto difficile. Ai dialettalismi possono corrispondere in francese dialettalismi più o meno analoghi, e i frammenti in latino e in provenzale rimangono tali e quali. Sì, per me è stato un piacere navigare con Dante attraverso lingue e dialetti vari, e hai ragione ad alludere qui a *Loin de Bizerte*. Quel romanzo l'ho scritto con commossa ironia in quel francese storto, una specie di gergo creolo, che nel melting-pot tunisino della mia infanzia sentivo parlare e parlavo anch'io. Oggi non saprei più scrivere né parlare così, perfino l'accento non riesco a ritrovarlo. Le lingue mi attraversano e mi lasciano. La mia lingua materna, quell'italiano che ho parlato con la Nonnina, che ho poi dimenticato, ma che molto più tardi ho saputo insegnare ad alto livello all'università, lo sto perdendo di nuovo e me ne vergogno. Mi pare di possedere quasi perfettamente il francese ma parlandolo e scrivendolo ho talvolta l'impressione strana, affascinante, di tradurre... da quale altra lingua? Proprio per questo probabilmente mi piace scrivere in francese.

In Loin de Bizerte, La parole perdue, Lettre à la prison, *è evidente come sia fondamentale per te il tema della violenza. Nell'Inferno di Dante sono numerosi i canti dedicati a vari aspetti della violenza, per esempio l'episodio di Pier delle Vigne, violento contro se stesso, quello di Capaneo, violento contro Dio, quello di Brunetto Latini, violento contro la natura... Puoi parlare della tua percezione del tema della violenza in Dante?*

Loin de Bizerte e *La parole perdue* derivano l'uno come l'altro dal mio shock di fronte a uno stesso episodio di violenza, accaduto nel 1961 a Biserta, in Tunisia: un massacro di civili tunisini ad opera di paracadutisti francesi venuti dalla vicina Algeria. A quell'epoca abitavo ancora a Tunisi. Biserta è

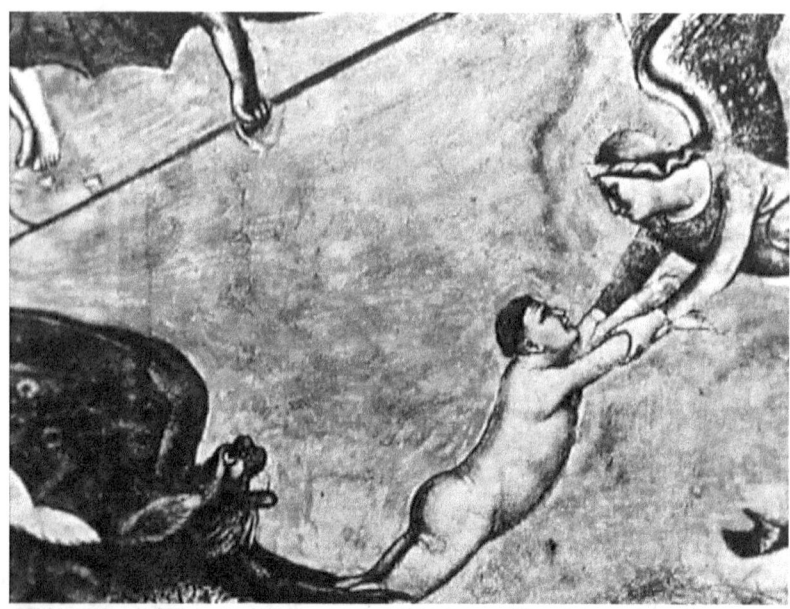

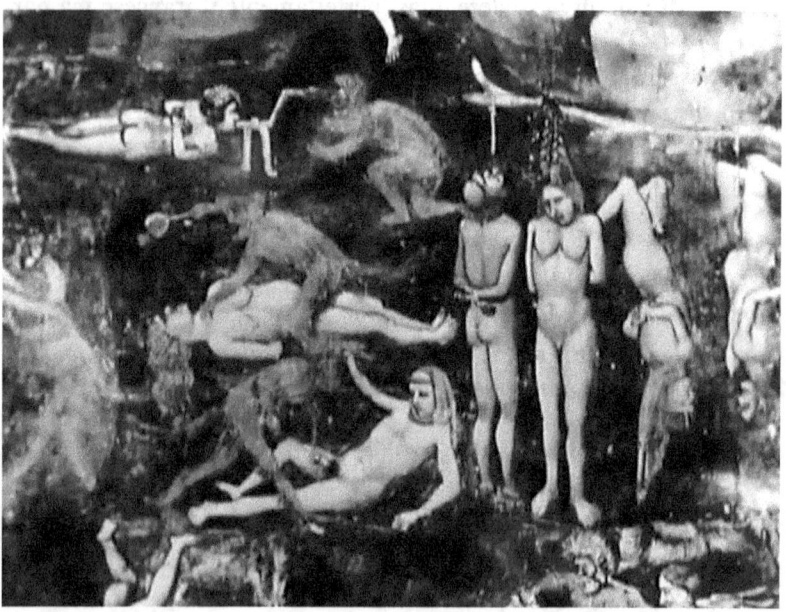

a circa 60 chilometri. Non ho assistito personalmente al massacro ma ho visto arrivare i camion pieni di feriti e ho udito testimonianze orribili. Come ho già detto, la crisi di Biserta e le sue conseguenze sulle relazioni tra Tunisini e Francesi, e anche, più indirettamente, tra Musulmani ed Ebrei, è stata la principale ragione per cui ho lasciato definitivamente la Tunisia. In *Loin de Bizerte* immagino che quel massacro di civili sconvolga a distanza un ragazzino ebreo di Tunisi. Il tema della "rifrazione" dell'evento violento nella psiche di un bambino deriva dai miei ricordi, dalle mie angosce di quando avevo nove anni, durante l'occupazione tedesca a Tunisi e i bombardamenti americani. Da quel mio primissimo trauma e, in particolare, dal fatto che, dopo la partenza dei Tedeschi, seppi della scoperta alla periferia di Tunisi di forni crematori in costruzione, deriva il mio ossessivo rifiuto di ogni forma di violenza. Per tornare a parlare di Dante – il cui poema pullula di episodi di violenza, tra i quali quelli a cui alludi, quello di Capaneo, violento con le parole, contro Dio – vorrei fermarmi su altre parole, quelle che il poeta, all'inizio del canto III de l'*Inferno*, vede «scritte al sommo d'una porta». Scolpito nella memoria di tutti è il famoso verso 9: «Lasciate ogni speranza... ecc.». Ma io ho sempre trovato addirittura atroci i versi 5 e 6: «fecemi la divina potestate, / la somma sapïenza *e 'l primo amore*». I tre soggetti – "potestate", "sapïenza", "amore" – del verbo "fecemi", al singolare perché, secondo l'uso latino, il verbo si accorda col soggetto più vicino, designano rispettivamente il Padre, il Figlio e lo Spirito Santo, cioè Dio, uno in tre persone; Dio che è amore – proprio quell'«amor che move 'l sole e l'altre stelle». Lo stesso Dio-amore dice di aver fatto l'inferno e la sua porta, davanti alla quale conviene lasciare ogni speranza. Violenza, questa volta, non più contro Dio ma esercitata da Dio. Una violenza spesso assurda. Puniti per aver fatto il male durante la loro breve vita, i dannati rimarranno all'inferno per l'eternità: ma tra pochi decenni di vita e l'eternità c'è qualche comune misura? Virgilio e parecchie altre anime mirabili confinate nel Limbo non avranno mai diritto al paradiso perché sono nate prima della Rivelazione, ma chi le ha fatte nascere in tale epoca piuttosto che in tale altra? I figli di Ugolino muoiono con lui nella torre della fame, ma quali peccati espiano? Questa generale assurdità dell'ordine divino, un'assurdità generatrice di violenza assoluta, enorme, Dante non la sente assurda ma solo incomprensibile per il nostro intelletto imperfetto. Ciò che mi stupisce di più, e che paradossalmente finisco per ammirare, è che nel poema dantesco quel terrore incomprensibile che Dio fa regnare ovunque sia intimamente congiunto al divino amore, che terrore e amore siano quasi sinonimi. In questo senso, dal punto di vista etico, la *Commedia*, ma forse anche la stessa religione cristiana, come tutte le religioni monoteistiche, mi sembra una specie di mostro meraviglioso...

La Divina Commedia *ha conosciuto molte traduzioni francesi nel corso del Novecento che, come dicevamo, sono state l'oggetto della tua tesi di dottorato. A quali hai fatto maggiormente riferimento e perché? In particolare come ti sei confrontato con la traduzione più vicina a te cronologicamente, quella di Jacqueline Risset, edita nella seconda metà degli anni '80?*

Ho elencato e analizzato in diversi articoli l'insieme delle traduzioni francesi del poema, dalla prima, anonima (ms. L III-17, Bibl. Naz. di Torino, 1491?-1547?), a quella di Jacqueline Risset (Flammarion, 1985). Alcune di queste traduzioni mi hanno interessato in quanto documenti storici: quelle di Antoine de Rivarol (1780), di A.F. Artaud de Montor (1811), di Pier-Angelo Fiorentino (1840), di Auguste Brizeux (1841), di Emile Littré (1879). Le sole traduzioni di Lamennais e di Pézard mi hanno accompagnato nel mio lavoro, ho detto prima perché. Ho conosciuto Jacqueline Risset, ammiro i suoi saggi su Dante (*Dante écrivain*, 1982; *Dante, une vie*, 1999) e le altre sue opere, ma la sua traduzione della *Commedia* in versi liberi non mi ha pienamente convinto: il verso libero non consente quella relazione dialettica tra metrica e sintassi di cui ho già parlato.

Hai partecipato anche all'edizione francese del Decameron, *diretta da Christian Bec, occupandoti della traduzione del Prologo e dell'Introduzione alla prima giornata. Esiste un motivo particolare per la scelta di queste due sole parti? Sono zone del testo quantitativamente ristrette ma che, come tutti gli "avantesti", contengono condensati i significati strategici dell'opera...*

Queste due sole parti non le ho veramente scelte. All'origine del progetto ero d'accordo con Christian Bec e gli altri miei colleghi per tradurre tre giornate del *Decameron*. Ma all'inizio del lavoro mia moglie si è ammalata – si trattava di un cancro – e mi sono occupato quasi unicamente di lei e delle mie figlie. È morta un anno dopo e su Boccaccio ho lavorato pochissimo. Perciò preferisco non parlarne.

Ci anticipi qualcosa sul tuo ultimo lavoro letterario?

Sto scrivendo un romanzo in prima persona, un po' autobiografico ma anche completamente fantastico, sul tema dell'identità. Un vecchio – io – prende il treno a Marsiglia per andare ad Avignone. Sul treno incontra un altro vecchio che deve scendere ad Arles. Conversano. Empatia. Alla fine del viaggio l'uno è diventato l'altro, quello che doveva scendere ad Avignone scende ad Arles e viceversa. Nel corso del romanzo succedono ancora nuovi scambi identitari, il racconto però continua ad essere redatto in una prima persona che sembra e non sembra sempre la stessa.

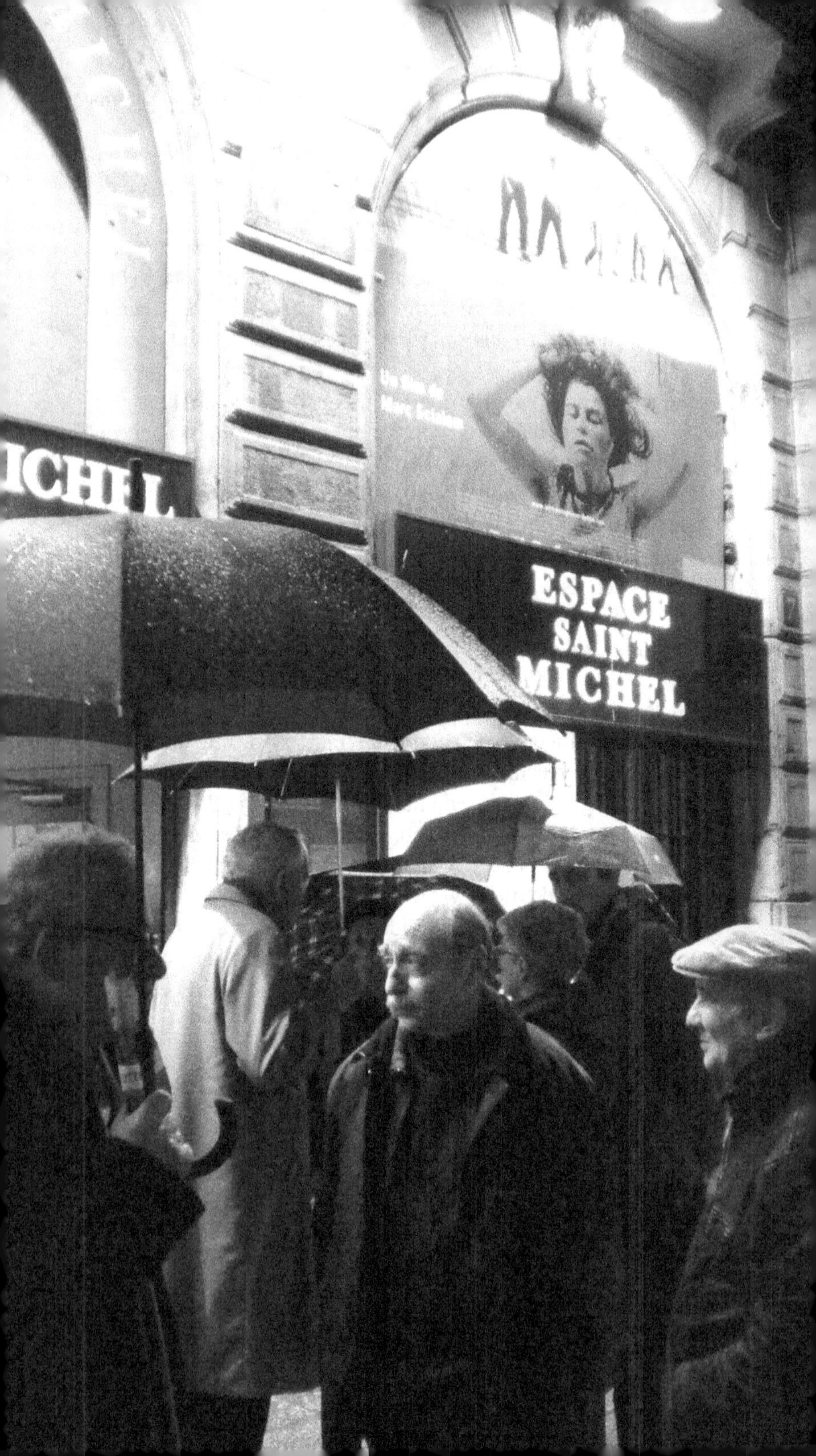
ESPACE
SAINT
MICHEL

Il film mancante alla Nouvelle Vague: «Lettre à la prison»

La matière dont sont faits les rêves

par Chloé Scialom

Stockées dans des caves, dans des placards, au gré de nos nombreux déménagements, les bobines de *Lettre à la prison* ont toujours accompagné notre famille et leur existence n'était pas un mystère. Ce que je ne savais pas et que mon père semblait lui-même avoir partiellement occulté, c'était ce qu'elles contenaient. C'est lorsqu'il s'est trouvé retraité de l'enseignement qu'il m'a semblé urgent de découvrir ce film. Mon père avait besoin d'un rebond que je voulais à tout prix lui offrir.

J'habitais à cette époque-là à Paris. Lors d'un voyage à Marseille, Nicolas, mon compagnon, m'a fait découvrir le Polygone Etoilé, un studio autonome de cinéma qui réunissait des cinéastes autour d'outils permettant de monter et diffuser des films en pellicule, dans une salle de 80 places située dans leurs locaux.

Ce soir-là, on y projetait un montage provisoire de *Flacky et camarades*, un film tourné par Pierre Gurgand dans les années 70 et laissé inachevé. Aaron Sievers, son beau-fils, avait alors récemment commencé de prendre le relais de son beau-père pour amener le film jusqu'à une version de montage qui lui permettrait d'exister pour un public. Ré-existence, mémoire et transmission étaient donc à l'œuvre dans ce lieu. Et j'ai décidé d'y transporter les vieilles bobines du film de mon père.

C'était en plein été, la lumière était violemment crue à l'extérieur. Elle tranchait avec la fraîcheur et la pénombre du rez-de-chaussée de ce petit bunker à quoi m'a toujours fait penser le Polygone Etoilé. Nous avions fait le voyage en famille, avec mon père, ma petite sœur Bérengère, et Nicolas était là aussi. C'est justement Aaron qui nous a ouvert la porte, ça devait être un dimanche, il n'y avait que lui dans les locaux. Nous

nous sommes entassés dans la salle de montage où il y avait peu de place, ma sœur assise sur les genoux de mon père. Images et sons étant sur des bobines dissociées, nous avons remis en mouvement l'image seule, muette, et, plutôt que noire et blanche, elle semblait trembler d'une alternance de lumière et d'ombre. Devant nous une silhouette de femme se redressait, son visage d'abord couvert par ses cheveux qu'elle rabattait lentement en arrière se découvrait, comme celui d'une Gorgone. J'ai reconnu ma mère: elle était plus jeune que moi à ce moment-là.

Ce jour-là, nous n'avons pas visionné plus de dix minutes, car les bobines, une simple copie de travail, étaient farcies de vieux scotchs jaunis, devenus gluants avec le temps, et sans cesse ils se déchiraient. Aaron m'a dit, pragmatique, que si je voulais voir le film il fallait que je m'installe là, le temps d'en refaire toutes les collures. Ce que j'ai fait. C'est ainsi que j'ai déménagé à Marseille.

A commencé pour moi une très étrange et belle période pendant laquelle, en revisitant ainsi ce passé datant d'avant ma vie, je me redécouvrais notamment méditerranéenne. Je me revois traversant chaque jour, dans des étendues de lumière blanche, le quartier de la Belle de Mai jusqu'à la Joliette, où se trouve le Polygone Etoilé. Dans le calme et l'obscurité de la salle de montage, les gestes simples, pratiques, qui m'occupaient, me protégeaient du choc rétrospectif qu'engageait une telle revisitation.

Pour toujours, une silhouette, qu'on voit faire quelques pas dans le crépuscule, s'éloigne sur la terrasse où une fête vient d'avoir lieu. Je reconnais sa démarche. C'est ma grand-mère, morte depuis plusieurs années. Un gamin aux cheveux bouclés joue à mettre une cigarette dans la bouche d'un caméléon. C'est mon frère. Mon aîné de quatorze années.

Or, *Lettre à la prison* comporte de nombreuses coupes, des plans très courts. M'arrêtant à chaque coupe pour la nettoyer et refaire la collure, j'ai découvert le film progressivement, centimètre après centimètre. La cohérence entre deux époques,

marc scialom

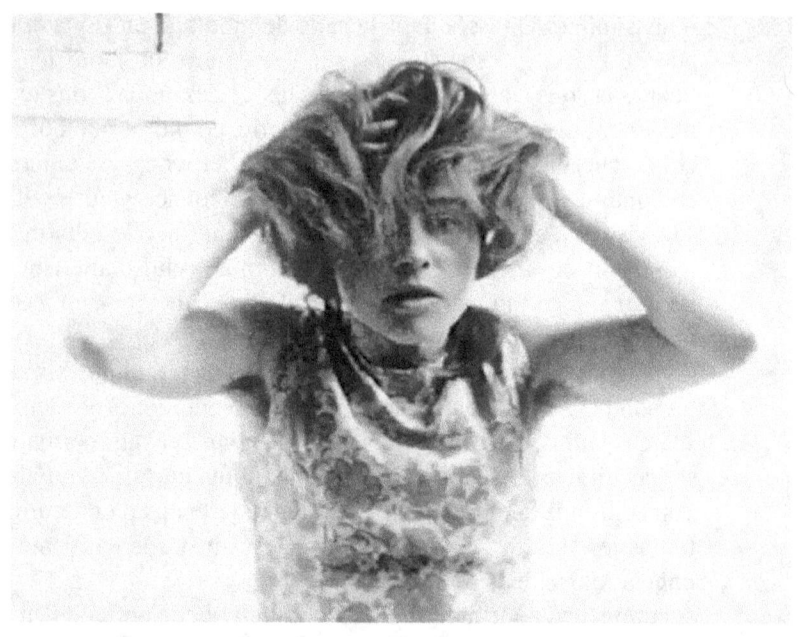

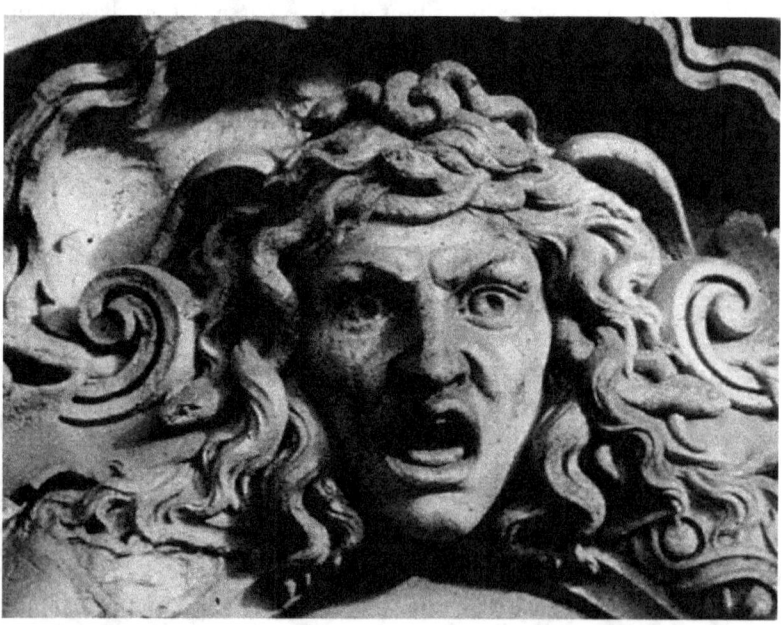

présent et passé, était absolue, solaire: la cathédrale noire et blanche de la Major que mon père avait filmée trente-cinq ans plus tôt était là, à deux pas du Polygone étoilé, et les sculptures, les inscriptions («Criée libre aux poissons», «Port autonome de Marseille»), les cariatides étaient également toujours là, autour de moi...

J'aimais surtout découvrir combien les plans tournés par mon père étaient concrets, matériels, la tête de Tahar regardant par la fenêtre de sa chambre d'hôtel, filmée comme un objet, du fait d'une étrange perspective qui fait saillir les reliefs des arcades sourcilières, du nez. Plus tard, ses mains, dans un seau, qui remuent et malaxent du plâtre: une pensée en train de se former.

...A un certain moment, quelque chose a bloqué le mouvement giratoire de la table de montage. Je ne comprenais pas. Il y avait là deux plans collés l'un sur l'autre, l'un était en couleurs, figurant un mur sur lequel venaient se poser deux mains, celle d'un garçon et celle d'une fille; et dans l'autre, en noir et blanc, on voyait Tahar, pensif, malaxant du plâtre dans un seau. Est-ce que le plan des mains en couleurs provenait d'une autre portion du film, d'où il se serait arraché ? Pourquoi était-il là?...

J'ai montré ce passage à Jean-François Neplaz, nous avons compris: c'était en fait une superposition de deux morceaux de pellicule – extrêmement fragile et en péril, mais voulue – elle correspondait au jaillissement, dans la pensée du protagoniste, du mot "amour"... Cette première apparition dans le film d'une image en couleurs correspondait à une strate archéologique encore plus ancienne, ce plan des mains émanait d'un film plus ancien, qui s'appelait *En silence*, condamné par mon père à être démantelé puis mêlé à *Lettre à la prison*. Tout ce que j'ai réussi à en savoir c'est que ce tout premier film, tourné à une époque où mon père vivait encore en Tunisie et avait environ 20 ans, lui avait semblé a posteriori excessivement naïf et sans valeur. Il l'avait donc démonté et intégré à *Lettre à la prison*, en lui attribuant un sens nouveau, la nouvelle charge d'un «passé» tunisien, d'une évocation de souvenirs juvéniles et purs, où l'amour entre un jeune Tunisien musulman et une jeune femme française convoque la mer, le ciel, le sable, et un enfant qui joue de la flûte.

Ce qui m'intéresse dans ce que je suis en train de raconter, c'est de redécouvrir, sous un nouvel aspect, ce que mon père n'a cessé de me transmettre: sa pensée, même abstraite, trouve son origine, sa saveur, dans la matière des choses concrètes. Ainsi, dans *Lettre à la prison*, c'est l'agencement de fragments issus du réel, choses touchées ou vues, émanées du passé comme du présent, qui génère la pensée du personnage de Tahar. Et si c'était l'inverse, ce serait simple fumée. Ceci est également vrai dans *La parole perdue*, où les premiers mots qui jaillissent enfin hors de la bouche de l'homme interrogé mettent en rapport son émotion crue avec des mots qui désignent des outils de travail: pioches, pelles, marteaux - mis au service de la révolte... ce sont ces objets d'abord évoqués qui recomposent la réalité pénible de la guerre d'Algérie que le personnage vient de traverser.

La materia di cui sono fatti i sogni

di Chloé Scialom

traduzione di Nidia Natalini

Archiviate in scantinati, ripostigli, a seconda dei nostri numerosi traslochi, le bobine di *Lettre à la prison* hanno sempre accompagnato la nostra famiglia e la loro esistenza non era un segreto. Quello che non sapevo, e che mio padre sembra aver parzialmente occultato, era quello che contenevano. Questo è quello che mi è sembrato urgente scoprire quando è andato in pensione dal suo lavoro di insegnante. Aveva bisogno di una sponda che volevo a tutti i costi offrirgli.

In quel momento vivevo a Parigi. In occasione di un viaggio a Marsiglia, Nicolas, il mio compagno, mi ha fatto scoprire il Polygone Etoilé, un gruppo di cinema indipendente che riunisce dei cineasti al fine di offrire gli strumenti per montare film in pellicola e mostrarli in una sala di 80 posti. Una sera proiettavano un montaggio provvisorio di *Flacky et camarades*, un film di Pierre Gurgand girato negli anni '70 e rimasto incompiuto. Aaron Sievers, suo genero, aveva recentemente preso il "testimone" per portare il film a una versione di montaggio che gli permettesse di esistere per il pubblico. Re-esistenza, memoria e trasmissione erano all'opera in quel luogo... e ho deciso di portare lì le vecchie bobine del film di mio padre.

Era piena estate, la luce all'esterno era violenta, in contrasto con il fresco e la penombra del pianoterra del piccolo bunker a cui mi ha sempre fatto pensare il Polygone Etoilé. Abbiamo fatto il viaggio in famiglia, con mio padre, mia sorella minore Bérengère, e c'era anche Nicolas. È stato proprio Aaron ad aprirci la porta, era domenica e c'era solo lui nei locali. Ci siamo ammassati nella sala di montaggio, c'era poco spazio, mia sorella seduta sulle ginocchia di mio padre. Siccome l'immagine e il suono erano su bobine separate, abbiamo messo in moto solo l'immagine. E "muto", piuttosto che in bianco e nero, il film sembrava tremare in un'alternarsi di luce e ombra. Davanti a noi una figura di donna si rialza, con il volto, come quello di una Gorgone, coperto dai capelli, che lei lentamente scopre. Ho riconosciuto mia madre. Era più giovane di me in quel momento.

Quel giorno abbiamo visionato non più di dieci minuti, perché le bobine erano una copia-lavoro ed erano attaccate con un vecchio scotch, ingiallito e diventato appiccicoso con il tempo, e si strappavano continuamente. Aaron, pragmaticamente, mi ha detto che se volevo vedere questo film bisognava che mi installassi lì per il tempo di rifare tutte le giunture. Quello che ho fatto. È così che mi sono trasferita a Marsiglia.

È iniziato per me un periodo molto strano e bello, nel quale, ri-visitando il passato prima della mia nascita, mi riscoprivo soprattutto mediterranea. Mi rivedo ancora attraversare ogni giorno, in lastre di luce bianca, il quartiere della Belle de Mai, fino alla Joliette, dove si trova il Polygone Etoilé. Nella quiete e nel buio della sala di montaggio i gesti semplici, pratici che mi occupavano mi proteggevano dallo shock retrospettivo in cui mi coinvolgeva questo riesame della mia identità.

Per sempre: una silhouette, che si vede fare qualche passo nel tramonto, si allontana sulla terrazza dove ha avuto luogo una festa. Riconosco il suo passo. È mia nonna, morta parecchi anni fa. Un monello dai capelli ricciuti si diverte mettendo una sigaretta nella bocca di un camaleonte. È mio fratello. Ha quattordici anni più di me.

Lettre à la prison è composto da numerosi tagli, inquadrature molto brevi. Mi fermo a ogni inquadratura per pulirla e rifare la giuntura. Ho scoperto il film progressivamente, centimetro per centimetro.

La coerenza tra le due epoche, il presente e il passato, era assoluta, solare: la cattedrale Maggiore, in marmo bianco e nero, che mio padre aveva filmato 35 e più anni prima era lì, a due

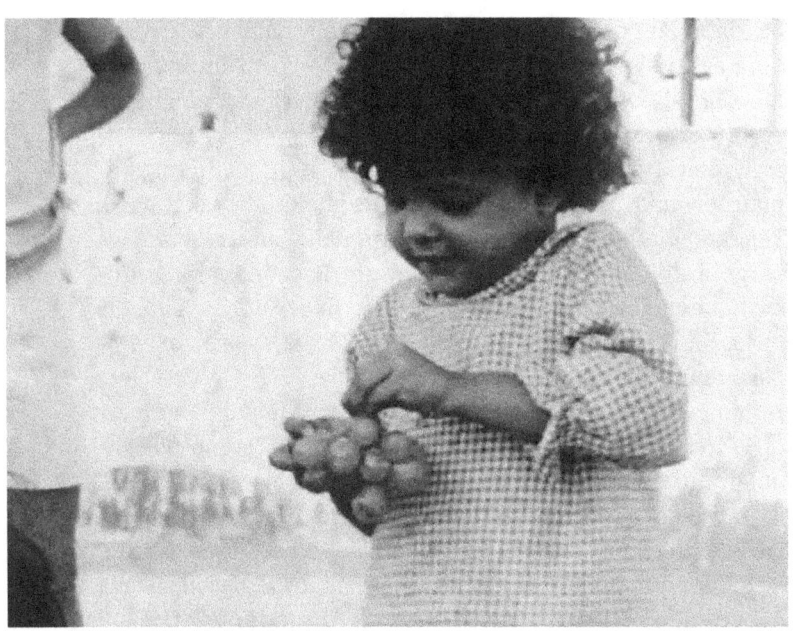

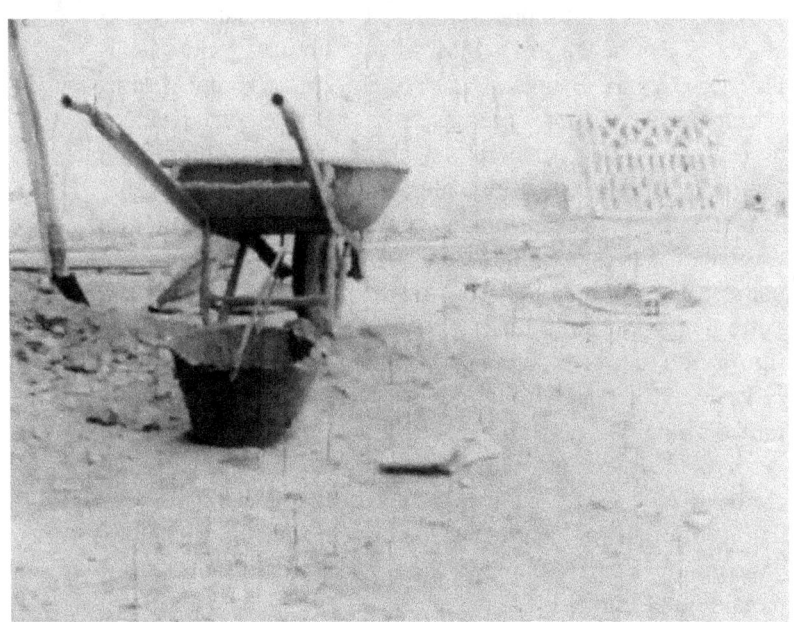

passi dal Polygone Etoilé e le sculture, la segnaletica – «Criée libre aux poissons» («Mercato del pesce»), «Port Autonome de Marseille») («Autorità Portuale di Marsiglia») – e le cariatidi erano sempre lì, tutto intorno...

Mi è piaciuto soprattutto scoprire come le inquadrature filmate da mio padre fossero concrete, materiali. La testa di Tahar, che guarda fuori dalla finestra della sua camera d'albergo, è filmata come un oggetto, grazie a una strana prospettiva che mette in evidenza i rilievi delle sopracciglia, del naso. Più avanti, le sue mani in un secchio a mescolare e impastare il gesso: un pensiero che si forma.

Ad un certo punto... qualcosa ha bloccato il movimento rotatorio del tavolo di montaggio. Non capivo. C'erano due inquadrature incollate l'una sull'altra, la prima era a colori, rappresentava un muretto sul quale due mani, quella di un ragazzo e quella di una ragazza, venivano a posarsi; nell'altra, in bianco e nero, si vedeva Tahar pensieroso che impastava del gesso in un secchio. Forse questa inquadratura delle mani proveniva da un'altra porzione del film, dalla quale si era distaccata? Perché era lì? Ho mostrato questo passaggio a Jean-François Neplaz e abbiamo capito: era una sovrapposizione, estremamente fragile e precaria, ma voluta, e corrispondeva all'esplodere, nel pensiero del protagonista, della parola "amore"... Questa prima inquadratura a colori costituiva uno "strato archeologico" ancora più vecchio, proveniva da un film precedente che si chiamava *En silence*, condannato da mio padre ad essere smantellato e riusato in *Lettre à la prison*. Tutto quello che sono riuscita a sapere è che quel primissimo film, girato in un periodo in cui mio padre viveva ancora a Tunisi e aveva circa 20 anni, gli era parso a posteriori troppo naïf e senza valore. Quindi l'aveva smontato e integrato in *Lettre à la prison*, attribuendogli un senso nuovo, la nuova carica di un "passato" tunisino, un'evocazione di ricordi giovanili e puri, in cui l'amore tra un giovane Tunisino e una giovane donna francese convoca il mare, il cielo, la sabbia, e un bambino che suona il flauto.

Quello che mi interessa di più di quanto sto raccontando è stato riscoprire, sotto un nuovo aspetto, ciò che mio padre non ha mai smesso di trasmettermi: il suo pensiero, anche astratto, trova la sua origine, il suo sapore, nella materialità delle cose concrete. Così, in *Lettre à la prison*, è la combinazione di frammenti del reale, cose toccate o viste (emanate dal passato come dal presente) che genera il pensiero del personaggio di Tahar; se fosse il contrario, sarebbe soltanto "fumo". Succede la stessa cosa in *La parole perdue*, in cui le prime parole che fanno irruzione sulla bocca dell'uomo traumatizzato evocano gli strumenti di lavoro al servizio della ribellione: picconi, pale, martelli... È l'evocazione di questi oggetti che ricompone la dura realtà della guerra d'Algeria che il personaggio ha appena attraversato.

Qui ça, personne?

par Jean-François Neplaz

Chloé Scialom était venue présenter son propre film (*Qui ça, personne?*, réalisé avec Nicolas Lebras) en 2003 au Polygone étoilé, et elle y a découvert une table de montage 16mm. Elle nous demande de pouvoir visionner «un court métrage réalisé par son père quand il était jeune» dit-elle.

Le film est une "copie travail" montée au scotch dont chaque collure se défait. Le son est en 16mm magnétique qui se désagrège à chaque écoute. Nous le sauvegardons tout de suite en numérique. Aaron, réalisateur du collectif, apprend ensuite à Chloe à nettoyer et refaire les collures et elle recolle le film. Nous découvrons alors qu'il ne s'agit pas d'un court métrage mais d'un long métrage. Quand il est entièrement reconstitué, une projection a lieu dans notre auditorium devant quelques cinéastes de Film Flamme... qui restent bouleversés par la vision. Je me souviens d'avoir interrogé Chloé et Nicolas: «Qui est cet homme qui a réalisé ça? Que fait-il, où vit-il?». Etc... Nous pensons à ce moment-là que pour des raisons artistiques et politiques ce film doit être restauré et sauvegardé en 35mm en vue d'une diffusion en salle... C'est ce que nous affirmons à Marc le jour où nous projetons pour la première fois le film en sa présence. Marc s'étonnait de cet intérêt soudain pour un film qui n'en avait suscité aucun autrefois et il nous a laissés faire, assez dubitatif.

Quel intérêt politique? Il est double. Il pose une question sur les évidences des expressions politiques en œuvre à la fin des années '60. Marc Scialom est marxiste, mais son écriture cinématographique ne laisse pas de grille idéologique prendre le pas sur le geste qui est le sien. En conséquence il n'a pas à "corriger" le contenu de son film pour le rendre "acceptable" aujourd'hui. Et s'il nous apparaît comme un film politique désormais, il conserve une complexité de lecture qui remet en cause notre propre vision du politique. Ou pour parler plus précisément, d'une possible spiritualité marxiste. Qui pouvait l'entendre à Paris après 1968 quand la question était posée par un jeune intellectuel fraîchement débarqué de Tunis?

Il pose aussi une autre question qui nous touche, nous cinéastes "excentrés". Marc, s'il a eu un coup de pouce de Chris Marker, s'est néanmoins débrouillé seul. Il n'est pas entré é à l'IDHEC, il a réuni quelques amis et c'est avec eux qu'il s'est lancé. Cette expérience "hors capital(e) s'est cassé les dents sur le marché, mais aussi sur les certitudes du milieu. Qu'en est-il aujourd'hui, alors que le cinéma, ses modes de production et de distribution, ses techniques et toute son économie sont en crise? C'est ce geste-là qui appartient à des milliers de jeunes qui se lancent avec des bouts de chandelles et quelques amis... Qu'en est-il de la réception "institutionnelle" de ces œuvres? Si nous sommes capables de recevoir aujourd'hui le film de Marc avec plus de 30 ans de retard (car le support film par ses qualités chimiques a permis son existence jusqu'à nous et il n'en sera pas de même du numérique). Quels sont les films d'aujourd'hui que nous ne sommes pas capables de recevoir?

Sur le geste artistique, d'autres que moi disent ce qu'il en est. Je veux juste rappeler que la liberté de Marc s'étendait au scénario griffonné sur un coin de table. Une voix off, qui n'était ni un découpage, ni une bible. Aujourd'hui il n'aurait toujours pas l'ombre d'une aide financière pour réaliser son film. C'est d'ailleurs toujours le cas pour ses derniers films... Et c'est le cas de milliers de jeunes cinéastes. Alors que ce geste de liberté extrême est devenu majoritaire.

Marc en a tiré cette forme de récit haché, raturé, revenant sur des films passés, retournant littéralement son récit pour en contempler l'envers... D'une innocence faire une perversion,

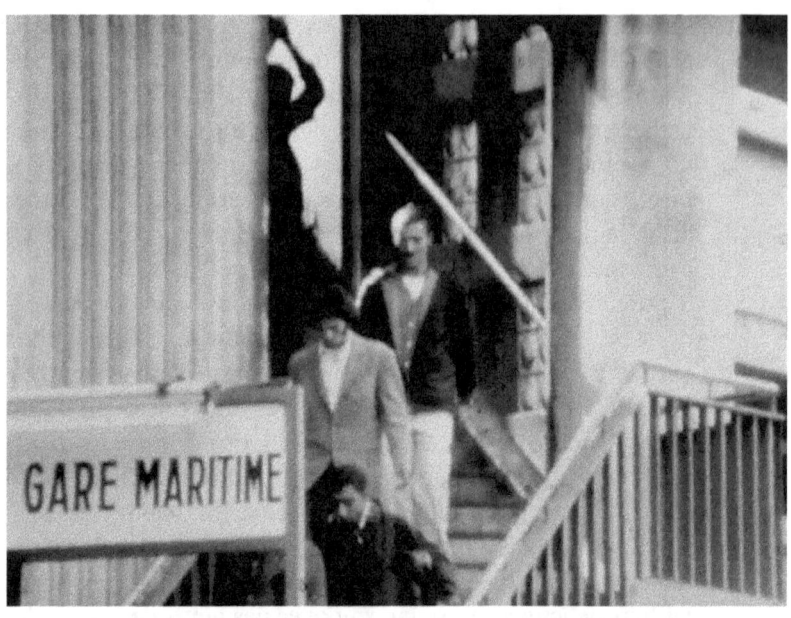

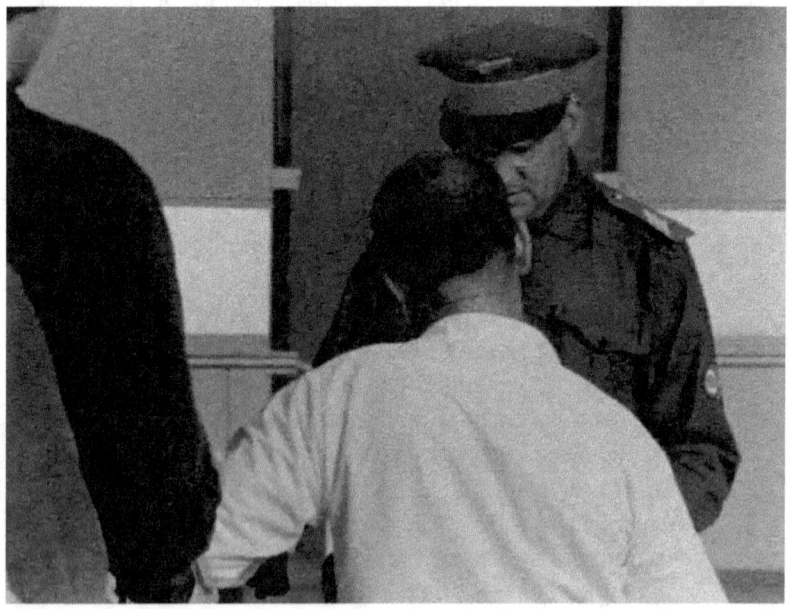

d'une clarté faire une ombre et d'une ombre faire un éclat. Avec Gaëlle Vu qui était présidente de notre collectif de cinéastes à cette époque-là, j'ai produit cette restauration et nous avons trouvé les moyens financiers auprès des collectivités publiques de la région et du département (c'était aussi une première en France!). J'ai profité aussi de mes relations avec l'Immagine Ritrovata (je travaillais en Italie et à Bologne à cette époque-là pour préparer mon film avec Rigoni Stern), pour lancer une restauration numérique qui était la première qu'ils faisaient, et que je pensais indispensable, compte tenu de l'absence des négatifs originaux.

Pour obtenir les moyens de la production j'ai sollicité Marie-Pierre Duhamel qui dirigeait le Festival du Réel (elle a rejoint ensuite l'équipe du Festival de Venise), qui a apporté immédiatement son soutien au projet et promis de lui faire une place dans son festival. Il y avait aussi le soutien de Paul Carpita, cinéaste marseillais censuré lui aussi lors de la guerre d'Indochine et lui aussi redécouvert tardivement, il y avait un critique de cinéma important de la région PACA: Claude Martino, du journal «La Marseillaise»...

Nous voulions aussi que le film sorte en salle, soit rendu au public, que la boucle soit bouclée. Je m'étais adressé à Thomas Ordonneau qui était le fondateur de Shellac, distributeur français de cinéma "Art et Essai" que nous avions invité à s'installer au Polygone étoilé à Marseille. Il était de ce fait le seul distributeur de cinéma qui ne soit pas installé à Paris, dans ce pays où le cinéma est hyper-centralisé. Dans nos bureaux, il était plus facile à rencontrer! Par chance il s'est immédiatement engagé à nos côtés. Même en sachant que le film ne ferait pas grimper son chiffre d'affaires de façon significative! Son amour du cinéma l'a conduit immédiatement à dire oui, dès la projection de travail terminée. C'était un appui de poids puisque nous pouvions affirmer aux financeurs que le film sortirait en salles. C'est Thomas aussi qui fera ensuite le choix de produire *Nuit sur la mer*... Mais c'est une autre histoire.

Tout ces gens, et quelques autres, se sont engagés pour faire revivre le film de Marc. Et le financement local s'est trouvé acquis. Gaëlle Vu s'est occupée ensuite de corriger, à la demande de Marc, quelques défauts du son. Le mixage avait été réalisé autrefois dans des conditions de précarité extrême et des "trous de son" ou des défauts de timbre en rendaient l'écoute très difficile. Gaëlle essayait de freiner l'ardeur de Marc qui aurait bien recommencé le film à zéro et souffrait énormément de ne pas retrouver le film de ses rêves! Nous avons compris à cette occasion que le rejet de ses rêves de cinéaste l'avait marqué profondément, il réagissait devant son film comme s'il n'était jamais sorti de la salle de montage. Il se souvenait de chaque détail comme s'il l'avait tourné hier. Ensuite le film sera conformé aux normes du 35mm par Fred Bielle à Elison (Paris) avec qui nous avons l'habitude de travailler.

J'ai accompagné ensuite le travail image, qui était délicat compte tenu de l'absence de négatifs (les recherches de Chloé et Marc pour retrouver les originaux se heurtaient à un mur que nous avons compris plus tard: souvent Marc avait fait développer son film sous le nom de cinéastes amis. Par exemple, j'ai trouvé des boîtes sous le nom de Roger Pic). J'ai proposé à Marc de suivre lui-même les opérations de tirage et d'étalonnage à Bologne malgré la souffrance terrible qui était la sienne de ne pas retrouver "la matière" des images d'origine (les quelques négatifs qui restaient sont somptueux et ç'a été une déception de ne pouvoir retrouver le reste)... Ç'a été la période la plus violente et humainement... disons... rude! Il s'agissait pour moi de permettre à Marc de s'approprier à nouveau ce film blessé, balafré par le temps et l'incompréhension des siens... tout en affirmant la nécessité de *nous donner* ce film, de l'abandonner, de s'en dessaisir.

La projection de l'avant-première au Festival International du Documentaire de Marseille 2008 (Marie-Pierre Duhamel avait quitté le Festival du Réel et notre engagement avec elle s'est déplacé au FID) reste un souvenir aussi superbe que douloureux. Marc était au comble de l'angoisse et de la souffrance, passait son temps à dire que le film n'était pas le sien mais une pâle reproduction, qu'il ne fallait pas montrer ça mais chercher encore les négatifs ou recommencer la restauration, etc... Mais la projection a été un tel succès devant une salle pleine, que la pression des spectateurs qui n'avaient pas vu le film a contraint la direction du festival à organiser (généreusement) une deuxième projection en clôture... Et le film a obtenu un prix alors qu'il n'était pas concurrent puisque réalisé en l'année 1969!

La presse a été pratiquement unanime pour saluer le film à sa sortie en décembre 2009. Les articles dithyrambiques citent Renoir, Buñuel, Pasolini... J'ai demandé à Marc d'écrire ses sentiments à l'occasion de ses rencontres avec les spectateurs à cet instant, en vue d'une publication. Dans ce qu'il écrit alors apparait la trame de *Nuit sur la mer* (qu'il commence d'ailleurs de tourner sans producteur).

Dans sa tête il est déjà ailleurs.

Ma chi è questo nessuno?

di Jean-François Neplaz
traduzione di Nidia Natalini

Nel 2003 Chloé Scialom viene al Polygone étoilé, a Marsiglia, a presentare un suo film – *Qui ça, personne?* (Ma chi è questo nessuno?), realizzato con Nicolas Lebras – e vede che abbiamo un tavolo di montaggio 16mm. Ci chiede di poter visionare «un cortometraggio girato da suo padre quando era giovane». Così ci dice. Il film è una copia lavoro montata con lo scotch, con tutte le giunture disfatte. Il suono è in nastro magnetico 16 mmm e si disintegra sempre più ad ogni ascolto. Lo trasferiamo immediatamente in digitale. Aaron, regista del nostro collettivo, insegna a Chloé a pulire la pellicola e a rifare le giunture. E lei reincolla tutto il film. Scopriamo allora che non si tratta di un cortometraggio, ma di un lungometraggio.

Quando il film è interamente ricostruito organizziamo una proiezione nella nostra sala, con alcuni cineasti di Film Flamme, che rimangono sopraffatti dalla visione. Mi ricordo di aver chiesto a Chloé e Nicolas: «Chi è che l'ha realizzato? Cosa fa? Dove vive?», ecc...

A quel punto abbiamo pensato che, per ragioni artistiche e politiche, quel film doveva essere restaurato e passato in 35mm, nella prospettiva di una diffusione nelle sale. È quello che abbiamo detto a Marc il giorno in cui abbiamo proiettato per la prima volta il film in sua presenza. Marc si stupiva di questo improvviso interesse per un film che in passato non ne aveva suscitato alcuno, e ci lasciava fare, piuttosto dubbioso.

In cosa risiede l'interesse politico del film? È doppio. Innanzitutto pone in questione l'evidenza delle espressioni politiche in atto alla fine degli anni '60. Marc Scialom è marxista, ma la sua scrittura cinematografica non lascia che la griglia ideologica prenda il sopravvento sul suo gesto artistico. Per questo non c'è bisogno di "correggere" il contenuto del suo film per renderlo "accettabile" oggi. Se ci appare ormai come un film politico, d'altro canto conserva una complessità che mette in discussione la nostra stessa idea del "politico". O, per essere più precisi, che apre la possibilità di una spiritualità marxista. Chi poteva capirlo nella Parigi post '68, per di più se la questione veniva posta da un giovane intellettuale da poco sbarcato da Tunisi?

Il film pone poi un'altra questione che tocca noi cineasti "fuori norma". Se Marc ha ricevuto un impulso da Chris Marker, poi se l'è sbrogliata da solo. Non è entrato all'IDHEC, ma ha riunito pochi amici ed è con loro che si è lanciato nella sua avventura. Questa esperienza fuori dalla/dal "capitale" ha sbattuto la faccia contro il mercato, ma anche contro le certezze dell'ambiente culturale. E oggi? Ora che il cinema, i suoi modi di produzione e di distribuzione, le sue tecniche e tutta la sua economia sono in crisi? Proprio questo è il gesto di migliaia di giovani che si mettono alla prova con mozziconi di candela e pochi amici... Qual è l'accoglienza "istituzionale" per queste opere? Se oggi siamo capaci di recepire il film di Marc, con più di trent'anni di ritardo (perché il supporto in pellicola, per le sue caratteristiche, ha permesso la sua sopravvivenza fino a noi, e non sarà la stessa cosa con il digitale), quali sono i film di oggi che non siamo in grado di recepire?

Del gesto artistico altri parlano in questo libro. Voglio solo ricordare che la libertà di Marc si estendeva alla sceneggiatura, scritta su un tovagliolo di carta. Una voce off, non c'era un découpage, nessuna Bibbia. Oggi non otterrebbe neanche l'ombra di un finanziamento per realizzare il suo film. È quello che succede di nuovo con i suoi ultimi progetti. Ed è quello che accade a migliaia di giovani cineasti. Anche se questo gesto di libertà estrema appartiene ormai alla maggioranza.

Per questo Marc ha prodotto una forma di racconto frammentato, negato, che ritorna sui film passati, che si rovescia letteralmente per contemplare il contrario di quanto già raccontato... Di una innocenza fare una perversione, di una chiarezza fare un'ombra, e di un'ombra fare uno splendore.

Con Gaëlle Vu, che in quel momento era presidente del nostro collettivo di cineasti, ho prodotto il restauro del film, abbiamo ricevuto risorse finanziarie da parte delle autorità pubbliche della Regione e del Dipartimento (era la prima volta che questo accedeva in Francia!). Ho approfittato dei miei contatti con l'Immagine Ritrovata (in quel periodo stavo lavorando in Italia, a Bologna, per preparare il mio film insieme a Rigoni Stern) per dare il via ad un restauro digitale. Era il primo che facevano e ritenevo che questo fosse indispensabile, data l'assenza dei negativi originali. Per ottenere i finanziamenti ho coinvolto Marie-Pierre Duhamel, che dirigeva il Festival du Réel (poi si è spostata nell'équipe del Festival di Venezia), che ha immediatamente sostenuto il progetto e promesso uno spazio nel suo festival. Avevamo anche il supporto di Paul Carpita, cineasta marsigliese, lui stesso censurato durante la guerra d'Indocina e riscoperto tardivamente, e di un critico cinematografico importante della région PACA, Claude Martino, del quotidiano «La Marseillaise»...

Abbiamo anche voluto che il film uscisse nelle sale, che fosse restituito al pubblico, che il cerchio si chiudesse. Mi sono rivolto a Thomas Ordonneau, fondatore di Shellac, distributore francese di cinema d'"Art et Essai", che abbiamo invitato ad installarsi al Polygone étoilé a Marsiglia. Da allora è l'unico distributore di cinema non installato a Parigi, in un paese dove il cinema è iper-centralizzato. Era più facile incontrarlo nei nostri uffici! Per fortuna si è subito impegnato al nostro fianco, pur sapendo che il film non avrebbe incrementato il suo fatturato. Il suo amore per il cinema lo ha portato a dire subito di sì, fin dalla prima proiezione del lavoro finito. Il suo era un grande contributo, perché potevamo sostenere con i finanziatori che il film sarebbe uscito nelle sale. Ed è Thomas che in

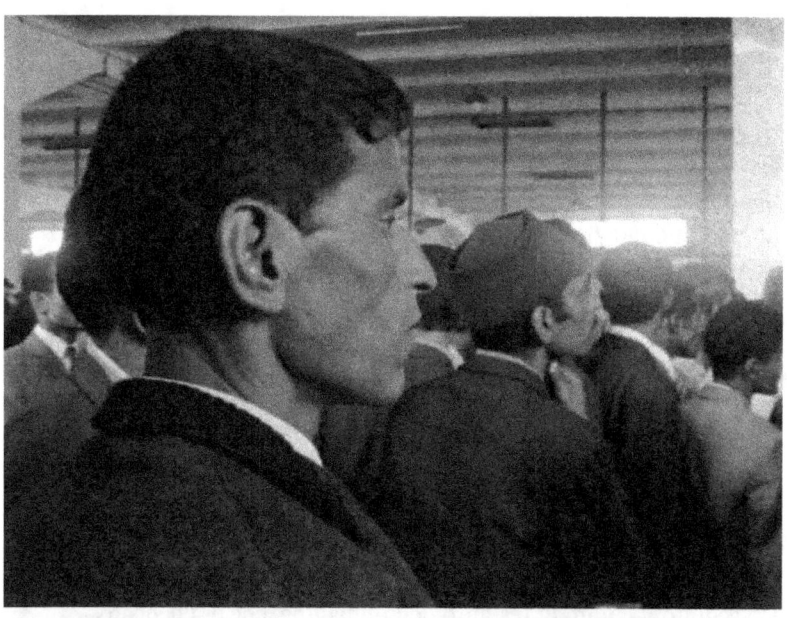

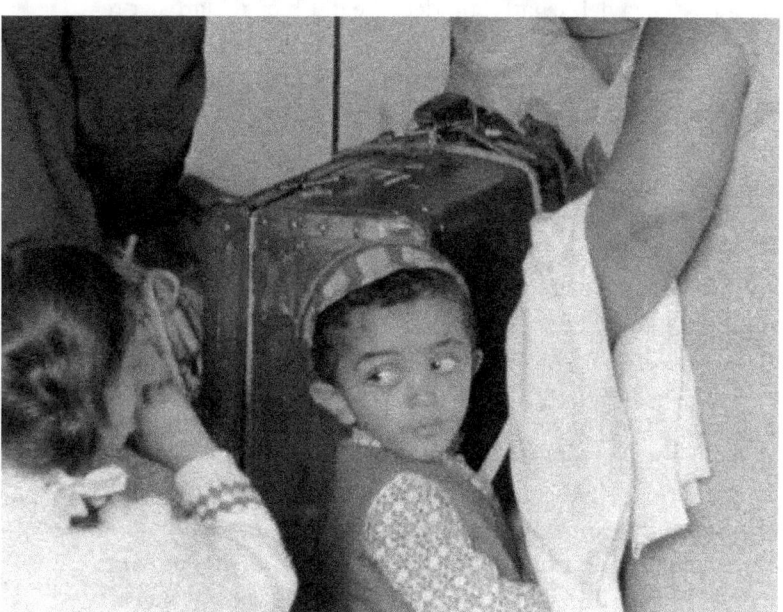

seguito sceglierà di produrre *Nuit sur la mer*... Ma questa è un'altra storia.

Tutte queste persone, e qualche altra, si sono impegnate per far rivivere il film di Marc. E il finanziamento locale è arrivato. Poi Gaëlle Vu si è occupata di correggere, su richiesta di Marc, qualche difetto del suono. Anche il missaggio era stato realizzato in condizioni di estrema precarietà, e vuoti di suono e difetti di timbro rendevano l'ascolto molto difficile. Gaëlle cercava di frenare la passione di Marc, che avrebbe volentieri ricominciato il film da capo e soffriva enormemente di non ritrovare il film dei suoi sogni. In quell'occasione abbiamo capito che il rifiuto dei suoi sogni di cineasta l'aveva segnato profondamente. Reagiva davanti al suo film come se non fosse mai uscito dalla sala di montaggio. Si ricordava di ogni dettaglio, come se l'avesse girato il giorno prima. Infine il film è stato conformato alle norme del 35mm da Fred Bielle della Elison (a Parigi), con il quale eravamo soliti lavorare.

Ho seguito il lavoro di restauro dell'immagine, che era delicato, data l'assenza dei negativi (le ricerche di Chloé e Marc per recuperare gli originali si trovavano davanti a un muro che avremmo capito più tardi: Marc aveva fatto sviluppare il suo film sotto il nome di amici cineasti. Per esempio ho trovato delle bobine sotto il nome di Roger Pic). Ho proposto a Marc di seguire lui stesso le operazioni di sviluppo e correzione colore a Bologna, nonostante la sua terribile sofferenza nel non ritrovare "la materia" delle immagini originali (i pochi negativi che restavano erano sontuosi ed è stata delusione non poter ritrovare il resto)... Questa è stata la fase più violenta e umanamente... diciamo... dura! Si trattava, per me, di permettere a Marc di appropriarsi di nuovo di questo film ferito, sfregiato dal tempo e dall'incomprensione dei suoi amici... e nello stesso tempo di affermare la necessità di *donarci* questo film, di abbandonarlo, di spossessarsene.

La proiezione come pre-apertura al Festival International du Documentaire de Marseille nel 2008 (Marie-Pierre Duhamel aveva lasciato il Festival du Réel e il nostro accordo con lei si era ricontestualizzato nel FID) rimane un ricordo superbo e doloroso nello stesso tempo. Marc era al colmo dell'angoscia e della sofferenza, passava il suo tempo a dire che non era più il suo film ma una cattiva riproduzione, che non bisognava mostrarlo ma cercare ancora i negativi oppure ricominciare il restauro, ecc... Ma la proiezione, con la sala piena, ha avuto un tale successo che le richieste degli spettatori che non avevano ancora visto il film hanno costretto la direzione del festival a organizzare (generosamente) una seconda proiezione in chiusura... E il film ha ottenuto un premio anche se non avrebbe potuto concorrere, dato che era stato realizzato nel 1969!

La stampa è stata pressoché unanime nel salutare il film alla sua uscita nel dicembre 2009. Articoli ditirambici citavano Renoir, Buñuel, Pasolini... Ho chiesto a Marc di scrivere i suoi sentimenti in occasione del suo incontro con gli spettatori, in vista di una pubblicazione. In quello scritto appare il racconto di *Nuit sur la mer* (che aveva cominciato a girare, di nuovo senza produttore).

Con la testa era già altrove.

Souvenir, que me veux-tu?

par Marc Scialom

Après une projection

Le 10 décembre 2009, comme je présentais au cinéma Le Méliès de Saint-Etienne *Lettre à la prison*, mon très vieux film enfin distribué et montré au public après quarante ans d'une sorte de quarantaine, un spectateur m'a fait la surprise de me tenir très exactement le propos que depuis longtemps je compte mettre dans la bouche d'un de mes personnages du *Citronnier*, le nouveau film auquel je travaille. Et je me suis dit aussitôt: «Tu ne fais donc pas fausse route, *Le citronnier* doit être mené à bien!».

Tout est parti d'une question posée par un autre spectateur: «Qui était ce Tahar qu'on voit dans votre film?».

J'ai expliqué que Tahar Aïbi n'était pas un comédien professionnel. C'était un ouvrier algérien, immigré en France à l'âge de huit ans puis retourné, quelques années après *Lettre à la prison* et pour des raisons que le film lui-même laisse entrevoir, dans son Algérie natale qu'il ne connaissait plus guère. Cela se passait durant les années '70, à l'époque où commençaient d'avoir lieu là-bas des massacres dans les villages. Nous étions amis de longue date et, en partant, il m'avait promis de garder le contact avec moi, souhaitant surtout qu'un jour je vienne le voir dans le Constantinois: «Nous remangerons le couscous ensemble». Or, depuis son départ, il ne m'a jamais téléphoné ni écrit, ce qui me paraît on ne peut plus étrange. Mes recherches pour trouver son adresse en Algérie sont restées vaines. Je ne voudrais pas en déduire qu'il est mort dans un massacre.

Un second spectateur stéphanois m'a alors demandé: «Mais pourquoi avoir choisi un Algérien pour jouer le rôle d'un Tunisien?».

Question délicate. C'est vrai que l'accent algérien de ce pseudo-Tunisien peut hérisser les arabophones et, sur ce point précis, je m'attends à des réactions agacées quand je présenterai *Lettre à la prison* à Tunis dans quelques semaines. Ces réactions attendues, je les accueillerai avec un certain relativisme. Car désormais il y a prescription: suis-je vraiment responsable, à soixante-quinze ans, des bévues du Scialom de trente-cinq ans qui a commis le film?

Creusons encore un peu. Si l'anomalie de cet accent, en 1969, ne me troublait guère, j'y sens aujourd'hui comme l'ombre d'une pertinence. Tahar, je ne l'avais pas choisi: je l'avais trouvé, il était indubitablement mon personnage, tunisien ou pas. La Tunisie non plus, je n'avais pas choisi qu'elle soit la terre d'origine du personnage: tout simplement elle ne pouvait pas ne pas l'être, c'était ma propre terre d'origine et le personnage était un peu moi. Ces deux faits concordaient mal ensemble, certes, mais ma confiance naïve s'en accommodait. En outre la guerre d'Algérie s'était achevée depuis peu, en 1962: mes amis tunisiens et moi-même avions baigné dans le climat de ce conflit dont nous attendions qu'il consacre l'indépendance d'un pays frontalier de la Tunisie récemment libérée. Dès 61, l'épisode sanglant de Bizerte – un massacre de civils tunisiens par des paras venus de l'Algérie proche – avait même fait déborder en Tunisie la guerre voisine. Les cafouillages de *Lettre à la prison* témoignent de cette osmose, de ce vertige syncrétique. Et c'est ici le lieu de révéler un détail grinçant supplémentaire: la voix qu'on entend dans le film n'est pas celle de Tahar! Tahar, qui n'avait pourtant jamais mis les pieds en Angleterre et n'en parlait pas la langue, avait inexplicablement l'accent anglais... Je l'avais donc fait doubler en recourant, surcroît de culpabilité de ma part, à un autre ami algérien, Boulem Touarigh.

J'ai répondu au spectateur que tout mon film boîte et trébuche sans cesse, fondé qu'il est sur des fausses notes bizarres mais indirectement signifiantes. Tahar a l'accent algérien? Eh bien, tant mieux! *Lettre à la prison* est un élan vers les exilés arabes quels qu'ils soient, tunisiens, algériens, marocains, mauritaniens, libyens, etc. C'est même un élan vers tous les exilés, qu'ils viennent du monde arabe ou d'ailleurs, d'Asie, d'Afrique noire, d'Amérique latine ou de quelque coin d'Europe, qu'ils soient musulmans, chrétiens, bouddhistes ou juifs. Le film n'aurait d'ailleurs pas pu se faire si, entre réalisateur et comédien, ne s'était instaurée une complicité née de destins non identiques, certes, mais assez sensiblement analogues. J'ai dit à ce spectateur quelle forte relation d'empathie m'avait lié à Tahar, par delà nos différences de nationalité et de culture, moi qui étais aussi un exilé. Un Juif italien né à Tunis.

C'est là qu'un troisième spectateur, imperceptiblement ironique celui-là, m'a tenu le propos signalé d'entrée de jeu: «Mais vous, vous êtes un exilé de luxe».

Pour le coup, je me retrouvais soudain plongé dans une scène du *Citronnier*. Car cette petite phrase, comme je l'ai dit, je la mets textuellement dans la bouche d'un personnage de ce nouveau film en préparation: un personnage qui s'adresse également à moi (je joue dans le film).

Je me suis senti blessé. J'ai répondu lâchement à mon interlocuteur qu'il n'avait pas tort. Ce qui était vrai, en un sens. Et je m'en suis tenu là, je crois.

Mais d'autre part il n'avait pas raison.

Dans le scénario du *Citronnier*, ma vraie réponse à cette même petite phrase était, de longue date, rédigée en ces termes (que j'ai modifiés ensuite mais dont j'ai conservé la teneur): «*Doucement... L'ouvrier arabe le plus démuni qui bosse ici, sur un chantier*

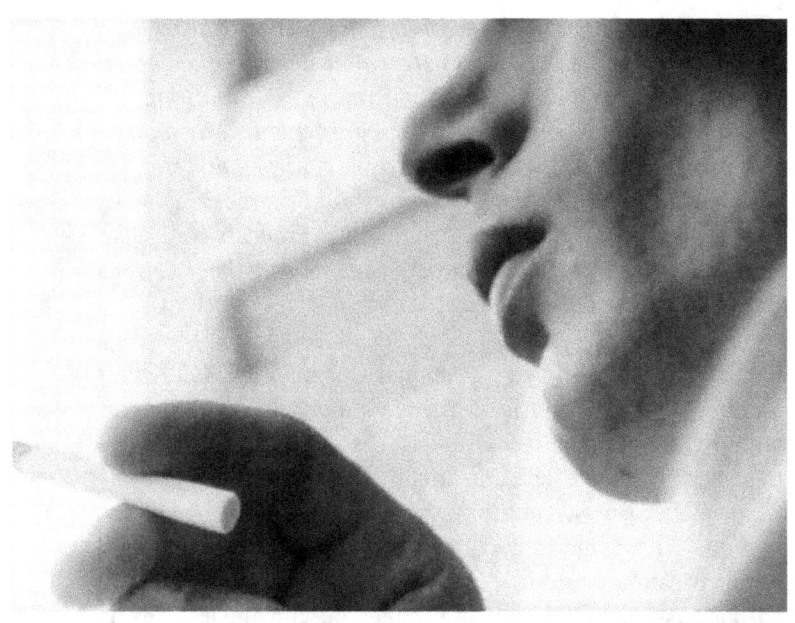

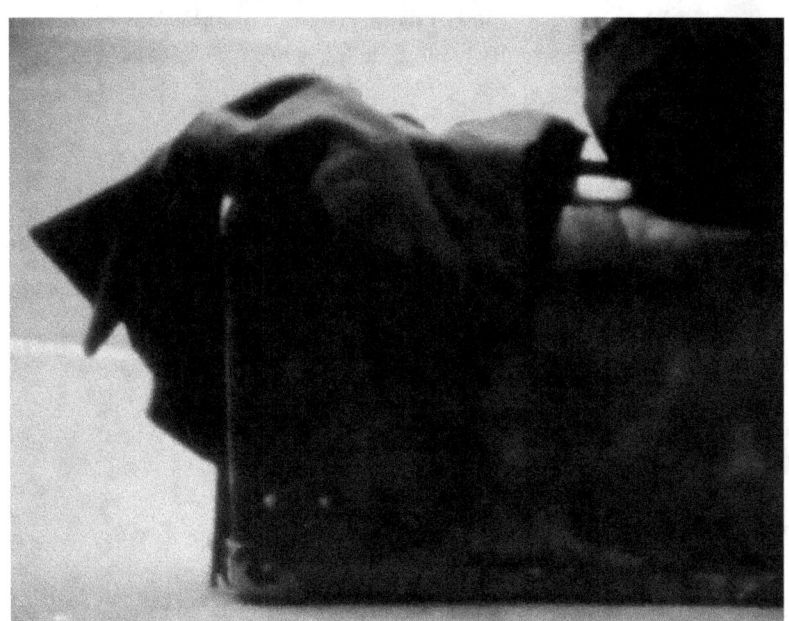

de Marseille, il sait au moins qu'il a quelque part un village,
sa terre d'enfance où des gens le reconnaîtront, l'accueilleront,
où il pourra même être enterré, s'il veut... Moi, ma terre na-
tale, je n'y serai pas enterré. Mon père y est enterré. Mes grands-
parents. Et c'est plus radical encore: je n'ai pas de terre na-
tale du tout. Quand je parle de mon enfance juive en Tunisie,
c'est drôle, les gens deviennent sourds. Les Français comme les
Tunisiens... C'est vrai aussi pour des dizaines de milliers de Juifs
partis d'Egypte, d'Iran, d'Irak...».

Par ailleurs, bien sûr, rien n'est simple. Je rapportais l'autre jour
à mon ami Mohamed Aïssa, marocain d'origine, plus français
aujourd'hui que bien des Français, ces propos récemment te-
nus dans un cinéma de Saint-Etienne, je lui signalais leur coïn-
cidence avec une scène future du *Citronnier,* et Mohamed me
répliquait avec émotion: «Tu ne peux pas dire qu'un immigré
nord-africain qui retourne au bled est accueilli sans difficulté!
Là-bas aussi, quand il revient, il s'aperçoit vite que les gens ne
sont plus les mêmes, que les siens ne sont plus tout à fait les
siens, que souvent ils se détournent de lui, parce que lui-même
est devenu un autre...».

C'est vrai. On devient un autre quand on arrive, on reste cet
autre – ou on devient encore un autre – quand on revient.

Mais, par une longue et cuisante expérience dont je me serais
volontiers passé, je devine trop bien les arrière-pensées que ca-
chait la petite phrase ironique de mon troisième spectateur. Il
s'agissait, n'est-ce pas, de ma "judéité" et des stéréotypes élé-
gamment venimeux que cette appartenance continue d'éveil-
ler chez trop de Français, de droite comme de gauche. Alors,
soyons un peu brutal.

Tout d'abord, je ne suis pas le fils d'un "colon juif plein de fric".
Né lui-même en Tunisie, mon père, qui n'avait que son certi-
ficat d'études, a d'abord été, à quatorze ans, ouvrier-manoeu-

vre dans une huilerie. Plus tard, devenu agent d'assurances maritimes, il a travaillé au port de Tunis où, parlant tour à tour arabe, français et italien, il faisait des constats d'avaries sur des cargos dont le dernier, en panne à quelques milles du large, l'a obligé, en plein hiver glacial – il avait alors soixante-quatorze ans et pas de retraite – à prendre un hors-bord pour aller y faire son constat, d'où la pneumonie qui l'a emporté quelques jours plus tard. Je ne vois pas dans tout cela où est le luxe.

Si, pourtant. Le luxe, c'était cet ardent désir qui tenaillait mon père de se cultiver toujours et toujours, désir qu'il m'a communiqué. Lui qui avait à peine fréquenté l'école et qui avait en grammaire, en orthographe, en histoire littéraire, plus de lacunes que n'en peut avoir un enfant de douze ans, il s'acharnait le soir, après dîner, à lire les grands auteurs que je lui conseillais pour les avoir moi-même découverts en classe, ou m'écoutait attentivement lui en faire la lecture. J'ai été ainsi, entre treize et seize ans, son professeur. Mais le temps d'étudier venait pour lui trop tard, son cerveau d'homme fait était rompu à d'autres tâches, il n'avait jamais acquis les outils intellectuels spécifiques qui lui auraient permis de coordonner et retenir ce qu'il apprenait, et moi j'étais trop novice pour les lui donner. Très souvent aussi, nous allions ensemble au musée du Bardo où sont exposées d'importantes collections de mosaïques romaines ainsi que des objets d'art arabes, ce qui m'était une occasion de lui enseigner vaniteusement l'histoire de Rome, qu'on m'apprenait à l'école, mais non l'histoire du monde arabe, que bien sûr on ne m'apprenait pas. Se sentant, malgré ses efforts, peu doué pour l'étude et reportant sur moi son ambition, il m'incitait à suivre plus tard un cursus universitaire et je le souhaitais aussi. Le peu de savoir que je possède aujourd'hui, c'est à lui que le dois. Voilà pour le luxe de mon père.

Quant à moi-même, un journaliste péremptoire a écrit dernièrement que j'étais «un Italien de culture juive», ce qui à mon sens ne signifie presque rien. J'ai des papiers français. Je n'ai pas été élevé dans la culture juive. Mon père était croyant mais nous mangions du porc et ne respections pas le shabbat. Agnostique quant à moi dès l'enfance, curieux des autres religions et de toute littérature, j'ai largement butiné ici et là, si bien que je me sentirais plutôt, comment dire? de culture métisse – et ceci pourrait être déclaré dans les mêmes termes par bien des Français issus de familles chrétiennes, par bien des Nord-Africains issus de familles musulmanes, etc. Enfermer les gens dans d'aussi pauvres catégories, j'allais dire dans de tels ghettos identitaires, me paraît aussi restrictif que dangereux. Je suis, comme tout un chacun, un habitant de la planète, un animal humain et stop. Circoncis, oui, mais ça n'aurait semblé déterminant qu'à un SS.

D'autre part j'ai conscience, bien sûr, d'un certain passé qui fut le mien et celui de mes proches. Un cousin de ma mère, interné au camp de Buchenwald, condamné pour un oubli futile à être pendu le lendemain à l'aube, libéré la nuit même par les Alliés, a succombé à l'excès d'affolement et s'est suicidé en se jetant sous un train. Quant aux SS, je les ai rencontrés à Tunis pendant l'occupation allemande, notamment quand ils nous ont expulsés de notre appartement, puis de chez mon grand-père, puis de chez un oncle, car ils regroupaient les Juifs peu à peu dans un quartier unique, nous ordonnant toujours de partir "sans rien voler". Comme mon père les priait de nous laisser emporter au moins un matelas pour ma grand-mère, un officier allemand lui a répondu: «Femme juive dormir par terre». Après leur départ de Tunisie, des fours crématoires en construction ont été découverts dans une banlieue. C'était pour nous... Ces seuls souvenirs-là, obsessionnels, me font dire que je suis juif, moins de culture que par angoisse solidaire, comme on se serre contre les autres pour avoir moins peur.

Dans l'Allemagne d'aujourd'hui, où le néo-nazisme compte encore des adeptes, bien des jeunes et moins jeunes, rejetant au contraire de toutes leurs forces les atrocités commises autrefois par leurs grands-parents, sont, par réaction, philosémites et même pro-israéliens. Parallèlement, en France, où le racisme anti-arabe n'en finit pas de sévir, bien des jeunes et moins jeunes, réagissant contre l'ancien colonialisme et les infamies de la guerre d'Algérie, défendent en bloc les causes arabes et en particulier la poignante cause palestinienne, prennent donc parti contre Israël et même, quoique de manière plus insidieuse, contre les Juifs dans leur ensemble, qu'ils assimilent par amalgame aux Israéliens. Aggravant ces dérapages, non plus seulement l'extrême-droite mais une frange de l'extrême-gauche française, sans l'avouer ou en l'avouant, lorgne avec sympathie du côté de l'islamisme pur et dur. Rejeter les Juifs sous prétexte, cette fois-ci, de solidarité envers les Arabes!... Le vieil antisémitisme occidental n'a guère changé que de masque.

Ce que je retiens de mon propre passé?

Je le rapproche d'autres horreurs vues par la suite, tantôt de loin, tantôt de près, concernant d'autres hommes que les Juifs, partout sur la planète. Et je fais donc pleinement mienne la phrase du Juif polonais David Scheinert: «Aujourd'hui, ce sont encore les six millions de Juifs d'Auschwitz dont je subis les clameurs, quand un seul Arabe est frappé dans ma ville ou quand un graffiti l'expulse dans son douar».

Autre chose. Est-il indifférent que *Lettre à la prison*, dont le protagoniste est un exilé arabe d'origine musulmane, ait été réalisé par un Juif exilé? Il existe un puissant rapport d'analogie entre l'actuel exil de très nombreux Arabes et l'exil juif plurimillénaire. Ce sont deux diasporas qui se répondent. A la figure du Juif errant se superpose désormais celle de l'Arabe ballotté ici et là, tantôt réfugié politique, tantôt poussé vers l'Occident par la misère. La vive conscience de ce rapport ne pouvait que me conduire, en élaborant mon film, à m'identifier au personnage de Tahar et, plus largement, à tout l'éventail de ces "étrangers", perpétuels migrants ou péniblement réimplantés hors de chez eux, apatrides ou – paradoxe – citoyens autoch-

marc scialom

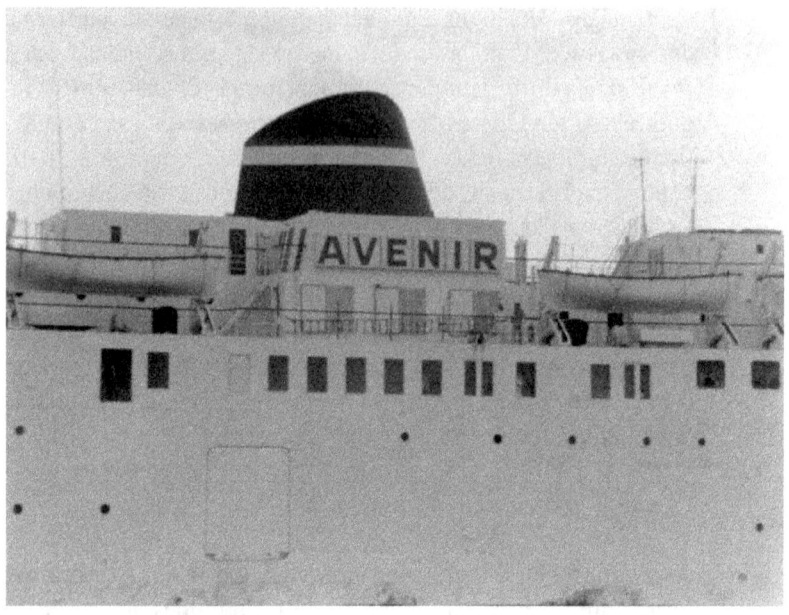

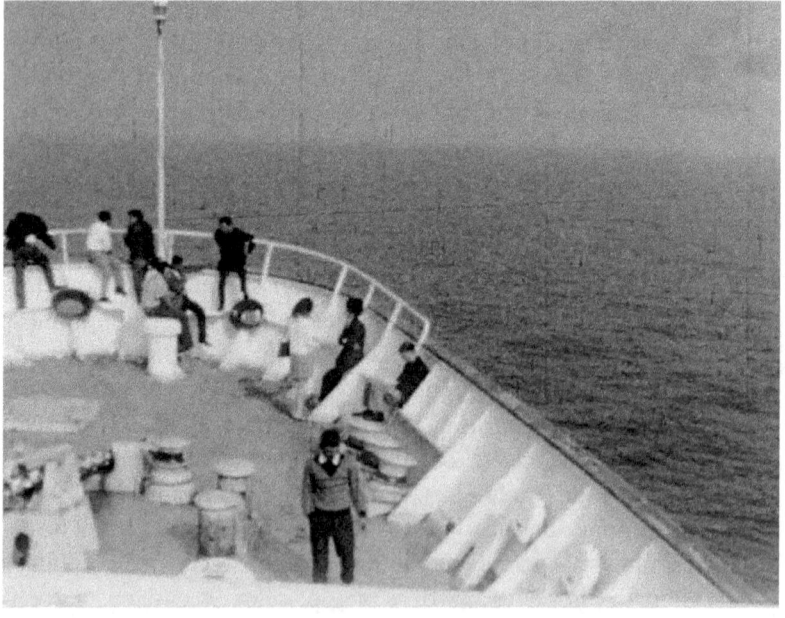

tones. Car l'exil, objectif ou intérieur, est au fond le lot de chaque exclu, n'eût-il jamais bougé de son lieu de naissance, de chaque marginal: par exemple, de ce vieil SDF bien français qui, dans une scène du film, vient demander l'aumône à l'Arabe Tahar. Il existe en France des exilés français. Il existe aussi, pour d'autres raisons, en Palestine des exilés palestiniens, en Iran des exilés iraniens, etc. L'exil fait tache d'huile. Chacun de nous l'a vécu, le vit ou le vivra.

C'est pourquoi les trois villes du film – Tunis, Marseille, Paris – sont moins des villes précises que des lieux mythiques, des régions mentales. Marseille, entre Tiers Monde et Occident, est perçu comme le lieu de transit et d'incertitude où ces êtres se croisent: lieu provisoire, sorte de Limbes, peut-être vestibule d'un enfer. Tunis non plus n'est pas le Tunis réel: c'est le lieu originel que tout être porte en soi, le lieu chaleureux de l'enfance perdue. Et Paris, pour Tahar, représente une sorte d'enfer futur, inconnaissable, inconcevable. On ne trouvera d'ailleurs, dans *Lettre à la prison,* qu'une seule image vraiment identifiable de Paris: c'est l'image, vue de loin, à peine suggérée, des bordels du boulevard de la Chapelle. Bref, la flèche passé-présent-futur que dessinent ces trois lieux pétris d'imaginaire voudrait conférer aux déambulations réelles ou rêvées du protagoniste une valeur universelle, faisant de lui bien autre chose qu'un simple Tunisien égaré en France. Ce n'est pas pour rien qu'il rêve d'une tête humaine lancée au loin, d'un fou qui a "perdu la tête". Tahar est celui qui, peu à peu, perd son identité non seulement nationale ou culturelle mais, plus profondément, personnelle.

La seule identité qui vaille, à mon sens. Et que nous sommes tous en grand danger de perdre. Quant aux deux autres, elles font long feu. Depuis la haute antiquité, depuis toujours en somme, quoique aujourd'hui plus sensiblement qu'hier, les différentes cultures ne cessent de s'interpénétrer, de se féconder mutuellement et c'est très bien ainsi (excepté, bien sûr, quand elles sont aviles ou oblitérées par la pseudo-culture marchande que véhiculent les médias). La mondialisation tend à rendre obsolètes les nationalités, même si provisoirement elles se crispent. D'autre part l'altermondialisme, quoique fondé sur des principes opposés, ne connaît pas davantage les frontières nationales, même s'il prône les régionalismes. Je n'ai personnellement aucune sympathie pour les nationalismes quels qu'ils soient: aussi peu, par exemple, pour les nationalismes arabes que pour le nationalisme israélien. Le mur de Berlin est tombé, le mur entre Israël et Palestine tombera. Musulmans, Chrétiens et Juifs reconnaîtront que leur religion monothéiste est une. Athées et croyants comprendront que leurs visions du monde sont l'envers et l'endroit d'une même vision. Matérielles ou idéologiques, peu à peu les barrières qui nous enferment se dissoudront. Nous sommes des citoyens de la terre. Utopie? Sous Louis XV, la république française et l'affranchissement des esclaves noirs d'Amérique étaient des utopies. Pendant l'entre-deux-guerres, la fin des empires coloniaux était une utopie. Sous Khrouchtchev et même sous Boris Elstine, la dislocation de l'URSS était une utopie...

- Arrête, ne me fais pas rire, Marc... Et tu disais que tu n'étais pas de culture juive? Voilà pourtant le Juif cosmopolite et apatride qui vaticine, qui y va de son couplet prophétique!... Sacré Rabbi Scialom...

- C'est en partie vrai. Je revendique ma sensibilité intime d'apatride, elle s'est constituée tout au long de mon histoire. Quand j'avais neuf ans, en 1943, dans Tunis occupé par les Allemands, mon père, qui se méfiait d'eux mais plus encore des pétainistes à béret bleu marine – ceux qui dénonçaient –, me répétait: «Ne dis jamais que tu es juif», et ce lointain interdit paternel me fait encore un peu trembler chaque fois qu'on m'interroge sur l'origine de mon nom. Nous avions tort d'être juifs mais, dès 1945 et l'"épuration" qui a suivi, nous avons eu tort d'être italiens. Les brimades subies alors ont été assez terribles: soupçonné de fascisme par erreur, mon père, qui était socialiste et antifasciste, a été emprisonné puis envoyé dans un camp de concentration du sud tunisien où il a perdu quinze kilos en un mois, le temps qu'on reconnaisse l'erreur commise. Cet épisode et quelques autres l'ont décidé à nous faire prendre la nationalité française. Peine perdue: dès l'indépendance de la Tunisie, en 1956, nous avons commencé à avoir tort d'être français.

C'était pourtant l'époque où je me liais d'amitié avec des intellectuels et des artistes tunisiens, notamment avec le peintre Nejib Belkhodja: nous suivions ensemble les progrès de la décolonisation africaine dans «L'Observateur» et «Jeune Afrique» (la guerre d'Algérie avait débuté en 1954), nous lisions et commentions ensemble Marx, Sartre, Kateb Yacine, Franz Fanon. Rien ne nous opposait: je lisais peu la Bible, ils lisaient peu le Coran. Pas de communautarismes. Ce moment de grâce a été bref.

Un peu plus tard, en pleine guerre d'Algérie, l'atroce "bavure" de Bizerte (1961) a suscité envers la France une telle flambée d'hostilité que je me suis résolu à quitter la Tunisie. J'ajoute que cette hostilité, je l'ai ressentie à mon égard en tant que Français mais aussi en tant que Juif, car à la faveur de la crise de Bizerte et en écho au début d'intensification du conflit israélo-palestinien, un certain antisémitisme, resté endémique à Tunis jusque là, se réveillait. Je n'étais pas le seul à faire mes valises. Combien de Juifs, souvent d'ailleurs autochtones dès avant l'Islam (c'est le cas de ma première femme, Nedjma, une Juive berbère), ont été incités directement ou indirectement à partir de pays arabes où ils formaient des communautés aussi nombreuses qu'actives, à Alger (130.000 en 1962), à Bagdad (les "Juifs de Babylone": 137.000 en 1941), à Djerba, Sousse, Sfax, Nabeul, Tunis (100.000 en Tunisie en 1987, 1.500 aujourd'hui) à Casablanca, à Rabat (90% d'émigrés juifs marocains entre 1948 et 1956), à Beyrouth (20.000 fugitifs depuis 1948) à Constantine (30.000 fugitifs en 1961), au Caire, à Alexandrie (25.000 expulsés d'Egypte en 1956, 80.000 fugitifs en 1967), villes très cosmopolites depuis des siècles, qui s'amputaient par là-même d'une irremplaçable diversité!

J'ai cessé de regretter ma terre natale. Nés comme moi à Tunis, certains membres de ma famille habitent aujourd'hui l'Italie et leurs enfants parlent italien, d'autres la France et leurs enfants parlent français, un autre les Etats-Unis et ses enfants parlent anglais, ma petite-fille métisse parle chinois. Mes arrière-grands-parents venaient d'Italie et d'Autriche mais, si je remonte au XVIe siècle, je me trouve des ancêtres portugais (ils furent chassés vers l'Italie par l'Inquisition), un ancêtre syrien, etc. Et tout cela ne m'est pas si désagréable... Ces perpétuels changements d'horizon, ces rencontres sans cesse renouvelées, ces réapprentissages successifs, ces acculturations en cascade, qu'accompagne régulièrement un plurilinguisme kaléidoscopique, finissent presque par m'enchanter. Etre toujours curieux du monde, le sillonner sans trêve... Le Juif errant de la légende avait somme toute une certaine gueule, qu'il a perdue dans son actuel nationalisme sioniste, restreignant prodigieusement son horizon. Si la condition d'exilé est d'abord un déchirement, elle peut aussi constituer une grande richesse parce qu'elle permet l'ouverture à toute différence et, dans cette optique précise, je l'apprécie et la revendique. L'exil fait souffrir, certes, mais il faut aussi imaginer des exilés heureux. Heureux par instants. Comme parfois Ulysse...

Le bricolage

A trente-quatre ans j'habitais Paris. Je sortais à peine des événements de mai 68 auxquels j'avais participé avec incrédulité et sympathie. Je n'avais plus les vingt ans de ceux qui dressaient des barricades, je ne croyais pas dur comme fer que nous étions en train de faire la révolution. Mais c'était l'époque bénie où, croisant un inconnu dans la rue, vous pouviez lui proposer de dialoguer à coeur ouvert sur un coin de trottoir et il acceptait aussitôt. Tous ceux qu'en temps ordinaire les "gens honnêtes" font semblant de ne pas voir, les trop pauvres, les trop vieux, les trop bronzés, les trop noirs, les trop étranges, on les abordait, on leur parlait, on les invitait même à la maison. J'avais brusquement une foule d'amis. Par ailleurs je vivotais en faisant des heures d'enseignement dans des écoles privées, mais je me voulais cinéaste. J'avais déjà tourné, outre quelques petits films autofinancés et jamais distribués (parmi lesquels, en collaboration avec le peintre Mélik Ouzani, *La parole perdue,* que j'aime bien), un court-métrage produit par Argos-Films, *Exils,* qui a été réalisé dans des conditions professionnelles et qu'aujourd'hui je désavoue. Nedjma Scialom, dont je venais de divorcer amicalement, était monteuse et dans les couloirs des studios où elle travaillait j'ai fait la connaissance de Chris Marker, qui m'a encouragé et allait bientôt me prêter une caméra. Ma seconde compagne, Marie-Christine Lefort, était disposée à tenter avec moi une expérience cinématographique. Nous avons rencontré ensemble Marie-Christine Rabedon et Tahar Aïbi, qui se sont joints à nous. Les discussions sur le film à faire allaient bon train, l'exil était notre thème. L'exil dans ses multiples sens: Tahar et moi, nous avions l'expérience de son sens premier; les deux Marie-Christine, qui avaient roulé leur bosse et vécu bien des déboires, le connaissaient dans son sens second, celui d'exil intérieur. Cette équipe de quatre personnes me paraissait amplement suffisante.

Comme nous projetions de réaliser un long métrage, il nous fallait évidemment de l'argent. J'ai rédigé un premier scénario de *Lettre à la prison* (très différent de ce que le film est aujourd'hui) que j'ai proposé au CNC pour obtenir une avance. Ma demande a été refusée. Entre-temps, mêmes refus de la part de divers producteurs parisiens. Nous avons décidé de passer outre, de tourner quand même. J'ai réuni à grand-peine l'argent nécessaire pour acheter de la pellicule 16mm (noir et blanc, car la couleur était hors de prix), Marker m'a prêté une caméra Beaulieu et nous sommes partis pour Marseille.

Sans le scénario, qui ne m'avait pas porté bonheur... Je n'emportais, à titre de pense-bête, que le texte du monologue dit par Tahar, rédigé par moi en ce français savoureux que parlaient les Arabes de Tunis et que je connaissais bien. Munis de ce seul texte bref, nous serions libres d'improviser à notre guise. On était en juillet 1969.

Nous sommes descendus dans un hôtel à cafards et punaises du quartier de Noailles. Nous déjeunions de sandwiches mais nous étions joyeux et fourmillants d'idées. Nous errions dans Marseille à la recherche du "motif", de la "petite sensation", comme aurait dit Cézanne. Je tenais la caméra. Très peu de prises, pour économiser la pellicule: trois, souvent deux, parfois une seule. Tahar, dont c'était la première expérience comme comédien, avait un masque imperturbable à la Jouvet qui me convenait parfaitement. Nous tournions tel bout de scène à la sauvette, puis discutions assis sur des bancs ou des bords de trottoir, puis abordions tel ou tel quidam pour lui demander de figurer dans notre film, parfois même d'y jouer un petit rôle (ce fut le cas de la marchande de journaux et du vieux mendiant barbu). Comme la caméra de Marker ne prenait pas le son et que je ne disposais d'aucun matériel d'enregistrement, les scènes que nous tournions, même dialoguées, étaient nécessairement muettes. Je projetais de post-synchroniser. De plus, cette caméra à ressort ne pouvait fonctionner qu'environ trente secondes d'affilée, plutôt moins que plus; mais je n'ai pas eu de mal à renoncer aux plans-séquences, leur ayant toujours préféré les plans courts et l'énergie particulière qui, au montage, dérive de leur succession. A Marseille a été tourné l'ensemble des plans "documentaires" et "réalistes": par exemple l'arrivée en ville d'immigrants nord-africains descendant un escalier du port, la scène du café juif où l'on danse, les déambulations de Tahar à travers des rues populeuses, sa rencontre, devant la Major dont sort une procession, avec la jeune fille au sac volé (Marie-Christine Lefort), sa montée de l'escalier de la gare Saint-Charles, la scène où, accroupi dans un

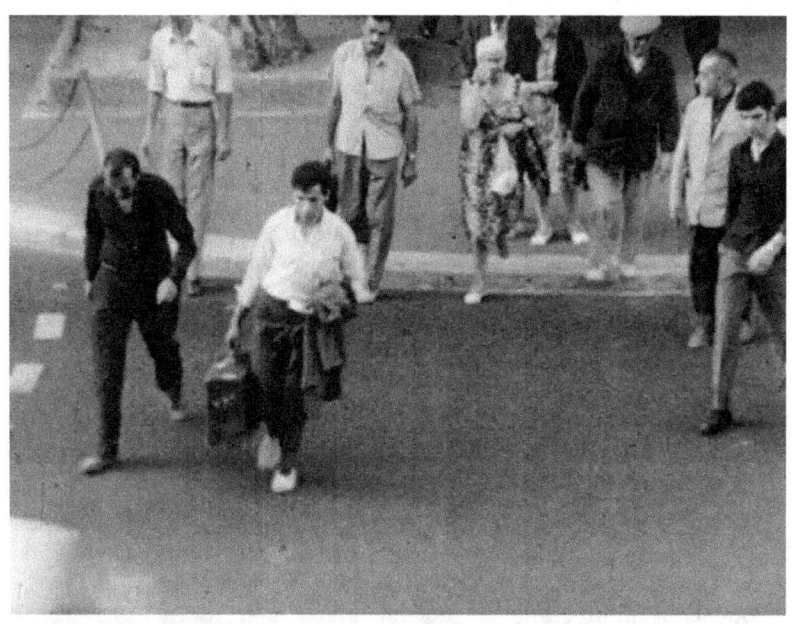

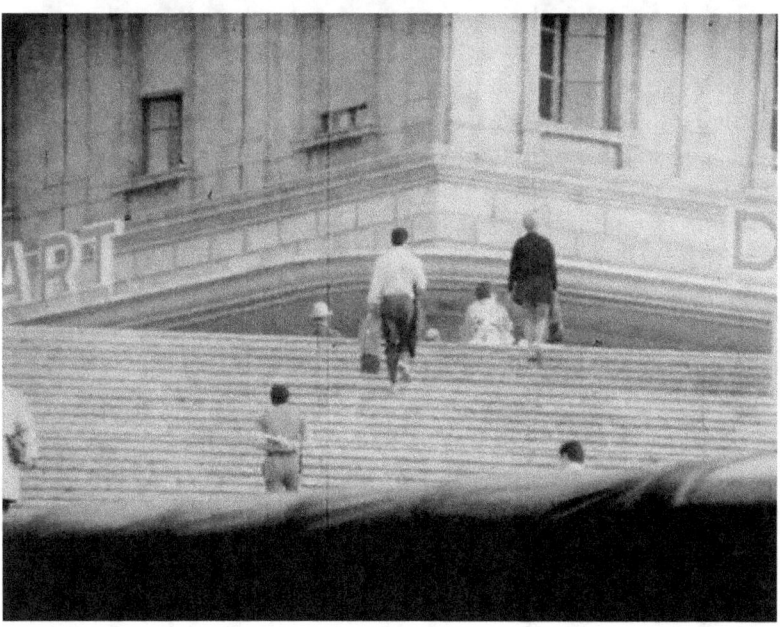

coin de chantier, il malaxe rêveusement du plâtre dans un seau, etc.

Mais j'avais de côté une autre somme d'argent. Dès Paris, j'avais parlé à mon équipe de l'éventualité de poursuivre le tournage à Tunis où ma mère, qui y demeurait encore, se disait prête à nous héberger. Nous avons pris le paquebot "Avenir". J'ai retrouvé à Tunis ma mère et mon fils Jean-Louis, sept ans, qui passait chez elle ses vacances. Et je suis monté sur la terrasse de mon immeuble natal. Le panorama que j'y retrouvais ressemblait curieusement à certains panoramas de Marseille quitté la veille. C'est alors que m'est venue soudain l'idée de tourner une scène sur cette terrasse. (Dans mon scénario précédemment envoyé au CNC, la scène de terrasse que comporte le film ne figurait pas.) J'ai parlé de mon idée à mes camarades. Je leur ai dit que cette terrasse tunisienne me semblait marseillaise, ce qui les a fait rire. Nous avons décidé que désormais, renonçant à toute conception étroite du "documentaire", nous tournerions éventuellement à Tunis des scènes censées se passer à Marseille et inversement. Tricherie, bien sûr. L'indispensable différence entre les deux villes serait maintenue grâce à un choix très attentif des lieux précis à cadrer, des figurants éventuels, des objets. Bref, le bricolage continuait. Le projet de cette scène me séduisait, mais je n'avais encore aucune idée de la place que je lui ferais tenir dans le film. Nous l'avons tournée un peu au hasard, sans savoir ce que nous en ferions. Voici comment.

Ma mère commence par inviter toutes ses connaissances du quartier à un dîner sur la terrasse de son immeuble, en leur expliquant qu'il y aura tournage d'une scène de film. Elle-même et les deux Marie-Christine préparent ensemble un couscous pour vingt personnes, empruntent à des voisins des tables et des chaises, les montent sur la terrasse, y installent quelques lampes. Mon fils Jean-Louis leur donne un coup de main. Tahar et moi, nous louons dans un établissement spécialisé un fauteuil d'infirme qui me servira à faire des travellings. Le soir venu, quand les invités sont attablés, je m'assieds dans le fauteuil roulant, Marie-Christine Rabedon me pousse et je filme. Rien n'a été préparé d'avance: ni la bagarre entre adolescents, ni le caméléon qui fume (c'était le caméléon de Jean-Louis, qu'on aperçoit aussi dans cette scène), ni les lèvres peintes de la petite fille effarée, ni même le dialogue entre Tahar et le garçon censé être son cousin. (Dans le film, ce dialogue grossièrement post-synchronisé porte sur des sujets précis liés à l'intrigue, mais eux se disaient tout autre chose, dont je n'ai aucune idée et qu'un sourd-muet lirait peut-être sur leurs lèvres...). Les vêtements orientaux des vieillards, à vrai dire, m'inquiétaient un peu (le spectateur allait devoir les imaginer à Marseille), mais bien vite, tout en tournant, je les ai intégrés mentalement dans mon film, où ils acquerraient un sens différent de leur sens originel: j'avais déjà vu en France de ces vieillards vêtus à l'orientale (aujourd'hui c'est souvent l'inverse: certains jeunes portent plus volontiers la jebba, certains vieillards la délaissent), ils incarneraient à Marseille la nostalgie de l'exilé qui s'obstine. Bricolage...

Une fois cette scène tournée, nous nous sommes sentis plus libres d'improviser davantage encore. C'est ainsi que la scène de la jeune fille au cornet de glace, censée se passer à Marseille, a été tournée à la sauvette dans une rue de Tunis, de même que sa seconde rencontre avec Tahar devant une porte d'immeuble (rue d'Angleterre). (Cette jeune fille, Marie Grech, dont le nom ne figure pas au générique parce que quarante ans après je ne m'en souvenais plus, vient tout juste de reprendre contact avec moi, à ma grande surprise). Et c'est ainsi que j'ai eu l'idée de mettre en film un de mes propres rêves (la boule de plâtre qui grossit sous les doigts de Tahar et devient une tête humaine). Nous avons également tourné à Tunis la scène fantasmatique des six jeunes gens poursuivant Tahar dans une sorte de désert (près de Raouad). Parmi ces jeunes gens figurait le garçon qui, au dîner sur la terrasse, avait joué le rôle de son cousin. Nous avons tourné à Khereddine les scènes où Tahar est censé être dans sa chambre d'hôtel marseillaise: le rôle de l'hôtelière était tenu par Myriam Tuil, la mère de Nedjma. Nous avons eu l'idée d'adopter un jeune chien kabyle (Camé) que nous filmerions et qui serait le double symbolique de Tahar en exil. Enfin, c'est dans une carrière de pierre proche de Tunis (à Djebel-Djelloud) que nous avons tourné la longue scène dialoguée et tumultueuse entre Tahar et Marie-Christine Lefort.

Nous avons repris l'"Avenir". Après deux ou trois jours à Marseille où nous avons fait quelques raccords, nous sommes rentrés à Paris. Il me restait encore un peu de pellicule vierge, assez pour tourner, dans mon appartement parisien, la scène du meurtre de la jeune Française. (Dans le fantasme de Tahar, elle a les traits de la jeune fille au sac, celle qui l'agresse verbalement dans la scène de la carrière. Le meurtrier à la pioche – français et non tunisien dans l'imagination de Tahar – est mon ami Jean-Louis Dupont). Nous avons aussi tourné la scène finale du train, à la gare Cardinet, dans un wagon à l'arrêt que le chef de gare nous a autorisés à utiliser un instant: je faisais bouger ma caméra pour simuler les cahots du train, le son ajouté au montage complète l'illusion. Le chien "jeté" par la fenêtre était tranquillement reçu dans les bras d'une amie postée sur le quai. J'ai enfin tourné, en quelques lieux plus ou moins sinistres, chantiers de démolition, quartier des bordels de la porte de la Chapelle, des plans volontairement surexposés, vagues images mentales d'un Paris presque inconcevable pour Tahar.

Désormais mon travail d'opérateur touchait à sa fin mais j'étais de plus en plus inquiet. Je n'avais pas le sentiment d'avoir accompli tout ce qu'il fallait pour construire un vrai film. Nous n'avions guère filmé, dans le plus grand désordre, qu'une collection d'épisodes.

Là-dessus, je m'aperçois que je n'ai pas la somme nécessaire pour faire développer la pellicule. J'économise donc pendant l'automne et l'hiver. Longue attente. La grisaille quotidienne reprend: métro, boulot (non cinématographique), dodo. Les boîtes de film sommeillent dans un placard. Au printemps 1970, je peux enfin faire tirer une copie au nom de Roger Pic, une relation de travail de Nedjma, pour bénéficier du tarif professionnel. Je visionne l'ensemble des rushes sur une Atlas et c'est la déception. Un tiers des images était inutilisable: flou, mal exposé, mal cadré, etc. Voilà ce que c'est que l'amateurisme. De plus, un poil malencontreux, en haut et à droite du cadre, apparaissait sur toutes les images un peu trop claires. J'ai jeté à la poubelle un tiers des rushes (parmi lesquels figurait une scène de restaurant sur laquelle j'avais beaucoup misé). «Monte le reste, malgré le poil!», me disait Nedjma. C'est pendant cette période que, découragé, j'ai pensé que le film ainsi tourné ne pourrait guère constituer qu'une maquette, à présenter comme telle à un producteur en vue d'un second tournage plus sérieusement "professionnel". Je me suis attelé au montage dans cette optique.

Ce n'a pas été facile. D'abord, je ne pouvais pas me payer une salle de montage. C'est pourquoi Nedjma me prêtait chaque soir les clefs des salles où elle-même travaillait, pour que j'y monte mon film la nuit, en cachette. J'ai ainsi monté *Lettre à la prison* incognito dans près d'une dizaine de salles de montage parisiennes, selon les contrats de Nedjma qui l'amenaient à travailler à droite et à gauche. Ensuite, mon propre travail, six heures par jour (j'étais maintenant secrétaire dans une université), me laissait peu de forces pour travailler encore la nuit. Dans un demi-sommeil je visionnais interminablement mes rushes, je me demandais comment les organiser pour en faire un film et le problème me semblait insoluble. Un rébus. Bien fait pour moi, au fond: durant le tournage, je n'avais guère respecté le scénario initial, j'avais ce que je méritais... Je me suis alors rappelé des perplexités semblables, quand j'avais douze ans et qu'avec mon Pathé-Baby je projetais sur le mur de ma chambre des bouts de films loués, déchirés mille fois par les Pathé-Baby d'autres enfants, recollés toujours au hasard par le loueur, commençant par le milieu, continuant par la fin, finissant par le début, et de surcroît, horriblement lacunaires. Avec un co-

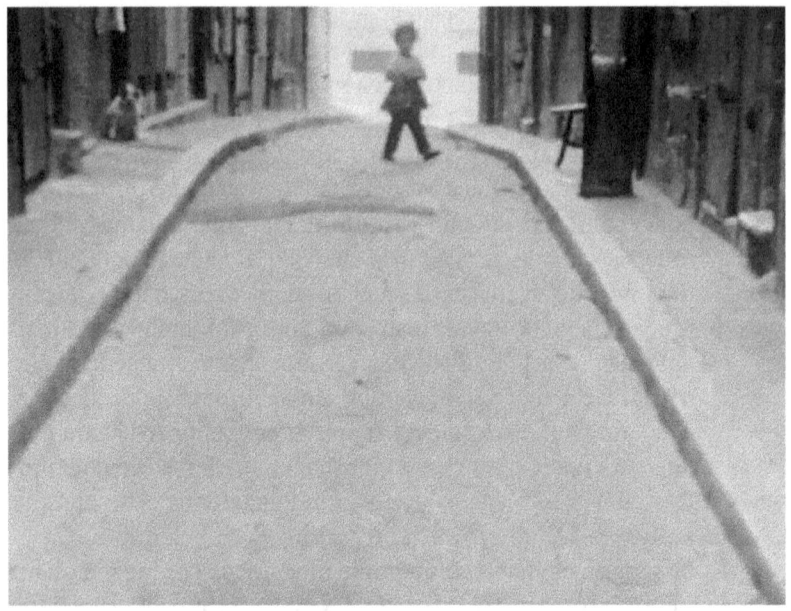

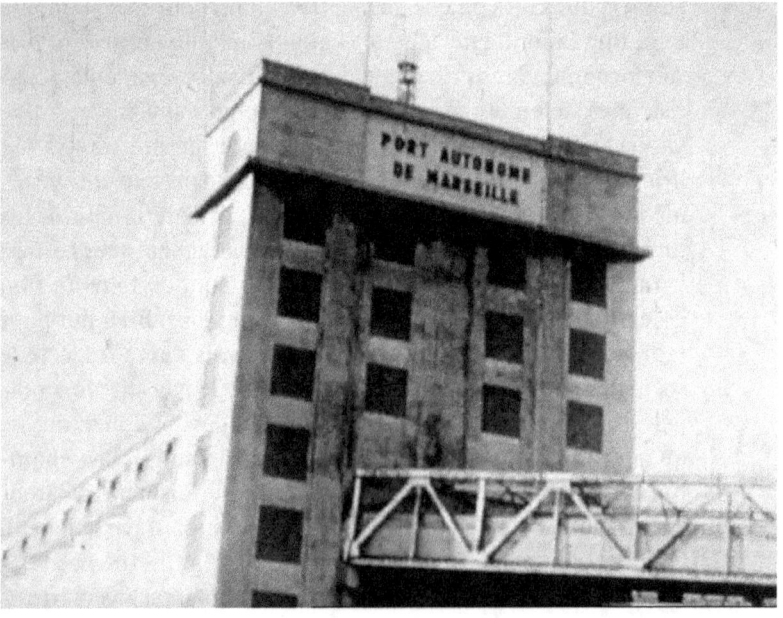

pain de mon âge je regardais, fasciné, l'écran papillotant et nous ne cherchions même plus à retrouver le fil originel de l'intrigue, nous en inventions une autre, que le nouvel ordre des scènes rendait plausible. Nous refaisions intégralement le film. Et je me suis dit: «Rien n'est perdu. Assemblée dans un certain ordre, toute série, si absurde soit-elle, doit bien finir par avoir un sens. Il suffit de le trouver. Oublions le scénario initial. Imaginons un nouveau scénario qui ne commande pas ces rushes, mais qui en dérive». Je n'attendais donc plus que mes rushes sinistrés s'organisent conformément à mon projet d'origine. C'était l'inverse. J'attendais que cette masse informe de plans me révèle sa propre histoire enfouie, me fournisse sa propre clef.

Je me suis pris au jeu. Cette enquête à la Sherlock Holmes m'amusait. J'ai longuement regardé le plan où Marie-Christine Lefort relève ses cheveux et je lui ai dit: «Tu dois être le début de mon film». Je ne me suis pas senti contredit. J'ai ajouté sans assurance: «Tu réapparais sans doute un certain nombre de fois?». Même silence approbateur. J'ai regardé les plans tournés sur la terrasse et j'ai pensé: «Ça, ça se situe sûrement le jour même où Tahar arrive à Marseille». Et ainsi de suite. Les choses se précisaient. Je me suis mis à tresser ensemble les plans marseillais, tunisiens et parisiens selon une logique occulte qui était la leur et non la mienne, une logique qu'à force d'écoute attentive, presque mystique – et de délire insomniaque – je saisissais par bribes. J'essayais avec délices des rebondissements, des rappels, des ellipses, des allusions visuelles rapides, des ruptures surtout et partout. La rupture était la figure constante de ce film épileptique, j'y voyais le signe de ma propre vie faite d'amputations successives et de zigzags. Encore embryonnaire mais voulant naître, le film lui-même, obstinément, follement, ne cessait de me guider. Nous progressions ensemble: moi demi-aveugle, lui clairvoyant. Un couple, seul dans la nuit.

Chemin faisant, j'ai pourtant senti que certaines images, de l'ordre du souvenir, manquaient pour que tout se mette en place.

J'avais tourné à Tunis plusieurs scènes liées à des souvenirs tunisiens de Tahar, je savais de mieux en mieux comment les faire concerter avec les images de Tahar à Marseille. Or Tahar, dans sa lettre-monologue, évoque à plusieurs reprises les souvenirs tunisiens qu'il garde d'Ahmed, son frère aîné emprisonné. D'Ahmed, mais aussi de cette jeune fille française qu'Ahmed courtisait là-bas, qu'il a peut-être tuée en France. C'était cela qui manquait dans mes rushes: je ne disposais d'aucune image tunisienne de la jeune fille, d'aucune image tunisienne d'Ahmed. Il m'en fallait! Pour l'équilibre visuel du film, il m'en fallait.

J'ai alors repensé à un moyen-métrage, *En silence*, que j'avais réalisé à Djerba en 1957. Toujours sans producteur, bien sûr. Une idylle anodine et gentillette entre un jeune Tunisien et une jeune Française. De ce vieux film oublié dans un placard, il n'existait qu'un montage de l'original en couleurs (Kodachrome 16mm). Aucune copie n'en avait été tirée. J'avais là toute une mine... Bien sûr, si j'y prenais des plans pour *Lettre à la prison,* je le disloquerais. Mais cela ne me gênait pas, je ne tenais plus à ce film que je trouvais kitsch. Je l'ai revisionné comme on visionne des rushes, j'y ai repéré des plans utiles et je me suis servi. Mon idée était de copier en noir et blanc certains des plans choisis, d'en laisser d'autres en couleurs, de manière que la couleur n'explose, vers la fin de mon film en cours, que par instants très brefs, comme un surcroît d'amour et de nostalgie. *En Silence* m'a également fourni certaines musiques, notamment la sublime musique de flûte (naï) que mon ami tunisien Mohammed Saada, décédé aujourd'hui, avait composée et jouée spécialement pour cette bluette, qui ne le méritait pas.

Mon montage progressant, je commençais donc à me dire qu'il fallait aussi mettre des sons sur les images. Que faire? Créer après coup toute la bande-son du film m'apparaissait comme une tâche gigantesque. Le moins difficile me semblait être d'enregistrer le monologue de Tahar. Plus compliqué serait l'enregistrement des dialogues, heureusement rares, car nous n'avions noté que de manière très imprécise les répliques échangées entre personnages. Et, pour la totalité du film, il allait falloir trouver un ensemble de bruits.

J'étais seul dans ce studio où je travaillais clandestinement. Dans les couloirs sans lumière, à la porte de chaque salle de montage, un grand bac plein de chutes de pellicule attendait la femme de ménage qui, au matin, jetterait le tout aux ordures. Il y avait là de la pellicule image, il y avait aussi de la pellicule son. Je me suis mis à fouiller dans les bacs. De nombreux sons éliminés par les monteurs se sont révélés trop particuliers pour que je les utilise, mais j'ai trouvé quantité de bruits de rue, klaxons de voitures, cris, bribes de conversations entre passants. Je les ai montés dans mon film. Ma plus belle trouvaille a été cette sirène de navire très grave, très prolongée, très proche, que j'ai placée sur l'image du paquebot "Avenir" entrant au port de la Joliette et qui m'a enthousiasmé au point que je la fais réentendre, plus lointaine, en divers endroits du film et même, paradoxalement, quand Tahar déambule au coeur de la ville (en plein Marseille il est invraisemblable qu'on entende les bateaux), chant d'exil aussi pétrifiant et mystérieux que le chant des baleines.

Pour continuer de monter mon film, il me fallait maintenant le monologue de Tahar: la "lettre à la prison". J'en gardais toujours le texte dans ma poche. Il ne pouvait pas être question de demander à Tahar de l'enregistrer puisque, comme je l'ai dit, cet exilé atypique n'avait pas l'accent arabe mais anglais. Il me fallait aussi la "réponse finale" d'Ahmed, le frère de Tahar. Mes amis tunisiens étaient tous à Tunis. Nedjma m'a fait rencontrer certains de ses amis algériens: Boulem Touarigh a fait la voix de Tahar, Hamid Djellouli celle d'Ahmed. L'un et l'autre m'ont paru impeccables. Sur cette lancée, nous avons également enregistré les quelques dialogues, à l'aide d'un petit magnétophone d'amateur, dans un appartement (tantôt celui de Nedjma, tantôt le mien) et, donc, sans que nous ayons l'image sous les yeux. J'ajoute que, certaines scènes dialoguées ayant été librement improvisées au tournage, il ne nous en restait souvent aucun texte écrit: c'est pourquoi, avant les séances d'enregistrement, je courais à la salle de montage et m'évertuais à lire sur les lèvres des personnages ce qu'ils disaient. Je n'y parvenais que par éclairs, et... j'inventais le reste. Bref, aucun vrai synchronisme n'était possible. C'est dans ces conditions que Marie-Christine Lefort a dit son propre texte. Myriam Tuil a doublé la marchande de journaux. J'ai fait la voix du vieux mendiant barbu qui demande l'aumône à Tahar. J'ai fait aussi la voix du speaker évoquant à la radio le procès d'Ahmed, le cri sauvage qui ouvre la scène des six garçons poursuivant Tahar dans un désert, le grommellement bizarre qu'on entend dans la scène onirique de la tête de plâtre. Je m'amusais bien. Ma mère, venue entre-temps à Paris, a fait la voix de l'hôtelière. (A l'image, l'hôtelière est Myriam Tuil). Et on entend, parmi les voix des enfants sur la terrasse, celle de mon fils Jean-Louis.

Excepté la musique de Mohammed Saada, j'ai choisi les différentes musiques du film parmi des enregistrements sur disque. La belle musique de luth (oud) est de Matar Mohamed. On entend aussi, dans la courte scène où la jeune fille française entre dans le bureau de son père, quelques mesures de Boccherini. Mais je ne me rappelle plus les titres des autres musiques, notamment de cette musique orchestrale que j'ai mise sur les images du meurtre et que je trouve aujourd'hui bien trop envahissante (une composition russe du début du XXe siècle?).

J'ai achevé le montage pendant l'hiver 1970. Le moment était venu de mixer mes trois bandes-son en une seule. Je me suis renseigné sur les cachets des ingénieurs du son, sur les prix des auditoriums. Inabordable. La providentielle Nedjma m'a trouvé un auditorium au rabais et un ingénieur du son bénévole, un technicien qui travaillait pour la télévision. Ce monsieur, après dix minutes de travail, se lève et part en disant, furieux: «Ce n'est pas un film!». Je lui ai couru après dans le couloir, je l'ai supplié: «Je vous en prie, revenez, mon film n'existera pas sans vous...». Il est revenu et a mixé très rapidement, à sa manière, sans tenir compte de ce que je lui demandais au fur et à mesure. Mais je m'estimais trop heureux... Cette épreuve terminée, je tenais enfin un film montrable.

Je l'ai d'abord montré en projection à Marker. Je lui ai demandé ce qu'il en pensait. Il ne m'a pas répondu. La projection l'avait visiblement excédé. J'avais alors – j'ai toujours – pour l'auteur de *La jetée* la plus vive admiration: s'il trouvait mon film mauvais, il ne se trompait sans doute pas. Plus tard, des personnes de l'entourage de Marker m'ont dit que le film n'était "pas assez politique". «Tu as essayé de faire ton petit Marienbad...». C'est vrai que *Lettre à la prison* n'a rien d'un film "militant" comme l'étaient ceux du groupe Medvedkine. Je l'ai montré encore à quelques producteurs, par exemple à André Valio (Armorial). Je leur demandais, soit de post-produire le film, soit d'en produire un second dont celui-ci serait la maquette. «Je n'ai pas les reins assez solides pour une telle aventure», m'a répondu honnêtement Valio, qui m'a conseillé de demander à nouveau une aide au CNC. Je l'ai fait: j'ai envoyé au CNC une seconde mouture de mon scénario, rédigée d'après le montage que je venais d'effectuer et, même, augmentée de plusieurs scènes qui conféraient au film une dimension plus nettement politique. On y suivait notamment les activités en France du frère de Tahar, ouvrier et délégué syndical. Pendant des semaines, j'ai attendu fébrilement le verdict du CNC.

Il a encore été négatif. Valio m'avait été un interlocuteur sympathique. D'autres producteurs m'ont parlé plus crûment. Ils condescendaient à visionner la "chose", puis me susurraient avec un sourire: «Que voulez-vous qu'on fasse avec ça?». De guerre lasse, je me suis dit que tous ces gens du métier devaient avoir raison. J'ai cessé de croire à mon film, je l'ai rangé dans le placard des précédents. Je me suis même dit que je n'étais pas un cinéaste. J'ai laissé tomber le cinéma et commencé à préparer une thèse d'Etat sur Dante. Dernier miroitement: qua-

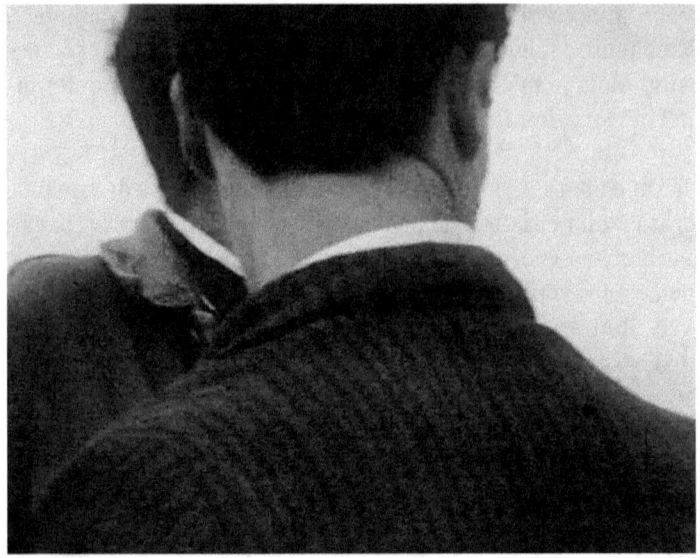

tre ou cinq ans plus tard, Enrico Fulchignoni, un ami universitaire, me fait rencontrer Jean Rouch à qui je montre le film à la cinémathèque de Chaillot. Rouch, lui, apprécie *Lettre à la prison* mais ne peut rien.

Trente-cinq ans ont passé. Des années pendant lesquelles, après avoir rédigé et soutenu ma thèse, j'ai enseigné l'italien à l'Université. Quelque temps après ma mise à la retraite, comme je me préparais, en 2001, à quitter Saint-Etienne où j'avais été maître de conférences, ma fille Chloé, qui m'aidait à déménager, me demande: «Qu'est-ce que je fais de ces boîtes de film qui traînent depuis toujours dans ton placard?». J'avais déjà raconté à Chloé la genèse et le fiasco de *Lettre à la prison*. J'ai haussé les épaules: «Tu les flanques à la poubelle». Elle m'a prié de la laisser d'abord visionner le film, ce que j'ai accepté. Elle-même cinéaste et liée à l'association marseillaise Film Flamme, elle a découvert en projection mon vieux film avec Jean-François Neplaz et quelques autres membres de cette association. Miracle à retardement: ça leur a plu!... La copie était dans un état lamentable. Sale, usée, rayée, gondolée par la chaleur et l'humidité. A l'époque, on l'avait tirée comme on tire une copie de travail strictement destinée au montage, c'est-à-dire sans se préoccuper de la qualité de l'image: de nombreux plans, charbonneux ou grisâtres, étaient donc à peine lisibles. L'ensemble partait en lambeaux. Chloé a refait toutes les collures. Gaëlle Vu et moi-même, nous nous sommes efforcés d'améliorer la qualité du son, de donner notamment aux dialogues un peu plus de synchronisme, tâche très ardue puisque le son était déjà mixé. Des recherches ont été effectuées par Chloé et Film Flamme pour tenter de retrouver le négatif du film, sur lequel on comptait absolument pour retrouver la qualité originelle des images. Ce négatif, je l'avais laissé jadis au laboratoire où j'avais fait tirer ma copie de travail, comme il est d'usage quand on prévoit des tirages ultérieurs. Or, pas moyen de me rappeler le nom du laboratoire. Tous les laboratoires parisiens ont été interrogés. Négatif introuvable, peut-être détruit.

On a failli renoncer... Jean-François Neplaz souhaitait redonner vie au film, mais il devenait criant que, pour y parvenir, on ne disposerait jamais que de cette unique copie en très piteux état. Restaurer un tel objet? C'était presque impossible. Film Flamme a tenté l'impossible, a obtenu de la Région PACA les subsides nécessaires à la restauration, qui a été effectuée en Italie, au laboratoire L'Immagine Ritrovata de Bologne. Le poil malencontreux a été effacé, ou presque. Le résultat d'ensemble m'a beaucoup déçu mais pouvait-on vraiment espérer mieux, sauf à redessiner à la main, un par un, chaque photogramme? *Lettre à la prison* est un film sinistré et doit être accepté comme tel.

Or je constate, à ma surprise, qu'on l'accepte effectivement comme tel. Présenté hors compétition au Festival International de Marseille en 2008, il y a obtenu une Mention Spéciale du GNCR (Groupement National des Cinémas de Recherche) et cette première reconnaissance, dans la ville même où était né le film, a fait boule de neige. *Lettre à la prison* a vite été invité dans différentes villes du monde (Vienne, Alger, Copenhague, Mar del Plata, Paris, Toulouse, Rome, Tunis, Bruxelles, etc.) avant sa sortie nationale en salles, le 2 décembre 2009 (Paris, Marseille, Lyon). Des journaux et périodiques lui ont consacré des articles élogieux («Le Monde», «Libération», «L'Humanité», «La Marseillaise», «Les Cahiers du Cinéma», «Le Nouvel Observateur», «Télérama», «Les Inrockuptibles», «Le Courrier de l'Atlas», etc.) ainsi que des sites Internet ("Excessif.com", "Critikat.com", "Evene.com", "RFI.fr", "Africultures.com", "Independencia.fr", "Ecran large.com", "Projection publique.com", "Notre cinéma.com", "Anda media.com", "Slate.fr", "The New Yorker.com"). Des radios lui ont consacré des émissions (RFI, Radio Campus, Radio Libertaire). Certains des articles publiés, comme celui de Cyril Béghin dans les "Cahiers du cinéma", me touchent vraiment parce qu'ils sont mieux qu'élogieux: pénétrants et émus. Le silence dédaigneux du «Provençal» et du «Figaro» me flatte beaucoup, merci! Le fait que «L'Humanité», qui par ailleurs vante le film, me définisse comme un "cinéaste franco-tunisien" (?) et omette de préciser que je suis juif me paraît typique d'une mentalité (celle, à peu près, du spectateur stéphanois dont je parlais au début): n'est-il pas en effet dérangeant, pour un membre du PCF, qu'un Juif soit le réalisateur d'un film où est dénoncé le racisme anti-arabe? Ah, les stéréotypes...

De cet engouement tout nouveau – aussi étrange pour moi que le rejet total de mon film en 1970 – je tire des conclusions plutôt désabusées. Que de temps perdu! Je voulais consacrer ma vie au cinéma, cela n'a pas eu lieu. Je voulais faire trente films. Un goût amer...

Mais qu'à cela ne tienne: titillé par ce remue-ménage, j'ai décidé, depuis deux ans, de remettre ça! Le nouveau film que j'ose préparer actuellement, à soixante-quinze piges, sera une dernière tentative in extremis, un pied-de-nez au néant, un défi aussi que je me lance, peut-être dérisoire mais je n'ai plus grand-chose à perdre. Fait-on du bon travail dans cet état d'esprit?

J'espère seulement ne pas trop rater mon coup, c'est tout ce que je peux dire. D'ailleurs, par un retournement dont je sens bien aujourd'hui qu'il a toujours été constitutif de ma démarche, ce risque de ratage me stimule, me fait rebondir: ironiquement (préventivement?), mon nouveau film sera l'histoire d'un ratage. Celui d'un vieux cinéaste juif qui part en guerre contre l'antagonisme Arabes-Juifs et qui enquête sur les relations – encore à Marseille! – entre les deux communautés, et qui croule bientôt sous la complexité du problème à explorer, et qui renonce enfin à son projet de film et s'en désespère... mais le film, irrésistiblement, s'achève sans lui.

Un dernier mot. Les ratages, me semble-t-il, peuvent avoir leur intérêt. *Lettre à la prison* est un ratage qui, après quarante ans, a réussi à sa manière bizarre. Je n'étais pas un professionel du cinéma quand je le tournais et le montais, je ne suis toujours pas un professionnel, ce nouveau film sera encore le film d'un apprenti et, je n'en doute guère, il bégaiera et boîtera joyeusement. Qui donc me disait un jour: «La perfection des grands chefs-d'oeuvre me barbe»?. Je l'ai oublié mais je partage cet avis. J'aime mieux les premiers Charlot que les tout derniers Chaplin. J'aime mille fois mieux les premières esquisses de Buñuel – *L'âge d'or, Le chien andalou, Las Hurdes* – que son *Charme discret de la bourgeoisie*. A tous ceux qui travaillent obstinément dans l'ombre, aux cinéastes marginaux, amateurs, atypiques, dont je sais que beaucoup éclatent d'une passion humiliée, grouillent de mille fulgurances à faire pâlir le cinéma et la télévision officiels, à tous ceux que la "profession" superbement ignore, je dédie *Lettre à la prison* et son aventure.

Ricordi, che volete da me?

di Marc Scialom
traduzione di Nidia Natalini

Dopo una proiezione

Il 10 dicembre 2009, mentre presentavo al cinema Le Méliès di Saint-Etienne *Lettre à la prison*, il mio vecchissimo film, alla fine distribuito e mostrato al pubblico dopo quaranta anni di una sorta di quarantena, uno spettatore mi ha stupito rivolgendomi esattamente la stessa frase che da molto tempo avevo intenzione di mettere in bocca a uno dei miei personaggi del film *Le citronnier*, il nuovo film al quale stavo lavorando, poi diventato *Nuit sur la mer*. Subito ho pensato: «Non sei fuori strada. *Le citronnier* deve essere portato a termine!».

Tutto era cominciato da una domanda posta da un altro spettatore: «Chi era questo Tahar che si vede nel suo film?».

Ho spiegato che Tahar Aïbi non era un attore professionista. Era un operaio algerino, immigrato in Francia all'età di otto anni e poi tornato, alcuni anni dopo *Lettre à la prison* e per ragioni che il film lascia intravedere, nella sua Algeria natìa, che ormai non riconosceva quasi più. Questo accadeva negli anni '70, all'epoca in cui in Algeria cominciavano ad aver luogo dei massacri nei villaggi. Eravamo amici di lunga data e, partendo, mi aveva promesso che ci saremmo tenuti in contatto. Si augurava che io sarei andato a trovarlo nella regione di Costantina: «Mangeremo di nuovo il couscous insieme». Invece, dopo la sua partenza, non mi ha mai telefonato né scritto, cosa che mi è sembrata quanto mai strana. Le mie ricerche per trovare il suo indirizzo in Algeria non hanno avuto successo. Non vorrei dedurre che sia morto durante un massacro.

Un secondo spettatore di Saint-Etienne allora mi ha domandato: «Ma perché ha scelto un Algerino per interpretare il ruolo di un Tunisino?». Questione delicata. È vero che l'accento algerino di questo pseudo-Tunisino può dare fastidio agli arabofoni e, proprio su questo punto, infatti, mi aspettavo reazioni negative quando avrei presentato *Lettre à la prison* a Tunisi, di lì a poco. Ma non me la sarei presa troppo, visto che ormai il "reato" era in prescrizione: ero veramente responsabile, a 75 anni, delle cantonate del trentacinquenne Scialom che aveva girato il film?

Approfondiamo ancora un po'. Se l'anomalia di questo accento, nel 1969, mi turbava poco, oggi ci avverto quasi l'ombra di una pertinenza. Tahar io non l'avevo scelto. L'avevo trovato, era senza alcun dubbio il mio personaggio, tunisino o no. Non avevo scelto neppure che fosse la Tunisia la sua terra d'origine: semplicemente non poteva non esserlo, era la mia terra d'origine e il mio personaggio ero un po' io, anche. Quei due fatti si accordavano male insieme, ma la mia fiducia ingenua vi si adattava. Inoltre la guerra d'Algeria era finita da poco, nel 1962: i miei amici tunisini e io eravamo stati immersi nel clima di quel conflitto e ci aspettavamo la celebrazione dell'indipendenza di quel paese confinante con la Tunisia, recentemente liberata. Dal '61, l'episodio sanguinoso di Biserta, un massacro di civili tunisini, ad opera di *paras* venuti dalla vicina Algeria, avevano fatto sconfinare la guerra anche in Tunisia. I pasticci di *Lettre à la prison* testimoniano di questa osmosi, di questa vertigine sincretica. E ora bisogna rivelare un ulteriore dettaglio stridente: la voce che si sente nel film non è quella di Tahar! Tahar, che pure non aveva mai messo piede in Inghilterra e non ne parlava la lingua, inspiegabilmente aveva l'accento inglese... L'avevo dunque fatto doppiare ricorrendo, sovrappiù di colpa da parte mia, da un altro amico algerino, Boulem Touarigh.

Ho risposto allo spettatore che tutto il mio film zoppica e barcolla continuamente, fondato com'è su strane stonature, indirettamente significanti. Tahar ha l'accento algerino? Tanto meglio! *Lettre à la prison* è uno slancio verso gli esuli arabi quali che siano, tunisini, algerini, marocchini, mauritani, libici, ecc. È anche uno slancio verso tutti gli esuli, che vengano dal mondo arabo o da altrove, dall'Asia, dall'Africa nera, dall'America Latina o da un qualche angolo d'Europa, siano essi mussulmani, cristiani, buddisti o ebrei. D'altra parte il film non si sarebbe potuto fare se fra regista e attore non si fosse instaurata una complicità fondata su destini, certo non identici, ma analoghi. Ho anche parlato a quello spettatore della forte empatia che mi aveva legato a Tahar, nonostante le nostre differenze di nazionalità e di cultura, perché anch'io ero un esule. Un Ebreo italiano nato a Tunisi.

È stato allora che quell'altro spettatore, sottilmente ironico, mi ha rivolto la frase cui alludevo all'inizio: «Ma lei è un esule di lusso!».

Questa frase all'improvviso mi frastornava. Mi ritrovavo di colpo in una scena del film che stavo preparando. Mi sono sentito punto sul vivo. Ho risposto vigliaccamente al mio interlocutore che non aveva torto. Cosa vera, ma in un certo senso. E non ho detto più niente, mi pare.

Però non aveva ragione.

Nella sceneggiatura di *Le citronnier*, la mia vera risposta a questa frase, da molto tempo era articolata così (poi l'ho modificata):
«*Andiamo piano... Il più sprovveduto operaio arabo che sgobba qui, in un cantiere di Marsiglia, almeno sa che da qualche parte ha un paese, la terra della sua infanzia dove le persone lo riconosceranno, lo accoglieranno e dove, se vuole, potrà anche essere sepolto... Io, nella mia terra natale, non ci sarò affatto sepolto. Mio padre c'è sepolto. I miei nonni. E cosa ancora più radicale: io non ho affatto una terra natale. Quando*

parlo della mia infanzia ebraica in Tunisia, è strano, ma le per-
sone diventano sorde. I Francesi come i Tunisini... La stessa cosa
è vera per decine di migliaia di Ebrei partiti dall'Egitto, dal-
l'Iran, dall'Iraq...».

D'altronde, certo, niente è semplice. Una volta, avevo riferi-
to questi discorsi fatti nel cinema di Saint-Etienne al mio amico Mohamed Aïssa, marocchino d'origine, più francese ormai
di tanti francesi (oggi è deceduto), sottolineando la coincidenza
con la sceneggiatura di *Le citronnier*, e Mohamed mi aveva risposto emozionato: «Ma non puoi affermare che un immigrato
nord-africano, di ritorno al villaggio natìo, venga accolto senza difficoltà! Anche laggiù, quando ritorna, si accorge subito che le persone non sono più le stesse, che i suoi non sono
più i suoi, e che si distaccano da lui, perché anche lui è diventato
un altro...».

È vero. Quando si parte si diventa un altro, si resta quest'altro o si diventa ancora un altro quando si ritorna.

Ma, per la lunga e cocente esperienza di cui avrei volentieri fatto a meno, indovino troppo bene i retro-pensieri nascosti nella frase ironica dello spettatore. Si trattava, certo, del mio essere ebreo e degli stereotipi elegantemente velenosi che questa appartenenza continua a risvegliare in troppi Francesi, di
destra come di sinistra. Allora, stiamo un po' sul brutale.

Innanzi tutto, non sono il figlio di un "colono ebreo pieno di
quattrini". Nato anche lui in Tunisia, mio padre, con il solo diploma di scuola elementare, all'età di appena quattordici anni
ha lavorato come manovale in un oleificio. Più tardi, diventato agente di assicurazioni marittime, ha lavorato al porto di
Tunisi dove, parlando arabo, francese e italiano, faceva ac-
certamenti di avaria sui cargo. Uno di questi, in panne a qualche miglia al largo, l'ha obbligato in pieno inverno gelido – aveva 74 anni e nessuna pensione – a prendere un fuori-bordo per

marc scialom

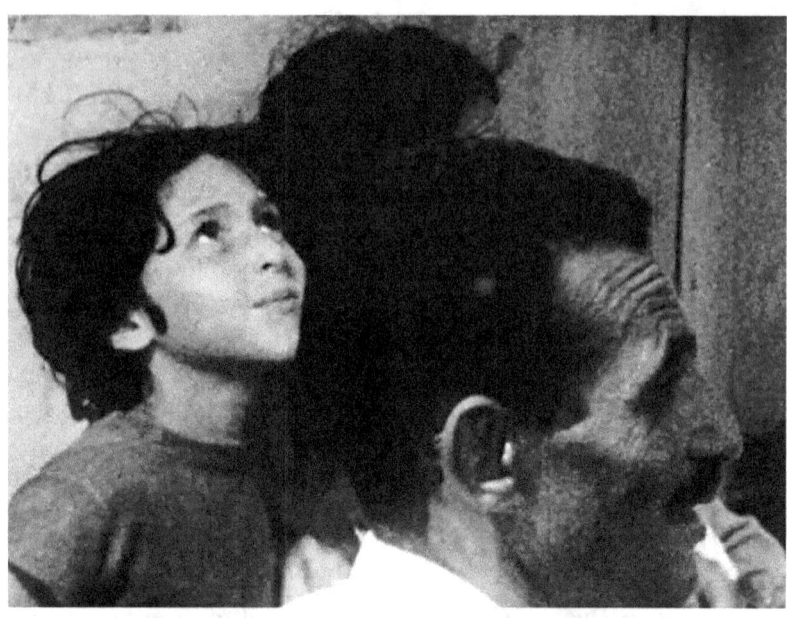

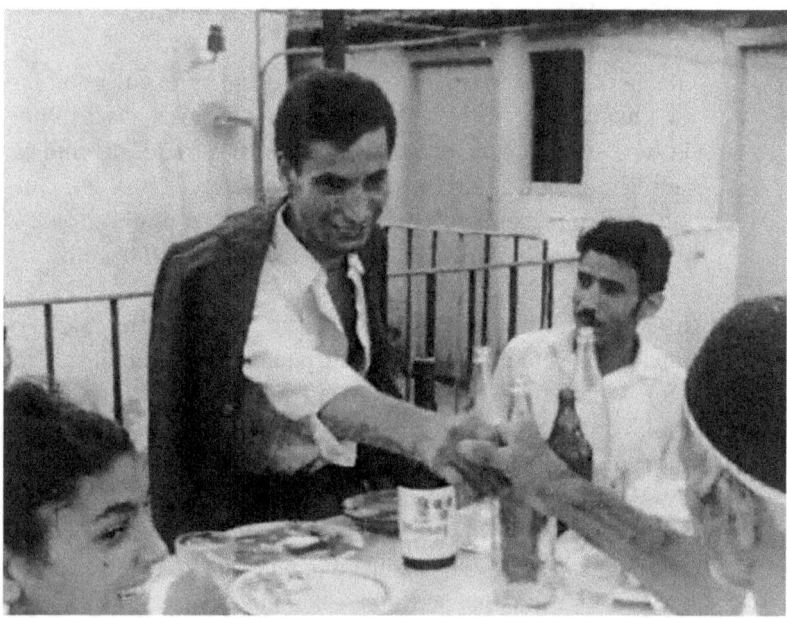

andare a fare il suo accertamento. La prevedibile conseguenza: una polmonite, che se l'è portato via solo qualche giorno più tardi. Non vedo in tutto questo dove sia il lusso.

Eppure, tuttavia. Il lusso era, semmai, il suo fortissimo desiderio di migliorare continuamente la sua cultura, desiderio che mi ha comunicato. Lui, che aveva frequentato pochissimo la scuola e aveva in grammatica, in ortografia, in storia letteraria più lacune di un ragazzo di dodici anni, si accaniva la sera, dopo cena, a leggere i grandi autori che gli consigliavo per averli io stesso scoperti in aula, oppure mi ascoltava attentamente mentre glieli leggevo. Sono stato così, tra i tredici e i sedici anni, il suo professore. Ma il tempo di studiare arrivava per lui troppo tardi, la sua testa di uomo maturo era abituata ad altri compiti, non aveva mai acquisito gli strumenti per coordinare e ricordare quello che imparava, e io ero troppo inesperto per riuscire a darglieli... Molto spesso, poi, andavamo insieme al museo del Bardo dove sono esposte importanti raccolte di mosaici romani come pure di oggetti di arte araba. Questo mi dava l'occasione di farmi bello facendogli conoscere la storia di Roma, quella che mi insegnavano a scuola, ma non certo la storia del mondo arabo, che nessuno mi insegnava. Sentendosi, malgrado i suoi sforzi, poco dotato per lo studio e trasferendo su di me le sue ambizioni, mi incitava a seguire più tardi un corso universitario, cosa che anch'io desideravo. Quel poco di sapere che oggi posseggo, lo devo a lui. Questo, sul lusso di mio padre.

Quanto a me, un giornalista *tranchant* mi ha descritto ultimamente come "un Italiano di cultura ebraica", che secondo me non significa quasi niente. Ho documenti francesi. Non sono stato allevato nella cultura ebraica. Mio padre era credente ma mangiavamo maiale e non rispettavamo lo Shabbat. Io, agnostico dall'infanzia, curioso delle altre religioni e di tutte le letterature, ho largamente attinto qui e là, cosicché posso senz'altro affermare di sentirmi piuttosto di cultura *meticcia*. La stessa cosa può essere detta per molti Francesi nati da famiglie cristiane, per molti Nord-Africani nati da famiglie mussulmane, ecc. Chiudere le persone in così misere categorie, starei per dire in tali ghetti identitari, mi sembrerebbe tanto riduttivo quanto pericoloso. Sono, come ognuno di noi, un abitante del pianeta, un animale umano e basta. Circonciso, sì, ma questo poteva essere determinante soltanto per le SS.

D'altra parte, sicuramente, ho coscienza di un certo passato, mio e dei miei parenti. Un cugino di mia madre, internato nel campo di Buchenwald, condannato per una futile dimenticanza ad essere impiccato l'indomani all'alba, liberato la stessa notte dagli Alleati, non ha resistito all'eccesso di panico e si è suicidato gettandosi sotto un treno. Quanto alle SS, le ho incontrate a Tunisi durante l'occupazione tedesca, precisamente quando ci hanno cacciati dal nostro appartamento, poi dalla casa di mio nonno, poi da quella di uno zio, perché stavano raggruppando poco a poco gli Ebrei in un unico quartiere: con l'ordine, ogni volta, di andar via "senza rubare niente". Dopo il ritiro dei Tedeschi dalla Tunisia, in una periferia sono stati scoperti forni crematori in costruzione. Erano per noi... Bastano questi ricordi, ossessivi, a farmi affermare che sono ebreo, più per angoscia solidale che per cultura. Nel modo in cui ci si stringe gli uni agli altri per aver meno paura.

Nella Germania di oggi, dove il neonazismo conta ancora degli adepti, molti giovani e meno giovani, rifiutando con tutte le loro forze le atrocità commesse al tempo dai loro nonni, per reazione sono filosemiti e anche pro Israele. Parallelamente, in Francia, dove il razzismo antiarabo non finisce di infierire, molti giovani e meno giovani, reagendo contro l'antico colonialismo e le infamie della guerra di Algeria, difendono in blocco le cause arabe, in particolare la straziante causa palestinese e prendono posizione invece contro Israele e, in maniera più insidiosa, anche contro gli Ebrei nel loro insieme, a torto assimilati agli Israeliani. Aggravando questi sbandamenti, non più soltanto l'estrema destra ma anche una frangia dell'estrema sinistra francese, senza confessarlo, oppure confessandolo, strizza l'occhio con simpatia all'Islamismo oltranzista. Rifiutare gli Ebrei sotto il pretesto, questa volta, della solidarietà verso gli Arabi!... Il vecchio antisemitismo occidentale non è mutato granché, ha solo cambiato maschera.

Che cosa mi rimane del mio passato?

Lo assimilo ad altri orrori visti in seguito, da lontano come da vicino, riguardanti altri popoli, dappertutto sul pianeta. E quindi faccio pienamente mia la frase dell'Ebreo polacco David Scheinert: «Oggi, sono ancora le grida dei sei milioni di Ebrei di Auschwitz che sento quando un solo Arabo è picchiato nella mia città o quando una scritta sul muro lo rimanda a casa».

Altra cosa. Non ha nessun significato il fatto che *Lettre à la prison*, il cui protagonista è un esule arabo di origine mussulmana, sia stato realizzato da un esule ebreo? Esiste una potente analogia fra l'attuale esilio di numerosissimi Arabi e l'esilio ebraico plurimillenario. Sono due diaspore che si corrispondono. Alla figura dell'Ebreo errante si sovrappone ormai quella dell'Arabo sballottato qui e là, sia rifugiato, sia spinto verso l'Occidente dalla miseria. La viva coscienza di questo rapporto non poteva che condurmi, elaborando il mio film, a identificarmi con il personaggio di Tahar e, ancora di più, con tutta la gamma degli "stranieri", perpetui migranti o penosamente trapiantati in altri paesi, senza patria, oppure – paradosso – cittadini autoctoni, perché l'esilio, oggettivo o interiore, è in fondo il destino di ogni escluso, di ogni emarginato, anche se non si è mai mosso dal suo luogo di nascita. Un solo esempio: il barbone, vero francese, che, in una scena del film, viene a chiedere l'elemosina all'Arabo Tahar. Esistono in Francia esiliati francesi, anche in Palestina, per altre ragioni, esiliati palestinesi, in Iran esiliati iraniani, ecc. L'esilio esiste dappertutto. Ciascuno di noi l'ha vissuto, lo vive o potrà viverlo.

Per questo le tre città del film – Tunisi, Marsiglia, Parigi – sono, più che città ben definite, luoghi mitici, regioni mentali. Marsiglia, fra Terzo Mondo e Occidente, è percepita come il luogo di transito e d'incertezza dove questi esseri si incrociano: luogo provvisorio, una sorta di Limbo, forse l'anticamera di un inferno. Anche Tunisi non è la Tunisi reale: è il luogo originario che ognuno porta in sé, il caldo luogo dell'infanzia perduta. E Parigi, per Tahar, rappresenta una sorta di inferno futuro, inconoscibile, inconcepibile. Infatti non si troverà in *Lettre à la prison* che una sola immagine di Parigi veramente identificabile: è l'immagine, vista da lontano, appena suggerita, dei bordelli del Boulevard del la Chapelle. In breve, la linea passato-presente-futuro disegnata da questi tre luoghi plasmati di immaginario vorrebbe conferire al girovagare reale o interiore del protagonista un valore universale, facendo di lui ben altra cosa che un semplice Tunisino smarrito in Francia. Non è un caso che lui sogni di una testa umana lanciata lontano, di un folle che "ha perso la testa". Tahar è colui che perde, poco a poco, non soltanto la sua identità nazionale o culturale ma, più profondamente, personale.

La sola identità che valga, secondo me. E che tutti siamo in gran pericolo di perdere. Quanto alle altre due, fanno cilecca. Dalla remota antichità, da sempre insomma, quantunque oggi più sensibilmente di ieri, le diverse culture non cessano di compenetrarsi, di fecondarsi mutualmente, in modo positivo (fatta eccezione, certo, quando vengono avvilite o annullate dalla pseudocultura mercantile veicolata dai media). La globalizzazione tende a rendere obsolete le nazionalità, anche se per il momento si stanno irrigidendo. L'"altromondialismo", d'altra parte, pur basato su principi opposti, rifiuta anch'esso le frontiere nazionali, anche se esalta i regionalismi. Personalmente non ho alcuna simpatia per i nazionalismi quali che siano: tanto poco, per esempio, per i nazionalismi arabi, quanto per il nazionalismo israeliano. Il muro di Berlino è caduto, il muro tra Israele e la Palestina cadrà. Mussulmani, Cristiani ed Ebrei riconosceranno che la loro religione monoteista è una sola. Atei e credenti capiranno che le loro visioni del mondo sono il dritto e il rovescio di una stessa visione. Materiali o ideologiche, poco a poco le barriere che ci chiudono si dissolveranno. Siamo cittadini della terra. Utopia? Sotto Luigi XV la Repubblica Francese e la liberazione degli schiavi neri d'America erano utopie. Fra le due guerre la fine degli imperi coloniali era un'utopia. Sotto Kruscev e anche sotto Boris Yelstin lo smembramento dell'URSS era un'utopia...

«Fermo lì, non farmi ridere, Marc... E tu dicevi che non eri di cultura ebraica? Ecco invece l'Ebreo cosmopolita e senza patria che vaticina, che fa la sua tirata profetica!... Sacro Rabbi Scialom...».

In parte è vero. Rivendico la mia sensibilità di apolide, formatasi lungo la mia storia. Quando avevo nove anni, nel 1943, a Tunisi occupata dai Tedeschi, mio padre, che diffidava di loro ma ancor più dei seguaci di Petain dal berretto blu scuro – quelli che denunciavano – mi ripeteva: «Non dire mai che sei ebreo», e quel lontano divieto mi fa ancora un po' tremare ogni volta che mi si interroga sull'origine del mio nome. Avevamo il torto di essere ebrei ma, dal 1945 e "l'epurazione" che ne è seguita, abbiamo avuto il torto di essere italiani. Le vessazioni subite allora sono state abbastanza terribili: sospettato, per errore, di fascismo, mio padre, che era socialista e antifascista, è stato imprigionato e poi inviato in un campo di concentramento del sud tunisino, dove ha perso quindici chili in un mese, il tempo necessario perché fosse riconosciuto l'errore commesso. Questo episodio e alcuni altri lo hanno indotto a farci prendere la nazionalità francese. Fatica sprecata: dall'indipendenza della Tunisia, nel 1956, abbiamo cominciato ad avere il torto di essere francesi.

Tuttavia a quell'epoca cominciavo ad essere amico di intellettuali e artisti tunisini, soprattutto del pittore Nejib Belkhodja. Seguivamo insieme i progressi delle decolonizzazioni africane sull'«Observateur» e su «Jeune Afrique» (la guerra di Algeria era cominciata nel 1954), leggevamo e commentavamo insieme Marx, Sartre, Kateb Yacine, Frantz Fanon. Niente ci divideva: io leggevo poco la Bibbia, loro leggevano poco il Corano. Nessuna rivendicazione di appartenenza. Quel momento di grazia è stato breve.

Un po' più tardi, in piena guerra d'Algeria, l'atroce "passo falso" di Biserta (1961) ha suscitato verso la Francia una tale fiammata di ostilità che mi sono deciso a lasciare la Tunisia. Aggiungo che questa ostilità l'ho avvertita nei miei confronti in quanto Francese ma anche in quanto Ebreo, perché, approfittando della crisi di Biserta e in risposta all'intensificazione del conflitto israelo-palestinese, un certo antisemitismo, rimasto endemico a Tunisi fino ad allora, si risvegliava. Non ero il solo a fare le valige. Quanti Ebrei, d'altra parte, spesso autoctoni e insediatisi ancor prima dell'Islam (è il caso della mia prima moglie, Nedjma, una Ebrea berbera), sono stati indotti direttamente o indirettamente a partire dai paesi arabi dove formavano comunità tanto numerose quanto attive, ad Algeri (130.000 nel 1962), a Bagdad ("gli Ebrei di Babilonia": 137.000 nel 1941), a Djerba, Sousse, Sfax, Nabeul, Tunisi (in Tunisia erano 100.000 nel 1987, 1.500 oggi) a Casablanca, a Rabat (90% degli emigrati ebrei marocchini fra il 1948 e il 1956), a Beirut (20.000 fuggiaschi dal 1948), a Constantina (30.000 fuggiaschi nel 1961), al Cairo, ad Alessandria (25.000 espulsi dall'Egitto nel 1966, 80.000 fuggiaschi nel 1967), città molto cosmopolite da secoli, che in questo modo si mutilavano di una insostituibile diversità!

Ho smesso di rimpiangere la mia terra natale. Nati come me a Tunisi, alcuni membri della mia famiglia oggi abitano in Italia e i loro figli parlano italiano, altri in Francia e i loro figli parlano francese, un altro negli Stati Uniti e i suoi figli parlano inglese, la mia nipotina meticcia parla cinese. I miei bisnonni venivano dall'Italia e dall'Austria ma, se risalgo al XVI seco-

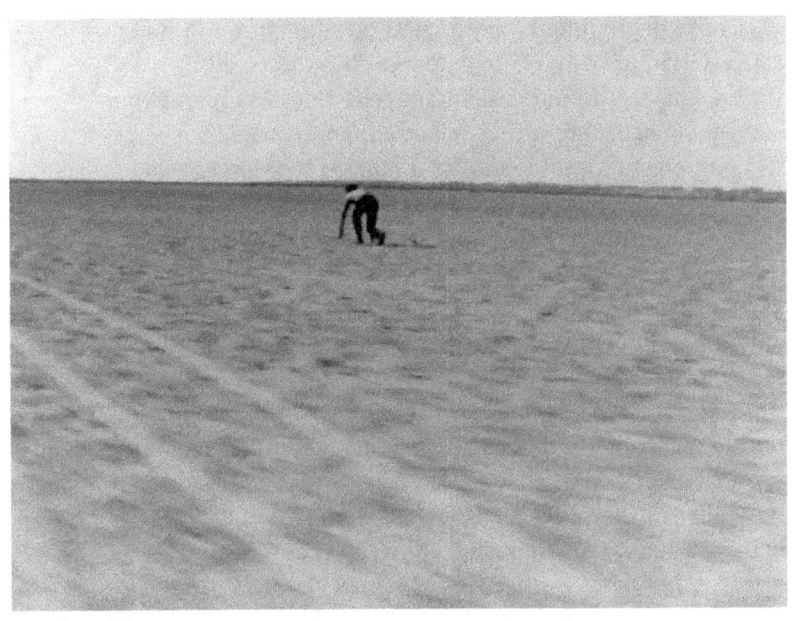

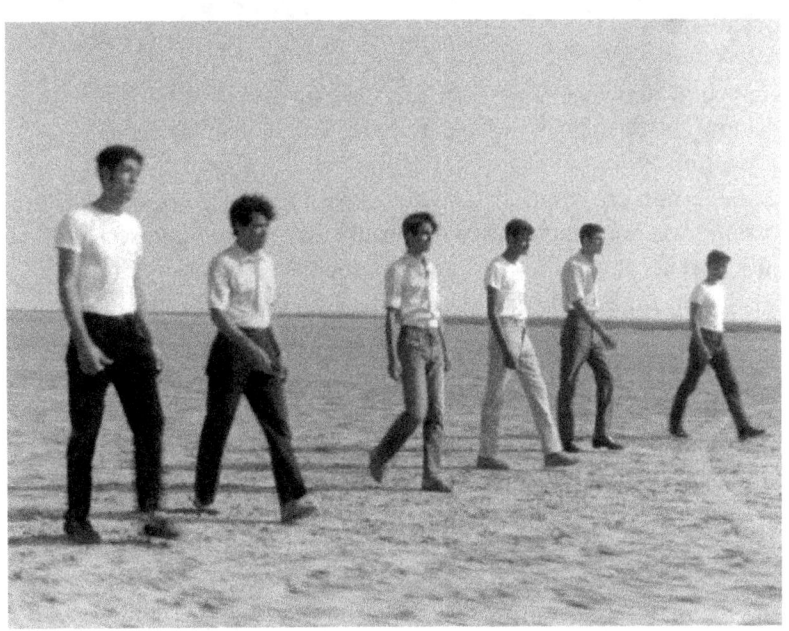

lo, scopro degli antenati portoghesi (si rifugiarono in Italia a causa dell'Inquisizione), un antenato siriano, ecc. E tutto questo non mi risulta poi così sgradevole. Questi perpetui cambiamenti di orizzonte, questi incontri rinnovati senza sosta, questi apprendistati uno dopo l'altro, queste successive acculturazioni, che un plurilinguismo caleidoscopico accompagna regolarmente, finiscono quasi per incantarmi. Essere sempre curiosi del mondo, solcarlo senza tregua... L'Ebreo errante della leggenda aveva, tutto sommato, una certa eleganza e l'ha perduta nel suo attuale nazionalismo sionista, restringendo enormemente il proprio orizzonte. Se la condizione di esule è al principio una lacerazione, può anche, però, costituire una grande ricchezza, perché permette l'apertura a ogni differenza. In quest'ottica precisa le do valore e la rivendico. L'esilio fa soffrire, certamente, ma bisogna anche immaginare degli esuli felici. Felici a momenti. Come qualche volta Ulisse...

Bricolage

A 34 anni abitavo a Parigi. Uscivamo appena dagli avvenimenti del maggio '68 ai quali avevo partecipato con incredulità e simpatia. Non avevo più i vent'anni di quelli che drizzavano le barricate, e non ero affatto sicuro che stavamo per fare la rivoluzione. Ma era il momento d'oro in cui, incrociando uno sconosciuto per la strada, gli si poteva proporre di chiacchierare a cuore aperto e quello accettava subito. Tutti coloro che in tempi normali le "persone oneste" fanno finta di non vedere, vale a dire i troppo poveri, i troppo vecchi, i troppo olivastri, i troppo neri, i troppo strani, si avvicinavano, si parlava loro, si invitavano anche a casa. All'improvviso avevo una folla di amici. Nel frattempo vivacchiavo dando lezioni nelle scuole private: ma volevo diventare cineasta. Avevo già girato, oltre alcuni piccoli film autofinanziati e mai distribuiti (fra i quali, in collaborazione con il pittore Mélik Ouzani, *La parole perdue*, che amo molto), un cortometraggio prodotto da Argos-Films,

Exils, realizzato in condizioni professionali e che oggi rinnego. Nedjma Scialom, dalla quale avevo appena divorziato amichevolmente, era montatrice e nei corridoi degli studi dove lavorava ho conosciuto Chris Marker, che mi ha incoraggiato e che di lì a poco mi avrebbe prestato una macchina da presa. La mia seconda compagna, Marie-Christine Lefort, era disposta a tentare con me un'esperienza cinematografica. Avevamo incontrato insieme Marie-Christine Rabedon e Tahar Aïbi, che si sono uniti a noi. Le discussioni sul film da realizzare procedevano rapidamente. Il nostro tema era l'esilio. L'esilio nei suoi molteplici aspetti: io e Tahar avevamo l'esperienza del suo significato originario; le due Marie-Christine, che avevano vagabondato e vissuto parecchi disinganni, lo conoscevano nell'altro significato, quello di esilio interiore. Questa équipe di quattro persone mi sembrava ampiamente sufficiente.

Siccome progettavamo di realizzare un lungometraggio, evidentemente ci serviva denaro... Ho scritto una prima sceneggiatura di *Lettre à la prison* (molto diversa dal film di oggi) che ho proposto al Centre National de la Cinématographie per avere un anticipo. La mia richiesta non è stata accolta. Nel frattempo, stessi rifiuti da parte di vari produttori parigini. Decidemmo di passare oltre, di girare lo stesso. Ho raccolto a fatica la somma necessaria per acquistare la pellicola 16mm (bianco e nero, perché il colore era troppo caro). Marker mi ha prestato una camera Beaulieu e siamo partiti per Marsiglia.

E senza la sceneggiatura, che non mi aveva portato fortuna... Non mi portavo dietro, a titolo di pro-memoria, che il testo del monologo recitato da Tahar, redatto da me in quel francese succoso, parlato dagli Arabi di Tunisi, che conoscevo bene. Muniti solo di questo breve testo, saremmo stati liberi di improvvisare come volevamo. Eravamo nel luglio del 1969.

Siamo scesi in un Hotel del quartiere di Noailles di Marsiglia, tutto scarafaggi e cimici. Pranzavamo con dei panini ma eravamo felici e pieni di idee. Andavamo in giro per la città alla ricerca dell'immaginazione creatrice, quella che Cézanne chiamava la sua "piccola sensazione". Io stavo alla camera. Pochissimi ciak, per economizzare la pellicola: tre, spesso due, talvolta uno solo. Tahar, alla sua prima esperienza come attore, aveva una maschera imperturbabile alla Jouvet che trovavo perfettamente adatta. Giravamo un pezzetto di scena, come per caso, poi discutevamo seduti sulle panchine o, anche, ai bordi dei marciapiedi, avvicinavamo questo o quel tizio per chiedergli se voleva apparire nel nostro film, e talvolta anche se voleva interpretare una particina (fu il caso della venditrice di giornali e del vecchio mendicante barbuto). Siccome la camera di Marker non registrava il suono e non disponevo di alcun materiale di registrazione, le scene che giravamo, anche dialogate, non potevano essere altro che mute. Avevo in mente di sincronizzarle in seguito. Inoltre quella camera a molla non poteva funzionare che per circa trenta secondi di seguito, piuttosto di meno che di più: ma non ho fatto fatica a rinunciare ai pianosequenza, avendo sempre preferito le sequenze brevi e l'energia particolare che, al montaggio, deriva dalla loro successione. A Marsiglia è stato girato l'insieme delle sequenze "documentarie" e "realistiche": per esempio, l'arrivo nella città di emigranti nordafricani, che scendono da una scalinata del porto, la scena del caffè ebreo dove si balla, le deambulazioni di Tahar per le strade affollate. Il suo incontro, davanti la Chiesa Maggiore dalla quale esce una processione, con la ragazza che ruba la borsa (Marie-Christine Lefort), il suo salire la scala della stazione Saint-Charles, e poi la scena in cui, accoccolato in un angolo del cantiere, impasta, assorto, del gesso in un secchio, ecc.

Avevo in serbo un'altra somma di denaro. Fin da Parigi, avevo parlato alla mia équipe dell'eventualità di continuare le riprese a Tunisi dove mia madre, che abitava ancora là, si diceva pronta ad ospitarci. Abbiamo preso il piroscafo "Avenir". A Tunisi, insieme a mia madre, c'era mio figlio Jean-Louis, di sette anni, che trascorreva da lei le vacanze. Sono salito sulla terrazza del palazzo dove sono nato. Il panorama che ritrovavo somigliava curiosamente a certi panorami della Marsiglia lasciata il giorno prima. È allora che mi è venuta l'idea di girare lì (nella sceneggiatura la scena della terrazza non c'era). Ho parlato della mia idea ai miei compagni. Ho detto loro che questa terrazza tunisina mi sembrava marsigliese, cosa che li ha fatti ridere. Avevamo deciso che ormai, rinunciando ad ogni concezione troppo stretta di "documentario", potevamo girare a Tunisi scene ambientate a Marsiglia e viceversa. Un imbroglio, naturalmente. L'indispensabile differenza fra le due città si sarebbe ottenuta grazie a una scelta molto attenta di luoghi precisi da inquadrare, di eventuali comparse, di oggetti. In breve, un bricolage. Il progetto di questa scena mi seduceva, ma non avevo ancora nessuna idea del posto che le avrei dato nel film. L'abbiamo girata un po' a caso, senza sapere cosa ne avremmo fatto.

Ecco come. Mia madre comincia con l'invitare tutte le sue conoscenze del quartiere ad una cena sulla terrazza, spiegando loro che si sarebbe girata la scena di un film. Lei stessa e le due Marie-Christine preparano un couscous per venti persone, chiedono in prestito ai vicini tavoli e sedie, li portano in terrazza, sistemano qualche lampada. Mio figlio Jean-Louis dà loro una mano. Io e Tahar affittiamo in un negozio specializzato una carrozzina per infermi che servirà da carrello. Venuta la sera, una volta seduti a tavola gli invitati, mi installo sulla sedia a rotelle, Marie-Christine Rabedon mi spinge e filmo. Niente è stato preparato in anticipo: né la lite tra adolescenti, né il camaleonte che fuma (era il camaleonte di Jean-Louis, che si intravede in questa scena), né le labbra truccate della bambina dagli occhi sgranati, e neppure il dialogo fra Tahar e il ragazzo che rappresentava un suo cugino. (Nel film, questo dialogo grossolanamente post-sincronizzato verte su temi precisi inerenti la trama, ma loro si dicevano tutt'altra cosa, di cui io non avevo idea e che un sordomuto potrebbe ben leggere sulle loro labbra...). L'abbigliamento orientale degli anziani, a dire il vero, un po'

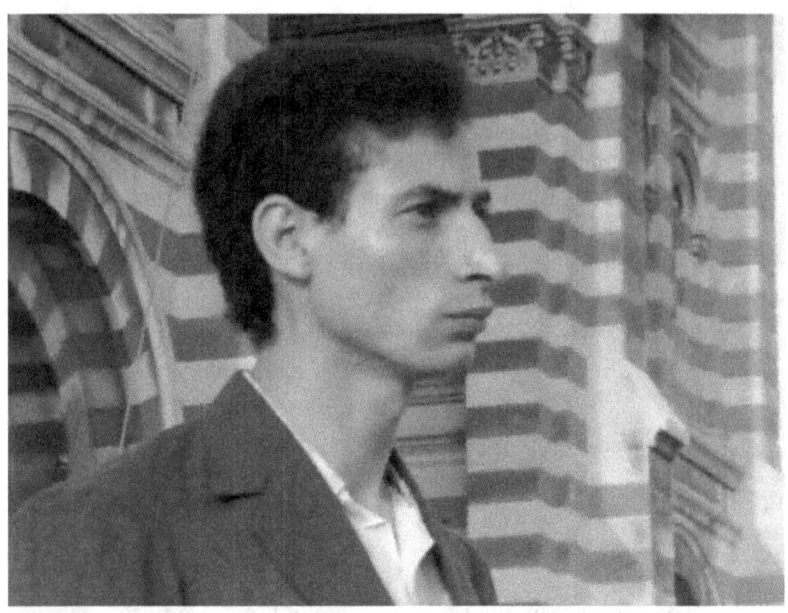

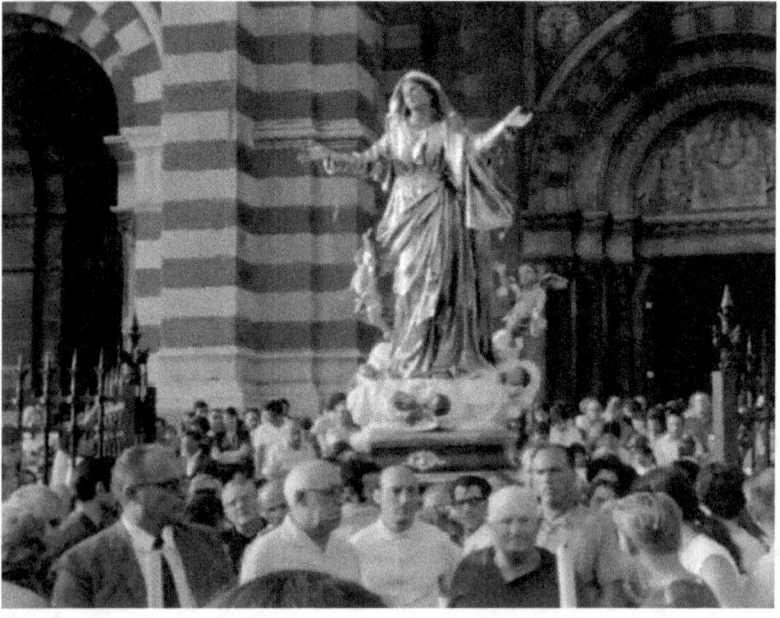

mi impensieriva (lo spettatore avrebbe dovuto immaginarli a Marsiglia), ma ben presto, mentre giravo, l'ho integrato mentalmente nel mio film, dove avrebbe acquistato un senso diverso da quello originario: ne avevo già visti in Francia di questi vecchi vestiti all'orientale. Oggi spesso accade il contrario: alcuni giovani portano più volentieri la *jebba*, mentre certi vecchi la trascurano. Il loro abbigliamento avrebbe testimoniato a Marsiglia la nostalgia dell'esule che si ostina. Bricolage...

Una volta girata questa scena, ci siamo sentiti liberi di improvvisare ancora di più. È così che la scena della ragazza con il cono gelato, ambientata a Marsiglia, è stata ripresa in una via di Tunisi, come pure il suo secondo incontro con Tahar davanti al portone di un palazzo (in via d'Inghilterra). Il nome di questa ragazza, Marie Grech, non è nei titoli di coda perché, quaranta anni dopo, non me lo ricordavo più. (Dopo tanto tempo, con mia grande sorpresa, mi ha poi ricontattato!). Ed è così che ho avuto l'idea di mettere nel film uno dei miei sogni (la palla di gesso che cresce sotto le dita di Tahar e diventa una testa umana). Abbiamo anche girato a Tunisi la scena fantasmatica dei sei giovani che inseguono Tahar in una specie di deserto (presso Raouad). Fra questi giovani c'era il ragazzo che, al pranzo sulla terrazza, aveva interpretato il ruolo di suo cugino. Abbiamo girato a Khereddine le scene dove si suppone che Tahar sia nella sua camera d'hotel a Marsiglia (il ruolo dell'ostessa dell'hotel era di Myriam Tuil, la madre di Nedjma). Abbiamo avuto l'idea di adottare un cagnolino "kabile", Camé, che avremmo inserito nel film e che sarebbe stato il doppio simbolico di Tahar in esilio. Infine, è in una cava di pietra vicina a Tunisi (a Djebel-Djelloud) che abbiamo girato la lunga scena con il dialogo tumultuoso fra Tahar e Marie-Christine Lefort.

Abbiamo preso di nuovo l'"Avenir". Dopo due o tre giorni a Marsiglia, dove abbiamo fatto alcuni raccordi, siamo tornati a Parigi. Mi restava ancora un po' di pellicola vergine, sufficiente per girare, nel mio appartamento parigino, la scena dell'assassinio della giovane francese. (Nella fantasia di Tahar, lei prende le sembianze della ragazza della borsa, quella che lo aggredisce verbalmente nella scena della cava. L'assassino con il piccone – francese e non tunisino nell'immaginazione di Tahar – è il mio amico Jean-Louis Dupont). Abbiamo anche girato la scena finale del treno alla stazione Cardinet, in un vagone fermo che il capostazione ci ha autorizzato a utilizzare solo per poco: io muovevo la camera per simulare le scosse del treno, poi il suono, aggiunto al montaggio, completava l'illusione. Il cane "gettato" via dalla finestra era tranquillamente accolto nelle braccia di un'amica sulla banchina. Infine ho girato in alcuni luoghi più o meno sinistri, cantieri di demolizione, il quartiere dei bordelli della porta della Chapelle, delle sequenze volutamente sovraesposte, vaghe immagini mentali di una Parigi inconcepibile per Tahar.

Ormai il mio lavoro di operatore era finito ma ero sempre più inquieto. Non avevo la sensazione di aver fatto tutto quello che era necessario per costruire un vero film. Avevamo filmato, nel più grande disordine, solo una collezione di episodi.

Dopodiché mi accorgo di non avere la somma necessaria per far sviluppare la pellicola. Dunque faccio economia per tutto l'autunno e l'inverno. Lunga attesa. Riprende il grigiore quotidiano: metropolitana, lavoro (non cinematografico), sonno. Le scatole del film dormono in un armadio. Nella primavera del 1970, infine ho l'opportunità di fare una copia-lavoro, a nome di Roger Pic, un collega di Nedjma, per usufruire della tariffa professionale. Visiono l'insieme del girato su una Atlas ed è una delusione. Un terzo delle immagini era inutilizzabile: flou, cattiva esposizione, cattiva inquadratura, ecc. Ecco cos'è il dilettantismo. Di più, un malaugurato pelo, in alto e a destra del quadro, appariva su tutte le immagini un po' troppo chiare. Ho buttato nella pattumiera un terzo del girato (c'era per esempio una scena di ristorante sulla quale avevo contato molto). «Monta il resto, malgrado il pelo!» mi diceva Nedjma. È in questo periodo che, scoraggiato, ho pensato che il film così girato non avrebbe potuto essere che un progetto, da presentare come tale a un produttore in vista di una seconda ripresa più "professionale". È appunto in quest'ottica che mi sono impegnato al montaggio.

Non è stato facile. Prima di tutto, non potevo pagarmi una sala di montaggio. Per questo Nedjma mi prestava ogni sera le chiavi delle sale dove lavorava, perché montassi il mio film la notte, di nascosto. È così che ho montato *Lettre à la prison* in incognito, in circa una decina di sale di montaggio parigine, secondo i contratti di Nedjma che la portavano a lavorare a destra e a sinistra. Poi, il mio vero lavoro, sei ore al giorno (adesso ero segretario in una università), mi lasciava poca energia per lavorare anche di notte. Visionavo continuamente il girato, mi chiedevo come organizzarlo per farne un film e il problema mi sembrava insolubile. Un rebus. «Ben ti sta!». In fondo, durante le riprese, non avevo rispettato quasi in niente la sceneggiatura iniziale e dunque avevo ciò che meritavo... Mi sono ricordato di aver avuto simili "perplessità" quando avevo dodici anni e con il mio Pathé-Baby proiettavo sul muro della mia camera dei pezzi di film noleggiati, strappati mille volte dal Pathé-Baby di altri bambini, rincollati ogni volta a caso dal noleggiatore: cominciavano col centro della storia, continuavano con la fine, finivano con l'inizio ed erano, per di più, terribilmente lacunosi. Con un compagno della mia stessa età guardavo, affascinato, lo sfarfallio dello schermo: non cercavamo neppure più di ritrovare il filo originario dell'intreccio, ne inventavamo un altro, uno che il nuovo ordine delle scene rendeva plausibile. Rifacevamo il film da capo. E mi sono detto: «Niente è perduto. Assemblata in un certo ordine ogni serie, per quanto assurda possa essere, dovrà alla fine avere un senso. Basta trovarlo. Dimentichiamo la sceneggiatura iniziale. Immaginiamo una nuova sceneggiatura che non guidi queste riprese, ma ne consegua». Dunque non mi aspettavo più che il mio girato sinistrato si organizzasse in conformità al progetto iniziale. Era l'inverso. Mi aspettavo che questa massa informe di piani mi rivelasse la sua vera storia nascosta, mi fornisse la sua chiave.

Mi sono lasciato prendere dal gioco. Questa inchiesta alla Sherlock Holmes mi divertiva. A lungo ho riguardato la scena in cui Marie-Christine Lefort solleva i capelli e ho detto: «Tu devi essere l'inizio del film». Non mi sono sentito contraddire. Ho aggiunto, poco sicuro: «E probabilmente riappari un certo numero di volte...». Stesso silenzio di approvazione. Ho riguardato le sequenze girate sulla terrazza e ho pensato: «Questo si colloca certamente nel giorno in cui Tahar arriva a Marsiglia». E così di seguito. Le cose si precisavano. Mi sono messo a intrecciare insieme le scene marsigliesi, tunisine e parigine secondo una logica occulta che era la loro, non la mia, una logica che a forza di ascolto attento, quasi mistico – e di delirio insonne – coglievo per brandelli. Tentavo con delizia dei nuovi sviluppi, dei richiami, delle ellissi, delle allusioni visive rapide, delle "rotture" soprattutto e dappertutto. La *rottura* era la figura costante di questo film epilettico, ci vedevo il segno della mia stessa vita fatta di amputazioni successive e di zig-zag. Ancora in embrione ma desideroso di nascere, il film stesso, ostinatamente, follemente, non cessava di guidarmi. Andavamo avanti insieme: io mezzo cieco, lui chiaroveggente. Una coppia, sola nella notte.

Strada facendo tuttavia ho sentito che, perché tutto funzionasse, erano necessarie alcune immagini di ricordi. Avevo girato a Tunisi numerose scene legate a ricordi tunisini di Tahar e sapevo sempre di più come metterle in relazione con le immagini di Tahar a Marsiglia. Ora Tahar, nella sua lettera-monologo, evoca a più riprese i ricordi tunisini di Ahmed, il fratello maggiore imprigionato. Di Ahmed, ma anche di quella ragazza francese che Ahmed corteggiava laggiù e che forse ha ucciso in Francia. Era questo che mancava nel mio girato: non disponevo di nessuna immagine tunisina della ragazza, di nessuna immagine tunisina di Ahmed. Mi servivano! Per l'equilibrio visivo del film, mi servivano.

Allora ho ripensato a un cortometraggio, *En silence*, che avevo realizzato a Djerba nel 1957. Sempre senza produttore, naturalmente. Un idillio anodino e kitsch tra un giovane Tunisino e una giovane Francese. Di questo vecchio film dimenticato in un armadio non esisteva che un montaggio dell'originale a colori (Kodachrome 16mm). Non ne era stata fatta alcuna copia. Lì avevo una miniera... Certo, prendendo dei brani per *Lettre à la prison*, lo avrei smembrato. Ma non mi dispiaceva, non tenevo più a quel film. L'ho rivisto come si visiona un girato, ho individuato delle scene utili e mi sono servito. La mia idea era di copiare in bianco e nero alcuni brani scelti e di lasciarne pochi altri a colori, in modo che il colore esplodesse, verso la fine del mio film attuale, solo per istanti molto brevi, come un sovrappiù di amore e nostalgia. *En silence* mi ha anche fornito alcune musiche, specialmente la sublime musica di flauto (il nai nordafricano) che il mio amico tunisino Mohammed Saada, ora deceduto, aveva composto e suonato appositamente per questa operina, che non la meritava.

Il mio montaggio progrediva, e dunque cominciavo a dirmi che bisognava anche pensare al suono. Che fare? Creare a cose fatte tutta la colonna sonora del film mi sembrava un'impresa gigantesca. La cosa meno difficile era registrare il monologo di Tahar. Più complicata sarebbe stata la registrazione dei dialoghi, per fortuna pochi, perché non avevamo segnato che in maniera approssimativa le battute scambiate tra i personaggi. E bisognava trovare l'insieme dei rumori per tutto il film.

Ero da solo in uno studio, lavoravo clandestinamente. Nei corridoi non illuminati, davanti alla porta di ogni sala di montaggio, un grande cesto pieno di tagli di pellicola aspettava la donna delle pulizie che, la mattina dopo, avrebbe gettato tutto nella pattumiera. Nel cesto c'erano degli scarti di immagini e degli scarti di suono. Mi sono messo a frugare nei cesti. Numerosi suoni eliminati dai montatori si sono rivelati troppo particolari, ma ho trovato una grande quantità di rumori di strada, claxon di automobili, grida, brandelli di conversazione fra passanti. Li ho montati nel mio film. La scoperta più bella è stata quella del suono della sirena di nave, molto grave, molto prolungato, registrato molto da vicino, che ho piazzato sull'immagine del piroscafo "Avenir" che entra nel porto della Joliette. Questo suono mi ha talmente entusiasmato che lo faccio risentire, in secondo piano, più volte in diversi punti del film e anche, paradossalmente, quando Tahar passeggia nel cuore della città (in piena Marsiglia è inverosimile sentire i battelli): canto di esilio pietrificante e misterioso come il canto delle balene.

Per continuare a montare il mio film, mi serviva ora il monologo di Tahar: la "lettera alla prigione". Ne conservavo sempre il testo in tasca. Non era il caso di chiedere a Tahar di registrarlo, perché come ho già detto questo esule atipico non aveva l'accento arabo ma inglese. Mi serviva anche la "risposta finale" di Ahmed, il fratello di Tahar. I miei amici tunisini erano tutti a Tunisi. Nedjma mi ha fatto incontrare qualcuno dei suoi amici algerini: Boulem Touarigh ha dato la voce a Tahar, Hamid Djellouli ad Ahmed. L'uno e l'altro mi sono sembrati impeccabili. Sullo slancio, abbiamo anche registrato i pochi dialoghi, con l'aiuto di un piccolo magnetofono non professionale, in un appartamento (a volte quello di Nedjma, a volte il mio) e, dunque, senza avere l'immagine sotto gli occhi. Aggiungo che di alcune scene dialogate, liberamente improvvisate durante le riprese, spesso non ci restava nessun testo scritto: ecco perché, prima delle sedute di registrazione, correvo nella sala di montaggio e mi sforzavo di leggere sulle labbra dei personaggi quello che dicevano. Non ci arrivavo che per lampi, e... inventavo il resto. In breve, nessun reale sincronismo era possibile. È in queste condizioni che Marie-Christine Lefort ha detto il suo testo. Myriam Tuil ha doppiato la giornalaia. Io ho fatto la voce del vecchio mendicante barbuto che chiede l'elemosina a Tahar. Ho fatto anche la voce dello speaker che parlava alla radio del processo di Ahmed, il grido selvaggio che apre la scena dei sei ragazzi che inseguono

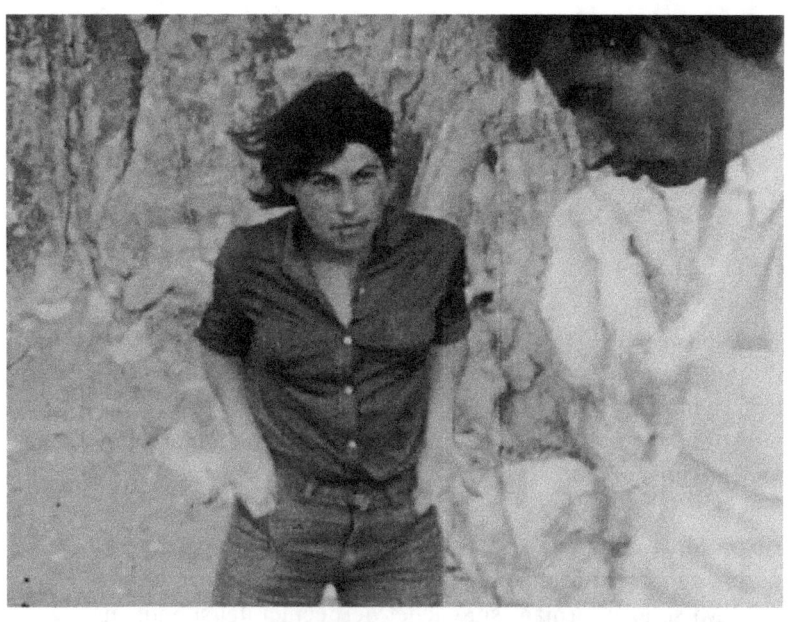

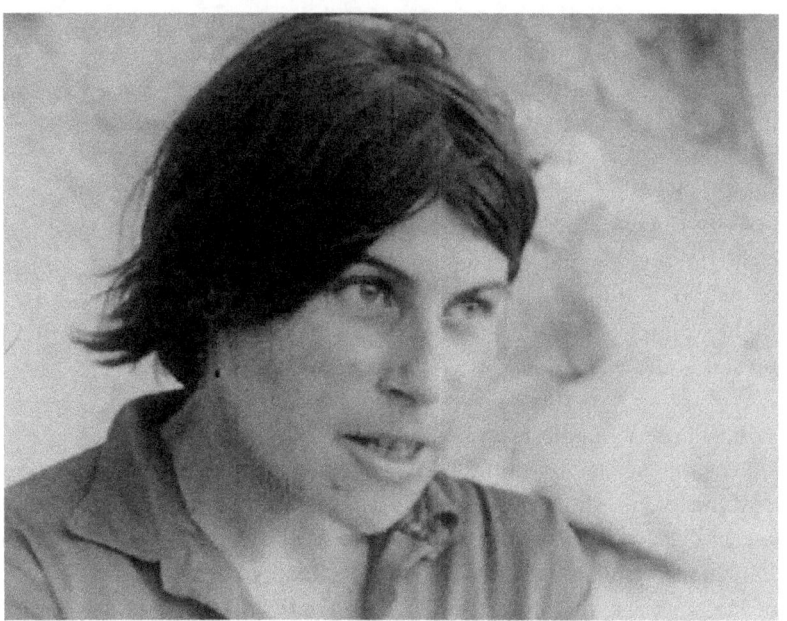

Tahar nel deserto, lo strano brontolio che si sente nella scena onirica della testa di gesso. Mi divertivo molto. Mia madre, venuta nel frattempo a Parigi, ha fatto la voce dell'albergatrice. E si sente, fra le voci dei bambini sulla terrazza, quella di mio figlio Jean-Louis.

Fatta eccezione della musica di Mohamed Saada, ho scelto le varie musiche del film da registrazioni su disco. La bella musica di liuto (l'oud) è di Matar Mohamed. Si sente anche, nella breve scena in cui la ragazza francese entra nell'ufficio di suo padre, qualche battuta di Boccherini. Ma non ricordo più i titoli delle altre musiche: tra l'altro, di quella musica d'orchestra che ho messo sulle immagini dell'assassinio e che oggi trovo molto invadente (una composizione russa dell'inizio del XX secolo?).

Ho terminato il montaggio durante l'inverno del 1970. Era venuto il momento di mixare le mie tre colonne sonore in una sola. Mi sono informato sui cachet dei tecnici del suono, sui prezzi degli studi di missaggio. Inaccessibili. La provvidenziale Nedjma mi ha trovato uno studio economico e un tecnico del suono volontario che lavorava per la televisione. Ma quello lì, dopo dieci minuti di lavoro, si alza ed esce furioso, dicendo: «Questo non è un film!». Io gli sono corso dietro nel corridoio, l'ho supplicato: «La prego, torni, il mio film non potrà esistere senza di lei...». È tornato indietro e ha mixato molto rapidamente, a modo suo, senza tener conto di ciò che gli domandavo di volta in volta. Ma mi consideravo fin troppo fortunato. Finita questa ulteriore prova, finalmente avevo un film presentabile.

Prima di tutto l'ho mostrato in proiezione a Marker. Gli ho chiesto cosa ne pensava. Non mi ha risposto. La proiezione l'aveva visibilmente esasperato. Avevo allora ed ho tuttora per l'autore di *La jetée* la più viva ammirazione: se lui trovava brutto il mio film, probabilmente non sbagliava. Più tardi, persone del giro di Marker mi hanno detto che il film non era "abbastanza politico". «Hai tentato di fare il tuo piccolo *Marienbad...*». È vero che *Lettre à la prison* non ha nulla del film "militante" come lo erano quelli del gruppo Medvedkine. L'ho mostrato anche a qualche produttore, per esempio ad André Valio della produzione Armorial. Chiedevo loro, sia di postprodurre il film, sia di produrne un secondo di cui questo sarebbe stato il progetto. «Non ho le spalle sufficientemente robuste per una tale avventura», mi ha risposto onestamente Valio, e mi ha consigliato di domandare di nuovo un aiuto al Centre National de la Cinématographie. L'ho fatto: ho spedito al CNC una seconda versione della mia sceneggiatura, redatta sulla base del montaggio che avevo appena fatto e, anche, accresciuta di numerose scene che avrebbero conferito al film una dimensione più nettamente politica. Vi erano previste specialmente le attività in Francia del fratello di Tahar, operaio e delegato sindacale. Per settimane ho aspettato febbrilmente il verdetto del CNC. È stato di nuovo negativo.

Valio era stato per me un amabile interlocutore. Altri produttori mi hanno parlato più brutalmente. Accettavano di vedere la "cosa", poi mi sussurravano con un sorriso: «Che vuole che facciamo di questo?». Stanco di combattere, mi sono detto che tutte quelle persone del mestiere dovevano avere ragione. Ho smesso di credere nel mio film, l'ho riposto nell'armadio con i lavori precedenti. Mi sono anche detto che non ero un cineasta. Ho abbandonato il cinema e ho cominciato a preparare una tesi di dottorato su Dante. Ultimo bagliore: quattro o cinque anni più tardi, Enrico Fulchignoni, un amico di Università, mi fa incontrare Jean Rouch al quale mostro il film alla cineteca di Chaillot. Rouch, lui, apprezza *Lettre à la prison*, ma non può fare niente.

Passano 35 anni. Anni durante i quali, dopo aver redatto e sostenuto la mia tesi, ho insegnato italiano all'Università. Qualche tempo dopo essere andato in pensione, siccome mi preparavo, nel 2001, a lasciare Saint-Etienne dove ero stato maître de conférences, mia figlia Chloé, che mi aiutava a traslocare, mi domanda: «Che ne faccio di queste scatole di film dimenticate in questo armadio?». Avevo già raccontato a Chloé la genesi e il fiasco di *Lettre à la prison*. Ho alzato le spalle: «Buttale nella pattumiera». Lei mi ha pregato di lasciarle prima vedere il film, e ho accettato. Anche lei cineasta, e legata all'associazione cinematografica marsigliese Film Flamme, ha visto per la prima volta in proiezione il mio vecchio film con Jean-François Neplaz e alcuni altri membri della stessa associazione. Miracolo a scoppio ritardato: a loro il film è piaciuto!... La copia era in uno stato pietoso. Sporca, logora, graffiata, deformata dal calore e dall'umidità. A suo tempo, era stata stampata come si stampa una copia-lavoro destinata esclusivamente al montaggio, cioè senza accorgimenti per la qualità dell'immagine: numerose scene, annerite o grigiastre, erano dunque appena leggibili. L'insieme andava in pezzi. Chloé ha rifatto tutte le giunture. Ho lavorato insieme a Gaëlle Vu per migliorare la qualità del suono, per dare specialmente ai dialoghi un po' più di sincronismo, compito molto arduo visto che il suono era già missato. Chloé, insieme ad altri di Film Flamme, ha effettuato ricerche per ritrovare il negativo del film, "conditio sine qua non" per la qualità originale delle immagini. Questo negativo l'avevo lasciato una volta nel laboratorio dove avevo fatto stampare la mia copia-lavoro, come si usa quando si prevedono stampe ulteriori. Ora, non c'era modo di ricordarmi il nome del laboratorio. Sono stati interpellati tutti i laboratori parigini. Negativo introvabile, forse distrutto.

Abbiamo rischiato di rinunciare... Jean-François Neplaz desiderava ridar vita al film, ma diventava evidente che, per arrivarci, non avremmo potuto disporre che di quella unica copia in quel pietosissimo stato. Restaurare un tale oggetto? Era quasi impossibile. L'impossibile lo ha tentato Film Flamme. Ha ottenuto dalla regione PACA il finanziamento necessario al restauro, che è stato effettuato in Italia, presso il laboratorio L'Immagine Ritrovata di Bologna. Il malaugurato pelo è stato cancellato, o quasi. Il risultato d'insieme mi ha molto deluso ma si poteva veramente sperare di meglio, salvo ridisegnare a mano, uno per uno, ogni fotogramma? *Lettre à la prison* è un film sinistrato e deve essere accettato come tale.

Ora devo constatare, con mia sorpresa, che effettivamente lo si accetta come tale. Presentato fuori concorso al Festival International di Marsiglia nel 2008, ha ottenuto una menzione speciale del GNCR (Groupement National des Cinémas de Recherche) e questo primo riconoscimento, nella stessa città in cui era nato il film, ha avuto un effetto valanga. *Lettre à la prison* è stato presto invitato in diverse città del mondo (Vienna, Algeri, Copenhagen, Mar del Plata, Parigi, Tolosa, Roma, Tunisi, Bruxelles, Trieste, ecc.) ed è poi uscito nelle sale, a livello nazionale, il 2 dicembre 2009 (Parigi, Marsiglia, Lione). Giornali e periodici gli hanno dedicato articoli elogiativi («Le Monde», «Libération», «L'Humanité», «La Marseillaise», «Les Cahiers du Cinéma», «Le Nouvel Observateur», «Télérama», «Les Inrockuptibles», «Le Courrier de l'Atlas», ecc.) come anche dei siti Internet ("Excessif.com", "Critikat.com", "Evene.fr", "RFI.fr", "Africultures.com", "Independencia.fr", "Ecran large.com", "Projection publique.com", "Notre Cinéma.com", "Anda media.com", "Slate.fr", "The New Yorker.com"). Alcune radio gli hanno dedicato delle trasmissioni (RFI, Radio Campus, Radio Libertaire). Alcuni degli articoli pubblicati, come quello di Cyril Béghin sui «Cahiers du Cinéma» mi toccano davvero perché sono più che elogiativi, penetranti e commossi. Il silenzio sprezzante del «Provençal» e de «Le Figaro» mi lusinga molto, grazie! Il fatto che «L'Humanité», che d'altronde elogia il film, mi definisca "cineasta franco-tunisino" (?) e ometta di precisare che sono ebreo, mi sembra tipico di una mentalità (quella, press'a poco, dello spettatore di Saint-Etienne di cui parlavo all'inizio): in effetti non è fastidioso, per un membro del PCF, che un Ebreo sia il regista di un film in cui è denunciato il razzismo antiarabo? Ah, gli stereotipi...

Da questa infatuazione improvvisa – tanto strana per me quanto il rifiuto totale del mio film nel 1970 – traggo delle conclusioni piuttosto disincantate. Quanto tempo perduto! Volevo consa-

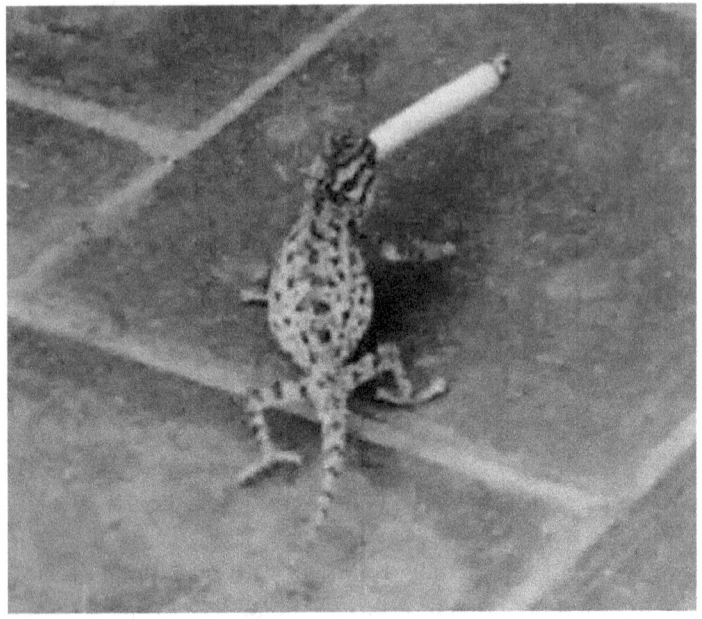

crare la mia vita al cinema, e questo non è successo. Volevo
fare trenta film. Un gusto amaro... E dopo tutto questo?
Sollecitato da questo trambusto, ho deciso di ricominciare da
capo! E di cimentarmi con un nuovo film, con tutti i rischi del
fallimento. Il film che oso preparare attualmente, a 75 primavere, sarà un ultimo tentativo in extremis, un marameo al nulla, una sfida che lancio, forse ridicola ma non ho più granché
da perdere. Si può fare un buon lavoro con questo spirito? Spero soltanto di non fallire troppo il colpo, è tutto quello che posso dire. D'altronde, per un capovolgimento che oggi sento molto essere stato sempre costitutivo del mio cammino, questo rischio di fallimento mi stimola, mi fa ripartire: per ironia della sorte il mio nuovo film sarà la storia di un fallimento. Quello di un vecchio cineasta ebreo che dichiara guerra all'anta-
gonismo Arabi-Ebrei, che indaga sulle relazioni – ancora a Marsiglia – fra le due comunità, che ben presto crolla per la complessità del problema da esplorare e che alla fine rinuncia al

suo progetto e se ne dispera... Ma il film, ineluttabilmente, si completa senza di lui.

Un'ultima parola. Gli insuccessi, mi sembra, possono avere la loro utilità. *Lettre à la prison* è un fallimento che, dopo quarant'anni, ha avuto il suo bizzarro successo. Non ero un professionista del cinema quando lo giravo e lo montavo, e non sono ancora un professionista. Chi mi ha detto una volta: «La perfezione dei grandi capolavori mi annoia»? L'ho dimenticato, ma condivido questo parere. Amo di più i primi Charlot che gli ultimissimi Chaplin. Amo mille volte di più le prime produzioni di Buñuel – *L'âge d'or*, *Le chien andalou*, *Las Hurdes* – piuttosto che *Il fascino discreto della borghesia*. A tutti quelli che lavorano ostinatamente nell'ombra, ai cineasti marginali, dilettanti, atipici, che so esplodere di una passione umiliata e brulicano di mille folgorazioni, tali da far impallidire il cinema e la televisione ufficiali, a tutti coloro che la "professione", con superbia, ignora, io dedico *Lettre à la prison* e la sua avventura.

Le contretemps de l'innocence

par Saad Chakali

Extraordinaire film que *Lettre à la prison*, comme échappé à la façon d'un lapsus d'un refoulement vieux de quatre décennies, et dont la lumière fossile irradie notre actualité ainsi transie par une proposition cinématographique à tous points de vue unique. Marc Scialom alors voulait informer de la façon la plus moderne le cinéma français de tout un pan socialement refoulé des représentations concernant l'une des franges les moins légitimes du corps social national: la subjectivité inquiète du migrant maghrébin d'ascendance (post)coloniale venu vivre dans la métropole anciennement colonisatrice. *Lettre à la prison*, tourné en 1969, aura-t-il été le plus beau film de l'année 2009?

Ethique contrebandière et résistance artistique

Lettre à la prison a été tourné de manière quasi clandestine pendant quatre semaines de part et d'autre de la Méditerranée partageant Marseille et Tunis (d'où est originaire le cinéaste qui ajouta à son film quelques plans en couleur tirés de *En silence*, l'un des quatre courts métrages qu'il avait déjà réalisés à la fin des années '50), avec quelques amis (dont Tahar Aïbi incarnant le personnage principal et rencontré pendant mai '68), ainsi qu'une caméra 16 mm prêtée par Chris Marker, qui n'enregistrait pas le son. Le film réalisé par Marc Scialom relève, puisque le CNC avait alors refusé de le financer, de cette éthique contrebandière pour laquelle l'échange esthétique de quelques signes prélevés de manière documentaire sur le réel contre les bribes à forte valeur hallucinatoire d'une fiction rêveuse et déambulatoire, équivaut à une forme obstinée de résistance politique face au régime représentatif dominant le champ cinématographique. Monté dans des conditions matérielles extrêmement précaires (il a fallu un an pour payer le laboratoire chargé de tirer une copie de travail, pendant que la réalisation de la bande sonore a été menée dans la chambre du cinéaste avec un magnétophone amateur, à l'aveugle, sans disposer des images auxquelles raccorder le son), boudé par Chris Marker (qui, à l'époque du Groupe Medvedkine permettant à des ouvriers de tourner leurs propres films militants, s'attendait à une oeuvre plus directement politique), mais célébré par Jean Rouch (qui y voyait un des très rares exemples de surréalisme cinématographique), *Lettre à la prison* aura été sauvé du noir de l'oubli grâce à l'effort conjugué de la propre fille du cinéaste, Chloé Scialom, et de l'association marseillaise Film Flamme. Un sauvetage ou une résurrection qui pour le coup aura redonné envie au cinéaste, devenu entre-temps professeur d'italien (désormais retraité) à la faculté de Saint-Etienne, de réaliser un nouveau long métrage à la croisée de la fiction et du documentaire, et portant sur des Juifs et des Musulmans (encore et toujours!) à Marseille.

Tourné à la sauvette en 1969, monté en 1970 et sorti pour la première fois en 2009 (le film avait été seulement montré au Festival International du Documentaire de Marseille en 2008 et y a reçu un prix), *Lettre à la prison* est une véritable comète cinématographique, un pur objet singulier habitant une friche noire et blanche, lunaire et stellaire, obscure et lumineuse, fréquentée entre autres par *La moindre des choses* (1971) de Fernand Deligny, Josée Manenti et Jean-Pierre Daniel, *Un homme qui dort* (1974) de Georges Perec et Bernard Queysanne, et *L'enfant secret* (1979) de Philippe Garrel. En quelque sorte, une constellation de films qui vaudraient comme la part la plus belle et la plus nébuleuse, la part la plus secrète du cinéma français, et qui se présentent peu ou prou comme l'expression esthétiquement fidèle d'une subjectivité délirante (le migrant de Scialom, le dormeur de Perec, l'autiste de Deligny, les noctambules mélancoliques de Garrel), comme excédée par les imagessymptômes résultant d'un désoeuvrement corrélatif à la situation sociale exceptionnelle de leur protagoniste respectif. *Lettre à la prison* expose ainsi les fragments palpitants de la vie psychique d'un migrant (post)colonial. Et cette vie, ce sont aussi les rêves qu'il fait, les pensées qui l'assaillent, les fantasmes qui l'obsèdent, les souvenirs qui le hantent, les perceptions qui le foudroient, toutes images dont l'étoffe complexe et noueuse rappelle qu'il est un être doué d'un psychisme influencé par la position sociale difficile et minoritaire qu'il occupe. A quoi rêve Tahar? Et en quoi ses rêves expriment-ils la vérité obscure de sa situation de migrant (post)colonial? Voilà quelques éminentes questions auxquelles sait répondre avec une puissance esthétique unique *Lettre à la prison* de Marc Scialom.

Corps d'exception, film exceptionnel

Pour parler comme le philosophe algérien Sidi Mohammed Barkat dans *Le corps d'exception. Les artifices du pouvoir colonial et la destruction de la vie* (éd. Amsterdam, 2005), Tahar, le héros du film de Marc Scialom, est un «*corps d'exception*», au sens où sa situation sociale de sujet dominé (et il l'est deux fois: en tant que migrant issu d'une ancienne colonie française, la Tunisie, et en tant que prolétaire d'ascendance migratoire et coloniale arrivant en France 13 ans après la fin du protectorat français en Tunisie aboli en 1956) fait exception par rapport à l'agencement de normes et de prescriptions symboliques dont est pétri le sens commun dominant la société anciennement colonisatrice. La beauté de *Lettre à la prison* consiste à rendre justice à cette exceptionnalité, d'abord en adoptant une forme elle-même exceptionnelle, ensuite en indexant son esthétique sur un certain nombre de principes formels qui recoupent structuralement les caractéristiques du corps d'exception incarné par Tahar. Déjà *Lettre à la prison* est soutenu par une narrativité fragmentaire d'abord déterminée techniquement par le fonctionnement de la petite caméra 16mm de

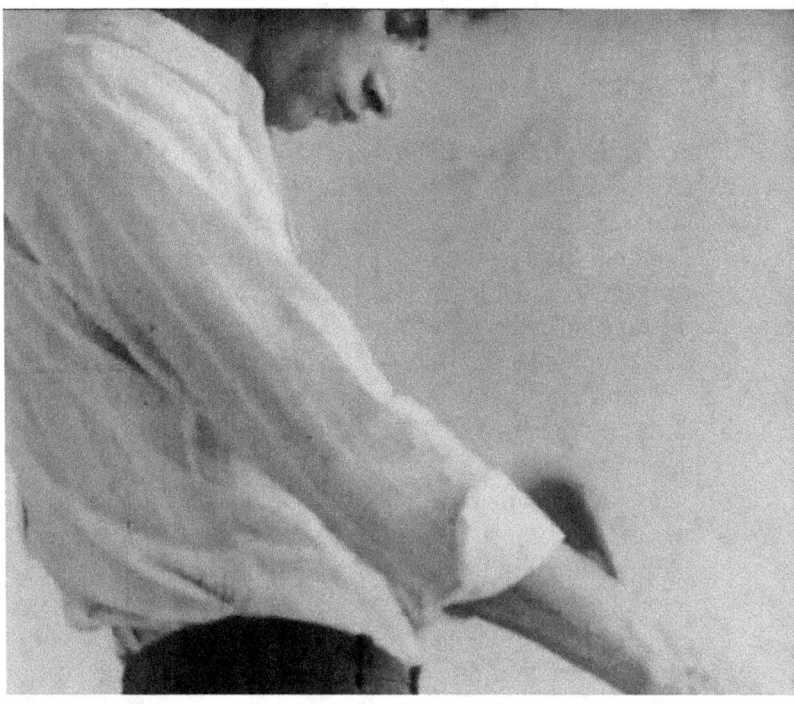

Chris Marker obligeant à des prises de vue de durée courte, mais qui autorisait Marc Scialom à renouer avec le choc esthétique ressenti devant certaines toiles de Pablo Picasso (*La femme qui pleure*) et certains films de S.M. Eišenstein (*Le cuirassé Potemkine*) et de Jean-Luc Godard (*A bout de souffle*), toutes oeuvres insistant justement sur les notions de discontinuité et de fragmentation. Cette narrativité est de surcroît striée de séquences cauchemardesques épousant ainsi le morcellement psychique éprouvé par un individu qui, désorienté, ne se sent pas chez lui là où il est. Arrivé de Tunis sur un bateau au nom si ironique (Avenir), le protagoniste séjourne quelque temps à Marseille avant de retrouver à Paris son frère aîné, incarcéré pour un meurtre qu'il aurait peut-être commis. Ensuite *Lettre à la prison* a été tourné en noir et blanc, comme pour surenchérir sur la division raciale et raciste séparant les minoritaires (les Maghrébins qui vivent et travaillent à Marseille) des majoritaires (les Français qui ont le sentiment d'être davantage chez eux que les migrants). Mais également *Lettre à la prison* repose sur un tournage relativement improvisé redoublant l'errance d'un homme travaillé par des élans contradictoires, chargé par sa famille de retrouver son frère mais retardant le moment des retrouvailles, contraint de résider indéfiniment dans une cité où il n'arrive pas à s'acclimater mais résistant au devoir familial de devoir se diriger vers Paris (dont quelques plans paraissent avoir été pris du côté du boulevard de la Chapelle). *Lettre à la prison* repose ainsi sur la fructueuse indistinction du documentaire et de la fiction, de la même façon que son protagoniste ne sait plus s'il est réellement présent là où il est, ou bien s'il s'est enfoncé dans un cauchemar laborieux dont il espère pouvoir enfin trouver l'issue. *Lettre à la prison* aura certes été victime d'une invisibilité résultant du différé relatif à sa sortie sur les écrans, mais cette invisibilité provisoire résultant de contingences diverses est également vécue par un individu contraint à ne pas laisser de traces ou à ne pas déranger le monde social qu'il traverse comme un spectre, et qui n'a de cesse de différer le moment de la rencontre avec le frère emprisonné, comme s'il la craignait absolument. *Lettre à la prison* est bel et bien ce film nu, la peau sur les os à l'image de son héros, et cette nudité ouvre à une forme de spectralité qui sied à un film habité par un fantôme lui-même peuplé de fantômes (la famille laissée au pays, le frère à retrouver). Et cela est d'autant plus tragique et poignant que Tahar Aïbi a réellement disparu sans jamais plus donner de nouvelles au cinéaste qui était aussi son ami (d'origine algérienne et reparti au pays après le tournage du film, cet homme aurait peut-être, d'après les dires de Marc Scialom, été victime, comme des centaines de milliers d'autres personnes, de la guerre civile qui a ravagé l'Algérie pendant les années '90). Toutes choses qui manifestent comment un film est capable, quand il dispose d'une croyance dans le cinéma et d'une pensée de cinéma aussi fortes, de transmuer sa pauvreté en richesse, son impuissance économique, matérielle et technique en puissance artistique en vertu de laquelle les accidents, le hasard, la précarité des conditions de production – et la mort elle-même – peuvent trouver à s'intégrer pour être sublimés.

Corps désœuvré, subjectivité ouverte

Tahar est donc malgré lui ce corps d'exception subissant une dynamique sociale l'obligeant à vivre sa vie de la façon la plus expropriée qui soit (littéralement la moins propre, comme on le verra), contraint qu'il est d'éprouver la domination imposée du dehors et ses corollaires logiques que sont l'indignité, la précarité et l'angoisse. Dans sa préface à *La double absence. Des illusions de l'émigré aux souffrances de l'immigré* (éd. Seuil-coll. Liber, 1999) du sociologue Abdelmalek Sayad, Pierre Bourdieu qualifiait le migrant du mot grec d'«*atopos*», autrement dit, comme l'expliquait déjà en son temps Platon, celui qui n'est pas d'ici et qui n'est plus d'ailleurs. Ni ici, ni ailleurs, nulle part en somme: doublement absent comme l'a donc montré Abdelmalek Sayad, décrivant le désarroi du migrant d'origine algérienne, absent (socialement) du pays d'origine et absent (politiquement) du pays d'accueil. Ce mal-être débouche sur le clivage divisant le migrant, à la fois émigré et immigré, «émigré-immigré», écartelé entre deux mondes, déchiré en deux par un océan et surtout fendu par une histoire qui a été celle de la colonisation, et qui est désormais celle de l'immigration, la seconde prolongeant structurellement la première. On ne s'étonnera alors pas de la forme disjonctive, hétérogène et parcellaire de *Lettre à la prison*, multipliant les effets de déphasage (entre le noir et le blanc – plus quelques beaux plans tardifs en couleur qui font événement, à l'instar du final de *Andreï Roublev* d'Andreï Tarkovski sorti en 1967, le son et l'image, les images de Marseille et celles provenant de Tunis, le rêve et la réalité, le passé et le présent, le documentaire et la fiction) afin de rendre manifeste la subjectivité

marc scialom

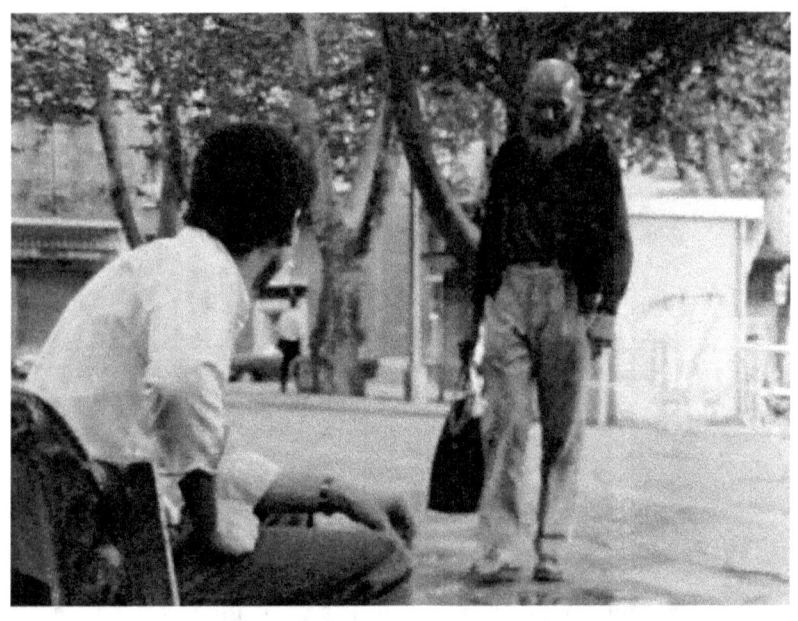

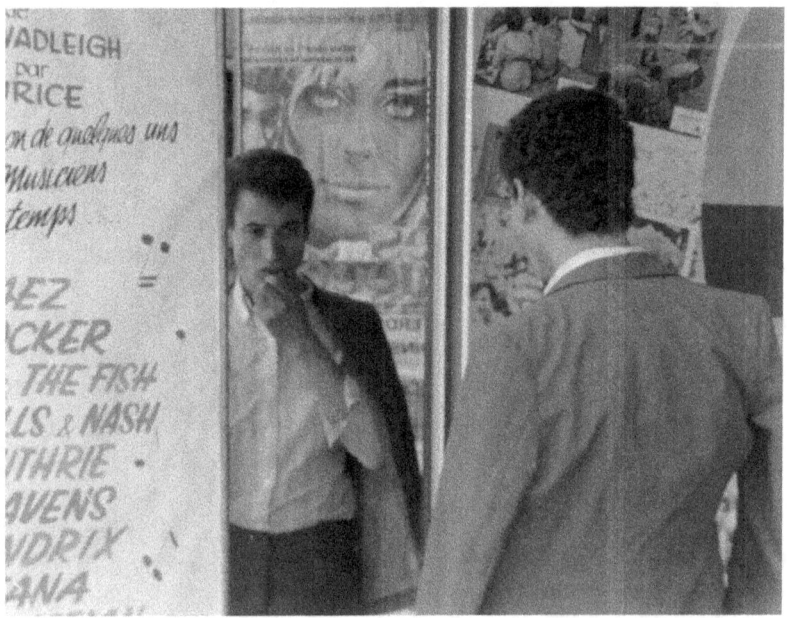

218

désaccordée ou disjonctive du héros. Les hoquets d'une narration discordante, l'obscurité d'un récit nébuleux (le ressassement houleux de Tahar au fort accent arabe est parfois difficile à saisir) et le régime onirique général du film induisent aussi son aspect fantomatique puisque le présent ne cesse pas de s'écarter et de se dissoudre entre un passé qui remonte par vagues (et le souffle du héros se confond parfois avec la rumeur océanique) et un avenir qui se conjugue moins à l'indicatif futur qu'au conditionnel. Le présent précaire du migrant est alors contrarié par les contretemps du passé ressouvenu et de l'avenir imaginé. Et quand on rappelle que la seule légitimité dont peut se prévaloir un migrant est d'être reconnu comme force de travail, unique identité sociale concédée sur la base d'une réduction capitaliste de tout son être à sa seule fonction économique, on reconnaîtra alors que la situation de Tahar est encore moins aisée, puisqu'il ne vient pas en France pour travailler, et qu'il est en plus travaillé en son for intérieur par la question de la culpabilité de son frère. Le désoeuvrement est ainsi total, et propice aux vagabondages fiévreux de l'imagination, aux erratiques et extravagantes saillies de l'inconscient qui ravage le psychisme du héros, comme au bord du somnambulisme, et dont l'esprit fuit de toutes parts comme un bateau qui prendrait l'eau. Quand on sait que le matériau onirique dont est tramée la fiction est le produit de discussions entre le cinéaste et son acteur, le premier retrouvant chez le second les mêmes rêves, les mêmes hantises personnelles, alors l'expérience singulière de l'exil débouche sur l'appréhension de son universelle vérité, quelles que soient les réelles différences distinguant le Juif d'origine italienne qu'est Marc Scialom et le migrant tunisien qu'incarnait alors l'Algérien Tahar Aïbi.

Quoi de pire en effet pour un ouvrier (et le corps si finement musculeux de Tahar, ainsi que quelques plans tournés en Tunisie, témoignent du travail agricole qui a modelé son physique) que de ne pas travailler, que de ne rien ouvrir par son travail? Ses divagations ne l'entraînent-elles d'ailleurs pas intuitivement dans un chantier où il pétrit pour rien, mécaniquement, du ciment mélangé à de l'eau? Désoeuvré parce que son *habitus* d'ouvrier ne trouve rien sur quoi s'exercer pratiquement, Tahar ne dispose alors que de sa subjectivité ouverte au travail des flots de perceptions issues d'un monde inconnu et mêlées aux souvenirs lointains ainsi qu'aux images inconscientes. Le désoeuvré est aussi le désorienté, l'étranger perdu dans l'étrangeté d'un pays qui n'est pas le sien, et dont les habitants (y compris les Tunisiens qui vivent à Marseille) ne lui apparaissent jamais comme des proches ou des semblables. La figure de l'étranger n'est-elle pas par essence celle du dissemblable, du non-ressemblant et, comme on le verra, de l'impropre? C'est, notons-le, la grande situation du cinéma moderne, depuis le néoréalisme italien et la Nouvelle Vague française, que de mettre en scène des personnages désoeuvrés qui, pour parler comme Gilles Deleuze qui en a si bien fait l'analyse dans *Cinéma 2. L'image-temps* (éd. Minuit, 1985), font tout à la fois l'épreuve de la faillite de l'enchaînement habituel des actions, et la montée imprévisible de pures perceptions qu'aurait normalement endigué le régime habituel de l'action (autrement dit du travail salarié pour Tahar), et qui trahissent l'incroyable et l'intolérable du monde vécu. Entre les visages bruts du (sous-)prolétariat marseillais qui peuvent rappeler le cinéma de Luis Buñuel et de Pier Paolo Pasolini (et la granulosité de l'image redouble pareillement le grain travaillé des peaux), des zébrures oniriques et saturées que l'on peut rapprocher des films les plus expressionnistes qu'Ingmar Bergman tournait à cette époque, et une trajectoire erratique en bien des points semblable à celle du personnage éponyme de *Wanda* (1970), l'unique film de Barbara Loden, car désindexée de toute obligation quant aux représentations ouvriéristes classiques, *Lettre à la prison* figure dans les crevasses de ses images et les béances de sa bande son la pente schizoïde d'un homme dont les ruminations psychiques risquent à tout moment de s'abolir dans un mouvement océanique sans fin.

Corps désirable, sujet indésirable

A quoi rêve Tahar? C'est d'abord ces images lancinantes, telles des vagues auxquelles s'accorde le ressassement d'un homme piétinant dans sa parole, et montrant le héros peiner à mettre la main sur sa veste qui semble échapper à toute prise. Perdre sa veste, c'est symboliquement perdre la face, c'est perdre sa dignité sociale, si faible soit-elle (la veste est cette seconde peau sociale accueillant dans ses plis intimes les papiers d'identité attestant la légitimité et la légalité de la présence de l'étranger). Dans un autre rêve, c'est le travail agricole qui paraît devoir déboucher sur la lutte anticoloniale (l'épouvantail abattu par la bêche du protagoniste travaillant la terre). Dans un autre rêve encore, c'est le flot océanique de cheveux d'une femme les relevant pour révéler son visage qui semble être celui de la femme peut-être assassinée par son frère à coup de pioche. La réitération frénétique de l'image de ce meurtre fantasmé (on apprendra à la fin du film que son frère était aux yeux de la loi le coupable idéal alors qu'il n'en est rien) initie une série métonymique entortillée (la rue où eut lieu le crime ne s'appelle-t-elle pas la Rue de la Guirlande?) au sein de laquelle on peut croiser autant le rêve de l'épouvantail abattu par la bêche que cette autre séquence articulant dans le réel une cigarette s'éteignant et dans le rêve une flûte passant de main en main. Tous motifs enguirlandés et représentatifs d'une fonction phallique dont la charge érotique se renverse en pulsion mortelle: c'est encore ce traumatisme qui a vu le jeune Tahar être frappé à coup de baguette par un vieil homme qui, Tahar n'a de cesse de le répéter, aurait perdu la tête. Cette perte de soi que métaphoriseraient ces images réitérées de têtes perdues ou roulant sur le sol se trouverait alors prolongée dans la perte de sa propre libido. *Lettre à la prison* voit alors très juste quand il rend sensible le double mouvement contradictoire du désir du dominé racisé pour la femme appartenant au groupe racial dominant afin de s'émanciper de l'impuissance actuelle qui l'afflige et de la sévérité des moeurs de la société traditionnelle abandonnée, en même temps qu'il éprouve la non-viabilité d'un désir symboliquement frappé d'interdiction sociale dans le pays de l'exil. On le voit, la violence psychique et libidinale s'origine très loin dans l'histoire du fait colonial et ses avatars post-coloniaux.

La femme blanche (la femme assassinée s'appelle Blanche) reste le totem et tabou de la société française pour le migrant originaire du pays anciennement colonisé. Et cela est encore plus manifeste quand Tahar rencontre une femme qui multiplie les signes d'indépendance (elle boit, fume, entraîne le héros sur la plage, urine devant lui, et l'allume ostensiblement). Intelligence de Marc Scialom qui montre comment l'attirance entre deux personnes peut être médiatisée par la reconnaissance identitaire chez l'autre d'un rapport de domination structuralement homologique (domination de genre pour la femme, de race pour l'homme), mais qui en même temps met en scène le faux raccord entre un homme qui identifie dans son délire attirance sexuelle et meurtre afin de prévenir toute tentation de transgression du tabou, et une femme qui identifie dans le désir de l'autre racisé (qui n'en reste pas moins un homme, c'est-à-dire appartenant sur le plan des rapports sociaux de sexe au groupe dominant) la potentialité fantasmatique du viol. «*Quand je te vois, je vous vois tous*» lui dit-elle, et c'est alors Tahar qui, dans la magie d'un raccord délirant digne de Méliès, se démultiplie pour devenir à lui tout seul le groupe auquel il est censé racialement appartenir, et fondre sur la femme comme pour la dévorer. C'est un autre clivage qui participe à la désorientation du personnage, et qui détermine là aussi le morcellement narratif et filmique de *Lettre à la prison*: comment vivre quand son corps est sexuellement désirable mais que son identité sociale, elle, ne l'est pas? Comment à la fois vouloir désirer le corps de l'autre, et s'en empêcher au point où il faut imaginer un meurtre pour re-signifier le tabou qui marque l'existence des rapports sexuels quand ils sont surdéterminés par l'intrication des rapports sociaux de sexe et de race? On comprendra mieux la présence de

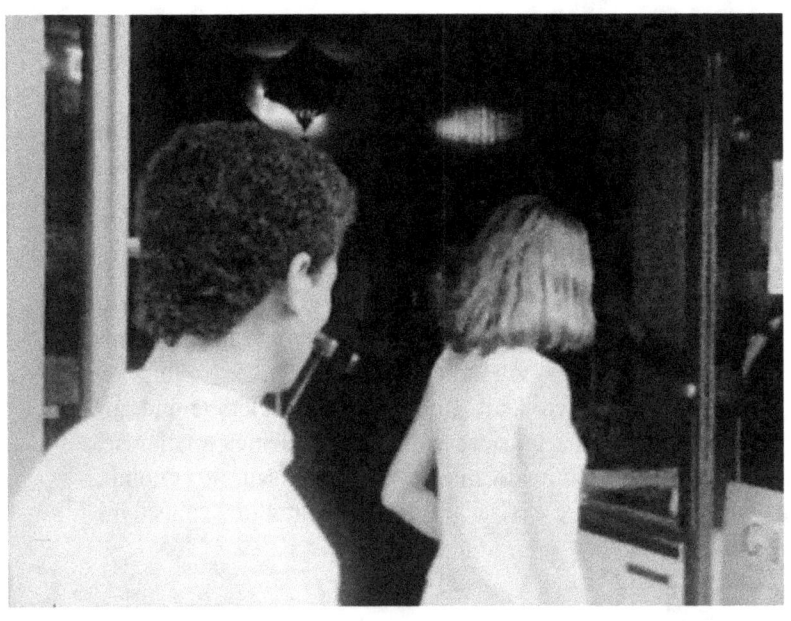

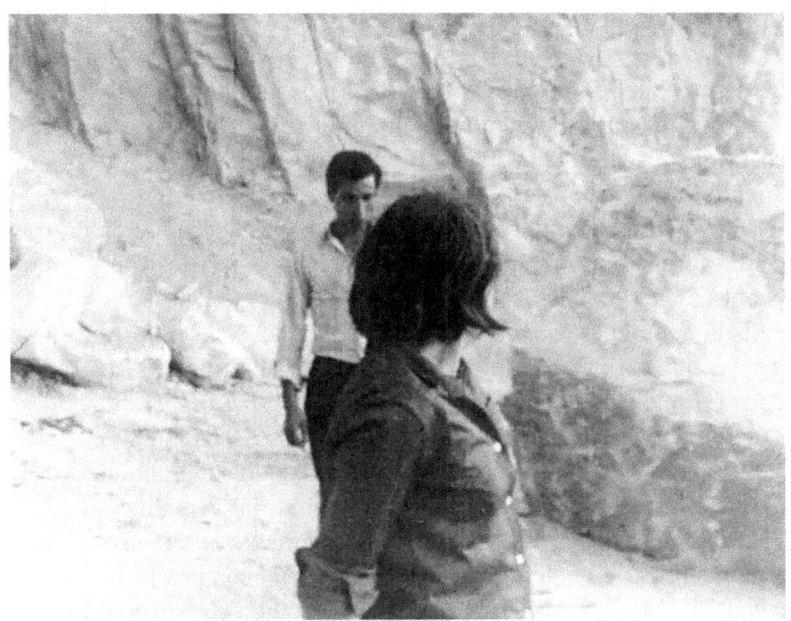

223

ce bestiaire qui accompagne Tahar, tous ces animaux symptômes plutôt que symboles de l'obligation sociale, pour le migrant qu'il est, soit de se fondre et disparaître dans son environnement (le caméléon avec lequel jouent des enfants), soit de travailler pour se justifier d'exister (le cheval de trait lors des travaux agricoles), pendant que le chien sans collier signalerait les situations d'errance, d'abandon et de déréliction. Mais ces animaux ne manifestent-ils pas aussi l'indignité humaine dans laquelle est conduit le migrant, l'infériorité dans laquelle il est cantonné, réduit à la seule nudité de son corps? Et cette nudité, cette «*vie nue*» dirait le philosophe Giorgio Agamben dans le premier volume de *Homo sacer* (ed. fr. éd Seuil, 1997), renverrait alors le migrant à la seule réalité des pulsions animales que l'ancien colonisé, censément moins humain que le colon, ne saurait contenir, comme l'ont martelé des siècles de représentations collectives stigmatisantes.

Corps (in)visible, subjectivité coupable

Le désir sexuel est donc l'expression la plus pointue de la situation d'un corps d'exception dont l'infériorité et la minorité sociales sont le produit objectif de l'histoire coloniale ayant aliéné son pays d'origine, et dont l'aliénation perdure par effet d'hystérésis bien après la décolonisation. Et la pointe de cette expression, son bout brûlant comme une cigarette, tranchant comme la pioche ou la bêche, c'est le sentiment d'une culpabilité qui pèse de tout son poids symbolique sur le corps d'exception du migrant (post)colonial. Il y a du Franz Kafka dans *Lettre à la prison* (un écrivain qui, ce n'est pas un hasard, s'est toujours intéressé aux animaux dans ses récits), grand film sur la culpabilité entendue comme relation de domination instruite du dehors vers le dedans, du tout social vers l'individu, ne reposant *in fine* sur aucune cause réelle et sérieuse, et qui dépossède l'individu placé sous la lumière du jugement culpabilisateur de ses attributs humains au point d'en faire une sale bête. Comme si la culpabilité, cette perte du propre qui salirait honteusement, était un fait ontologique, existant bien avant que des individus n'en soient les incarnations particulières. C'est le côté archéologique du film de Marc Scialom, qui par ailleurs multiplie les séquences où le protagoniste entretient un rapport avec la terre (statues, masques, seau de ciment, etc.), ceci afin d'identifier son geste esthétique avec celui du moulage. Faire un plan (ce que disait déjà en substance le critique André Bazin), c'est faire de la pellicule argentique impressionnée un documentaire du réel filmé. C'est constituer l'archive de cette trace. *Lettre à la prison* représente tout à la fois, par-delà la conscience de son réalisateur quand il était en train de le tourner, le monument funéraire attaché à archiver la présence de Tahar Aïbi (c'est la grande sensualité quasi- fétichiste des plans fragmentant son corps et témoignant de l'amitié du cinéaste pour son acteur), et un traité de la culpabilité qui ne cesse pas de s'imprimer partout (dans les journaux, sur les murs, dans les propos de tel quidam, etc.), et dont les traces constituent l'archive d'une culpabilité qui fonde et commande le regard social dominant s'exerçant sur le migrant. Car le migrant, tels que l'incarnent Tahar et son frère, est coupable. Forcément. Ontologiquement. Salement. Coupable de travailler à la place d'un travailleur national, dira le sens commun raciste. Coupable de ne rien faire et de profiter du système de sécurité social français, dira le réactionnaire. Coupable de représenter l'échec du projet colonial français, diront ses nostalgiques qui ainsi veulent s'exonérer de la culpabilité d'avoir échoué, quand, du point de vue de certains parmi ceux qui ont refusé pareil système, le migrant rappelle (dans une perspective sartrienne) leur culpabilité d'avoir vécu dans un système qui a existé et dont ils ont pu relativement ou indirectement profiter. Coupable d'envahir, troubler et contaminer le corps national supposé sain: l'étrangeté de l'étranger est ici à ce point éprouvée que des enfants moquant le héros disent de lui significativement qu'il est un martien. Coupable de voler, de violer, et donc tuer les femmes françaises qui, pense fortement le

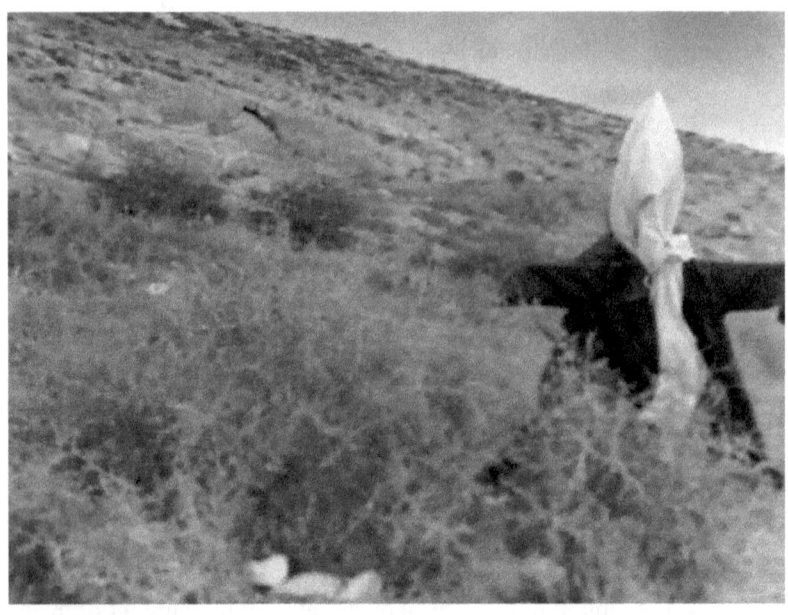

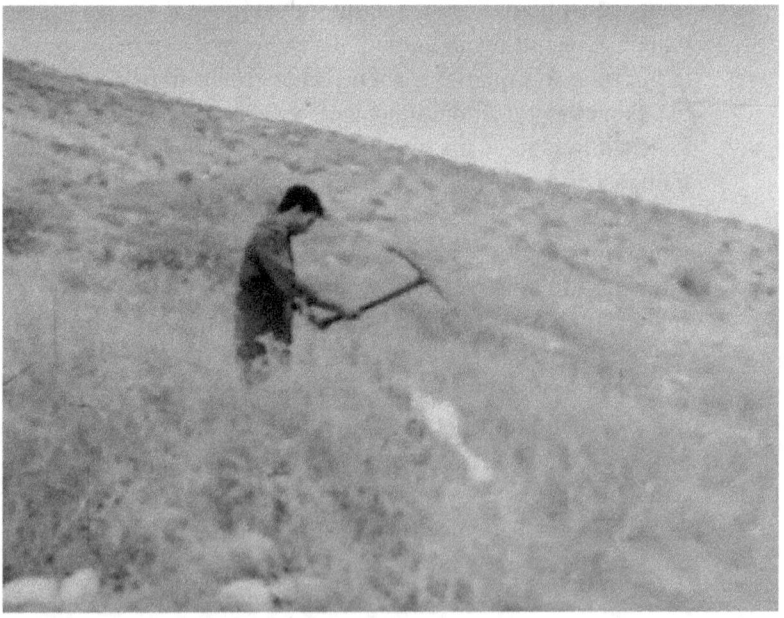

sens commun sexiste, sont censées revenir de plein droit (le droit étant celui bien sûr du patriarcat) aux hommes français. C'est cette culpabilité qui taraude Tahar, qui lui démantibule le corps, qui le fait déambuler dans le labyrinthe des rues filmées en travelling et dans celui de son cerveau, butant sur les mille et un Minotaures croisés en chemin, et qui surtout détermine les rapports complexes que tout migrant entretient avec la question de la visibilité, question ô combien cinématographique, esthétique tout autant que politique.

Déjà le rapport aux animaux que Tahar entretient, en plus de trahir son indignité sociale ou sa supposée fureur sexuelle (celle-là même qui a autorisé l'arrestation de son frère), désigne également que le migrant dispose d'une visibilité moins légitime que les dominants. Il est caméléon qui doit se fondre dans le monde extérieur, cheval de trait qui doit s'accomplir uniquement dans le travail, chien rejeté par tous et abandonné dans les rues. Peut-être est-il ainsi contraint de revêtir la peau de l'effrayant Minotaure, ce rôle donné de force par les nationaux qui peuvent ainsi s'attribuer le beau rôle de Thésée. Il faudra un jour mener l'enquête sociologique qui rendra compte des déterminants sociaux expliquant l'incroyable attachement que les individus ayant connu des trajectoires migratoires (et qui pour certains sont originaires de pays majoritairement ruraux) éprouvent pour leurs animaux domestiques. Cet élan affectif ressenti par le migrant (post)colonial, qui ainsi pourrait se substituer au désir impossible pour la femme française, dit follement que Tahar se vit comme un insecte à l'instar du héros de *La métamorphose* (l'exil pousserait-il à devenir monstrueux, ce que craint Tahar lorsqu'il s'entretient mentalement avec son frère?), ou comme un chien, parce qu'il est coupable de ne pas être suffisamment humain, à l'instar de Joseph K. dans *Le procès* au terme duquel le héros lâchait avant son exécution ces ultimes mots: «...*comme un chien*». C'est alors cette séquence profondément bouleversante, montrant Tahar prendre finalement le train pour Paris. Dans le wagon où il se trouve avec son chien et trois autres voyageurs, son animal vomit sur sa valise, entraînant la réprobation théâtrale d'une mère de famille voulant protéger son jeune enfant d'un pareil spectacle infâme. Alors, imprévisiblement, Tahar jette son chien, son seul compagnon de tout le film, par la fenêtre du train en marche. Et le plan est répété plusieurs fois selon une logique du faux raccord lyrique digne du cinéma muet, comme si répéter la même action un nombre infini de fois devait signifier l'effort surhumain pour effacer une trace ineffaçable. Mais en même temps c'est aussi le sentiment contraire qui est éprouvé par le spectateur, comme si Tahar n'arrivait pas à se séparer de son chien quoi qu'il fasse. Cette séquence traumatique ramasse puissamment la condition symbolique faite aux migrants dans leur rapport au propre et au visible: s'ils échouent à se cantonner à la plus grande invisibilité, si le moindre écart à l'obligation d'invisibilité se produit, c'est la visibilité la plus infamante dont ils écopent, la plus dégradante, la plus salissante, celle qui requiert l'effacement au point où celle-ci se vit presque sur le monde de l'auto-mutilation affective. Le chien, le vomi, l'animal, la déjection: devenir visible pour l'invisible qu'est le migrant (post)colonial s'effectue sur le mode symboliquement négatif de l'impropre, de la culpabilité et de la honte. Tahar ou l'homme de peu qui compte pour rien: on songe à l'ouvrage collectif dirigé par l'anthropologue Jean-Claude Beaune, *Le déchet, le rebut, le rien* publié en 1999 par les éditions Champ Vallon. Tahar ou l'homme du neutre et de l'indécision: on pense également au héros éponyme de la nouvelle intitulée *Bartleby* (1853) de Herman Melville dont l'une des adaptations au cinéma sous la forme d'un court-métrage réalisé en 1993 par Véronique Tacquin porte justement pour titre *Bartleby ou les hommes au rebut*. Tahar ou l'homme de la procrastination, le «procrastinateur» qui remet toujours au lendemain des actions qu'il pourrait mener le jour même: on songe encore au héros éponyme de *Oblomov* (1859) d'Ivan Gontcharov. Tahar victime d'«oblomovisme» ou d'«oblomoverie», ce mélange de léthargie, d'apathie, d'engourdissement et d'aboulie qui trahissent symptomatiquement l'anxiété du ra-

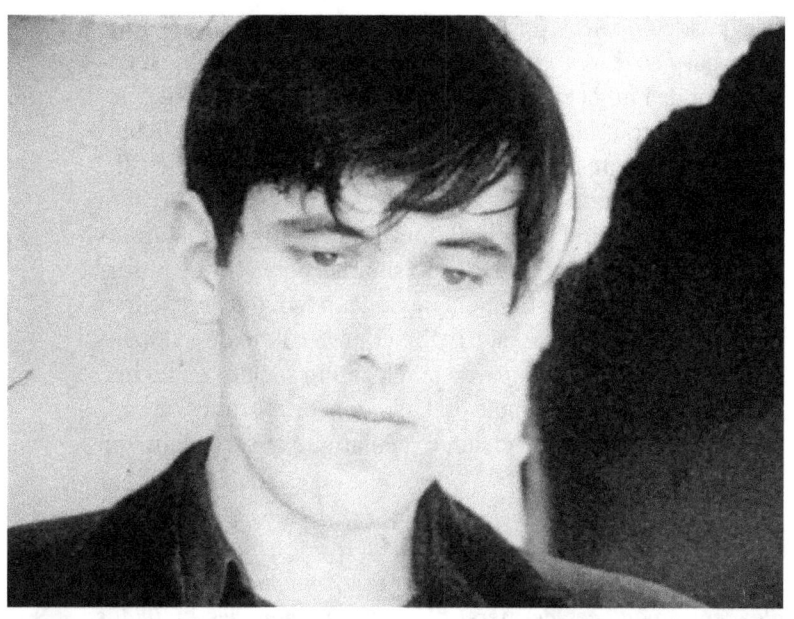

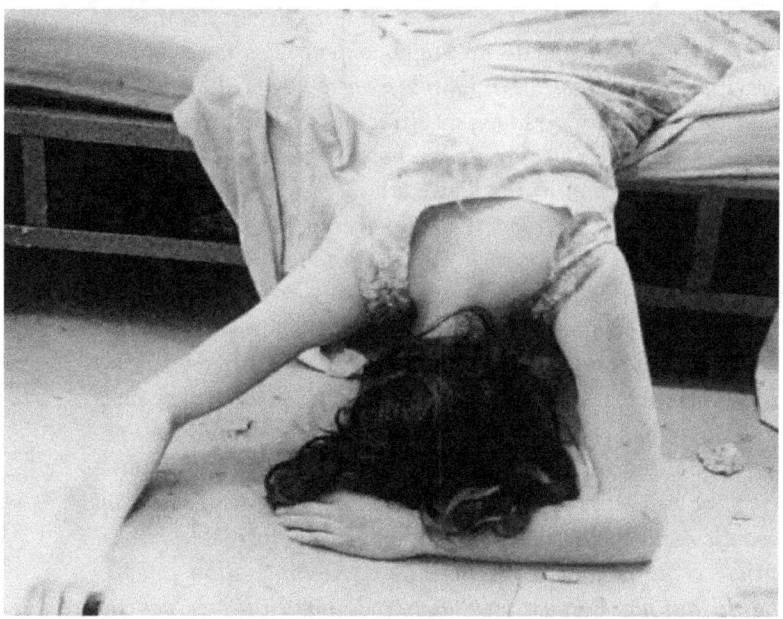

cisé (post)colonisé. C'est le terrible mouvement contradictoire narré par *Lettre à la prison*: alors que Tahar se convainc mentalement de l'innocence de son frère, il réalise la culpabilité générale dont tout migrant hérite de par sa situation (post)coloniale. Et cette culpabilité le neutralise, littéralement le pétrifie. Il faudrait là encore que la sociologie s'empare de la question de la mise en regard de la visibilité stigmatisante des migrants (post)coloniaux contraints à l'invisibilité sociale, et de la survisibilité stigmatisée comme telle de leurs enfants, ces jeunes individus d'ascendance migratoire et post-coloniale qui habitent les quartiers populaires de la relégation sociale, et qui inspirent une telle peur comme on l'a vu lors des révoltes de l'automne 2005 et de la surenchère médiatique et sécuritaire qui s'en est suivie.

De la honte (subie par les parents, voulue par leurs enfants qui, comme l'a dit Sidi Mohammed Barkat, ont hérité du «corps d'exception» de ces derniers) d'être visible pour les individus voués socialement à l'invisibilité et l'impropriété (littéralement considérée comme une im-propreté), la neutralisation et la procrastination, autrement dit l'impuissance; de la culpabilité des invisibles devenus presque par effraction visibles, la visibilité des dominés faisant alors tache pour la visibilité des dominants: voilà ce dont traite Lettre à la prison *de Marc Scialom comme pas un film français ne l'avait fait de manière si originale et bouleversante, ni il y a quarante ans, ni aujourd'hui (sauf à citer les films des jeunes cinéastes Rabah Ameur-Zaïmeche et d'Abdellatif Kechiche, ainsi que* La blessure *de Nicolas Klotz et Elisabeth Perceval en 2004). Et le contretemps dont il a été victime pendant 40 ans lui permet aujourd'hui de nous aider à ne pas étouffer devant les arguties développées à l'occasion d'un «débat sur l'identité nationale» de sinistre mémoire. N'est-ce d'ailleurs pas l'étroite intrication vécue par le migrant (post)colonial de la culpabilité et de la souillure, de l'impropriété et de la procrastination, de la neutralisation et de la honte, qui obscurément expliquerait la visite différée par Ta-*

har à son frère incarcéré et déterminerait peut-être le long contretemps subi par le film? Différé qui vaut comme le contretemps devant écarter toujours plus les plaques architectoniques de la culpabilité et de la visibilité, de l'infamie et de la honte, de l'impropriété et de l'impuissance. Comme le contretemps de l'innocence du propre opposé au temps de la culpabilité de l'impropre. C'est très exactement ce que dit le frère aîné à Tahar à la toute fin du film, une phrase à jamais inoubliable: «Ne viens pas me voir tant que tu es innocent».

Il contrattempo dell'innocenza

di Saad Chakali

traduzione di Nidia Natalini

Straordinario film *Lettre à la prison*, quasi sfuggito, come un lapsus, a una rimozione lunga quattro decenni, e la cui luce fossile irradia la nostra attualità, come "penetrata" da una proposta cinematografica unica da ogni punto di vista. Uscito in Francia il 2 dicembre 2009, nel 1969 voleva informare il cinema nazionale, e con il linguaggio più moderno, di tutta una zona socialmente rimossa dalle rappresentazioni, riguardante le frange meno legittime del corpo sociale nazionale e la soggettività inquieta del migrante magrebino di ascendenza (post)-coloniale nel momento in cui arriva nella metropoli un tempo colonizzatrice. *Lettre à la prison*, girato nel 1969, è il più bel film del 2009?

Etica contrabbandiera e resistenza artistica

Lettre à la prison è stato girato in modo quasi clandestino, in quattro settimane, su entrambe le coste di quel Mediterraneo che separa Marsiglia da Tunisi. Di Tunisi è originario il cineasta, che aggiunse al suo film alcune inquadrature tunisine a colori tratte da *En silence*, uno dei suoi cortometraggi realizzati alla fine degli anni '50. Scialom gira con alcuni amici (fra questi Tahar Aïbi che interpreta il personaggio principale, incontrato durante il maggio '68), e una camera 16mm, prestata da Chris Marker, che non registrava il suono. Il film mette in evidenza, dato che il CNC aveva rifiutato di finanziarlo, un'etica contrabbandiera per la quale lo scambio estetico tra alcuni indizi prelevati alla maniera documentaria dalla realtà e le briciole dal forte valore allucinatorio di una finzione sognatrice e deambulatoria produce una forma ostinata di resistenza politica contro il regime rappresentativo che domina il cinema. Montato in condizioni materiali estremamente precarie – fu necessario un anno di risparmi per pagare il laboratorio per una copia-lavoro, mentre la colonna sonora è stata realizzata in casa del cineasta con un magnetofono amatoriale, alla cieca, senza disporre delle immagini alle quali collegare il suono –, poco stimato da Chris Marker che si aspettava un'opera più direttamente militante (all'epoca il Gruppo Medvedkine permetteva agli operai di girare i loro film politici), ma celebrato da Jean Rouch (che vi ha visto un rarissimo esempio di surrealismo cinematografico), *Lettre à la prison* sarà salvato dall'oblio dagli sforzi congiunti della figlia del cineasta, Chloé Scialom, e dell'Associazione marsigliese Film Flamme. Un salvataggio o una resurrezione che, per lo shock, restituirà al cineasta – diventato nel frattempo professore d'italiano (ora in pensione) alla Facoltà di Saint-Etienne – il desiderio di realizzare un nuovo lungometraggio, tra finzione e documentario, sul tema (ancora e sempre!) dei rapporti tra Ebrei e Mussulmani a Marsiglia.

Girato in pochissimo tempo nel 1969, montato nel 1970 e uscito per la prima volta nel 2009 (prima era stato mostrato al Festival International du Documentaire de Marseille nel 2008, dove ha ricevuto un premio), *Lettre à la prison* costituisce una vera "cometa" cinematografica, un oggetto unico nel deserto lunare e desolato, oscuro e luminoso, frequentato anche, soltanto, da *La moindre des choses* (1971) di Fernand Deligny, Josée Manenti e Jean-Pierre Daniel, *Un homme qui dort* (1974) di Georges Perec e Bernard Queysanne e *L'enfant secret* (1979) di Philippe Garrel. Una costellazione di film che in qualche modo vanno a formare la parte più bella e più nebulosa, la parte più segreta del cinema francese, e che si presentano, più o meno, come espressione estetica fedele di una soggettività delirante (il migrante di Scialom, il dormiente di Perec, l'autista di Deligny, il malinconico di Garrel), sopraffatta, per così dire, dalle immagini-sintomo risultanti dall'inazione dei rispettivi protagonisti, legata alla loro condizione sociale al di fuori della normalità. *Lettre à la prison* espone i frammenti palpitanti della vita psichica di un migrante (post-)coloniale, i sogni che fa, i pensieri che lo assillano, i fantasmi che lo possiedono, i ricordi che lo ossessionano, le percezioni che lo folgorano, tutte immagini il cui tessuto complesso e nodoso ricorda la posizione difficile e minoritaria che il migrante occupa. Che cosa sogna Tahar? E in che cosa i suoi sogni esprimono la verità oscura della sua situazione di migrante (post-)coloniale? Ecco alcune rilevanti domande alle quali sa rispondere, con una potenza estetica unica, *Lettre à la prison* di Marc Scialom.

Corpo dell'eccezione, film eccezionale

Per usare l'espressione del filosofo algerino Sidi Mohammed Barkat in *Le corps d'exception. Les artifices du pouvoir colonial et la destruction de la vie* (éd. Amsterdam, 2005), Tahar, il protagonista del film di Marc Scialom, è un «corpo dell'eccezione». Infatti la sua situazione sociale di soggetto dominato (e lui lo è due volte, come migrante nato da una ex colonia francese, la Tunisia, e come proletario di ascendenza migratoria e coloniale arrivato in Francia tredici anni dopo la fine del protettorato francese in Tunisia, abolito nel 1965) fa eccezione nella disposizione di norme e di prescrizioni simboliche di cui è impastato il senso comune che domina la società un tempo colonizzatrice. La bellezza di *Lettre à la prison* consiste nel rendere giustizia a questa "eccezionalità", adottando una forma essa stessa eccezionale e ancorando la sua estetica ad un certo numero di principi formali che ritagliano strutturalmente le caratteristiche del corpo dell'eccezione incarnato da Tahar. *Lettre à la prison* è sostenuto da una narrazione frammentaria, determinata in primo luogo dalla tecnica, dal funzionamento della piccola camera 16mm prestata da Chris Marker, che obbligava a riprese di breve durata, ma che permetteva a Marc Scialom di rinnovare lo shock estetico provocato da certe tele di Pablo Picasso (*La femme qui pleure*) e da alcuni film di S.M. Eisenštein (*La corazzata Potemkine*) e di Jean-Luc Godard (*A bout de souffle*), tutti lavori che insistono appunto sulle nozioni di discontinuità e frammentazione. Questo modo di narrare è striato, per di più, da sequenze di incubi, sposando così la frammentazione psichica di un soggetto che, disorientato, non si sente mai a casa. Arrivato da Tunisi su un battello dal nome molto ironico ("Avenir"), il protagonista soggiorna per qualche tempo a Marsiglia prima di ritrovare a Parigi suo fratello maggiore, imprigionato per un omicidio che avrebbe commesso.

Lettre à la prison è stato girato in bianco e nero, quasi per mettere in risalto la divisione razziale che separa le minoranze (i Magrebini che vivono e lavorano a Marsiglia) dalle maggioranze (i Francesi che sentono di essere più a casa loro rispetto ai migranti). Ma *Lettre à la prison* riposa anche su riprese relativamente improvvisate, che raddoppiano la sensazione di un vagare senza meta di un uomo travagliato da slanci contraddittori. Un uomo che, incaricato dalla sua famiglia di cercare il fratello, differendo il momento di ritrovarlo, è costretto a risiedere indefinitamente in una città dove non riesce ad ambientarsi. *Lettre à la prison* opera, quindi, sulla proficua indistinzione tra documentario e finzione, allo stesso modo in cui il suo protagonista non sa più se è realmente presente là dov'è, oppure se è sprofondato in un pesante incubo dal quale spera alla fine di trovare l'uscita.

Lettre à la prison è stato vittima di una invisibilità dovuta al ritardo della sua uscita sugli schermi, ma questa invisibilità provvisoria, derivante da contingenze diverse, è la stessa vissuta da un individuo costretto a non lasciare tracce e a non disturbare la società che attraversa, come uno spettro, e che non riesce a non allontanare il momento dell'incontro con il fratello carcerato, come se lo temesse terribilmente. *Lettre à la prison* è un film nudo, pelle e ossa proprio come il suo eroe, e questa nudità apre a una forma di spettralità che si addice a un film abitato da un fantasma, lui stesso popolato di fantasmi (la famiglia lasciata al paese, il fratello da ritrovare). Ed è tanto più tragico e struggente il fatto che Tahar Aïbi sia realmente sparito senza mai più dare notizie al regista suo amico: di origine algerina e tornato al paese dopo le riprese del film, quest'uomo, come centinaia di altre persone, potrebbe essere stato vittima, secondo Marc Scialom, della guerra civile che ha devastato l'Algeria nel corso degli anni '90. Tutte cose che rendono manifesto come un film sia capace, quando dispone di una fede nel cinema e di un'idea di cinema così forti, di trasformare la sua povertà in ricchezza, la sua impotenza di mezzi, materiale e tecnica, in una potenza artistica in virtù della quale gli incidenti, il caso, la precarietà delle condizioni di produzione, e la stessa morte, possono trovarsi integrati e sublimati in un'opera d'arte ed esprimere una profonda verità.

Corpo inoperoso, soggettività aperta

Tahar è dunque suo malgrado questo corpo dell'eccezione sottoposto a una dinamica sociale che lo obbliga a vivere la sua vita nel modo più espropriato possibile (letteralmente il meno adatto, come si vedrà), costretto com'è a sperimentare la dominazione imposta dal di fuori con tutti i suoi corollari logici quali l'indegnità, la precarietà e l'angoscia. Pierre Bourdieu, nella sua prefazione a *La double absence. Des illusions de l'émigré aux souffrances de l'immigré* (éd. Seuil-coll. Liber, 1999) del sociologo Abdelmalek Sayad, qualificava il migrante con il nome greco di *atopos*, vale a dire, come a suo tempo affermava Platone, colui che non è di questo posto e non è più di altrove. Né qui, né altrove, da nessuna parte insomma: doppiamente assente, come scrive Abdelmalek Sayad descrivendo lo smarrimento del migrante di origine magrebina, assente (so-

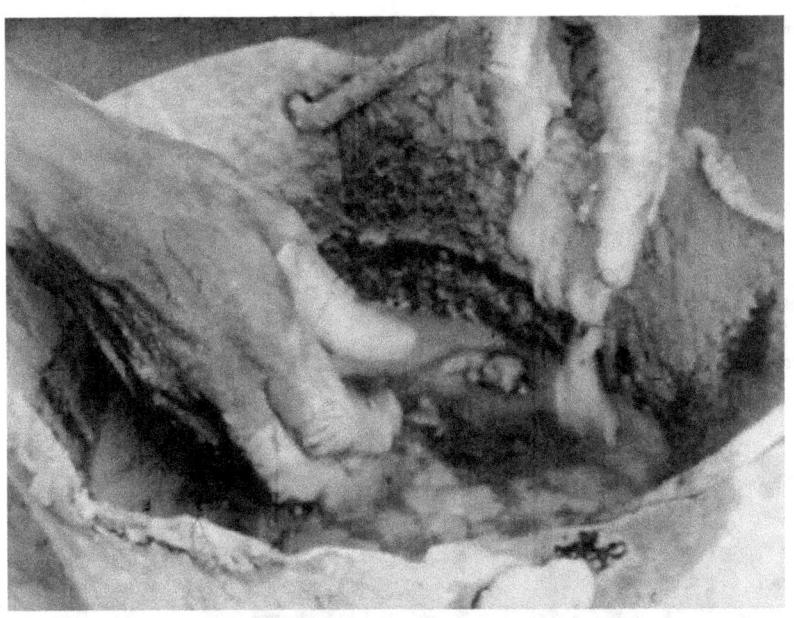

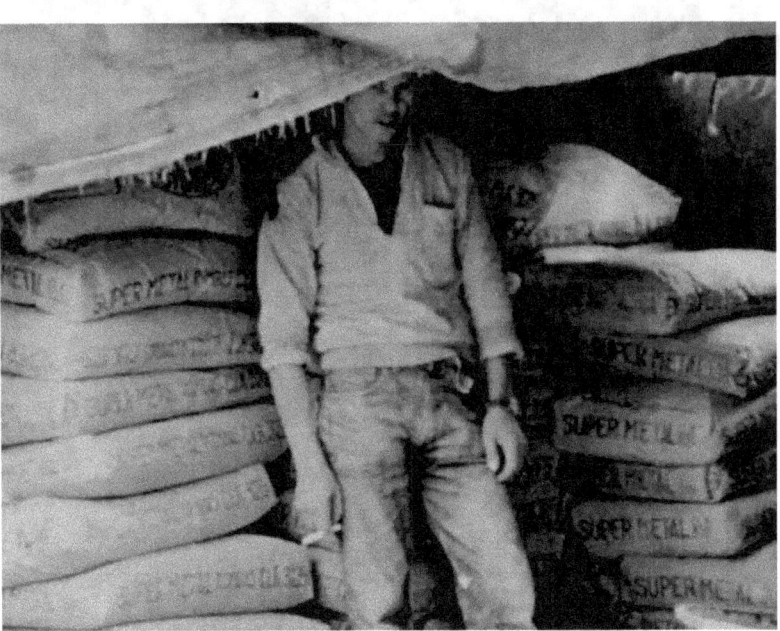

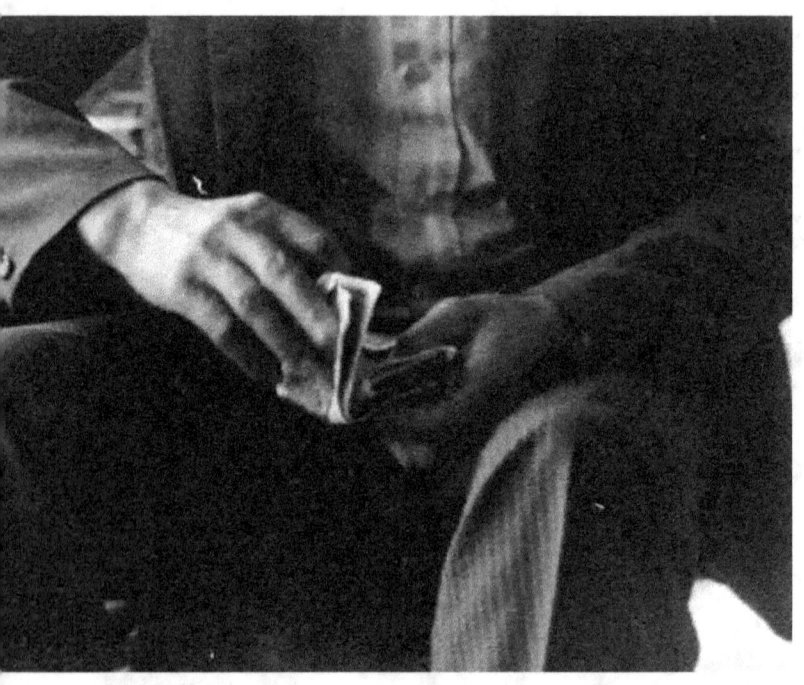

cialmente) dal paese d'origine e assente (politicamente) dal paese di accoglienza. Questo malessere sociale porta alla scissione che divide il migrante, nello stesso tempo emigrato e immigrato, emigrato-immigrato, dilaniato tra due mondi, lacerato in due da un oceano e soprattutto diviso da una storia che prima è stata di colonizzazione e ormai è di immigrazione, in quanto la seconda ha prolungato strutturalmente la prima. Non ci si meraviglierà allora della forma disgiuntiva, eterogenea e parcellare di *Lettre à la prison*, che moltiplica gli effetti di sfasamento (tra il nero e il bianco – più alcune belle inquadrature tardive a colori che arrivano come un evento, alla maniera del finale di *Andrei Rublëv* di Andrei Tarkovskij, uscito nel 1967 –, tra il suono e l'immagine, tra le immagini di Marsiglia e quelle di Tunisi, tra il sogno e la realtà, tra il passato e il presente, tra il documentario e la finzione) allo scopo di rendere manifesta la soggettività stonata e disarticolata del pro-

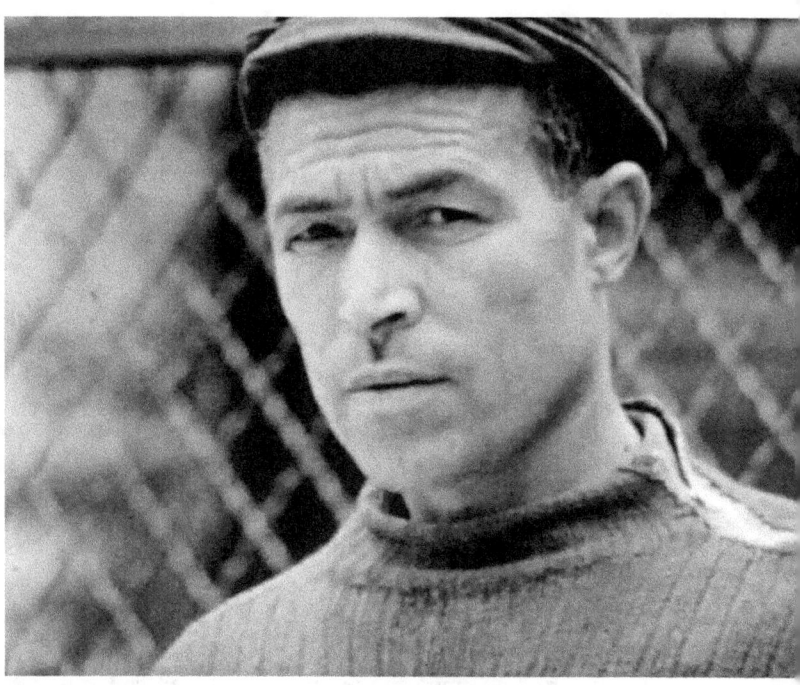

tagonista. I singhiozzi di una narrazione discordante, l'oscurità
di un racconto nebuloso (il rimuginare agitato di Tahar in forte
accento arabo è talvolta difficile da percepire) e il generale regime onirico del film contribuiscono anche a creare il suo
aspetto fantasmatico, perché il presente non cessa di divergere
e di dissolversi tra un passato che risale a ondate (e il respiro
dell'eroe talvolta si confonde con il rumore del mare) e un avvenire che si coniuga più al condizionale che all'indicativo futuro. Il presente precario del migrante è allora sconvolto dalle
complicazioni del passato ricordato e dell'avvenire immaginato. E quando si pensa che la sola legittimità che possa van-
tare un migrante è quella di essere riconosciuto come forza
lavoro, unica identità sociale concessa sulla base di una riduzione di tutto il suo essere alla sua sola funzione economica,
si riconoscerà allora che la situazione di Tahar è ancora meno
facile, poiché non viene in Francia per lavorare, e per di più è

intimamente tormentato dal dubbio sulla colpevolezza del fratello. L'inazione così è totale, e propizia ai vagabondaggi febbrili dell'immaginazione, alle erratiche e stravaganti proiezioni dell'inconscio che devasta l'attività mentale del personaggio, portandolo quasi sull'orlo del sonnambulismo. Il suo spirito fugge da ogni parte come una barca che faccia acqua. Quando si apprende che il materiale onirico di cui è intessuta la narrazione è il prodotto di discussioni tra il regista e il suo attore, e che il primo ritrovava nel secondo i suoi stessi sogni, le sue stesse ossessioni, allora l'esperienza singolare dell'esilio svela la sua verità universale, quali che siano le differenze che distinguono l'Ebreo di origine italiana Marc Scialom e il migrante tunisino impersonato dall'Algerino Tahar Aïbi.

Cosa c'è di peggio, in effetti, per un operaio (alcune inquadrature girate in Tunisia testimoniano del lavoro agricolo che ha modellato il corpo così finemente muscoloso di Tahar) che non lavorare, che non poter creare nulla con il proprio lavoro? I suoi vagabondaggi non lo trascinano forse, istintivamente, in un cantiere dove impasta vanamente, meccanicamente, cemento misto ad acqua? Disoccupato, perché il suo habitus di operaio non trova nulla con cui esercitarsi praticamente, Tahar non dispone allora che della sua soggettività aperta alle ondate di percezioni provenienti da un mondo sconosciuto e mescolate ai ricordi lontani come alle immagini inconsce. Il disoccupato è anche il disorientato, lo straniero perduto nell'estraneità di un paese che non è il suo e i cui abitanti (compresi i Tunisini che vivono a Marsiglia) non gli appaiono mai come vicini o simili. La faccia dello straniero non è, per essenza, quella del diverso, del non somigliante, e, come si vedrà, dell'inadatto? Teniamo presente che, a partire dal Neorealismo italiano e dalla Nouvelle Vague francese, è proprio la grande funzione del cinema moderno quella di mettere in scena personaggi inattivi che, per dirla con Gilles Deleuze che li ha mirabilmente analizzati ne *L'image-temps* (éd. Minuit, 1985), rappresentano al tempo stesso il fallimento dell'abituale concatenazione delle azioni e l'aumento imprevedibile di pure percezioni. Queste ultime, che il regime consueto dell'azione (il lavoro salariato per Tahar) avrebbe normalmente arginato, tradiscono l'incredibile e l'intollerabile del mondo vissuto. I volti del (sotto-)proletariato marsigliese, che ricordano il cinema di Buñuel e di Pier Paolo Pasolini – e la granulosità dell'immagine raddoppia la grana travagliata della loro pelle –, insieme a zebrature oniriche e sature, che richiamano i film più espressionisti girati da Ingmar Bergman in quel periodo, e a una traiettoria erratica molto simile a quella del personaggio eponimo di *Wanda* (1970) (l'unico film di Barbara Loden, completamente disobbligato rispetto alle rappresentazioni eroiche classiche) aprono crepe nelle immagini di *Lettre à la prison* e lacune della sua colonna sonora che ben rappresentano la china schizoide di un uomo le cui elucubrazioni psichiche rischiano in ogni momento di perdersi in un movimento senza fine, oceanico.

Corpo desiderabile, soggetto non desiderato

Che cosa sogna Tahar? Dapprima quelle immagini lancinanti, come onde alle quali si accorda il rimuginare di un uomo che procede a fatica nel discorso, e che lo mostrano provare invano a prendere la sua giacca, che sembra sfuggire ad ogni tentativo. Perdere la propria giacca, simbolicamente, è come perdere la faccia, è perdere la propria dignità sociale per quanto debole sia: la giacca è una seconda pelle sociale e nelle sue pieghe intime accoglie la carta d'identità che attesta la legittimità e la legalità della presenza dello straniero. In un altro sogno il lavoro agricolo sembra sfociare nella lotta anticoloniale: lo spaventapasseri abbattuto dalla zappa del protagonista che lavora la terra. In un altro sogno ancora, è l'onda "marina" dei capelli che una donna solleva per rivelare il suo viso, quello della donna assassinata da suo fratello a colpi di piccone. La frenetica reiterazione di questo assassinio fantasticato (si saprà alla fine del film che suo fratello era il colpevole ideale agli occhi della legge, ma non era affatto colpevole) inizia una serie metonimica (la strada dove ebbe luogo il crimine non si chiama via della Ghirlanda?), entro la quale si possono incrociare tanto il sogno dello spaventapasseri abbattuto dalla zappa quanto l'altra sequenza che associa una sigaretta che si spegne, nella realtà, e un flauto che passa di mano in mano, nel sogno. Tutti motivi "inghirlandati" e rappresentativi di una funzione fallica la cui carica erotica si rovescia in pulsione mortale. È ancora il trauma di essere picchiato con un bastone da un vecchio che – Tahar non smette di ripeterlo – avrebbe perso la testa. Questa perdita di sé, metaforizzata da immagini reiterate di teste perdute o rotolanti sul pavimento, si troverebbe allora prolungata nella perdita della propria libido. *Lettre à la prison* vede molto giusto, allora, quando rende sensibile il doppio movimento, contraddittorio, del desiderio del dominato razziale per la donna appartenente al gruppo razziale dominante: tentativo di emanciparsi, da una parte, dalla presente impotenza che l'affligge e dalla severità dei costumi della società tradizionale che ha lasciato e, dall'altra, dalla non praticabilità di un desiderio simbolicamente segnato, nel paese dell'esilio, dall'interdizione sociale. Come si vede bene, la violenza psichica e sessuale origina molto lontano, lungo la storia del fenomeno coloniale e delle sue evoluzioni postcoloniali.

La donna bianca (la donna assassinata si chiama Bianca) resta, per il migrante originario della ex colonia, il totem e il tabù della società francese. E questo è ancora più manifesto quando Tahar incontra una donna che moltiplica i segni di indipendenza (beve, fuma, lo trascina sulla spiaggia, urina davanti a lui, e lo provoca platealmente. Con intelligenza Marc Scialom mostra come l'attrazione fra due persone può essere mediata dal riconoscimento strutturale, nell'altro, di un ruolo dominante (dominio di genere per la donna, di razza per l'uomo), ma allo stesso tempo mette in scena il falso legame tra un uomo che nel suo delirio identifica attrazione sessuale e omicidio, al fine di prevenire ogni tentativo di trasgressione del tabù, e una donna che identifica nel desiderio dell'altro marchiato dal razzismo dell'ambiente (che non resta nemmeno un uomo, vale a dire un appartenente, sul piano dei rapporti di genere, al gruppo dominante) la potenzialità fantasmatica dello stupro: «Quando vedo te, io vi vedo tutti» gli dice lei, ed è allora che Tahar, nella magia di un raccordo delirante, degno di Meliès, si sdoppia per diventare, da solo, il gruppo razziale al quale si ritiene appartenga e piombare sulla donna come per divorarla.

C'è poi un'altra sfaldatura che evidenzia il disorientamento del personaggio, e che determina il frazionamento narrativo e filmico di *Lettre à la prison*: come vivere quando il corpo è sessualmente desiderabile ma la sua identità sociale non lo è affatto? Come voler desiderare il corpo dell'altra, e, allo stesso tempo, impedirselo al punto che è necessario immaginare un omicidio per ri-esprimere il tabù che marca i rapporti sessuali quando sono sovradeterminati dal groviglio dei rapporti sociali di genere e di razza? Si comprenderà meglio la presenza del bestiario che accompagna Tahar, tutti gli animali sono sintomi, piuttosto che simboli, dell'obbligo sociale, per il migrante, sia di annullarsi e sparire nel contesto in cui vive (il camaleonte col quale giocano i bambini), sia di lavorare per giustificare la propria esistenza (il cavallo da tiro durante i lavori agricoli); mentre il cane senza collare indicherebbe le condizioni di erranza, abbandono e solitudine morale. Ma questi animali non manifestano anche l'indegnità umana nella quale è trascinato il migrante, l'inferiorità nella quale è confinato, ridotto alla sola nudità del suo corpo? Questa nudità, questa «vita nuda» direbbe il filosofo Giorgio Agamben, rinvia allora il migrante alla sola realtà delle pulsioni animali che l'ex colonizzato, presunto meno umano del colonizzatore, non saprebbe contenere, come hanno ribadito secoli di rappresentazioni collettive stigmatizzanti.

Corpo (in)visibile, soggettività colpevole

Il desiderio sessuale è dunque l'espressione, la più acuta, della situazione di un corpo dell'eccezione, le cui inferiorità e condizione socialmente minoritaria sono il prodotto della storia coloniale che ha alienato il suo paese di origine. Un'alienazione che perdura per isteresi ben dopo la decolonizzazione. E il culmine di questa espressione, la sua estremità bruciante come quella di una sigaretta, tagliente come il piccone o la vanga, è il senso di colpa che incombe, con tutto il suo peso simbolico, sul corpo dell'eccezione del migrante (post-)coloniale. In *Lettre à la prison* c'è qualcosa di Kafka, uno scrittore che nei suoi racconti, non è un caso, si è sempre interessato agli animali. Grande film sulla colpa, intesa come risultato di una relazione di oppressione modellata dall'esterno verso l'interno, da tutti i settori sociali verso l'individuo, che non poggia in realtà su alcun motivo ma che spoglia l'individuo posto sotto il riflettore della sentenza di colpevolezza dei suoi attributi umani, fino a renderlo una sporca bestia. Come se la colpa, questa perdita di pulizia che macchierebbe vergognosamente, fosse un fatto ontologico, esistente molto prima che degli individui ne diventino incarnazioni particolari. È il lato archeologico del film di Marc Scialom, che moltiplica le sequenze in cui il protagonista mantiene un rapporto con la terra (statue, maschere, secchio di cemento) per identificare il proprio gesto estetico con quello del calco. Realizzare un'inquadratura (come già diceva in sostanza André Bazin) consiste nel rendere il nitrato d'argento, impressionato da alcuni raggi luminosi, stampo che accoglie la traccia documentaria della realtà filmata. È costituire l'archivio di questa traccia. *Lettre à la prison* è, allo stesso tempo, la coscienza del regista mentre lo stava girando, il monumento funerario deputato ad archiviare la presenza di Tahar Aïbi (è la grande sensualità delle inquadrature che sezionano il suo corpo e testimoniano dell'amicizia del cineasta per il suo attore), e un manuale della

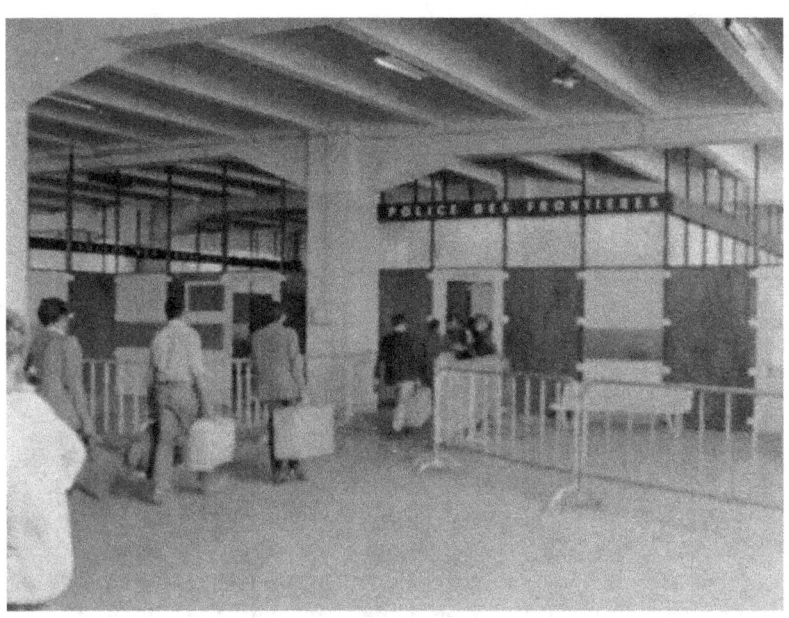

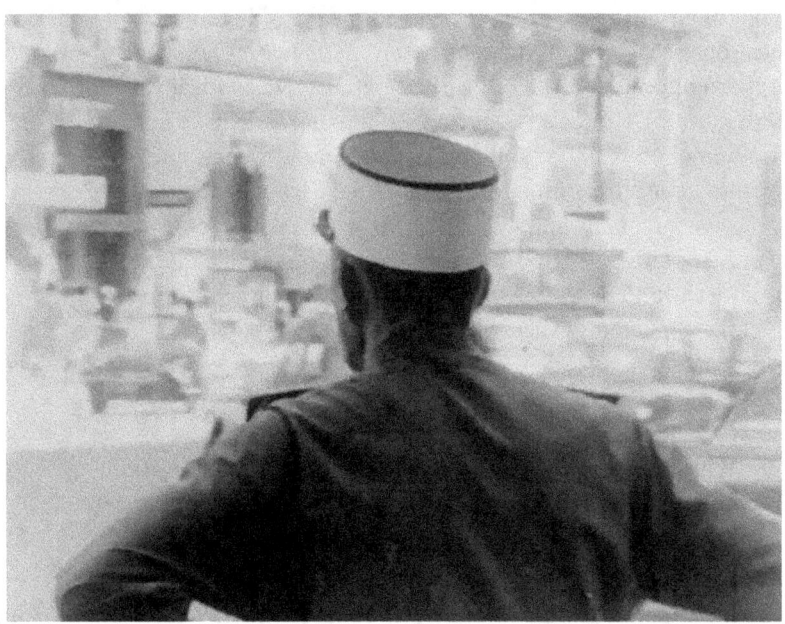

colpa che non cessa di stamparsi dappertutto (sui giornali, sui muri, nei discorsi di quel tale, ecc.) e le cui tracce costituiscono l'archivio di una colpevolezza che fonda e guida lo sguardo sociale dominante a sfogarsi sul migrante. Perché il migrante, quale lo incarnano Tahar e suo fratello, è colpevole. Per forza. Vigliaccamente. Colpevole di lavorare al posto di un lavoratore nazionale, dirà il senso comune razzista. Colpevole di non far nulla e di profittare del sistema sociale francese, dirà il reazionario. Colpevole di rappresentare lo scacco del progetto coloniale francese, diranno i nostalgici che vogliono così esonerarsi dal fallimento, mentre, dal punto di vista di alcuni tra coloro che hanno rifiutato un simile sistema, il migrante ricorda la loro colpa di aver vissuto in un sistema che è esistito e di cui essi hanno potuto relativamente o indirettamente approfittare. Colpevole di invadere, turbare e contaminare il corpo nazionale considerato sano: l'estraneità dello straniero è provata dal fatto che dei ragazzi, prendendo in giro Tahar, dicono significativamente che è un marziano. Colpevole di derubare, e poi stuprare, e poi uccidere le donne francesi che, così pensa con sicurezza il senso comune sessista, appartengono di diritto (il diritto patriarcale, naturalmente) agli uomini francesi. È questa colpevolezza che tormenta Tahar, che gli smantella il corpo, che lo fa girovagare nel labirinto delle strade filmate in carrellata e in quello del suo cervello, inciampando sui mille e uno Minotauri incontrati per via, e che, soprattutto, determina i complessi rapporti che ogni migrante intrattiene con la questione della visibilità, questione – cielo! – cinematografica e politica.

Già il rapporto che Tahar ha con gli animali, oltre a tradire la sua indegnità sociale o la sua supposta furia sessuale (lo stesso presupposto che ha autorizzato l'arresto del fratello), testimonia ugualmente che il migrante dispone di una visibilità meno legittima di quella dei dominanti. Tahar è il camaleonte che deve confondersi con il mondo esterno, la bestia da soma che deve realizzarsi unicamente nel lavoro, il cane rifiutato da tutti e abbandonato per strada. Così forse è costretto a vestire la pelle dello spaventoso Minotauro, questo ruolo assegnato a forza dai "nazionali" che possono così attribuirsi il bel ruolo di Teseo. Sarà necessario un giorno condurre l'inchiesta sociologica sulle cause sociali che spiegano l'incredibile attaccamento per gli animali da compagnia degli individui che hanno conosciuto percorsi migratori (per lo più da paesi rurali). Questo slancio affettivo del migrante (post-)coloniale, che potrebbe così sostituirsi al desiderio impossibile per la donna francese, dice in modo irrazionale che Tahar si vive come un insetto, alla maniera de *La metamorfosi* (l'esilio trasforma in mostri; è quello che teme Tahar quando parla mentalmente con il fratello?), o come un cane, perché è colpevole di non essere sufficientemente umano. Come il Joseph K. che, ne *Il processo*, pronunciava, prima della sua esecuzione, queste ultime parole: «come un cane».

Una sequenza profondamente sconvolgente mostra Tahar prendere alla fine il treno per Parigi. Nello scompartimento dove si trova con il suo cane e altri tre viaggiatori, l'animale vomita sulla sua valigia, provocando il teatrale sdegno di una madre di famiglia che vuole proteggere il figlioletto da un simile disgustoso spettacolo. Allora, imprevedibilmente, Tahar getta il suo cane, suo solo compagno durante tutto il film, dal finestrino del treno in movimento. E l'inquadratura è ripetuta più volte, secondo una logica del falso raccordo lirico degna del cinema muto, come se ripeterla un numero infinito di volte volesse significare lo sforzo sovrumano di cancellare una traccia incancellabile, ma allo stesso tempo anche il sentimento di rifiuto provato dallo spettatore, come se Tahar, per quanto faccia, non possa separarsi dal suo cane. Questa sequenza condensa potentemente la condizione simbolica riservata ai migranti in relazione ai concetti di "pulito" e "visibile": se non riescono a isolarsi nella più grande invisibilità, se si produce la più piccola deviazione dall'obbligo dell'invisibilità, si condannano alla visibilità più infamante, la più degradante, la più lordante, quella che esige una cancellazione tale da arrivare

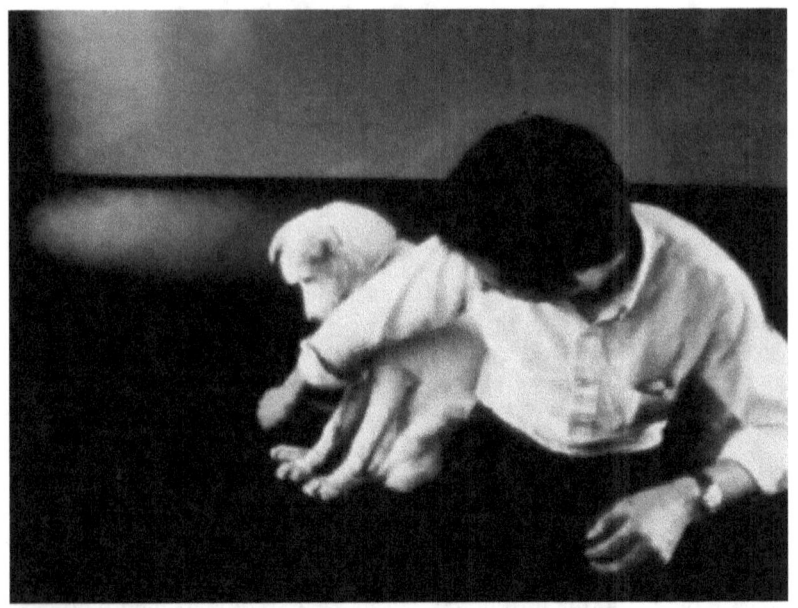

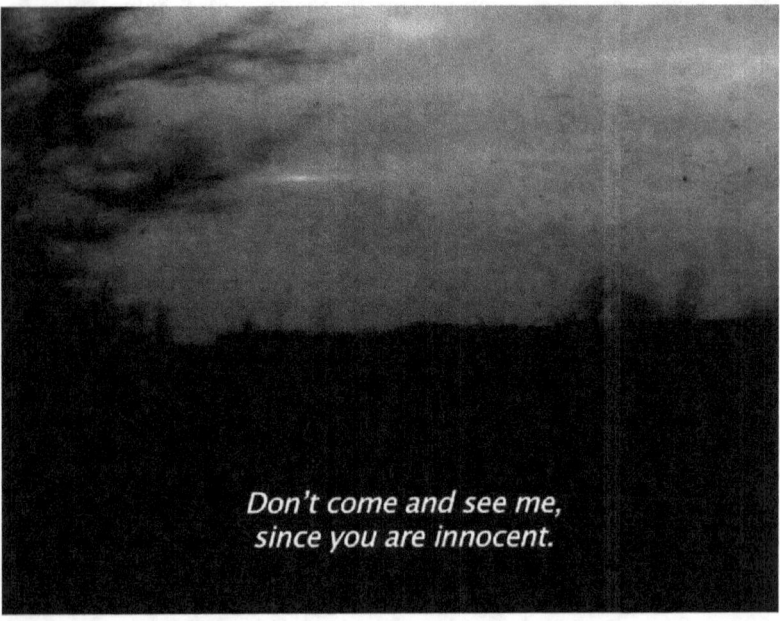

Don't come and see me,
since you are innocent.

all'automutilazione affettiva. Il cane, il vomito, l'animale, l'escremento: il diventare visibile, per l'invisibile quale è il migrante (post)-coloniali, si realizza nella maniera simbolicamente negativa dello sconveniente, della colpa e della vergogna. È questo il terribile movimento ambivalente narrato da *Lettre à la prison*: quando Tahar si convince mentalmente dell'innocenza del fratello, individua la colpa "ontologica" che ogni migrante eredita dalla sua condizione di (post)-coloniali. E sarebbe necessario che la sociologia si occupasse del problema del confronto tra la visibilità infamante dei migranti (post)-coloniali, costretti all'invisibilità sociale, e la iper-visibilità, stigmatizzata come tale, dei loro figli, quei giovani individui di ascendenza migratoria e post-coloniale che abitano i quartieri popolari, e che ispirano il tipo di paura che abbiamo visto al momento delle rivolte dell'autunno 2005, con conseguente crescendo mediatico e di investimento in "sicurezza".

Lettre à la prison di Marc Scialom parla della vergogna e della colpa di essere visibile come nessun film francese ha mai fatto in modo così originale e sconvolgente, né 40 anni fa, né oggi (salvo citare i film dei giovani cineasti Rabah Ameur-Zaimeche e d'Abdellatif Kechiche, come anche *La blessure* di Nicolas Klotz e Elisabeth Perceval nel 2004). E il contrattempo di cui è stato vittima durante questi 40 anni gli permette oggi di aiutarci a non rimanere soffocati dai cavilli della "discussione sull'identità nazionale". Infatti è lo stretto intreccio di colpa-vergogna-visibilità che spiega il ritardo di Tahar nel visitare il fratello carcerato e forse determina la lunga battuta d'arresto subita dal film. Alla fine del film il fratello maggiore dice a Tahar una frase indimenticabile: «Non venirmi a trovare *finché sei innocente*».

Marc Scialom, cineasta della modernità

di Federico Rossin

> *quand'io vidi*
> *solo dinanzi a me la terra oscura.*
> Dante, *Divina Commedia - Purgatorio*, III, 20-21

> *These fragments I have shored against my ruins.*
> Thomas S. Eliot, *The Waste Land*

Lettre à la prison è un film che ha perduto il treno della storia (del cinema) ma ha trovato paradossalmente il suo salvifico nel tempo smemorato di oggi. Considerarlo una specie di UFO senza radici sarebbe però un errore critico grave: non si deve estetizzare questa visione destoricizzante del film, esasperando la sua atemporalità o, con una miopia altrettanto pericolosa, declinando tutta al presente della nostra epoca la sua temporalità. *Lettre à la prison* va restituito al periodo storico in cui venne girato, decriptando gli indizi stilistici di cui è intessuto e sapendo rinvenire le tracce e i riferimenti alle opere coeve che lo hanno nutrito e ne hanno innervato il corpo. Per noi è un film interamente figlio della sua epoca, a cavallo fra la fine della *Nouvelle Vague* degli anni '60 e del nuovo cinema politico degli anni '70: è un'opera all'incrocio fra queste due esperienze formali ed esistenziali e sta proprio in ciò la sua modernità, e questo *metissage* anomalo – non una sua presunta unicità – lo rende appunto un oggetto sorprendente. Ma è altrettanto vero che la mancata diffusione del film ne ha impedito la storicizzazione e la canonizzazione e lo ha altresì sottratto ad ogni possibilità di influenza nel suo contemporaneo. Rinvenire le costanti del cinema moderno nella risorta materialità di *Lettre à la prison* ci sembra così in primo luogo un atto di amore e giustizia, e quindi anche un serio gesto critico riparatore. Non siamo per il postmoderno, che vuole cancellare tutto, appiattendo le differenze e smorzando le complessità: trovare i legami e svelare i nodi culturali di un'opera è quindi per noi una fondata scelta di campo ed un risarcimento – seppur tardivo – all'opera di Marc Scialom.

Della modernità cinematografica *Lettre à la prison* porta tutti gli elementi costanti e costitutivi. È prima di tutto un film *impuro*, un film che assume l'impurità come status ontologico portante: è un'opera stratificata, frutto di molteplici strategie formali e scarti stilistici. La povertà dei mezzi con cui venne girato è assunta in tutta la sua radicalità e ne arricchisce, anziché condizionarne, la struttura e la forza. Ad esempio la scelta di Scialom di includere immagini di un proprio film precedente, girato a colori, nel tessuto in b/n del film, non è un semplice riempitivo per qualcosa che mancava e che l'economia produttiva non ha permesso di girare, ma una scelta metalinguistica precisa e marcata. La poetica del riuso, dello scarto che illumina il presente, dell'opera ibrida e multi-composita è al centro della riflessione artistica degli anni '60 e '70: l'artificialità del colore a contatto con il b/n non è solo portatrice di una dimensione onirica, ma sottolinea l'artificialità del film, esplicitandone la materialità del supporto, interrompendo così l'illusione realistica e imponendo il film in quanto prodotto, in quanto testo autoriflessivo e oggetto metalinguistico.

Il tema portante del film – la violenza dell'esilio – è integrato strutturalmente in *Lettre à la prison*: ancora una volta Scialom ha fatto di una povertà economica – l'uso di una cinepresa con un piccolo caricatore e una limitatissima durata di carica – una scelta estetica consapevole e ben assestata nel suo presente. La poetica della rottura continua del flusso narrativo (il *jump-cut*), che viene da *A bout de souffle* (1960) di Jean-Luc Godard e quella dell'interpolazione fra analessi (il flash-back) e prolessi (il flash-forward), che viene da *Muriel, ou le temps d'un retour* (1963) di Alain Resnais, si integrano con grande vigore espressivo, marcando così una distinzione netta con la narratività classica. Il rapporto causa-effetto di eredità aristotelica è messo in crisi permanente: l'indistinguibilità dei tempi narrativi, l'uso di sequenze potenziali e l'arbitrarietà dell'interpretazione a cui noi spettatori siamo costretti, sono il cuore del cinema più sovversivo degli anni '60 e Scialom, al suo primo esperimento di lungometraggio, li utilizza con padronanza e precisione inaspettate. Mentre vediamo *Lettre à la prison* pensiamo certamente ad un film come *Démanty noci* (1964) di Jan Němec, che lo stesso Scialom ci ha indicato come un punto di svolta nella propria formazione di cineasta: il vagabondaggio selvaggio di Tahar ci ricorda quello dei due giovani evasi da un lager nazista, e il loro errare fra sogno e incubo, realtà e fantasia, è certamente servito da modello alla dispersione esistenziale e alla frammentazione dell'io del giovane tunisino di *Lettre à la prison*. Scialom trova in Němec un esempio di poetica della rottura permanente: seguendo l'esempio del regista praghese, mette completamente in crisi le relazioni spazio-temporali, facendo del periodare frantumato ed epilettico del film lo specchio infranto di una coscienza al limite del collasso e l'immagine più fedele di una condizione politica esplosiva.

Il rifiuto di una qualche certezza narrativa, il fraseggio ipotetico e la sostanziale apertura dell'opera servono a Scialom anche come grimaldelli formali per opporsi con forza ad un cinema di realismo sociale che non gli interessa e che considera solo come astrattamente politico: la fusione fra le sequenze documentarie e quelle oniriche resta quindi in sospeso, impedendoci una semplicistica adesione militante al "messaggio" del film ed anzi obbligandoci ad un'ambiguità etica inquietante. L'ambiguità del film finisce per minare ogni sua politicizzazione esclusiva: il silenzio con cui l'allora molto impegnato Chris Marker rispose all'amico Scialom che gli chiedeva un giudizio sull'opera, ci parla direttamente dell'angoscia che *Lettre à la prison* non finisce di trasmettere a chi lo vorrebbe riconciliato con un discorso politico fatto e finito. Il tema del desiderio perverso e della violenza sessuale sono ben più che tracce del disagio social-esistenziale vissuto dal protagonista (e dal regista, vista l'autoidentificazione di Scialom con l'attore...): con un po'

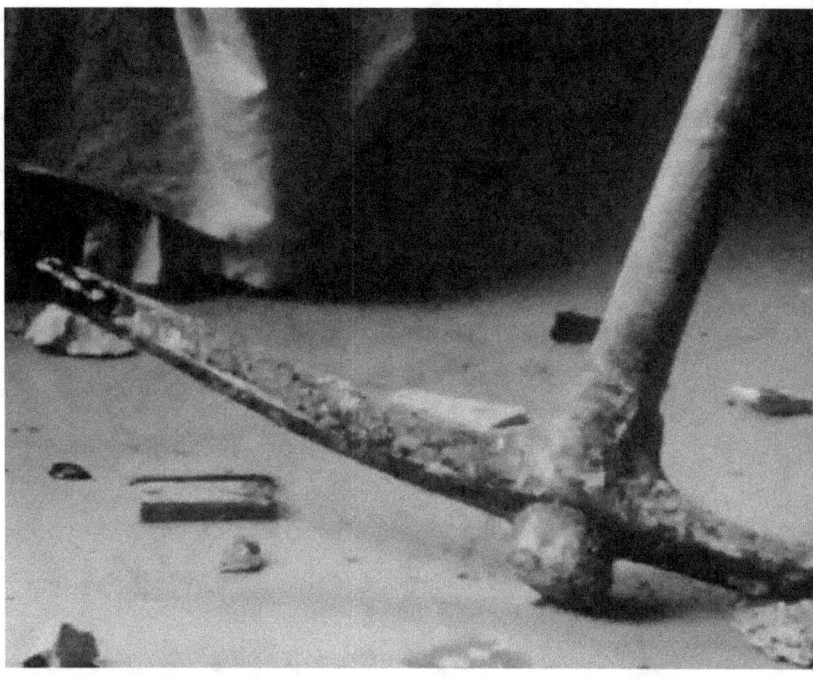

di oltranza critica ci verrebbe allora da porre *Lettre à la prison* accanto a certe opere di Luis Buñuel – pensiamo soprattutto a *Él* (1953) e ad *Ensayo de un crimen* (1955) – costruite come sono sulla proiezione fantasmatica della mente malata del protagonista. Ed è proprio il fantasma e la *jouissance* sempre post-posta della sua realizzazione a fare di *Lettre à la prison* un film quasi insostenibile, staremmo per dire un horror politico ed esistenziale non riconciliato. La legge del desiderio impone che l'opera sia costruita su una serie di immagini ricorrenti che ne minano le certezze narrative e ne scompongono cubisticamente la struttura e la percezione dell'insieme. L'angoscia profonda che proviamo è ulteriormente amplificata dall'uso del sonoro adottato da Scialom: ancora una volta, grazie ad una artigianale inventività, viene messo a profitto un problema tecnico – quello di poter utilizzare solo una cinepresa senza possibilità di captare il suono e di dover quindi agire solo

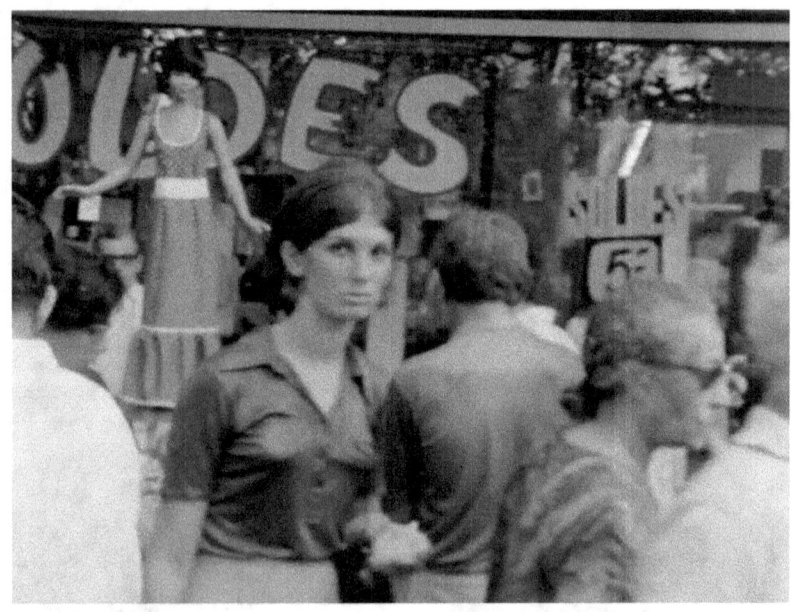

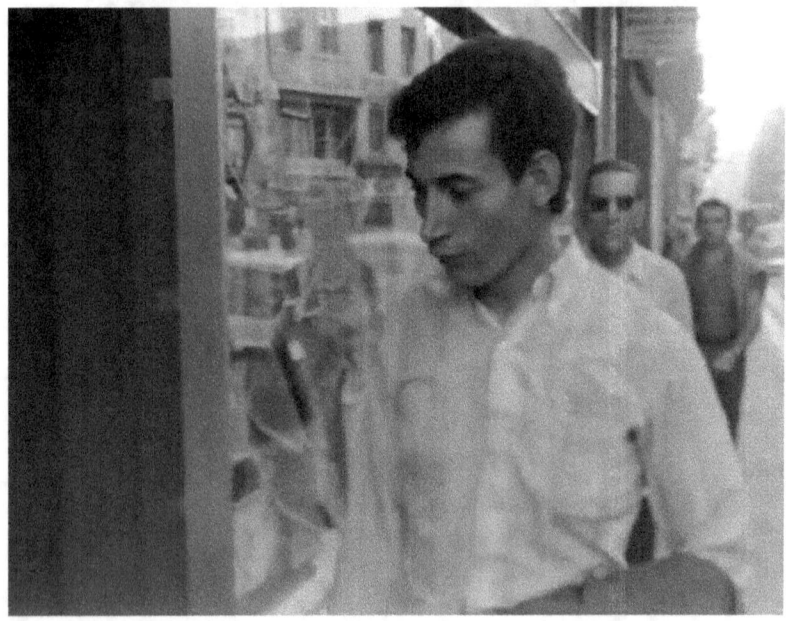

in post-sincronizzazione. La dimensione radicalmente *altra* del desiderio è resa percettibile anche grazie alla diacronia fra immagine e suono: lo scollamento delle sequenze documentarie dal reale è ottenuto grazie all'artificialità di un sonoro *altro* che ci spiazza e ci apre verso l'impensato e l'imprevedibile. Lo spazio viene così ulteriormente risemantizzato e reso estraneo, la città si popola di figure inquietanti e di apparizioni fantasmatiche: Scialom strappa le voci dai corpi, rendendoli in tal modo agenti di un disordine psichico che ci infetta e sconvolge. Un'altra filiazione è naturalmente quella rosselliniana: la *balade* di Tahar, la sua erranza senza meta in un paesaggio di rovine psichiche e storiche, ci ricordano da vicino quella dell'Edmund di *Germania anno zero* (1948) e dell'Irene di *Europa '51* (1952). Come molti cineasti nipotini di Rossellini, Scialom costruisce un film improvvisando giorno per giorno il *tournage*, facendo così di *Lettre à la prison* il quaderno su cui dispiegare la scrittura critica del suo percorso inventivo e creativo, su cui disegnare l'immagine ardente di una ricerca interiore, di una profonda derelizione spirituale, psichica.

La modernità di *Lettre à la prison* sta nel suo essere al contempo un film tutto mentale e un'opera di bruciante corporeità: su questa tensione viene imbastita una dialettica che non si scioglie, che determina il carattere torrentizio delle sue esplosioni visionarie, la sua temporalità incerta tra il reale e il fantastico, il suo paesaggio simultaneamente memoriale e corporale. Non possiamo allora non pensare anche a *La jetée* (1962) di Chris Marker, la storia di una rammemorazione di un amore e di una morte, proprio come *Lettre à la prison*: Scialom ha certamente reso omaggio al film dell'amico creando un'opera in cui il viaggio nel tempo – il passato sognato di Tunisi, il presente patito di Marsiglia, il futuro preconizzato come incubo di Parigi – diventa un percorso verso la perdita di tutto (dell'identità, della storia, della terra).

Il carattere marcatamente *bricolage* del film, il suo periodare frammentato e la sua artigianalità esibita, lo affratellano anche ad alcune opere del cinema più underground dell'epoca:

pensiamo soprattutto a *Closed Vision* (1954) di Marc'O – per l'utilizzo modernista del monologo interiore, per la tensione irreparabile fra ricordo e desiderio, per il persistente ricorso ad un simbolismo di stampo freudiano –, *Jonas* (1957) di Ottomar Domnick – per la medesima rabbia politica causata da un trauma irrisolto, per il carattere allucinatorio delle immagini, per l'umanismo universale dell'assunto di fondo – e ai film di Peter Emanuel Goldman *Echoes of Silence* (1965) e *Wheel of Ashes* (1968) – entrambi marcati da una disperata sessualità, da un sonnambolico vagabondaggio esistenziale, da una voluta granulosità dell'immagine.

In tutti questi film, il difficile percorso iniziatico del protagonista non è altro che l'immagine allo specchio del lavoro che il regista mette in opera per realizzare la propria opera: Scialom, dopo aver quasi misticamente realizzato le riprese del film senza alcuna sceneggiatura portante, trova faticosamente al montaggio la rivelazione che gli permette di finire *Lettre à la prison*, re-interrogando il proprio immaginario, le proprie ossessioni e affrontando con coraggio le proprie perturbanti visioni. Il montaggio diventa così – modernisticamente – una seconda scrittura, l'esibizione del dispiegarsi del linguaggio, il momento in cui la materialità artificiale del film deve finalmente essere rivelata come un procedimento, un'investigazione *en train de se faire*.

È straordinario che oggi Scialom parli del suo film come di un'opera "sinistrata, che deve essere accettata come tale", integrando così nel percorso creativo del film, già improntato ad una poetica della frammentazione, anche i segni che il tempo e il caso vi hanno inflitto *malgré lui*. Fare delle ferite della storia la materia delle proprie visioni, il contravveleno ai propri incubi: una volta per sempre.

Marc Scialom, cinéaste de la modernité

par Federico Rossin

traduction de Martine Vaute

quand'io vidi
solo dinanzi a me la terra oscura.
Dante, *Divina Commedia - Purgatorio*, III, 20-21

These fragments I have shored against my ruins.
Thomas S. Eliot, *The Waste Land*

Lettre à la prison est un film qui a raté le train de l'histoire (du cinéma), mais a paradoxalement trouvé son salvateur en cette époque amnésique qui est la nôtre. Ce serait toutefois une grave erreur critique que de le considérer comme une espèce d'OVNI privé de racines: il ne faut pas esthétiser cette vision déshistoricisée du film, en exaspérant son atemporalité ou, avec une myopie tout aussi dangereuse, en déclinant entièrement sa temporalité au présent de notre époque. *Lettre à la prison* doit être resitué dans le moment historique où il a été tourné, en décryptant les indices stylistiques qu'il recèle et en retrouvant les traces et les références aux œuvres contemporaines qui l'ont nourri et ont innervé son corps. A nos yeux, il s'agit d'un film qui est pleinement issu de son époque, à cheval entre la fin de la Nouvelle Vague des années '60 et le nouveau cinéma politique des années '70: une œuvre à la croisée de ces deux expériences formelles et existentielles. C'est en cela que réside sa modernité, c'est ce métissage anomal – et non sa présumée unicité – qui en fait justement un objet surprenant. Mais il est vrai aussi que l'absence de diffusion de ce film a empêché qu'il s'inscrive dans l'histoire et soit pleinement reconnu, lui ôtant par là même toute possibilité d'influencer son époque. Découvrir les constantes du cinéma moderne dans la matérialité retrouvée de *Lettre à la prison* nous apparait donc en premier lieu comme un acte d'amour et de justice, et de là comme un geste critique réparateur. Nous ne sommes pas partisan du postmoderne qui, aplatissant les différences et atténuant les complexités, veut tout effacer: retrouver les liens et dévoiler les nœuds culturels d'une œuvre est donc pour nous une façon d'offrir un dédommagement – bien que tardif – à l'œuvre de Marc Scialom.

Lettre à la prison contient tous les éléments constitutifs de la modernité cinématographique. Il s'agit avant tout d'un film impur, un film qui assume l'impureté comme statut ontologique fondamental: c'est une œuvre stratifiée, fruit de multiples stratégies formelles et d'écarts stylistiques. La pauvreté des moyens avec lesquels il a été tourné est assumée dans toute sa radicalité et en enrichit la structure et la force plutôt que de les conditionner. Le choix de Scialom, par exemple, d'inclure des images d'un de ses films précédents, tourné en couleurs, dans le tissu en noir et blanc du film, n'est pas un simple expédient pour remplacer quelque chose qui manque et que l'économie de la production n'a pas permis de tourner; il s'agit d'un choix métalinguistique précis et marqué. La poétique de la réutilisation, du rebut qui illumine le présent, de l'œuvre hybride et multi-composite est au centre de la réflexion artistique des années '60 et '70: l'artificialité de la couleur au contact du noir et blanc n'est pas seulement porteuse d'une dimension onirique, elle souligne aussi l'artificialité du film, explicitant la matérialité de son support, interrompant ainsi l'illusion réaliste et imposant le film comme produit, texte autoréflexif et objet métalinguistique.

Le thème principal du film – la violence de l'exil – est structurellement intégré dans *Lettre à la prison*: ici encore, Scialom a transformé une pauvreté économique – l'emploi d'une caméra dotée d'un petit chargeur et donc d'une durée de charge très limitée – en un choix esthétique conscient et bien agencé dans son présent. La poétique de rupture continuelle du flux narratif (le jump-cut), qui dérive de *A bout de souffle* (1960) de Jean-Luc Godard, et celle de l'interpolation d'analepses (le flash-back) et de prolepses (le flash-forward), qui dérive de *Muriel, ou le temps d'un retour* (1963) de Alain Resnais, se mêlent avec une grande vigueur expressive, marquant ainsi une distinction très nette par rapport au récit classique. Le rapport de cause à effet, d'héritage aristotélicien, est sans cesse remis en question: l'indistinction des temps narratifs, l'utilisation de séquences potentielles et le caractère arbitraire de l'interprétation que les spectateurs sont amenés à faire, sont au coeur du cinéma le plus subversif des années '60, et Scialom, dans sa première expérience de long métrage, les utilise avec une maitrise et une précision inattendues. En voyant *Lettre à la prison*, on pense bien entendu à un film comme *Démanty noci* (1964) di Jan Němec, que Scialom a lui-même indiqué comme un tournant dans sa formation de cinéaste: le vagabondage sauvage de Tahar nous rappelle celui des deux jeunes évadés d'un camp nazi, et leur errance entre rêve et cauchemar, réalité et imagination, a certainement servi de modèle au désespoir existentiel et à la fragmentation du moi du jeune Tunisien de *Lettre à la prison*. Scialom trouve chez Němec un modèle de poétique de la rupture permanente; en suivant l'exemple du réalisateur pragois, il ébranle sérieusement les relations spatio-temporelles : la cadence morcelée et épileptique du film devient alors le miroir brisé d'une conscience au bord de l'affaissement et l'image la plus fidèle d'une condition politique explosive. Le refus de toute certitude narrative, le phrasé hypothétique et l'ouverture substantielle de l'œuvre servent aussi à Scialom de passe-partout formels pour s'opposer avec force au réalisme social qui ne l'intéresse pas et qu'il ne considère comme politique qu'abstraitement: la fusion entre les séquences documentaires et oniriques reste donc en suspens, nous interdisant une simple adhésion militante au "message" du film et nous obligeant à une ambigüité éthique inquiétante. L'ambigüité du film finit par miner toute politisation univoque: le silence par lequel Chris Marker, très engagé à cette époque, répondit à l'ami Scialom qui lui demandait un avis sur son œuvre, en dit long sur l'angoisse que *Lettre à la prison* transmet à ceux qui voudraient voir dans

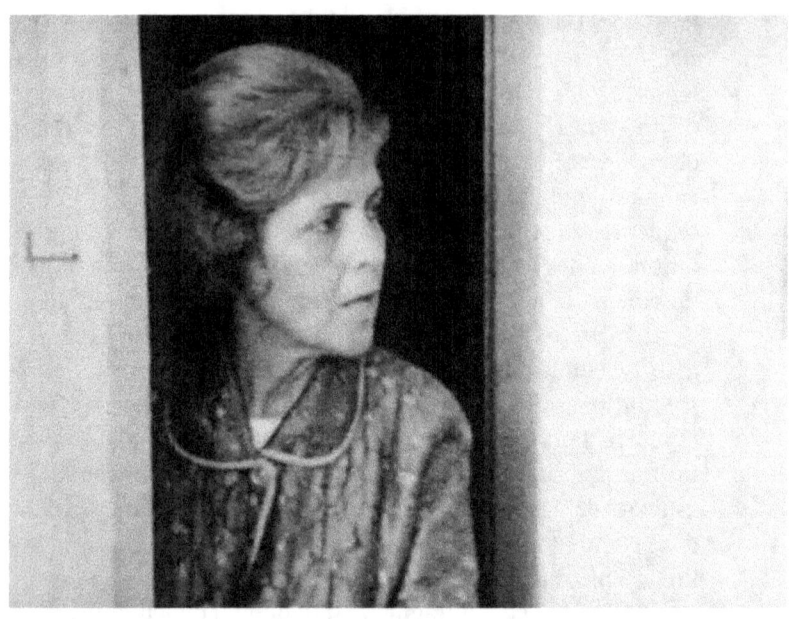

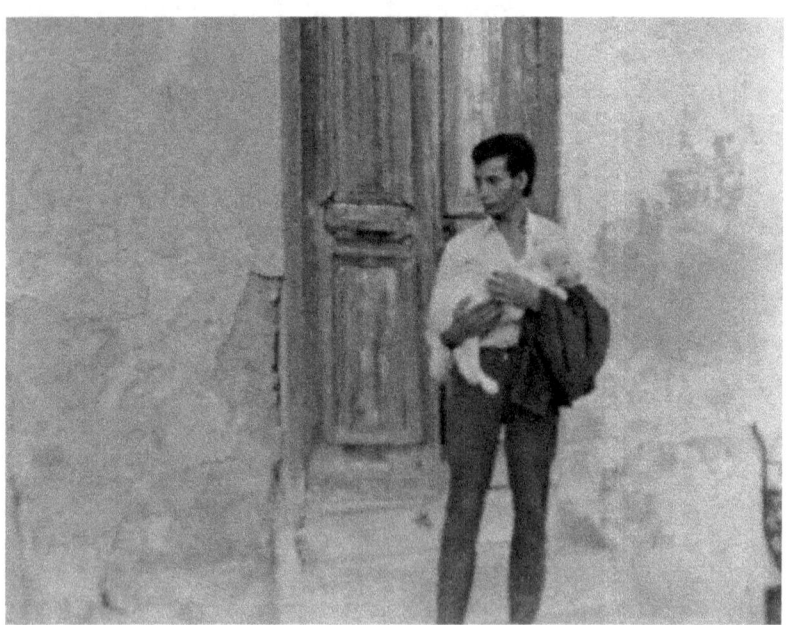

ce film un discours politique accompli. Le thème du désir pervers et de la violence sexuelle sont bien plus que de simples traces du malaise socio-existentiel vécu par le protagoniste (et par le réalisateur, étant donné l'auto-identification de Scialom avec l'acteur...): avec une certaine outrance critique, on aurait alors envie de rapprocher *Lettre à la prison* de certaines œuvres de Luis Buñuel – nous pensons surtout à *Él* (1953) et à *Ensayo de un crimen* (1955) – construites sur la projection fantasmatique de l'esprit malade du protagoniste. Et c'est justement le fantasme et la jouissance toujours postposée de sa réalisation qui font de *Lettre à la prison* un film quasi insoutenable, on irait presque jusqu'à dire un film d'horreur politique et existentielle non réconcilié. La loi du désir impose que l'œuvre soit construite sur une série d'images récurrentes qui en minent les certitudes narratives et en décomposent, à la manière cubiste, la structure et la perception globale.

L'angoisse profonde que l'on éprouve est amplifiée en outre par l'emploi de la bande-son: encore une fois, grâce à une inventivité artisanale, Scialom exploite un problème technique – n'avoir qu'une seule caméra sans pouvoir capter le son et devoir donc agir toujours en postsynchronisation. La dimension radicalement autre du désir est rendue perceptible grâce aussi à la diachronie entre image et son: la dissociation entre les séquences documentaires et le réel est obtenue grâce à l'artificialité d'une bande-son autre qui nous déconcerte et nous ouvre à l'impensé, à l'imprévisible. L'espace est alors ultérieurement resémantisé et rendu étranger, la ville se peuple de figures inquiétantes et d'apparitions fantasmatiques: Scialom arrache les voix des corps et en fait les agents d'un désordre psychique qui nous contamine et nous bouleverse.

On peut bien entendu évoquer encore une filiation rossellinienne: la balade de Tahar, ses errances sans but dans un paysage de ruines psychiques et historiques, nous rappellent celles d'Edmund dans *Germania anno zero* (1948) et de Irene dans *Europa '51* (1952). Comme beaucoup de cinéastes descendants de Rossellini, Scialom construit son film en improvisant le tournage jour après jour, faisant de *Lettre à la prison* le cahier sur lequel déployer l'écriture critique de son parcours inventif et créatif, sur lequel dessiner l'image ardente d'une recherche intérieure, d'une profonde déréliction spirituelle, psychique.

Lettre à la prison est un film moderne parce qu'il est à la fois entièrement mental et d'une corporalité brûlante: et c'est sur cette tension que se construit une dialectique qui ne se résout pas, qui détermine le caractère torrentiel des explosions visionnaires, une temporalité incertaine entre le réel et le fantastique, un paysage simultanément mémoriel et corporel. On ne peut alors s'empêcher de penser à *La jetée* (1962) de Chris Marker, l'histoire de la remémoration d'un amour et d'une mort, exactement comme *Lettre à la prison*: Scialom a certainement voulu rendre hommage au film de son ami en créant une œuvre où le voyage dans le temps – le passé rêvé de Tunis, le présent subi de Marseille, le futur préconisé comme cauchemar de Paris – devient un parcours vers la perte de tout (de l'identité, de l'histoire, de la terre).

L'aspect «bricolage» du film, son phrasé discontinu et ses procédés ostensiblement artisanaux le rapprochent aussi de certaines œuvres du cinéma le plus underground de l'époque: nous pensons surtout à *Closed Vision* (1954) de Marc'O – pour l'utilisation moderniste du monologue intérieur, pour la tension irréparable entre souvenir et désir, pour le recours constant à un symbolisme de nature freudienne –, à *Jonas* (1957) de Ottomar Domnick – pour la rage politique causée par un traumatisme irrésolu, pour le caractère hallucinatoire des images, pour l'humanisme universel de la thèse de fond – et aux films de Peter Emanuel Goldman *Echoes of Silence* (1965) e *Wheel of Ashes* (1968) – tous deux marqués par une sexualité désespérée, un vagabondage existentiel somnambulique, la granulosité voulue de l'image.

Dans tous ces films, le parcours initiatique difficile du protagoniste n'est autre que l'image au miroir du travail accompli par le réalisateur: Scialom, après avoir réalisé de façon presque mystique les prise de vues du film sans aucun scénario portant,

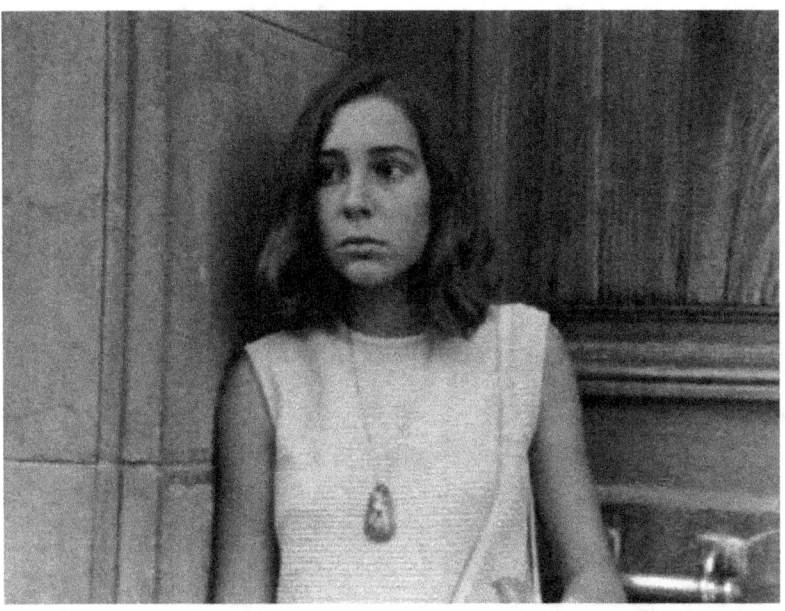

trouve laborieusement au montage la révélation qui lui permet d'achever *Lettre à la prison*, réinterrogeant son propre imaginaire, ses propres obsessions et affrontant avec courage ses propres visions perturbantes. Le montage devient alors – de façon moderniste – une deuxième écriture, l'exhibition du déploiement du langage, le moment où la matérialité artificielle du film doit enfin être révélée comme un procédé, une investigation en train de se faire.

Il est extraordinaire que Scialom parle aujourd'hui de son film comme d'une œuvre «sinistrée, qui doit être acceptée comme telle», intégrant ainsi dans le parcours créatif du film, déjà caractérisé par une poétique de la fragmentation, les signes que le temps et le hasard y ont infligé malgré lui. Faire des blessures de l'histoire la matière de ses propres visions, l'antipoison de ses propres cauchemars, une fois pour toujours.

Appunti su un percorso.
Un anno dopo la «Lettre»

di Giuseppe Spina - Nomadica

Tanti sono i giovani tunisini che nell'ultimo anno (2011-2012) ho avuto modo di sentire, di conoscere. Tanta la gente in fuga, esiliata, per via della partecipazione alle rivolte o perché vicina al governo Ben Ali.

Con il gruppo Nomadica abbiamo dato vita recentemente a una nuova produzione dal basso, per un progetto che vuole "tirar fuori" storie individuali, di Tunisini, tra la Tunisia, la Francia, l'Italia: *Le printemps en exil*. Dunque trovo la possibilità di restare informato su quanto accade in Tunisia, di saperne di più sulle tante rivolte che si stanno susseguendo, ancora oggi, contro il nuovo governo, anche se non fanno notizia. Tante continuano ad essere le prigioni, troppe, in Italia come in Francia, e oggi, come ai tempi di *Lettre à la prison*, le tragedie (individuali e non) si moltiplicano, dimenticate (*Lettre à la prison* che non è mai stato *solo* un film). Uno dei limiti più grandi di questa cosa ambigua che chiamiamo cinema: ridurre la vita – di chi fa cinema e del cinema stesso – a un "film", e non concepire mai questo rapporto come diametralmente opposto, come se tutti creassimo feticci buoni solo al commercio, alla fredda serialità dell'oggetto di mercato.

Ecco, la storia di *Lettre à la prison* è la manifestazione dell'oblio insito nella cultura europea, l'oblio che ci attraversa tutti ogni giorno, l'oblio imposto dalla cultura dominante. Credo che occorra combattere quest'oblio con due armi apparentemente opposte ma a mio avviso "parallele": l'analisi e la sensibilità, ovvero la conoscenza profonda – a livello del sensibile – della so-

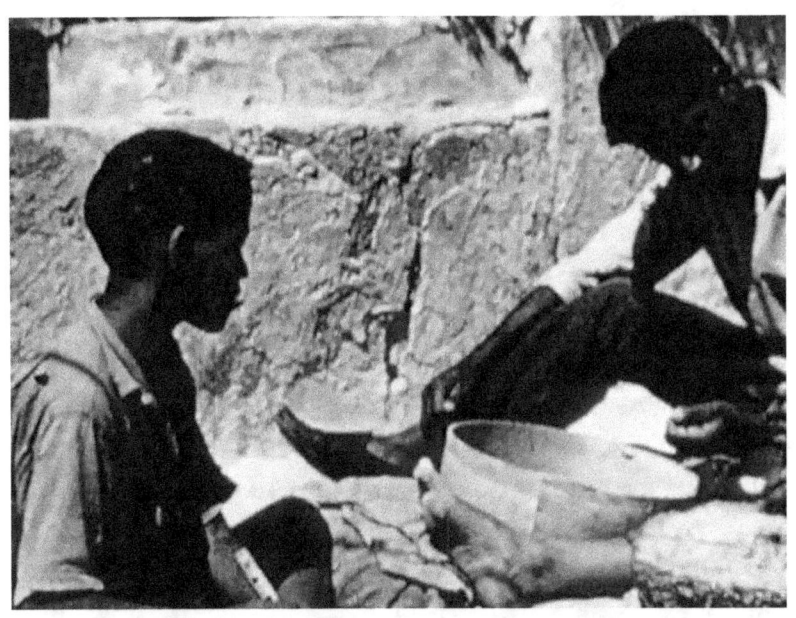

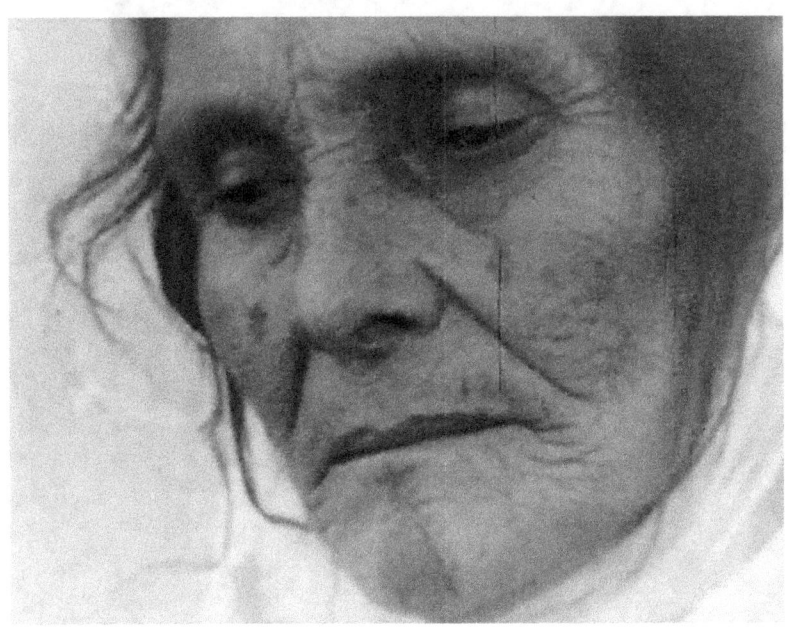

marc scialom

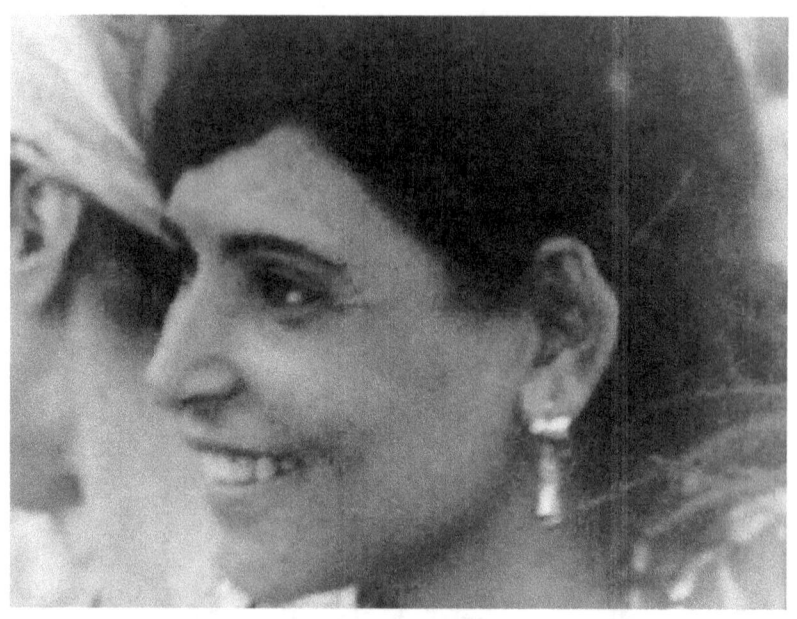

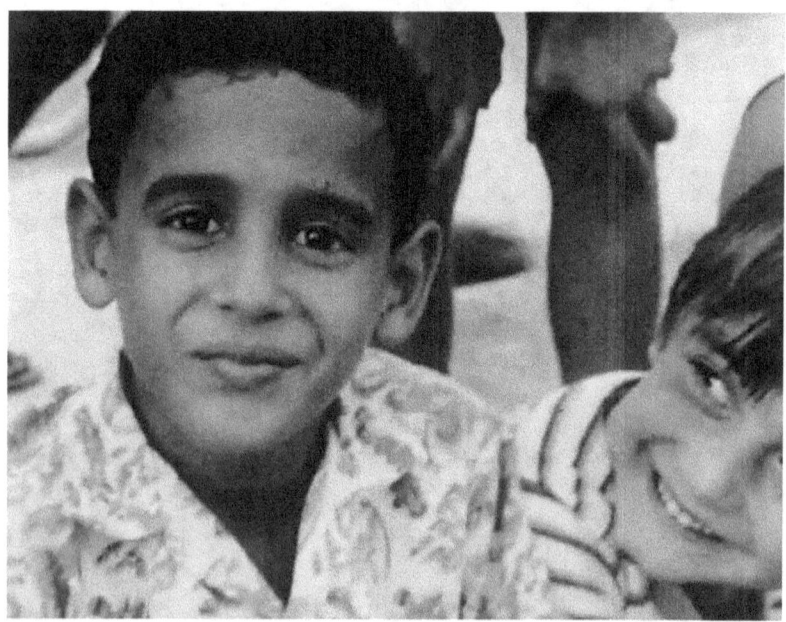

cietà in cui viviamo. È quello che fa Marc Scialom che, oggi come allora, ha realizzato un nuovo film su un tema di cui spero si comprenderà subito l'attualità, perché riguardante uno dei rapporti più rilevanti nella riformulazione dei poteri di forza nel mondo dei prossimi anni. È quello che capita a Chloé Scialom, che scopre una vecchia valigia contenente bobine di 35anni prima e sa che deve aprirla. È quello che, con la stessa spinta, accade agli amici di Film Flamme: nelle stanza del Polygone Etoilé, la prima volta che vi entrai (accompagnato da Mario Brenta) si respirava aria di scoperta, scoperta di una "perle du cinéma français". E con la stessa forza, con la stessa voglia di conoscenza, sono nati tutti i collegamenti e gli incroci che mi conducono a questa sorta di scritto impreciso e, in qualche modo, incontrollabile, come la memoria stessa.

Nel 2007 mi trovavo a Marsiglia, Film Flamme aveva coprodotto, con Malastrada.film e la produzione dal basso, *Même père même mère*. Durante il montaggio del film attraversammo l'Italia del nord presentando dei cortometraggi che realizzavo nello stesso periodo. Fino all'incontro con Trieste, con I Milleocchi, il festival che per primo in Italia ha proiettato *Lettre à la prison*, nel 2011, e ha dato un premio a Scialom nel 2012. Con Sergio Mattiassich Germani, Mila Lazić e quel, a me prezioso, ambiente cinematografico triestino di cui credo aver compreso e condiviso da subito le linee portanti. Da allora varie cose sono cambiate ma il mio lavoro è continuato – tale e quale – con Nomadica, diventato da subito un generatore di connessioni tra la gente, gli autori, i film, dal basso e in povertà, da solo e senza l'appoggio di quei giornalisti che per scorgere il valore d'un gesto, devono far passare anni (sarà l'ennesima coincidenza con il film di Scialom?). E poi ancora un altro *mio* presente, il nuovo gruppo frameOFF e questa produzione franco-italo-tunisina, che per sinergia intreccia storie di viaggio, di delitti non detti forse, di prigioni e di lettere.

La sinergia tra I Milleocchi, Film Flamme e Nomadica ha condotto *Lettre à la prison* a Trieste, un film e il suo autore come un'unica cosa, memoria del film e della vita stessa. La finzione è altra cosa.

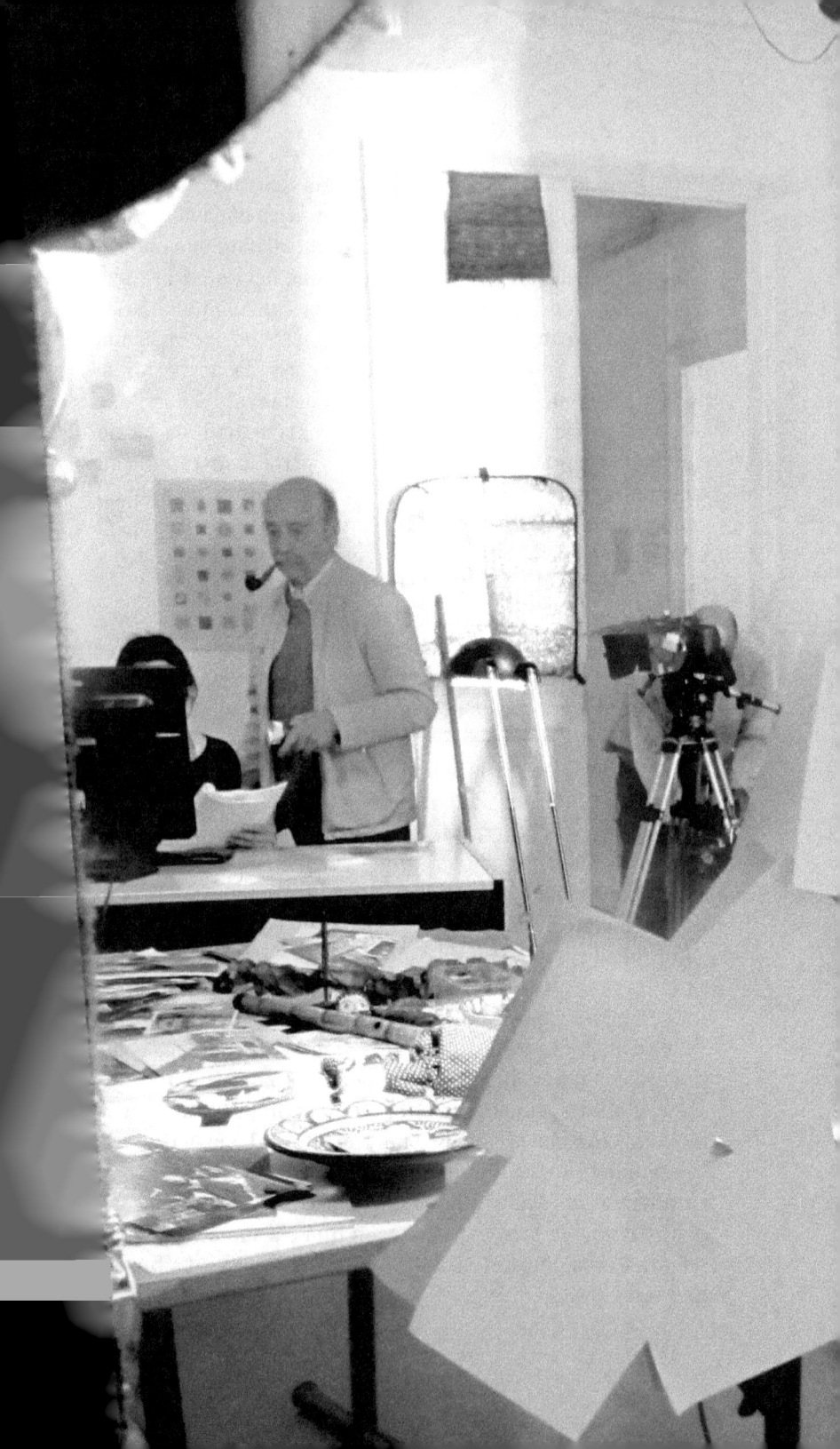

La zattera della memoria: «Nuit sur la mer»

Perdita e utopia

intervista a Marc Scialom, a cura di Silvia Tarquini

Marc, come sei tornato a fare cinema, a quarant'anni da Lettre à la prison?

È stata una conseguenza del successo che ha avuto *Lettre à la prison* dopo che è stato ritrovato, restaurato e presentato, prima a Marsiglia e poi in molti altri luoghi. È piaciuto. Ero molto sorpreso, piacevolmente. E ho cominciato a pensare a un altro film. Non sapevo esattamente in che direzione andare, ma sapevo che volevo fare un altro film a Marsiglia, un film sul melting-pot marsigliese, e che volevo mettere in questo nuovo film quello che avevo omesso in *Lettre à la prison*. Lì mostravo un Arabo mussulmano che arriva in Francia, ma pensavo a me, che non sono arabo né mussulmano ma ebreo, nato a Tunisi di origine italiana poi naturalizzato francese. L'idea mi è venuta quando Anne [Lévy], la figlia di una mia cugina, attrice di teatro, mi ha raccontato il suo arrivo a Marsiglia in un quartiere tipicamente arabo. Aveva scelto un appartamento in quel quartiere perché le piaceva l'ambiente. Le avevano parlato di un commerciante marocchino che abitava nella sua stessa strada, noto per aver fatto costruire una moschea nel quartiere. Allora aveva pensato di andarlo a trovare per presentarsi, per cominciare a entrare in relazione con la gente di lì. Quando è andata, lui sulle prime non ha alzato il naso dai suoi conti, poi le ha detto: «Lei è certamente una buona Cristiana...». Dopo un attimo di esitazione lei si è fatta coraggio e gli ha risposto: «Non sono cristiana, sono ebrea». Anche lì c'è stato un momento di silenzio, di esitazione... Poi lui si è alzato e con un grande sorriso le ha detto: «Posso abbracciarla?». Anne mi ha raccontato tutto questo e mi sono detto che poteva essere l'inizio di un film. Un piccolo film, volevo fare un corto o mediometraggio, 20 o 30 minuti al massimo...

E così è stato in qualche modo, perché in Nuit sur la mer *c'è questa scena, che contiene un particolare molto forte: ad un certo punto il commerciante appare in divisa militare e ha la svastica sul braccio. Che cosa vuol dire questo richiamo al nazismo sul corpo di un Arabo?*

Ho voluto creare una forte ambiguità. Mi pare necessario vedere, constatare l'ambiguità piuttosto che nasconderla, come fanno i benpensanti, penso soprattutto ai benpensanti della sinistra francese. Non vogliono vedere i problemi reali, umani, che esistono tra Mussulmani ed Ebrei a causa del conflitto israeliano-palestinese. Vogliono un colpevole e lo individuano negli Ebrei, senza distinguere tra Ebrei in generale e Israeliani. Conosco molti Ebrei che, come me, sono contrari alla politica del governo israeliano. Così come conosco molti Arabi, mussulmani, che se ne infischiano completamente del Corano, così come io non credo né in Dio né in tutto quello che racconta la Bibbia. La Bibbia è un bel poema, nient'altro. È poesia. Quando Anne mi ha raccontato il momento di esitazione del Marocchino quando lei ha detto di non essere cristiana ma ebrea, ho ripensato a certi eventi della mia vita. Quando, per esempio, trent'anni fa o forse più, ero con un amico, Jean-Louis Dupont, a Nanterre, nei dintorni di Parigi, dove c'era una nuova Università. Lì vicino c'erano dei baraccati: gente araba, vecchi, bambini. Vivevano in baracche di legno e lamiera, in condizioni terribili. Mentre passeggiavamo nei dintorni dell'Università abbiamo incontrato un ragazzo, di circa vent'anni, algerino. Abbiamo notato che parlava un francese perfetto e aveva un'intelligenza acuta. Viveva nelle baracche e frequentava brillantemente l'Università. Abbiamo

marc scialom

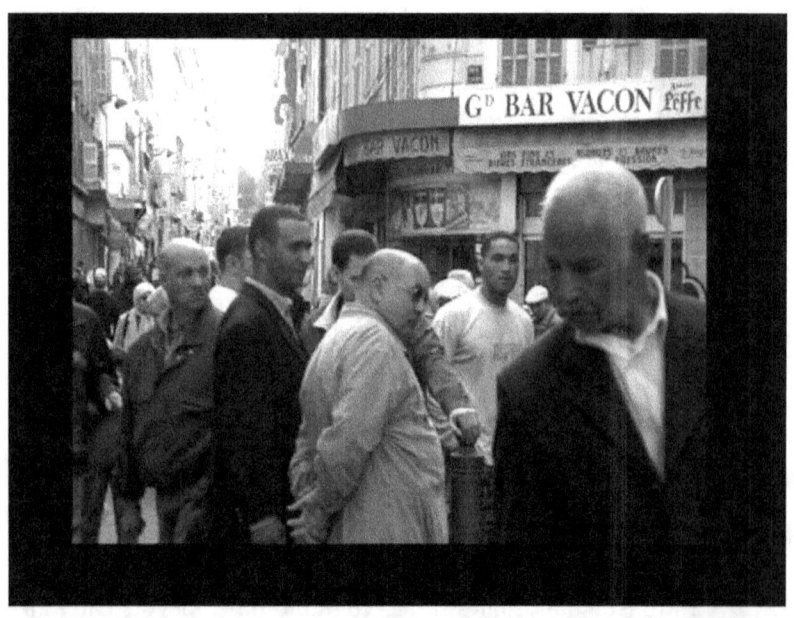

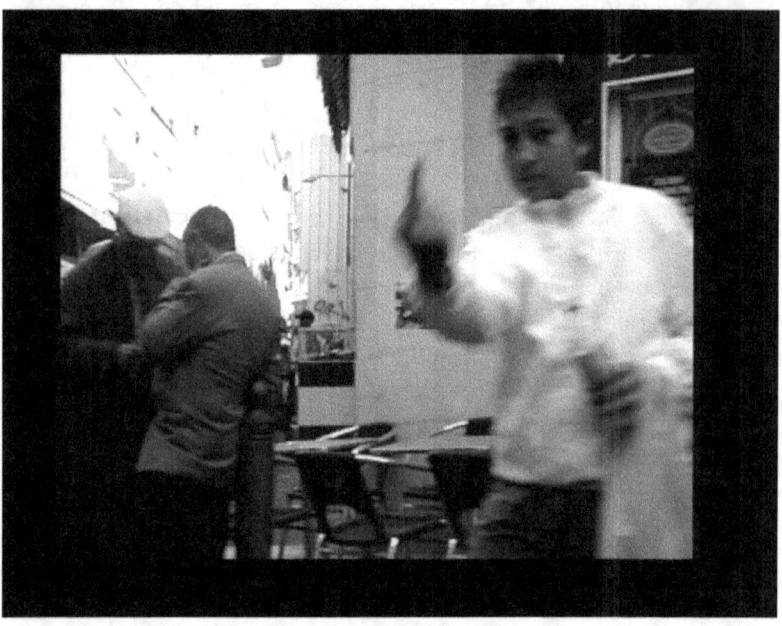

272

subito deciso di fare un film su di lui! Siamo tornati l'indomani con l'attrezzatura e abbiamo cominciato a parlare. Ad un certo punto, per caso, ho detto che ero ebreo. Lui si è alzato, è diventato pallido, ha detto: «Non posso più restare», e se ne è andato. Non l'abbiamo mai più rivisto. Si tratta di un piccolo episodio, analogo a tanti altri che ho vissuto, che mi fa molto male, perché ho sempre pensato che tra Arabi ed Ebrei c'è una "cuginanza", una fratellanza, ma i loro rapporti sono ormai difficili. Questa difficoltà, questa complessità bisogna tenerla presente, e non far finta di non vederla. Il titolo che il mediometraggio doveva avere, *Le citronnier* (Il limone), alludeva proprio a questa difficoltà, a questa "asprezza" dei rapporti. Tornando alla svastica.... Quando Anne mi ha raccontato quell'episodio mi è tornato in mente quello che provo quando devo dire che sono ebreo. Qualche tempo fa un idraulico che mi stava riparando il lavandino mi ha chiesto da dove veniva il mio cognome... Bene, non ho risposto, me la sono cavata dicendo che era una lunga storia. Dover dare queste spiegazioni è una cosa che mi fa sempre tremare, perché so che da parte degli Arabi, da parte dei Francesi, potenzialmente da parte di tutti c'è sempre questa diffidenza, questo razzismo, non c'è un'altra parola. Mentre Anne mi parlava della situazione con il Marocchino mi sono chiesto: cosa avrei fatto io in quell'attimo di sospensione? Cosa avrei "visto"? Ebbene avrei visto la svastica, immediatamente! Perché.... – scusami dell'emozione, ma sono vecchio... quando si è vecchi c'è sempre un'emozione "storta" che ad un certo punto arriva... – perché non ho mai dimenticato quello che mi è successo a nove anni, quando c'era l'occupazione tedesca a Tunisi. Mio padre mi diceva: «Non dire mai che sei ebreo! Per la strada... a nessuno!». Questa frase, che certamente aveva un senso preciso all'epoca, mi è comunque rimasta addosso. Quando qualcuno mi fa domande sul mio nome, vedo la svastica, la vedo su chi mi ha fatto la domanda. In quella scena si trattava di un Arabo, ma avrebbe potuto anche essere un Francese. In *Nuit sur la mer* una delle attrici, Wilma [Lévy],

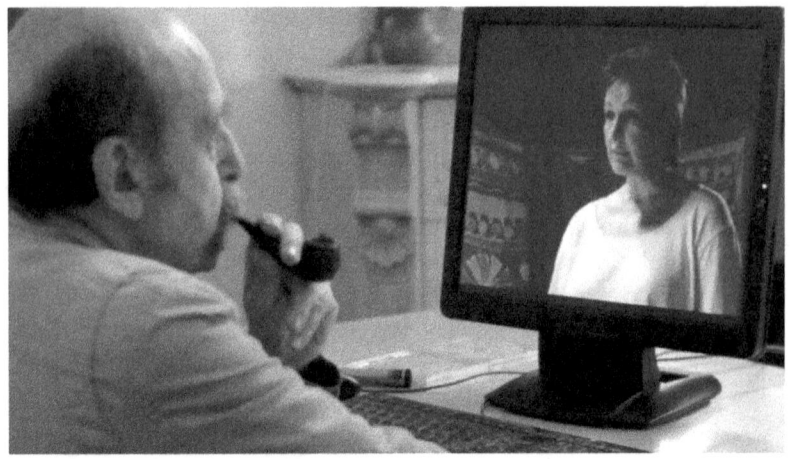

mi dice che secondo lei non è un caso che ho messo la svastica sul braccio di un Arabo, alludendo a una ostilità che mi
porterei dentro. E riflettendo mi dico che ha ragione. Certo
che c'è questa ostilità, mi riaffiora per esempio il rifiuto improvviso e inappellabile da parte di quel ragazzo a Nanterre.
Queste cose non impediscono affatto il mio affetto e la mia
amicizia per i Mussulmani, ma ci sono. So anche che, se non
facessi tutte le precisazioni del caso, molti, sapendo che a parlare è un Ebreo, penserebbero automaticamente che sono un
filo-israeliano, un nemico degli Arabi. Completamente falso,
ma molti lo penserebbero.

Nel film il tema della Germania, dell'antisemitismo, del nazi-
smo viene fuori continuamente e si mescola, si sovrappone, al
tema israeliano-palestinese. I giovani, i personaggi degli assi-
stenti, degli attori si ribellano a questo, provano fastidio. Tra
di loro c'era una ragazza tedesca, Stéphanie Blasius, e tu la
interpelli in quanto tedesca, per sondare i suoi ricordi, la sua
percezione. Ma lei prova fastidio per questa identificazione.
Puoi soffermarti su questo scontro generazionale?

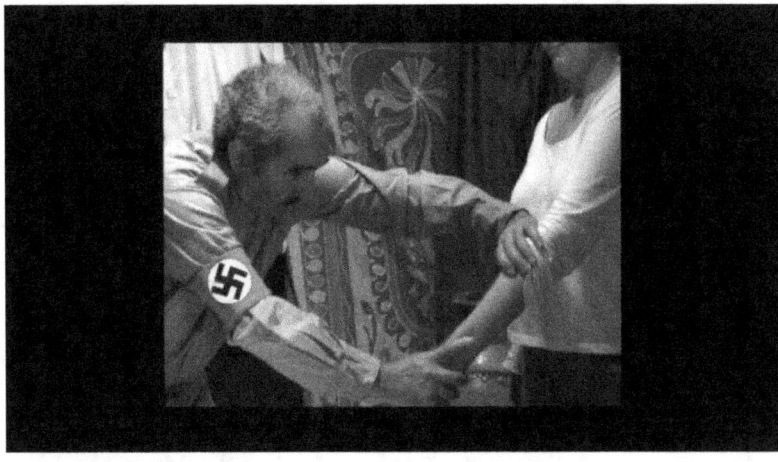

C'è un'importante differenza tra me e il personaggio di me nel film. Perché anche io ho dimenticato completamente alcune cose. Mentre lavoravo all'Università ho conosciuto molti Tedeschi, nelle tavole rotonde internazionali di letteratura, molto simpatici. Direi che io non sono il personaggio di Marc nel film ma che sono l'insieme di tutti i personaggi. Tra gli altri attori-personaggio alcuni sono professionisti, per esempio Nacer [Belhaouès] è un attore di teatro. Non ha mai fatto cinema, ma teatro sì. Anne è attrice di teatro, che è la sua dimensione migliore. Lakdhar [Mouissette] ha fatto un po' di televisione, diciamo che è un semi-professionista, anche Wilma è un'attrice di teatro. Eccetto Anne, nessuno di loro aveva mai fatto un film. Ouahib [Mortada] sta diventando regista, sta finendo un documentario sulle miniere di carbone in Marocco, non aveva mai recitato.

E come andava a finire la storia di Le citronnier*?*

Finiva con la scena che si vede verso la fine di *Nuit sur la mer*, in cui Anne toglie il cerotto sulla fronte di Lakhdar, il commerciante arabo: la ferita che c'era (provocata da Anne in una scena precedente) non si vede più. E quando Lakhdar tira

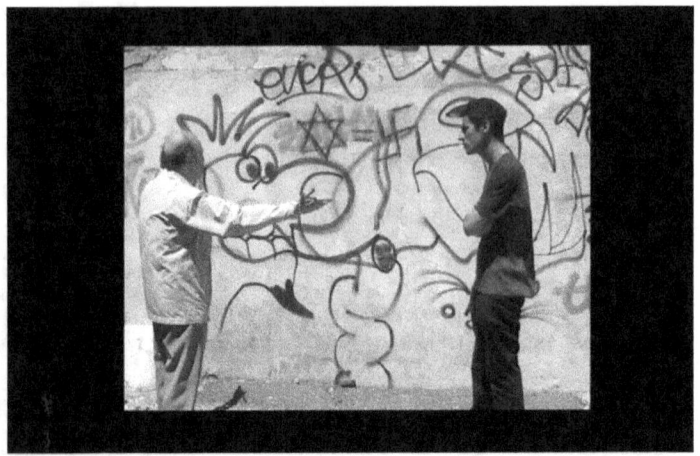

su le maniche di Anne, come fa Papageno a Papagena nel film di Bergman *Il flauto magico*, che è in quel momento in onda in televisione, si vede che sul suo braccio non c'è più il ta-tuaggio della matricola del campo di concentramento nazista che era comparso in un'altra scena. Il finale era comico, tutto il film doveva avere una chiave comica. Con risvolti profondi, ma sostanzialmente era comico.

Quindi hai cominciato a lavorare a Le citronnier... *Sei partito con la stessa modalità familiare e del tutto indipendente come per* Lettre à la prison *nel 1969?*

Assolutamente sì. Abbiamo cominciato a girare dalla scena dell'incontro tra mia cugina Anne e Lakhdar, mia figlia Chloé era alla macchina, qualche altro amico si occupava del suono ecc. Dopo aver fatto qualche ripresa ho voluto cominciare a montare, prima con una stagista dell'associazione marsigliese Film Flamme, Séverine Préhembaud, che inizialmente era d'accordo pensando si trattasse di una piccola cosa. Dopo qualche settimana mi sono reso conto che lavorare in queste condizioni per lei era impossibile. Doveva lavorare anche per altri progetti e alla fine infatti mi ha detto che non poteva continuare. Mi diceva che dovevo trovare un produttore. Aveva assolutamente ragione, ho fermato tutto e ho cominciato a cercare un produttore. Ma, come quarant'anni fa per *Lettre à la prison*, tutti rifiutavano. Dopo aver presentato *Lettre* a Bruxelles, Roma, Vienna, Parigi, Tunisi, nella proiezione ad Algeri ho incontrato anche il distributore francese, Thomas Ordonneau. Gli ho chiesto se poteva produrre il mio nuovo film. Mi ha detto di mandargli la sceneggiatura. Dopo molti mesi mi ha risposto dicendomi di sì. Significava che da quel momento avrebbe cominciato a cercare i finanziamenti, quindi sarebbe passato molto altro tempo.

Come ha accolto il progetto?

In realtà aveva molte riserve. Mi diceva che questa piccola commedia non andava bene, che bisognava ampliare, approfondire, e io sentivo che aveva ragione. Così mi sono rimesso sulla sceneggiatura. Lì sono sorte delle divergenze d'opinione, perché lui voleva che facessi un documentario e io non volevo. Semmai potevo fare qualcosa che fosse un misto di documentario e finzione, come alla fine è *Nuit sur la mer*, ma soprattutto finzione. In questa fase sono entrati nel film quei nuovi personaggi che sono Wilma, Steffi, Nacer e Mohamed (era giugno, Mohamed è morto in settembre).

Introduciamo la figura di Mohamed Aïssa, prima ancora di parlare della sua relazione con il film?

Mohamed era un amico di Chloé e del suo compagno, Nicolas Le Bras. Ha abitato da loro per un periodo, non ha mai avuto un appartamento suo. Un giorno che andavamo a girare da Anne lo abbiamo invitato a venire e lui è venuto. Anche lui faceva un po' di cinema, aveva fatto qualche piccolo film, pochissime cose, ma voleva diventare regista. Era anche attore, faceva teatro, anche teatro di strada. Era molto impegnato politicamente. Da anni militava, insieme a Steffi, per i "senza

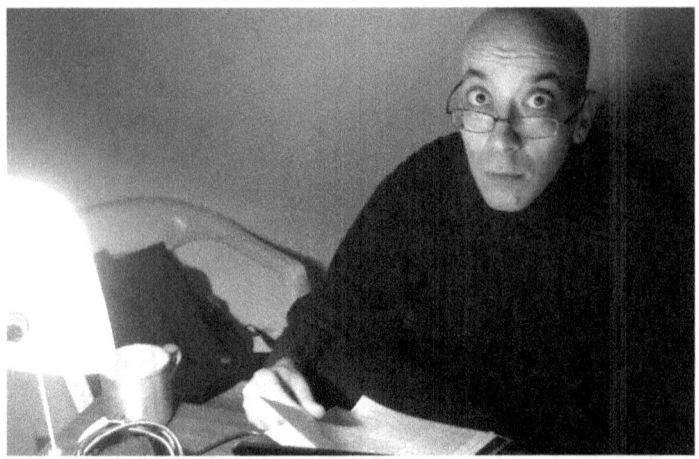

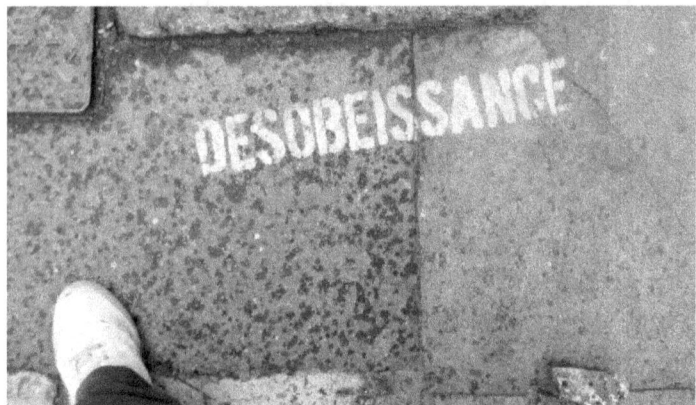

documenti". A Marsiglia ci sono molte persone senza documenti. Era molto simpatico e politicamente eravamo completamente in sintonia. Nel momento in cui ho rimesso mano alla
sceneggiatura volevo che Mohamed diventasse un personaggio importante, cominciavo a voler allargare il tema descrivendo la situazione degli esuli in generale. Nel giugno del
2010 girammo qualche scena, tra cui quella di Mohamed che
passa sul ponte sull'autostrada, la scena del dialogo con Steffi
nell'orto che lei ha organizzato come pretesto per far incon-

trare la gente di quel quartiere povero di Marsiglia, stranieri provenienti un po' dappertutto, senza documenti... Steffi era innamorata di Mohamed. Lui non tanto, perché lui amava tutte le donne, e lei era una sola (sorride). Dunque pensavo a lui come personaggio del film. Un giorno gli ho detto: «Tu sei un po' come Ulisse», e lui mi ha risposto: «Mi va benissimo!». Avremmo dovuto proseguire le riprese in novembre. Un giorno di settembre Mohamed era a casa mia, ad Avignone, prima era andato a trovare i suoi genitori, che abitano a Lione. Era di ritorno dalla Germania, dove era andato senza documenti, perché, dopo anni di difesa dei senza documenti, aveva deciso di non rinnovare i propri, e di vivere anche lui quella condizione, in un modo che sentiva tra l'anarchico e il cristologico. Voleva conoscere direttamente le difficoltà che incontrano quelle persone. Tra le varie difficoltà c'era per esempio quella di non poter affittare un appartamento, perché per prendere una casa il documento è necessario, soprattutto se hai i tratti arabi, almeno questo accade in Francia. Oppure non poteva andare a farsi curare in ospedale, per lo stesso motivo. Non andava mai da un medico e non sapeva niente della propria salute. Ovviamente aveva difficoltà con la polizia, per strada, e difficoltà nel recarsi all'estero. Però viaggiava comunque, clandestinamente. Era stato in Italia, più volte in Germania, voleva tornare in Marocco. Mi diceva: «Farò il giro del mondo senza documenti!». È stato da me, ha dormito a casa mia, abbiamo riso e parlato tantissimo. Mi ha chiesto un passaggio per andare da amici suoi a Marsiglia, perché anche io dovevo recarmi in città, da Chloé. Così l'ho accompagnato e ci siamo salutati. Avevo appena raggiunto Chloé, dopo mezz'ora, che riceviamo una telefonata dai suoi amici e ci dicono che si è sentito male, che hanno chiamato un'ambulanza, che è stato portato in ospedale e che forse sta morendo. Siamo corsi all'ospedale, con Chloé e Nicolas, e sì... stava morendo. I medici ci hanno detto che non c'era più nulla da fare. Un aneurisma. La famiglia è venuta e ha voluto portarlo via, per seppellirlo in Marocco. Mi aveva raccontato che, era tornato da poco in

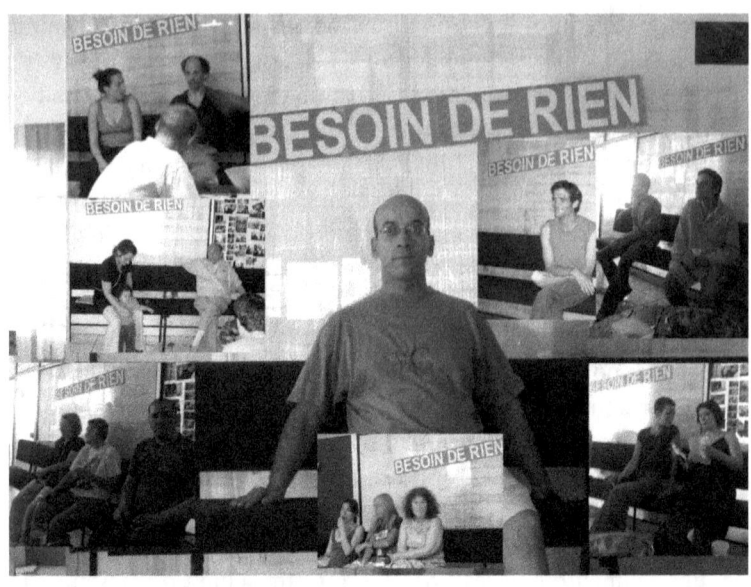

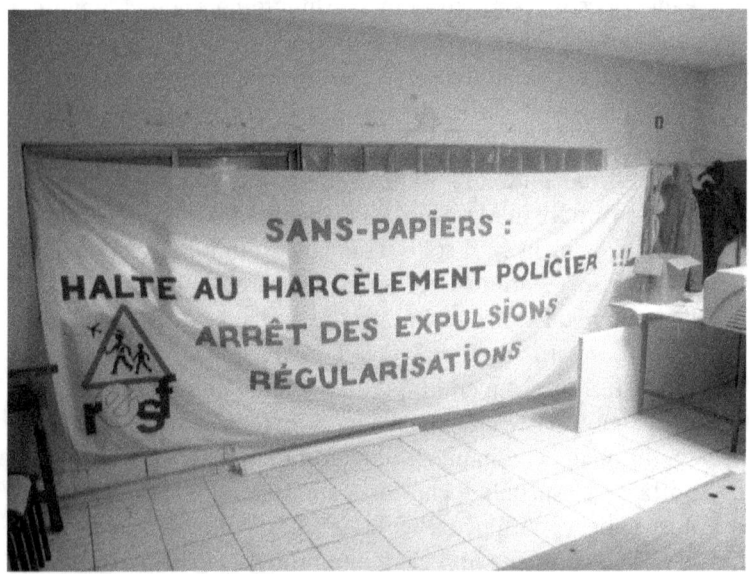

Marocco, nel paesino dove era nato, dal quale era venuto via a soli due anni e mezzo, non aveva provato assolutamente niente, nessun ricordo, nessun legame, nessun sentimento. Non sapeva neanche parlare arabo. Il suo francese era perfetto. Ma l'hanno sepolto lì, perché così vuole la tradizione. A proposito di questo, Ouahib [Mortada] nel film dice: «Ci costringono a tornare lì da dove veniamo», a subire le frontiere anche da morti.

Così ci siamo ritrovati senza un personaggio essenziale del film. E io non ho voluto sostituirlo. Dopo aver lavorato con me in novembre doveva recarsi in Italia – sempre viaggiando senza documenti – per lavorare ad un altro film, *Babis!* di Niccolò Manzolini. Manzolini più o meno lo ha sostituito. Io non ho voluto. Mi ritrovavo quindi di fronte a un problema insolubile: come fare per non sostituire Mohamed? Per far sì che lui fosse comunque centrale nel film, anche se era morto? Chloé è venuta a stare a casa mia e abbiamo lavorato insieme per dieci giorni alla sceneggiatura. Era ottobre, le riprese erano ormai fissate per novembre e non si potevano spostare. Anche l'appartamento a Marsiglia in cui abbiamo girato era prenotato per noi in novembre. In quei dieci giorni abbiamo preso contatto con tanti amici di Mohamed che lo avevano filmato per questa o quella cosa. A volte intervistato, ma un po' di tutto. Chloé per esempio aveva fatto alcune riprese per il film di Manzolini, una scena in cui Mohamed parla delle frontiere con il suo amico Gianfranco, nell'orto di Steffi. Avevamo anche registrazioni sonore, tra cui una di uno spettacolo teatrale di Mohamed, in cui lui declama magnificamente in un latino inventato, un po' immaginifico, un po' comico. All'inizio non avevo intenzione di apparire nel film. Erano Mohamed e gli altri tre personaggi i miei portavoce, soprattutto Mohamed. È successo che dopo la sua morte ho cominciato a sentirmi lontano da quello che era il progetto di *Le citronnier*, dentro di me ho cominciato a criticarlo. Così ho pensato di mettere questa critica all'interno del film, di metterla in scena. All'inizio non c'era assolutamente l'idea del film nel film.

Quindi questo elemento metafilmico è derivato direttamente dalla morte di Mohamed...

Più o meno. Diciamo che la sua morte l'ha rinforzato molto. C'è stato anche qualcuno, che, per provocarmi, mi ha detto che la morte di Mohamed mi aveva giovato, perché finalmente ero riuscito a uscire allo scoperto e a parlare di me stesso. Comunque io e Chloé abbiamo totalmente riscritto la sceneggiatura, infatti l'abbiamo firmata insieme. Abbiamo deciso di allargare molto il discorso, di non parlare più soltanto di Ebrei e Mussulmani, o piuttosto di partire dalle riprese iniziali per il mediometraggio per poi allargare l'argomento fino ad arrivare al tema, caro a Mohamed, come anche a me, della "cittadinanza del mondo". Thomas Ordonneau a quel punto non era più d'accordo. La nuova sceneggiatura non gli è piaciuta.

Anche il titolo è cambiato. Da Le citronnier *a* Nuit sur la mer... *Come è nato questo nuovo titolo? E a che cosa allude?*

Il mare, per cominciare... Il mare per me è legato all'*Odissea* di Omero, all'idea del Mediterraneo, come spazio senza frontiere, che appartiene a tutti i paesi che bagna. Uno spazio utopico, l'idea di un mondo senza frontiere. Siamo tutti a casa nostra sul mare. E nello stesso tempo non siamo a casa nostra. Ci siamo ma non ci siamo, perché il mare non appartiene a nessuno. È lo stesso concetto espresso da una poesia di Amin Maalouf, in relazione alle religioni, citata nel film: «Tutte le religioni mi appartengono ma io non appartengo a nessuna religione». Così il mare. Per Baudelaire il mare è la libertà, il desiderio di libertà. Baudelaire ha scritto una poesia sull'uomo e il mare che dice: «Homme libre, toujours tu chériras la mer!», uomo libero, sempre amerai il mare! Quanto alla notte, rappresenta l'incertezza totale, la perdita della memoria, la morte. Il buio è angoscia, non consapevolezza... Assenza di punti di riferimento. Assenza totale, perdita di identità, perdita di orientamento. Mi ricorda la malattia dell'Alzheimer, malattia che ha avuto mia madre. Nel film ci sono dei bigliettini sul muro sui quali è trascritto un testo di Buñuel, che parla di questa malattia, che anche sua madre aveva avuto e che ha avuto anche lui alla fine della sua vita. Il testo dice: «Non mi resta che aspettare l'amnesia finale, quella che cancellerà una vita intera, come fu per mia madre». Questa incertezza, questo oblio è collegato al tema dell'esilio, perché la memoria è una terra, un territorio, che si possiede, che dà sicurezza. La perdita della terra, l'esilio, inevitabilmente è anche perdita della memoria. Quando si lascia il proprio paese la gente a poco a poco ci dimentica. Anche tornando non saremo del tutto riconosciuti, e noi stessi saremo cambiati e non riconosceremo del tutto i nostri cari di lì. La memoria è una patria. Perdere la memoria e perdere la propria terra sono sinonimi, per così dire. Ecco perché il tema della memoria è così importante nel film. Nel film, sempre appuntata sul muro, appare anche una frase del padre di Marguerite Yourcenar che dice: «Ce ne infischiamo, non siamo di qui, andiamo via domani». Che non vuol dire soltanto andiamo via dal nostro paese d'origine, ma anche dalla nostra memoria, dalla vita stessa. Nell'immagine della notte ci sono la perdita della memoria e la morte.

Sono aspetti pessimistici?

Sì. In questo film c'è sia ottimismo che pessimismo. Io mi sento ottimista rispetto a un futuro lontano, e pessimista rispetto a un presente di cui non vedo gli sbocchi. L'ho detto quando ho presentato *Nuit sur la mer* in Algeria: quando l'ho girato avevo 76 anni, ora ne ho 78. Sono vecchio dunque. Alla mia età non mi interessa tanto il futuro immediato dell'umanità ma penso più al futuro lontano. Mi considero sempre più un utopista. Ma l'utopia non è un sogno senza fondamento. Penso che l'utopia contenga una verità che non è ancora concretizzata, ma che è destinata a concretizzarsi. Ho già espresso altrove questi concetti, facendo l'esempio della schiavitù: chi nell'antichità avrebbe potuto credere che sarebbe sparita com-

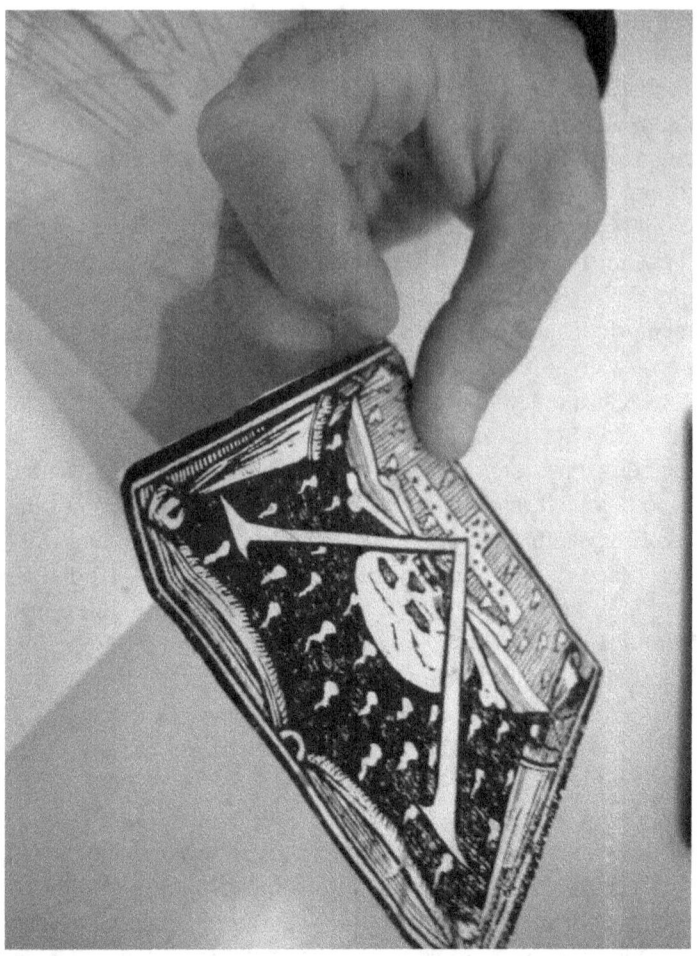

pletamente? Certo, ci sono anche oggi forme di schiavitù, terribili, ma nessuno oggi può affermare apertamente, cinicamente, di avere diritto di vita o di morte su qualcun altro perché lo ha "comprato". Questo non esiste più. All'epoca di Luigi XV, chi avrebbe potuto credere che la Francia sarebbe diventata una repubblica? Chi avrebbe creduto, durante la seconda guerra mondiale, che le relazioni tra Ebrei e Tedeschi sarebbero tornate normali? Chi avrebbe creduto, anche pochissimo tempo prima della caduta del muro di Berlino, che la Russia avrebbe ritrovato le sue frontiere del tempo degli zar? Per questo il fatto che oggi appaia impossibile un mondo senza frontiere, in cui tutti saranno cittadini del mondo, non vuol dire che tra quattro o cinque secoli questo non possa realizzarsi. Ho detto questo agli spettatori di Algeri, e ho detto: «Ecco, adesso potete guardare il film!».

È piaciuto il film in Algeria?

Sì, a Bejaia è piaciuto molto. Temevo che certe cose, come la svastica sull'Arabo, o quando Nacer dice: «Ma che cos'è l'Algeria? Non è niente, sono frontiere che sono state disegnate dai colonizzatori» potessero far dire a qualcuno: «Ma chi è questo Ebreo che crede di venirci a dare lezioni?». Ma per fortuna non è successo niente di tutto questo, tutto si è svolto in modo piacevole. Bejaia è in Kabilia, e i Kabili sono lontano dalla capitale. Dico questo perché ad Algeri, nell'ottobre 2012, la censura ha proibito la proiezione di *Nuit sur la mer*, a causa della sequenza in cui lo stesso Nacer, un personaggio algerino esiliato, telefona a un amico e gli spiega che rifiuterà di tornare in Algeria «sottomettendosi a un regime che...», la frase rimane in sospeso ma si capisce facilmente che lui ha combattuto il potere di Buteflika, che per questo ha dovuto fuggire dal paese, e che adesso gli viene proposto di tornare a condizione di riconoscere pubblicamente il suo "errore". Questa sequenza l'ho immaginata ricordandomi la XII epistola di Dante «a un amico fiorentino». L'amico aveva scritto a Dante che la sua condanna a morte da parte del governo di Firenze sarebbe stata ritirata e che sarebbe potuto tornare liberamamente nella sua città a condizioni analoghe. E, rispondendo all'amico, Dante fieramente rifiuta, sceglie l'esilio definitivo.

La lettera di Dante esprime l'orgoglio, ma anche il dolore della lontananza dalla propria terra...

È un esempio di dignità. Dante rifiuta di umiliarsi e di gettare ombra sulla propria integrità morale: «Ma se per nessuna onorevole via s'entra a Firenze, a Firenze non entrerò mai». Ma scrive anche: «E che? Forse che non potrò vedere dovunque la luce del sole o degli astri? O forse che dovunque non potrò sotto il cielo indagare le dolcissime verità, senza prima restituirmi abietto e ignominioso al popolo e alla città di Firenze?». Bisogna piuttosto sottolineare che, in un certo senso, apre la strada alla possibilità di un esilio felice.

E in Francia come è stato accolto il film?

Tutti i festival francesi lo hanno rifiutato, consapevolmente. E credo di sapere perché. Dei rapporti ambigui e complessi tra Arabi ed Ebrei i Francesi non vogliono saperne nulla, perché dall'epoca del colonialismo e da quella della guerra d'Algeria hanno un complesso di colpa nei confronti degli Arabi. Semplificando: la sinistra li adora e la destra li odia, e ambedue sono rimaste abbastanza antisemite per approfittare di quest'adorazione e di quest'odio per ignorare i rapporti Arabi-Ebrei. Anche un mio amico cineasta mi ha detto: «I rapporti tra Ebrei e Arabi non m'interessano». Gli ho chiesto perché. Lui è un intellettuale, è politicizzato, in generale s'interessa di tutto. Mi ha risposto con un sorriso: «Perché non m'interessano...». Anche gli Arabi di Francia sono "contaminati" da questo atteggiamento. Sono completamente diversi dagli Arabi dell'Africa del Nord. In quanto Ebreo io sono stato accolto con simpatia, anzi con affetto, quando sono andato in Tunisia e in Algeria. Ma in Francia quasi tutti gli Arabi guardano gli Ebrei come nemici, come "sionisti". Quando raccoglievo le interviste per strada per *Nuit sur la mer*, mi sono sentito dire: «Sappiamo bene che voialtri mandate sempre denaro in Israele». Meglio riderne.

Tornando al titolo del film, i due termini "nuit" e "mer" sono dunque antitetici, ed esprimono la dialettica tra mancanza di speranza e utopia, utopia intesa come progetto.

Sì, sui muri dell'appartamento del film c'è anche un'altra scritta, questa di Marguerite Yourcenar, che dice: «Le classificazioni per gruppi sono tutte false». Bisogna buttar via tutto ciò che è appartenenza a una cultura unica, a una religione unica, a un'unica patria, e desiderarle tutte, prenderle tutte, in un sentimento "oceanico" della vita, dell'umanità, delle relazioni con gli uomini.

Tra le varie forme di "appartenenza" ce n'è una che forse è la più forte e profonda di tutte, che automaticamente ci radica in un contesto preciso... È la lingua, che ci unisce ad alcuni e separa da altri, come una frontiera... Nel film ci sono francese, italiano, spagnolo, tedesco, arabo, rumeno...

Nel finale del film, quando perdo un po' la testa, all'improvviso sussurro due frasi in italiano: «Chi sono questi?... Io non sono qui, sto marinando la scuola...». Il discorso sulla lingua è un po' diverso da quello delle frontiere. Quello delle frontiere è un discorso politico. La lingua è una fatto di vita, per questo non credo molto all'esperanto. La lingua non si può inventare. Ci vorrà del tempo ma gli uomini capiranno che, al di là delle differenze locali, sono tutti uguali. Forse allora le lingue cominceranno a mescolarsi. Non l'inglese al di sopra delle altre, ma tutte le lingue mescolate.

Per te è fondamentale il rapporto con la letteratura e con la scrittura... Nuit sur la mer contiene molti riferimenti letterari. Oltre all'Odissea e a Dante, anche la letteratura francese, per esempio Marguerite Yourcenar, e suo padre... Hai un particolare legame con questa scrittrice? Vuoi dire qualcosa su come si è sviluppato il tuo rapporto con la letteratura francese da quando vivi in Francia, o fin dalla tua formazione in Tunisia?

Il mio rapporto con la letteratura francese ovviamente è stato costante, però c'è da dire che la letteratura non si deve suddividere in letterature nazionali, la letteratura e tutte le arti attraversano le frontiere, sono universali. Grazie alle traduzioni. Certo, come per i film, che è sempre preferibile vedere in versione originale – in generale i sottotitoli sono deludenti, no? –, ho più facilità ad apprezzare un libro scritto in francese, sento meglio il ritmo delle frasi e le sfumature di significato. Al liceo Carnot di Tunisi ho avuto uno straordinario professore di latino e francese, lo stesso per vari anni, Henri Maillet. Io e i miei compagni lo ammiravamo, e tutti lo ricordiamo ancora oggi, perché lui ha saputo darci l'amore per i testi, per le loro sonorità, per il movimento di un passo, per la struttura di un'opera. Con lui abbiamo scoperto e gustato i versi di Virgilio, in latino. Aveva uno spirito estremamente preciso e logico, quasi scientifico, ma insieme era estremamente sensibile alle sfumature poetiche, all'inconscio dei testi, all'imponderabile, al non detto. Questo professore l'ho ritrovato con gioia dopo il liceo, durante il mio anno di "propédeutique" svolto a Tunisi (è un anno intermediario tra gli studi secondari e superiori che adesso non esiste più).

L'autore francese che ho ammirato per primo, sin dall'infanzia, è stato Racine, il poeta tragico del '600, perché ha estratto dalla tragedia greca la sua essenza, fatta di semplicità, sobrietà, concisione, «arte della litote» come dice André Gide, il Jean Racine quasi greco e insieme totalmente francese che Giraudoux ha perfettamente capito e analizzato (Jean Giraudoux, *Racine*, Ed. Grasset, 1930). Nelle altre letterature non trovo analogie con l'arte di Racine, eccetto forse nel teatro Nô giapponese. Forse sbaglio, perché questo teatro lo conosco poco, però mi sembra che l'estrema densità delle opere di Racine abbia qualcosa in comune con certe opere dell'Estremo-Oriente, con alcuni film di Kurosawa, forse con gli "haiku". Questo aspetto è presente anche in alcuni passi della *Divina Commedia*, ma si tratta di un tipo di arte tipicamente francese (per esempio non trovo niente di simile nella letteratura inglese). Questo filone del classicismo francese non nasce con Racine, comincia con autori cinquecenteschi come Malherbe o come il grande poeta lionese Maurice Scève, l'autore di

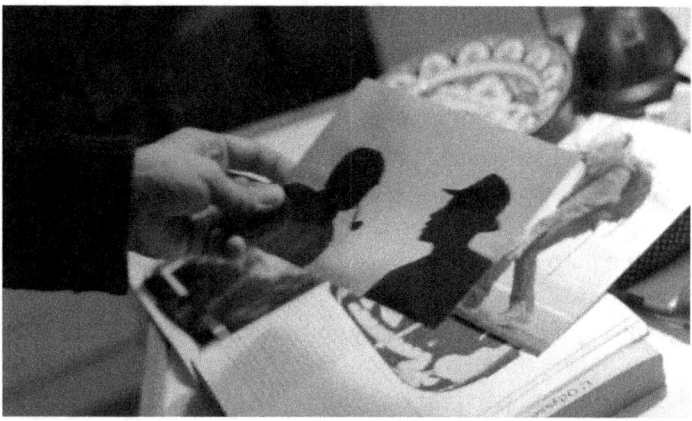

Délie, objet de plus haute vertu, continua nel '600 con Madame de Lafayette, il cui preziosissimo romanzo *La princesse de Clèves* è una specie di omologo in prosa dei testi poetici di Racine, poi nel '700 con il preromantico André Chénier (di cui un altro preromantico, italiano, Ugo Foscolo, è un po' il fratello lontano), poi nell'800 con il grande Stéphane Mallarmé, nell'800-900 con Paul Valéry, il cui poema maggiore, *La jeune Parque,* è contemporaneamente modernissimo e inspirato all'arte di Racine, nel '900 con Paul Eluard, con alcuni testi in prosa di Albert Camus (*L'été, Noces, La chute*). Camus lo ammiro soprattutto in quanto artista, artista addirittura classico, meno in quanto pensatore.

Il classicismo francese è sempre stato per me fondamentale, probabilmente perché i paesaggi mediterranei della Tunisia – strutturati come i paesaggi di Poussin o di Cézanne ma spesso desertici (si pensi al «nulla» di cui parla Ungaretti, nato in Egitto) – mi aiutavano a capirlo, a penetrarlo. Non ho mai amato gli eccessi barocchi o romantici, i poeti romantici che preferisco sono i meno magniloquenti, i più semplici e densi (Leopardi per esempio), la musica lirica italiana dell'800 mi annoia, non mi piacciono Liszt e Berlioz, non mi piacciono gli ultimi film di Fellini, preferisco la semplicità e la densità de *Il grido* di Antonioni.

Tornando alla letteratura francese, la corrente classica ovviamente non è l'unica che m'interessa. Giovanissimo e da solo,
senza l'aiuto del nostro professore di liceo, avevo scoperto con
meraviglia Guillaume Apollinaire, il surrealismo di André Bre-
ton, e i suoi predecessori, per esempio Lautréamont, e i suoi seguaci, per esempio Henri Michaux. Leggevo i grandi romanzi
dell'800, Stendhal, Flaubert, Emile Zola (Balzac mi è sempre
piaciuto poco, eccetto alcune novelle), i grandi romanzi del '900
(soprattutto *La recherche du temps perdu*). Ma dall'età di circa
18 anni e fino a oggi il pensatore francese che io stimo di più
– dico "il pensatore", non "l'artista" – è senza dubbio Jean-Paul
Sartre, che oggi parecchi intellettuali francesi affettano di non
amare. Testimone lucidissimo del suo secolo (si rileggano i dieci
volumi intitolati *Situations*), "compagno di strada" dei comunisti, ma mai iscritto a nessun partito, uomo libero, ed è dire
anche troppo: uomo, piuttosto, la cui intera vita è stata uno
sforzo per liberarsi, per incitare gli altri a liberarsi, uno slancio
generoso. Uomo appassionato delle società umane e insieme
curioso della personalità di ogni individuo, ma antiumanista,
senza bagagli, senza "essenza" (poiché, come diceva, "l'esistenza
precede l'essenza", quindi l'"essenza" di un uomo si può definire
soltanto al passato, quando è morto). Questo autore mi ha rivelato moltissime cose, tra le quali il marxismo (ho letto Marx e
Engels dopo aver letto Sartre) e, quasi nell'ambito dello stesso
"movimento", mi ha insegnato ad avere uno sguardo perpetuamente critico sul comunismo. *L'être et le néant* e *La critique de
la raison dialectique* sono due opere filosofiche che continuano
a sorprendermi e a illuminarmi. Oggi sono ancora marxista,
marxista critico (critico non di Marx che appartiene alla sua
epoca, ma dei marxismi odierni) e soprattutto mi posso dire
"sartrista". Grazie a Sartre, ho scoperto più recentemente Edgar
Morin, che mi ha insegnato a tenere sempre conto della complessità dei rapporti umani, della vita in generale, dell'universo.

Sartre è presente in Nuit sur la mer?

Direi di sì, indirettamente. Sartre è presente per l'idea di libertà che mi ha ispirato fin dalla mia gioventù. Un uomo che rifiutava perfino l'idea di "natura umana", che respingeva ogni appartenenza, un viaggiatore senza bagagli. Durante tutta la sua vita Sartre ha viaggiato, ha esplorato le varie società umane, i vari paesi in cui accadeva qualcosa di rivoluzionario, ma non solo, ha fortemente voluto conoscere la Russia sovietica, è andato a Cuba nel momento della rivoluzione cubana, è andato in Africa del Nord, in Egitto, in Asia, negli Stati Uniti, con Simone de Beauvoir era spessissimo in Italia, un paese che ambedue amavano molto (si può leggere la sua ampia corrispondenza sull'Italia). In *Nuit sur la mer*, quando parlo con Ouahib [Mortada], ricordo che a Tunisi, durante la guerra d'Algeria, con i miei amici tunisini leggevamo e commentavamo Sartre, Marx e Frantz Fanon, tre autori che ci hanno accompagnato nella nostra riflessione sul colonialismo e le sue cause politico-economiche (Marx), sull'inconscio del colonizzato (Fanon), su quello del colonizzatore, sulle azioni da intraprendere per liberarsi (Sartre). D'altra parte Sartre è anche autore del saggio *La question juive*, un'opera del dopoguerra, in cui dice, un po' sommariamente, che non si è ebreo per natura, che lo si diventa sotto lo sguardo dei non-Ebrei (un po' come Simone de Beauvoir, nel suo saggio *Le deuxième sexe*, dice che non si nasce donna, che lo si diventa), ma verso la fine della sua vita, dialogando a lungo e in modo approfondito col filosofo Benny Lévy (da non confondere con Bernard-Henri Lévy!), si è anche interessato al pensiero ebraico, e ha capito che non si è ebreo soltanto sotto lo sguardo altrui.

Passiamo a parlare del linguaggio filmico di Nuit sur la mer. *È molto evidente la presenza di due registri, la normale immagine cinematografica, a schermo pieno, e la presenza di immagini viste sul computer, che poi passano allo schermo cinematografico ma rimangono di dimensioni ridotte, circondate dal nero, perché di formato diverso da quello delle ultime riprese...*

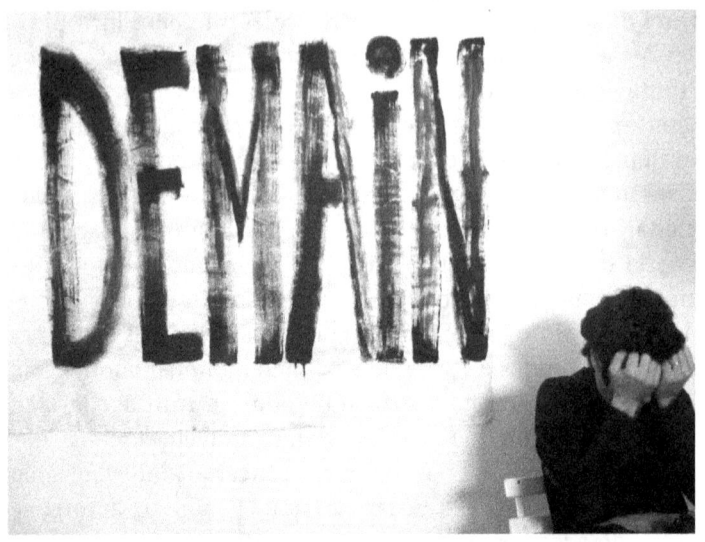

Da una parte era una necessità, perché avevo cominciato a girare in un certo modo, con una certa macchina da presa, dal-
l'altra, dopo aver visto il risultato, mi è piaciuto. Mi è sembrato
che questa diversa forma corrispondesse a due registri diversi
che in effetti il film ha a monte.

*Quindi la corrispondenza è precisa: le immagini piccole sono
quelle del mediometraggio* Le citronnier, *le grandi quelle realizzate, sulla base della nuova sceneggiatura, dopo la morte di
Mohamed, e rappresentano quello che succede alla troupe dopo
questa morte, come in una cornice... C'è però un'eccezione...
L'immagine del danzatore che esce dal mare, con il disegno di
una nave appiccicato sulla fronte. Quell'immagine prima è piccola e poi conquista tutto lo schermo cinematografico, forse a
fare da ponte tra* Le citronnier *e* Nuit sur la mer? *È un'immagine molto evocativa, che cos'è? Di che si tratta?*

All'inizio doveva essere diversa, doveva far parte di una sequenza che volevo come apertura del film, una sorta di prologo. Avevo immaginato di mostrare un uomo orientale

fuggito dal Vietnam o dal Laos o dalla Cambogia durante la guerra, per presentare il problema dell'esilio in modo più generale, in un modo diverso dal mio. E volevo farlo in modo comico, in accordo con il registro comico di *Le citronnier*. Ho disegnato io la piccola nave di carta. Lui esce dal mare, come Ulisse quando si ritrova nudo sulla spiaggia e arriva poi da Alcinoo, il padre di Nausicaa. A quel punto Ulisse ha perso la memoria (l'ha persa nel film Ulisse di Camerini, non nell'*Odissea* di Omero), che gli torna quando sente la sua storia cantata dall'aedo di corte. L'uomo orientale doveva uscire dal mare e arrivare a Marsiglia. Lo immaginavo come una specie di clown, e doveva incontrare una donna clown, fare con lei una sorta di pantomima, poi mettersela sulle spalle e andare via con lei. Era una specie di rappresentazione comica del primo rapporto, bizzarro, tra lui e una Francese. Volevo cominciare così, in maniera un po' surrealista. Poi l'ho tolto, perché era troppo lungo. Ma ho conservato quella breve scena. Avevo anche pensato di ripeterla alla fine, in contrapposizione all'ultima apparizione di Anne, che nel finale rappresenta qualcosa di inquietante, una barbona, la morte forse, mentre questo danzatore è quello che riparte sempre, la vita che ricomincia, come l'Ulisse di Dante.

Indichi spesso la morte come polo finale di negatività, di assenza...

Il film è disseminato di riferimenti alla morte. È la morte di Mohamed ed è la mia stessa morte, futura. La maschera scura appesa sul muro, o la figura di Anne quando, alla fine, come dicevo, mi viene addosso, inquietante. Ho voluto alludere alla morte che mi viene incontro. La morte ha molto a che fare con l'esilio. I morti sono gli esuli assoluti. Ma possono esistere anche esuli felici, almeno a momenti, come, a tratti, Ulisse.

L'air entre les silhouettes

entretien avec Chloé Scialom, par Silvia Tarquini

Chloé, est-ce que tu connaissais l'histoire de ton père et ses ten-
tatives pour faire du cinéma, avant de trouver chez lui les bo-
bines de Lettre à la prison? *Toi aussi tu es cinéaste, est-ce que*
cela dérive de l'histoire de ton père, ou bien est-ce arrivé in-
dépendamment? Tu étais au courant du Lion d'argent obtenu
pour Exils *en 1972? Et tu avais vu* La parole perdue? *Ce der-*
nier film était visible en quelque manière?

Évidemment, je connaissais l'histoire de mon père. Et comme
d'autres enfants d' émigrés (il dirait, lui, d'"exilés"), j'éprouvais
le besoin de mémoriser le plus en détails les éléments de sa vie,
dont je me sentais la garante, celle qui devrait pouvoir un jour
en transmettre le récit à ses enfants, leur expliquer à la suite
de quelle série d'événements ils seraient nés ici plutôt que là.
Par bien des aspects, le parcours de mon père m'apparaissait
comme une légende, car son présent reflétait mal les strates an-
térieures de sa vie. Une vie discontinue, faite d'une succession
de brisures et de recommencements: j'ai découvert récemment,
en même temps que *Lettre à la prison* (en 2005), combien cette
expérience de la rupture, de la discontinuité vécue, se reflétait
dans son film sous la forme de la discontinuité du montage.
Difficile de l'imaginer grandissant en Tunisie, ayant d'abord
pour langue maternelle l'italien, puis élève à l'école française,
à Tunis, enivré par la lecture des tragédies de Racine qu'il li-
sait à haute voix dans un français teinté d'un fort accent pied-
noir, lui qui avait depuis complètement perdu cet accent. Difficile également de l'imaginer successivement journaliste, puis

cinéaste, avant qu'il n'abandonne tout cela. Mes premiers souvenirs sont de l'avoir vu chaque nuit travailler à sa thèse sur la *Divine Comédie*, qui lui a pris sept ans et qui devait le conduire, sur le tard, à 54 ans, à devenir enseignant. A la même époque, pour gagner sa vie, il était secrétaire.

En fait, ce qu'il me transmettait le plus était son goût pour la littérature. Quand j'étais petite, avant de dormir, il me racontait chaque soir un épisode de l'*Iliade* ou de l'*Odyssée*. Plus tard, j'avais 12 ans, lorsqu'il s'est attelé à traduire la *Divine Comédie*, il me faisait relire au fur et à mesure chaque chant, nous en parlions, nous critiquions ensemble son travail. Tous ces récits de voyage épiques contribuaient à constituer son visage, son image à mes yeux.

Mais de cinéma il n'était plus question. L'échec avait été trop cuisant. Nous n'avons pas salué les films des décennies '80. A partir de début '90, avec l'apparition des magnétoscopes, il nous a fait découvrir les cinéastes qui l'avaient marqué autrefois, Godard, Renoir, Antonioni, Pasolini... une centaine de films que nous avons regardés tant et tant de fois.

Sans plus aucun contact actif avec le cinéma, mon père partageait pourtant avec nous son plaisir de voir: il y a eu un télescope à la maison avec lequel nous regardions les cratères de la lune, et surtout un microscope. Nous y regardions vibrer des gouttes de sang, de lait, et des échantillons d'eau croupie récupérés dans les mares. Et il aimait toujours les objectifs, les appareils photo, les loupes...

Un jour, en explorant un petit meuble chez ma mère, j'ai trouvé dans un tiroir une médaille oubliée, celle du Lion d'argent du festival de Venise, qui récompensait son film *Exils*, et je la lui ai rendue. C'était un témoignage lointain, une *preuve* en quelque sorte.

Après la redécouverte de *Lettre à la prison*, lors que je recensais les négatifs retrouvés (environ 40% du film) ainsi que les bribes de copie positive en vue de la restauration, j'ai commencé une enquête auprès des laboratoires parisiens avec lesquels mon père avait été en rapport, afin de localiser où pou-

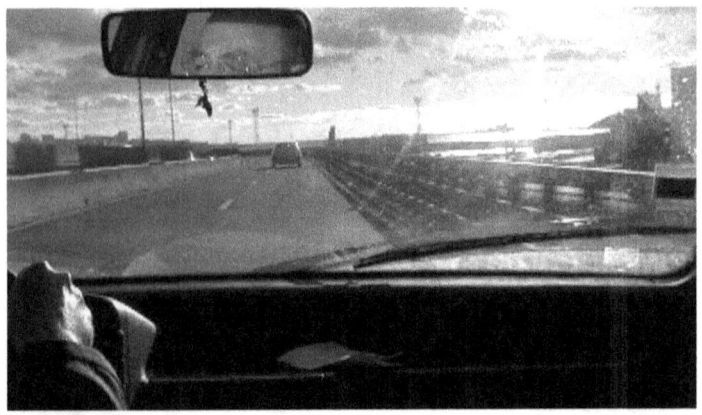

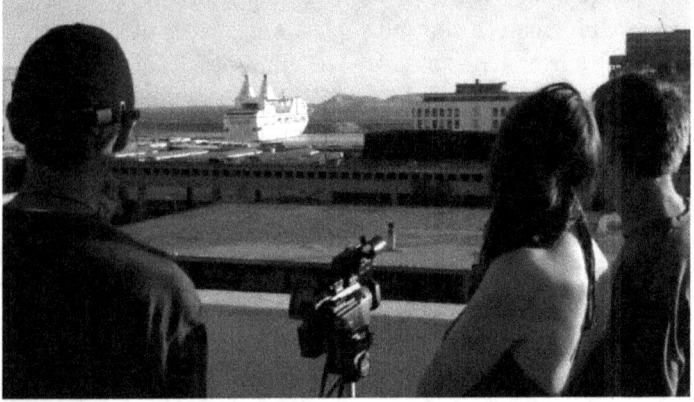

vait rester une copie de son film *Exils*. Ç'a été un travail difficile dans la mesure où, depuis, de nombreux labos avaient fermé et cédé leurs stocks à d'autres... C'est Argos-Films qui nous a procuré une copie... et c'est par la suite Nedjma, la première femme de mon père, qui nous a fait parvenir la copie de *La parole perdue*, qu'elle détenait depuis toujours, elle qui avait été la monteuse du film.

Mais tout ça, avant *Lettre à la prison*, semblait bien irréel. Et lorsque, avec Nicolas Le Bras, nous avons tourné en Bosnie notre premier film (*Qui ça, personne?*), en 1999, ce n'était pas tellement en pensant prolonger un mouvement initié par mon père, simplement parce que ce passé était trop lointain. Mais il est venu, souvent, suivre nos étapes de montage, et nos échanges se prolongeaient sur ce nouveau support...

Comment en es-tu venue à t'investir directement dans l'élaboration de Nuit sur la mer*? Tu avais déjà collaboré avec ton père auparavant?*

Thomas Ordonneau, le directeur de Shellac, s'était installé dans les locaux du Polygone Etoilé précisément au moment où nous y étions arrivés avec *Lettre à la prison.* Ayant suivi lui aussi pas à pas les étapes de la redécouverte de cette pépite oubliée du cinéma, il nous avait laissé entendre que si nous trouvions les moyens de financer sa restauration, il diffuserait le film dans les salles françaises. Or les démarches permettant cette restauration allaient bon train.

Quelque chose refleurissait là où on ne s'y attendait plus, quelque chose qui n'avait jamais eu le droit d'exister se remettait à naître. Dans ce contexte étonnant, j'ai tout à coup entendu mon père déclarer qu'il préférait les enjeux du présent à toute nostalgie du passé. Je l'ai vu se remettre au travail et commencer le scénario d'un nouveau film – qui s'appelait, à l'époque, *Le citronnier.* La rédaction en a été très rapide. Elle mettait en jeu deux personnages, une Juive et un Arabe, et un arbuste – un citronnier – emblème de leur relation à la fois de désir et d'acidité.

Personnellement j'étais un peu sceptique, partagée entre le plaisir, d'une part, de voir mon père se regonfler de vie et, à 73 ans – un âge où on vous laisse entendre que vous n'avez plus d'utilité pour vos contemporains –, soudain plein de sève et d'enthousiasme, se préparer à la réalisation d'un nouveau film; mais j'avais, d'autre part, l'impression désagréable que son scénario était un monolithe tourné tout entier vers l'expression d'un symbole trop simple, dans une écriture plutôt rigide et théâtrale. Et je me demandais s'il avait tout oublié de ce qui l'avait conduit à façonner l'écriture régulièrement miraculeuse de son vieux film *Lettre à la prison*, ou si une succession de surprises me mènerait à comprendre comment il s'y était pris pour bâtir ce langage particulier.

Je me souviens qu'à cette époque, et pendant le tournage qui a suivi, nous nous disputions beaucoup. Je ne pouvais pas comprendre qu'il ne désire exprimer que ça, après tout ce temps de silence. Il me disait qu'il souhaitait parler des relations entre Musulmans et Juifs à Marseille, et cette stricte occurrence me paraissait toute petite. Je lui disais que, sans le savoir peut-être, il avait plutôt envie de parler des relations entre humains en général, et des siennes aux autres en particulier. De ce différend entre nous, il a alors tiré une scène, la première scène improvisée du film, qu'il n'a pas gardée au montage, où lui et moi nous mangions sur la terrasse d'Anne et où nous abordions les éléments de notre divergence.

Or les démarches qu'il avait commencé d'entreprendre auprès de divers producteurs restaient sans suite, et il a fallu envisager le tournage sans aucun autre soutien financier que l'emprunt qu'il avait contracté auprès de sa banque. Je me suis improvisée assistante, réunissant l'équipe et le matériel, puis, au moment du tournage, opératrice. Autour de nous, l'équipe qui se constituait était surtout composée d'amis, et d'amis d'amis, ainsi que de membres de notre famille. Anne, la comédienne qui joue le rôle de la femme juive, est la fille d'une cousine de mon père. La scripte était ma sœur, Bérengère, venue de Lyon pour l'occasion, et le perchman était Christophe, son amoureux. Il y avait aussi des techniciens encore étudiants, qui venaient faire leurs armes.

Nous avons tourné cette petite fiction pendant tout un mois d'été dans l'appartement d'Anne et sur sa terrasse, de la première à la dernière scène. Et puis nous avons fini.

Mais lui ne faisait que commencer. Toute l'année qui a suivi cet été 2007, sa fringale de tournage grandissait. Comme il ne maîtrisait pas les outils du numérique, il avait sans cesse besoin d'un opérateur qui filme pour lui. Il glanait des éléments documentaires, et les tournages dans les rues de Marseille, dans le quartier Belsunce principalement, semblaient ne jamais de-

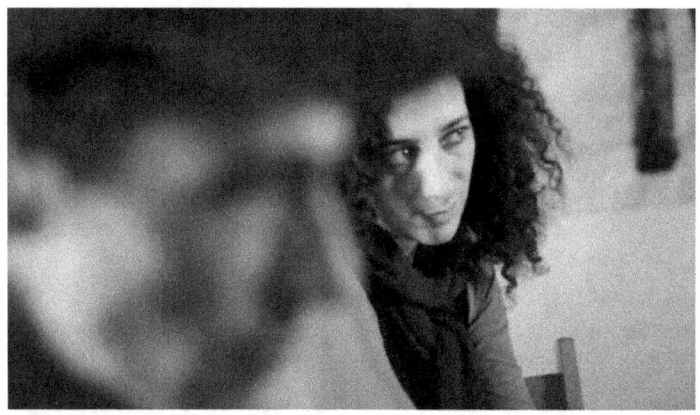

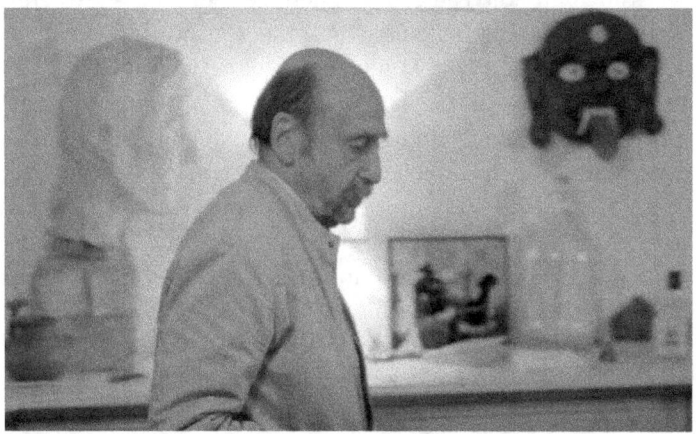

voir s'arrêter. Moi je ne suivais plus la chose que de loin, occupée à d'autres activités. Dorénavant, il tournait avec qui-
conque était disponible: tout mon entourage marseillais était
sans cesse mis à contribution. De ce fait, toutes sortes de caméras différentes ont été utilisées pour filmer. Les rushes s'ac-
cumulaient, interviews, descriptions, enregistrements de mo-
nologues écrits. Et chaque conversation semblait ouvrir de
nouvelles pistes pour son film, dont le contenu s'élargissait
toujours plus. Cette situation de tournage permanent a duré environ deux années.

Entre-temps, Thomas Ordonneau, fort de l'expérience plutôt réussie de la diffusion de *Lettre à la prison*, a décidé de prendre *Le citronnier* en production. Une nouvelle étape d'écriture s'est alors imposée car, pour se mettre au travail, Thomas avait besoin d'un scénario actualisé. Mon père s'est donc mis à retranscrire ses rushes par écrit et à les agencer comme pour un montage sur le papier. C'est pendant cette période que j'ai recommencé de m'investir à ses côtés dans son travail. J'allais régulièrement chez lui, car en outre il m'accompagnait dans la rédaction d'un scénario que j'étais en train d'écrire (*L'égrégore*) et donc nous alternions, travaillant tantôt à mon scénario, tantôt au sien.

Ce qui s'est fait jour, au cours de cette ultime écriture, a été la nécessité d'un nouveau canevas fictionnel qui puisse structurer tous les matériaux hétéroclites glanés jusque là. Adepte de la mise en abîme ou de la poupée-gigogne, mon père a imaginé la situation d'un vieux cinéaste un peu fou, un peu confus et au bord de l'amnésie, qui convoquerait chez lui une partie de son équipe, plusieurs années après le tournage d'un de ses films, pour leur soumettre ses doutes et sa difficulté à en agencer les éléments. Cette confrontation enchevêtrerait les souvenirs de toute une vie autour des thèmes, évoqués par le film, de la pluralité identitaire à Marseille (dont le melting-pot, par bien des aspects, ressemble à celui de la Tunisie des années '60), et notamment des relations entre Juifs et Musulmans. Ce qui m'intéressait tout particulièrement, c'était d'approfondir chacun des personnages, notamment le sien, entre scènes réalistes, improvisations documentaires et pures inventions, et nous en peaufinions ensemble les détails mi-comiques, mi-dramatiques. Comme nous projetions de mettre en scène une certaine manière d'être au monde qui refléterait la sienne, le personnage incarné par mon père serait comme un bloc, un rocher, face à son entourage auquel il assénerait si fort les éléments (même en péril, même menacés de disparition) de son monde intérieur, qu'il inciterait les autres personnages, par réaction, à entrer non seulement en dialogue mais en résistance contre lui, sculptant ainsi ce rocher qu'il incarnait.

...Car j'avais vu mon père, depuis le début de son projet, recycler absolument tout, y compris les critiques faites à son film et à ses méthodes de travail, et les y intégrer.

...Et puis il y a eu la mort de Mohamed, Mohamed Aïssa, qui en plus d'être le futur assistant de mon père sur ce tournage en préparation et l'un des acteurs de cette dernière étape du film, était l'un de nos plus vieux amis, à moi et à Nicolas. Il est mort brutalement d'une rupture d'anévrisme, dix jours avant le tournage d'un autre film, *Babis!*, de Niccolò Manzolini, que notre association, Batoutos, portait en production (il en était l'un des deux acteurs principaux) – et un mois avant le tournage de la dernière étape du film de mon père, qui depuis quelque temps s'appelait *Nuit sur la mer*. Dans la douleur et dans l'urgence, il a donc fallu repenser le script des deux films; et, pour les deux, il a été décidé que le personnage qu'aurait dû incarner Mohamed ne serait ni supprimé, ni remplacé, mais qu'au contraire l'événement de sa mort serait intégré aux dramaturgies des deux films. Le thème de la mort, plus encore qu'auparavant, planait donc sur *Nuit sur la mer*: mort de Mohamed, et mort du personnage du vieux cinéaste, en suspens...

Il est bien évident que ce film a continué de s'écrire à toutes ses étapes, au cours de ses tournages, au gré des rencontres, dans ses scénarios successifs, puis pendant ses montages successifs... Et, jusqu'au cours du mixage, mon père enregistrait et ajoutait encore des compléments de paroles. Non pas que tout cela soit le fruit du hasard, mais plutôt d'une pensée qui se trouve dans l'agencement de matériaux concrets et dans un va-et-vient entre les intuitions intimes et les données du monde. Non préméditée, cette esthétique de la strate, de la discontinuité temporelle, de la brisure ou du repentir (comme disent les peintres) s'est invitée dans le film, de mois en mois et d'année en année, chaque fois un peu plus, bénéficiant pour cela de la diversité et des accidents issus du réel, et aussi de la durée du temps écoulé, comme cela fut sans doute le cas pour *Lettre à la prison*. Une esthétique donc, un langage, émanant

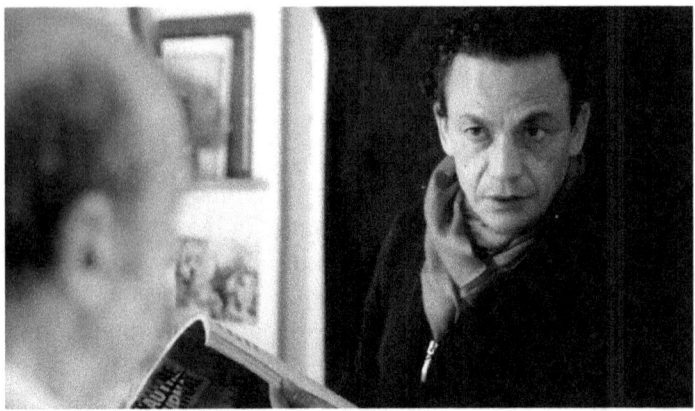

peut-être en bonne partie de l'inconfort, de l'incommodité des conditions de sa réalisation.

Le thème d'un «moi» mutant, qui "migre" presque d'une iden-
tité à une autre, est une caractéristique de l'œuvre de ton père,
je pense également à son roman en cours de rédaction La machine réalité. *Je n'entends pas ça au sens classique de la mé-*
tempsycose, mais plutôt dans le sens d'une sorte d'inter-
changeabilité du moi. Il me semble que dans ta poétique aussi
il y a quelque chose de ce genre, je pense au thème des per-
sonnes qui se retrouvent à l'improviste dans des lieux qu'elles
ne connaissent pas, dans La ballade de Quidam et Lambda, *ou*
au thème de ton projet L'égrégore, *où une identité arrive à en*
englober beaucoup d'autres... Est-ce qu'il y aurait donc quelque
chose de semblable? Ou bien, qu'est-ce que tu sens de différent?

...Quelque chose de la poétique de mon père fait partie de moi, c'est certain. Mais avec ce qui me vient de lui et ce que je tiens d'ailleurs, je catalyse quelque chose qui est sûrement quand même bien différent. D'ailleurs, de lui, je ne suis pas sûre d'avoir bien compris cette sensation qu'il me décrit sans cesse du caractère fortuit de son «moi» qu'il pourrait être cette per-sonne qui passe, qu'il y a un grand mystère à ce qu'il soit logé

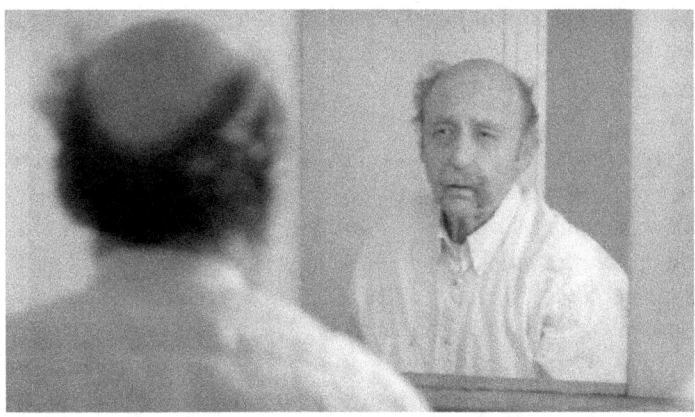

dans ce corps-là, avec ce «moi»-là plutôt qu'avec celui d'un autre ou dans celui d'un autre... Et cette sensation est au centre de ses préoccupations actuelles d'écriture et de cinéma. A ce propos, tu as sans doute raison de parler, au sujet de son roman *La machine réalité*, d'une migration du «moi», et la situation initiale du récit – celle d'un homme qui discute avec un inconnu dans un train et se trouve soudain échanger son «moi» avec celui de l'autre – a peut-être également à voir avec l'expérience de l'exil, qu'il a vécu, et moi non.

Peu de temps avant toute cette aventure de redécouverte de *Lettre à la prison*, j'étais allée filmer mon père dans la solitude de son appartement, alors qu'il était en train d'écrire un roman qui s'est appelé, un temps, *L'air entre les silhouettes*. Sous l'objectif de ma caméra, il a composé, entre autres, ce texte, effaçant certaines phrases, les corrigeant, les réécrivant:

«*Il est parfaitement inconcevable que je sois né, en tel point de l'univers et à tel moment précis, quelques milliards de siècles après le début, s'il y a eu un début. Et il serait tout aussi inconcevable que je naisse à nouveau. Mais pas plus !*

Car si, après des milliards et des milliards d'années pendant lesquelles je n'étais pas, les variations indéfinies de la matière

ont pu permettre un jour l'avènement de ce moi particulier qui
est moi, je ne vois vraiment pas pourquoi, dans des milliards
et des milliards d'années...

Le réel est-il fiable? Quand ce moi fortuit qui est moi se défera
pour se dissoudre dans tout l'être, rien n'interdit de supposer
qu'à la longue, de tout l'être, finisse par se condenser un autre moi fortuit qui sera moi, noyé dans la myriade des moi nais-
sant perpétuellement de l'être, et pour la première fois j'exis-
terai avec fragilité, comme cette fois-ci j'existe pour la première
fois. Et si jamais cette chose étrange m'arrive, rien n'interdit
non plus de penser qu'elle arrivera aussi à untel ou unetelle. Ce
sera aussi invraisemblable que sa naissance elle-même.

Mais pas plus!».

Or je viens de lui écrire que j'avais envie d'intégrer ce passage
de son ancien roman, jamais publié, dans le texte de mon dialogue avec toi.
Il m'a répondu:

«Pourquoi pas? Au moins ce sera imprimé noir sur blanc! C'est
cette vieille intuition que j'ai et qui, il me semble, n'a strictement
rien à voir avec la "transmigration des âmes" et autres fariboles,
c'est l'intuition que d'une part la mort de "ce moi qui est moi"
est totale, définitive, irrémédiable, absolue, et que d'autre part
il n'est pas tout à fait impossible (pas plus impossible que tant
de choses faussement banales qui chaque jour adviennent) que
naisse un jour (et non "re-naisse"!), que NAISSE un jour pour
la première fois "ce moi qui est moi". Un autre. Absolument un
autre. Mais un autre se vivant en tant que "moi qui est moi". Si
j'étais philosophe, je trouverais peut-être un système de pensée
adéquat pour exprimer ça moins confusément».

Mais ce qui m'importe, dans la tentative d'exprimer des intuitions indicibles, pour moi qui viens du documentaire, c'est de

constater que toute une part de ce qui constitue notre réalité ne peut advenir que par le recours, disons, au fantastique, et je trouve que le frottement réalité/imaginaire est bien plus fécond que l'opposition classique documentaire/fiction.

D'ailleurs, que dire de la réalité?... Que c'est un outil conceptuel, un consensus qui nous permet de vivre en commun, de nommer des mêmes noms les mêmes choses. Montréal, ça veut dire Mont-royal, mais ça pourrait aussi bien dire Mont-réel. Le mot réalité a-t-il la même racine que le mot royauté? En tout cas le réel constitue un outil de pouvoir, de gestion des consciences et des masses. Alors, plutôt que cette abstraction qui semble venir d'en haut et qu'on nous fait passer pour absolument incontestable, je préfère la notion d'*inter-subjectivité*. Dans ce cas, ce serait parce que nous sommes nombreux a témoigner de la présence d'une chose, qu'elle existerait bel et bien. Le plus bel exemple que j'en connaisse, et le plus célèbre, c'est la structuration du Nouveau Testament. Chacun des évangiles (et il y en a bien plus que les quatre que le Vatican a choisi de considérer comme véridiques) contribue à un faisceau de témoignages qui se corroborent en partie et qui, du fait de leur nombre, fonctionnent en relation les uns avec les autres, comme un faisceau de preuves, faisant émerger une figure du Christ en tant que figure réelle. Je précise que je raconte tout cela comme une amoureuse de ces textes mythologiques dont les principes actifs provoquent de grands mouvements intérieurs dans l'humanité à travers les âges, mais pas comme croyante.

D'ailleurs ce que je raconte pourrait se dire d'une autre manière: que le mystérieux événement commun dont ces témoins ont éprouvé le besoin de parler a été celui d'un virage intérieur, vécu intimement par chacun d'eux et appelé à agir au dedans de la pensée humaine. Il y a des mythologies partagées par le nombre qui nous agitent, nous «agissent», sont capables d'infléchir une partie de nos trajectoires de vie.

Les personnages des films auxquels je travaille en ce moment évoluent dans les marges: précarité, extrême solitude. Si on

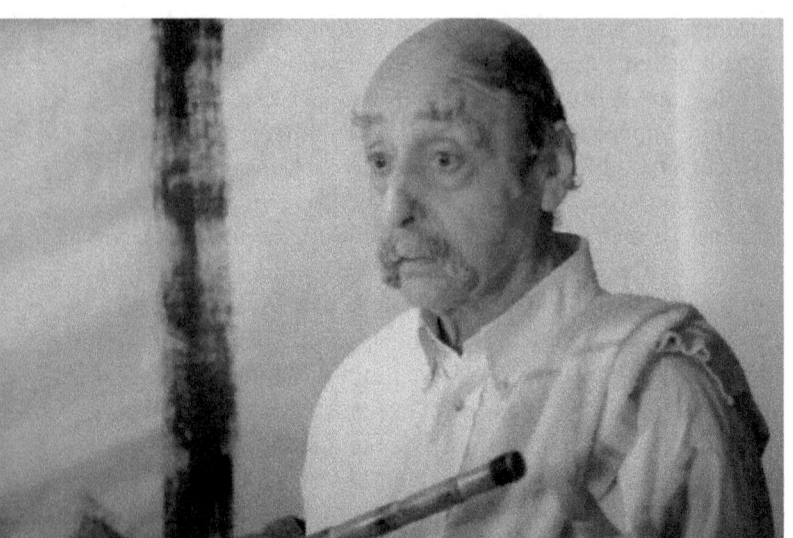

comparait la société à un grand cerveau, ils en occuperaient
les zones d'ombre, les zones de l'inconscient.

Récemment, prolongeant notre duo, avec Nicolas Le Bras nous
avons terminé le montage du film *La ballade de Quidam et
Lambda*, tourné en pleine rue auprès d'un groupe de personnes
s.d.f. ou pas. Et nous avions choisi, plutôt que de récolter leurs
histoires personnelles, de les entraîner dans l'élaboration d'un
récit de légende collective. Ceci nous éloignait du mélo des vies
brisées, tout en protégeant les personnes filmées contre la tentation d'une confession. Ayant recours au récit d'une légende,
nous touchions davantage à ce qu'il nous intéressait de découvrir: une mythologie commune à travers laquelle un groupe
se meut, et qui infléchit activement, de l'intérieur, les trajectoires
personnelles. D'ailleurs nous ne nous excluions pas de ce
groupe, et ce n'est sans doute pas un hasard si, nous voyant
venir à leur rencontre comme un couple de cinéastes, ils ont
forgé pour nous, peu à peu, d'improvisations en nouvelles improvisations narratives, une histoire d'amour: celle de «Quidam»
et de «Lambda». A l'écran, les visages se succèdent, racontant
chacun une bribe du même récit, celui de ce couple de person-

nages imaginaires – et le spectateur est tenté de se dire: peut-être est-ce lui Quidam, peut-être est-ce elle Lambda ? Car chacune des vingt personnes abordées a valeur de facette, et ce dont témoigne leur histoire touche à ce qu'ils ont en commun. C'est le récit d'un collectif plutôt que d'une somme d'individus. Une possible rencontre entre la fiction et l'anthropologie.

...Le caractère relatif du «moi», l'importance de la relation. La création d'une réalité collective. Une œuvre magique, parce qu'active.

...On aurait pu imaginer que, depuis des millénaires, les civilisations, au lieu d'avoir valorisé progressivement en elles la tendance à l'individuation, aient construit toute leur histoire autour d'une valorisation progressive de l'homologie entre les personnes, considérant chaque avancée vers cette liaison comme un événement historique, les événements et les actions se propageant comme en échos multiples, décuplant peut-être la puissance de chacun à travers cette grande masse vivante, pour ainsi dire océanique...

En 2008, avec Nicolas Le Bras, nous fondions ce qui allait devenir une structure de production et, au début, n'était encore qu'une structure de soutien aux jeunes auteurs: Batoutos.

«Ce nom, nous l'avions tiré d'un roman d'Edouard Glissant, Sartorius, ou le roman des Batoutos. Il s'agit de l'histoire d'un peuple "invu" (et non pas invisible: un peuple dont on ne retient pas l'histoire, dont l'existence n'est pas prise en considération par les tenants du pouvoir, par les patrons de la représentation, par les maîtres de la langue dominante – langue orale, ou artistique plus généralement). Ce peuple "invu" part d'un lieu inconnu, en Afrique, pour aller se répandre dans le monde au gré des soubresauts de l'histoire (déportations esclavagistes, migrations...). Le récit de Glissant débute il y a 500 ans dans un climat de pure mythologie et se termine à l'époque actuelle, sous forme documentaire.

Puisque rares sont les personnes qui naîtront et mourront au même endroit, les mouvements migratoires, souhaités ou su-

bis, constituent un sort commun. Alors oui, les questions d'exil, et de mutation de la personnalité qui en découlent, deviennent centrales. Et, en art, elles impliquent la création de nouveaux chants. Qu'est-ce que ces identités éclatées peuvent créer qui leur soit commun? Comment, en tant qu'artiste, chanter la multitude? Comment tenter de créer ou de présenter ces nouvelles personnalités collectives?» (dixit Nicolas).

...Pendant l'hiver 2011, sur la place Tahrir, chaque jour et chaque nuit une foule immense était attroupée sous l'œil fixe des caméras des journalistes. On pouvait entendre la foule tout entière qui articulait distinctement les mêmes phrases, d'une voix inouïe...

...Cela pourrait ressembler à un programme: celui de développer des langages aptes à faire entendre une parole émanant du nombre, de préférence à une parole individuelle, ou autant qu'une parole individuelle – et c'est une chose difficile, parce que très généralement inexplorée par le cinéma et, de ce fait, difficilement admissible par ses financeurs, qui préfèrent toujours les formes mettant à l'honneur la figure individuelle, héros, anti-héros, ou expression individuelle de la choralité, confrontant des situations vécues par des personnages bien distincts.

...Le processus inconscient d'une foule qui grandit, s'hystérise, s'agite follement enfin en un mouvement pré-politique, tel est le sujet du film que je m'apprête maintenant à tourner, *L'égrégore.*

L'aria tra le silhouette

intervista a Chloé Scialom, a cura di Silvia Tarquini

traduzione di Nidia Natalini

Chloé, conoscevi la storia di tuo padre e i suoi tentativi di fare cinema prima di trovare in casa le bobine di Lettre à la prison*? Anche tu sei una cineasta. Questo ha avuto origine dalla storia di Marc o è accaduto indipendentemente? Sapevi del Leone d'argento a* Exils *nel '72, avevi visto* La parole perdue *prima di provare curiosità per le bobine di* Lettre à la prison*?*

Naturalmente conoscevo la storia di mio padre. E come altri figli di emigrati, di "esiliati" come direbbe lui, provavo il bisogno di incidere nella mia memoria il più possibile i particolari della sua vita, della quale mi sentivo garante, colei che un giorno ne avrebbe trasmesso il racconto ai propri figli, spiegando il perché della loro nascita qui piuttosto che là.

Per molti aspetti il percorso di mio padre mi sembrava quasi una leggenda. Perché il suo presente mal rifletteva gli "strati" precedenti della sua vita. Una vita discontinua, fatta di una successione di fratture e di nuovi inizi. Ho scoperto recentemente, con *Lettre à la prison* nel 2005, quanto l'esperienza della rottura, della discontinuità vissuta, si riflettesse nel suo linguaggio, sotto forma di discontinuità del montaggio.

Difficile immaginarlo crescere in Tunisia, avere l'italiano come lingua madre, poi inebriarsi delle tragedie di Racine, che leggeva ad alta voce in un francese colorato di un forte accento magrebino, lui che ormai aveva completamente perso quell'accento. Ugualmente difficile immaginarlo giornalista e poi cineasta, prima che lasciasse tutto questo. I miei primi ricordi sono di lui che lavora ogni notte alla tesi sulla *Divina Com-*

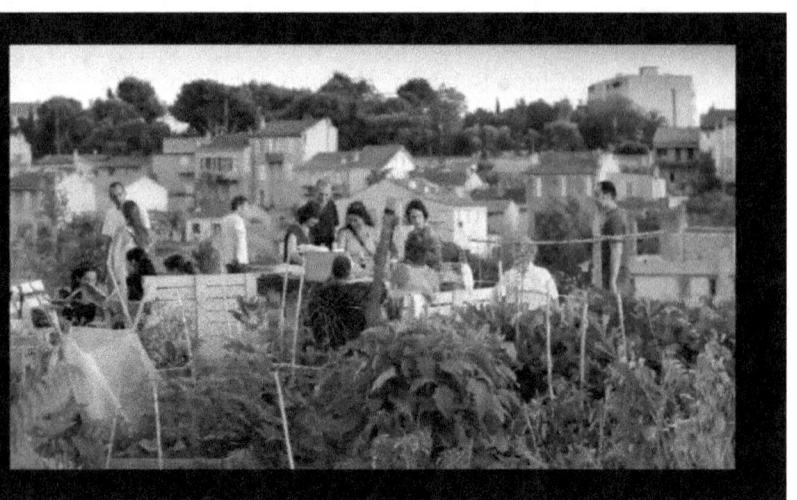

media, tesi che lo ha impegnato per sette anni e lo ha portato, a 54 anni, a diventare insegnante. In quel periodo, per guadagnarsi da vivere, faceva il segretario all'università.

Quello che mi trasmetteva di più, infatti, era il suo amore per la letteratura. Quando ero piccola, prima di dormire, mi raccontava ogni sera un episodio dell'*Iliade* o dell'*Odissea*. Più tardi, avevo 12 anni, si è impegnato nella traduzione della *Divina Commedia*. Mi faceva rileggere via via ogni canto, ne parlavamo, discutevamo il suo lavoro. Tutti questi racconti epici di viaggio contribuivano a comporre ai miei occhi la sua figura, la sua immagine.

Ma di cinema non se ne parlava più. Lo smacco era stato troppo bruciante. Per questo non abbiamo visto i film degli anni '80 né conosciuto il loro valore. A partire dall'inizio dei '90, con l'arrivo delle videocassette, mi ha fatto scoprire le opere che lo avevano segnato in passato: Godard, Renoir, Antonioni, Pasolini... un centinaio di film che abbiamo guardato più e più volte.

Senza avere ormai contatti diretti con il lavoro nel cinema, mio padre tuttavia condivideva con noi il piacere della visione. A casa avevamo un telescopio, con il quale guardavamo i crateri della luna, e soprattutto un microscopio. Osservavamo vibrare gocce di sangue, di latte, e campioni di acqua stagnante prelevati dalle pozzanghere. Lui continuava ad amare tutti gli obiettivi, gli apparecchi fotografici, le lenti. Un giorno, rovistando in un mobiletto a casa di mia madre, ho trovato in un cassetto una medaglia dimenticata, quella del Leone d'argento del Festival di Venezia, che premiava il suo film *Exils*, e gliel'ho restituita. Era una testimonianza lontana, una prova, in qualche maniera.

Dopo la riscoperta di *Lettre à la prison*, mentre facevo il conto dei negativi ritrovati (circa il 40% del film) e dei pezzi di copie positive in vista del restauro, ho iniziato una ricerca nei laboratori di Parigi con i quali mio padre era stato in rapporto, per capire dove poteva essere rimasta una copia di *Exils*. È stato un duro lavoro, perché molti laboratori erano stati chiusi e avevano ceduto i loro archivi... So che è stata la Argos-Films a procurarcene una copia... e in seguito è stata Nedjma, la prima moglie di mio padre, a inviarci la copia di *La parole perdue* che conservava da sempre, avendo lavorato nel film come montatrice.

Ma tutto questo, prima di *Lettre à la prison*, sembrava irreale. E quando nel 1999, con Nicolas Le Bras, abbiamo girato in Bosnia il nostro primo film (*Qui ça, personne?*) non pensavo in particolare di prolungare un'attività cominciata da mio padre. Semplicemente quel passato era troppo lontano.

Ma lui è venuto, spesso, a seguire le tappe del nostro montaggio, e i nostri scambi si sono prolungati intorno a quel nuovo progetto.

Come è successo che sei stata coinvolta direttamente per Nuit sur la mer*? Avevi già collaborato direttamente prima di allora con tuo padre?*

Thomas Ordonneau, il direttore di Shellac, si era installato nei locali del Polygone Etoilé proprio nel momento del nostro arrivo con *Lettre à la prison*. Avendo seguito anche lui passo

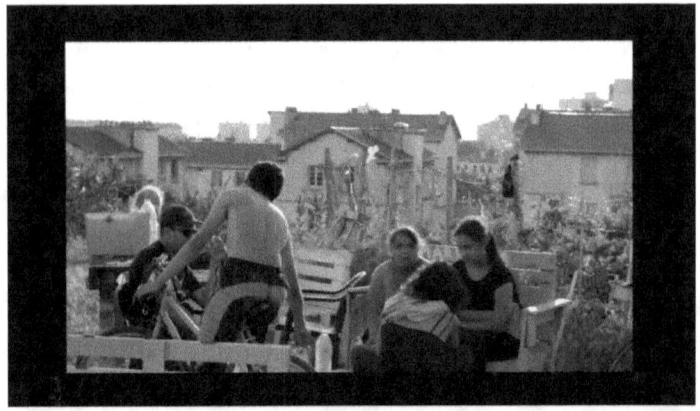

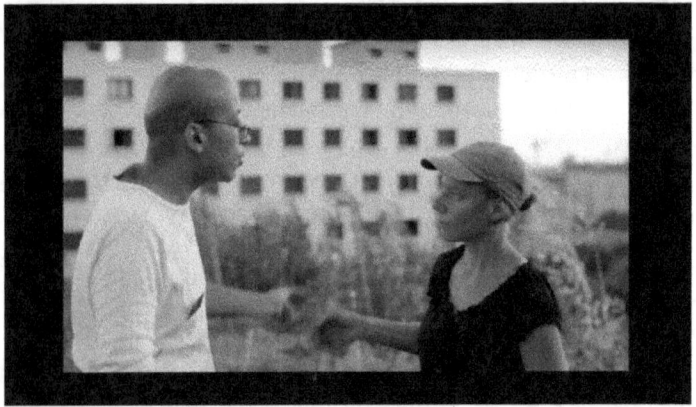

passo le tappe della scoperta di questa perla dimenticata dal cinema, ci ha lasciato capire che se avessimo trovato i mezzi per finanziarne il restauro avrebbe distribuito il film nelle sale francesi. Le varie tappe per arrivare al restauro si stavano succedendo velocemente. Qualcosa stava rifiorendo là dove nessuno più l'aspettava, qualcosa che non aveva mai avuto il diritto di esistere rinasceva.

In questo contesto sbalorditivo, d'un tratto ho sentito mio padre dichiarare che preferiva la scommessa del presente a ogni nostalgia del passato. L'ho visto rimettersi al lavoro e cominciare la sceneggiatura di un nuovo film intitolato, allora,

Le citronnier. La stesura è stata veloce. Metteva in scena due personaggi, un'Ebrea e un Arabo, e un alberello, un limone, emblema della loro relazione fatta insieme di desiderio e di asprezza.

Personalmente ero un po' scettica, divisa tra il piacere, da una parte, di vedere mio padre riprendere vita e, a 73 anni – un'età in cui ci si lascia capire che non abbiamo più alcuna utilità per i nostri contemporanei – prepararsi alla realizzazione di un nuovo film, improvvisamente colmo di energia e di entusiasmo, e, dall'altra, la sgradevole sensazione che la sua sceneggiatura fosse un monolito, interamente mirata alla messa in scena di un simbolo troppo semplice, sorretta da una scrittura piuttosto rigida e teatrale. E mi chiedevo se avesse completamente dimenticato ciò che l'aveva portato a elaborare la scrittura, in linea di massima miracolosa, del suo vecchio film *Lettre à la prison*, o se invece una successione di sorprese mi avrebbe guidato a comprendere come aveva fatto a costruire quel linguaggio particolare.

Mi ricordo che in quel periodo, e anche dopo, durante le riprese, litigavamo molto. Non riuscivo a capire perché lui non desiderasse esprimere che questo, dopo tanto silenzio. Mi diceva che intendeva parlare delle relazioni tra Musulmani ed Ebrei a Marsiglia, ma questa sua stringente necessità mi sembrava limitata. Gli dicevo che forse senza saperlo aveva piuttosto desiderio di parlare delle relazioni tra gli esseri umani, in generale, e delle sue con gli altri, in particolare. Di questa divergenza tra noi ha tratto una scena, la prima scena improvvisata del film, in cui mangiavamo insieme sulla terrazza di Anne [Lévy] e affrontavamo le componenti di questa divergenza. Ma poi, al montaggio, non l'ha conservata.

Ora, le consultazioni che aveva cominciato presso vari produttori restavano senza seguito ed è stato necessario progettare le riprese senza alcun sostegno finanziario, all'infuori del prestito che aveva chiesto in banca. Io mi sono improvvisata assistente, assemblando il materiale e la troupe, e poi, al momento delle riprese, operatrice. La troupe che si stava costituendo era composta in gran parte da amici, e poi da amici di amici, di membri della famiglia. Anne, l'attrice che recita il ruolo della donna ebrea, è figlia di una cugina di mio padre, la segretaria di produzione era mia sorella Bérengère, venuta apposta da Lione, e l'assistente al missaggio era Christophe, il suo compagno. C'erano poi dei tecnici ancora studenti, che venivano a fare pratica.

Abbiamo girato questa breve fiction in un mese, d'estate, nell'appartamento di Anne e sulla sua terrazza, dalla prima all'ultima scena. E tutto finiva lì.

Ma per lui non era che l'inizio. Durante l'intero anno che è seguito a quell'estate 2007, la sua smania di girare cresceva. E siccome non dominava gli strumenti digitali aveva continuamente bisogno di un operatore che filmasse per lui. Raccoglieva elementi documentari, e le riprese per le strade di Marsiglia, principalmente nel quartiere Belsunce, sembravano non dover finire mai. Io oramai non seguivo che da lontano, occupata in altre attività. Lui girava con chi era disponibile, e tutto il mio entourage marsigliese era senza sosta chiamato a contribuire. In conseguenza di questo, per filmare, è stato utilizzato ogni tipo di camere possibili. Gli apporti si accumulavano, interviste, descrizioni, monologhi scritti, registrazioni audio. E ogni conversazione sembrava aprire nuove piste per il suo film, il cui contenuto si allargava sempre di più. Questa situazione di continue riprese è durata circa due anni.

Era ormai il 2009 e Thomas Ordonneau, forte dell'esperienza piuttosto positiva della diffusione di *Lettre à la prison*, ha deciso di produrre *Le citronnier*. Per mettersi al lavoro si è imposta una nuova fase di scrittura, perché Thomas aveva bisogno di una sceneggiatura definitiva. Mio padre dunque si è messo a trascrivere di nuovo i suoi materiali e a trattarli come per un montaggio su carta. È in quel periodo che ho ricominciato a impegnarmi accanto a lui nel lavoro. Andavo regolarmente a casa sua, perché anche lui partecipava alla scrittura di una sceneggiatura che stavo iniziando, *L'égrégore*, e alternavamo, lavorando un po' sulla mia, un po' sulla sua.

Ciò che è venuto a galla durante quest'ultima scrittura è stata la necessità di una nuova immissione di fiction che potesse amalgamare tutti i materiali eterogenei racimolati fin lì. Interessato alla *mise en abîme*, alle scatole cinesi, mio padre ha immaginato la situazione di un vecchio cineasta un po' folle, un po' confuso e sull'orlo dell'amnesia, che convoca presso di sé una parte della sua troupe, anni dopo le riprese del suo film, per sottoporre a tutti i suoi dubbi e le sue difficoltà a sistemarne i vari elementi. Questo confronto fa risorgere i ricordi di tutta una vita, intrecciati al tema, evocato dal film, della pluralità identitaria a Marsiglia – un melting-pot vicino per molti aspetti a quello della Tunisia degli anni '60 – e in particolare delle relazioni tra Ebrei e Mussulmani. Ciò che mi interessava di più era approfondire ciascuno dei personaggi, specialmente il suo, con dettagli realistici, improvvisazioni documentarie e pure invenzioni. Allo stesso tempo perfezionavamo gli elementi tra il comico e il drammatico. Per rappresentare un modo di essere al mondo che riflettesse il suo, il personaggio di mio padre doveva essere una specie di roccia, un blocco. Doveva mostrare agli altri i "pezzi" del suo mondo interiore, anche quelli in pericolo, anche quelli che rischiavano di scomparire, in maniera così forte da spingerli, per reazione, ad un'altalena tra apertura e resistenza, e in modo da costringerli a scolpire, man mano, la roccia che lui rappresentava. Ho visto mio padre, dopo che il progetto era partito, riciclare assolutamente tutto, comprese le critiche fatte al suo film e ai suoi metodi di lavoro, e integrarle nel film.

...E poi c'è stata la morte di Mohamed, Mohamed Aïssa, che oltre ad essere il futuro assistente di mio padre nelle riprese in preparazione e uno degli attori di quest'ultima fase del film, era uno dei nostri più cari amici, mio e di Nicolas. La sua morte è stata brutale, per un aneurisma, dieci giorni prima delle riprese anche di un altro film – *Babis!* di Niccolò Manzolini, che la nostra associazione, Batoutos, aveva in produzione e di cui era uno degli attori principali – e un mese prima delle ultime riprese di *Nuit sur la mer* (da qualche tempo aveva preso questo titolo...). Nel dolore e nell'urgenza è stato necessario ripensare la scrittura dei due film; e per tutti e due è stato deciso che il personaggio di Mohamed non sarebbe stato cancellato, né rimpiazzato, ma che al contrario la sua morte sarebbe stato integrata nella drammaturgia dei due film. Il tema della morte, più ancora di prima, planava su *Nuit sur la mer*. La morte di Mohamed e, in prospettiva, la morte del personaggio del vecchio cineasta.

È molto evidente che questo film ha continuato ad essere scritto in tutte le sue fasi, nel corso delle riprese, a seconda degli incontri, in vari copioni successivi, e poi in varie fasi di montaggio... e fino al missaggio: mio padre registrava e ancora aggiungeva parole. Tutto questo non è stato frutto del caso, ma piuttosto di un pensiero che si formava nella sistemazione dei materiali concreti e in un andare e venire tra il pensiero intimo e i dati del mondo. Non premeditata, questa estetica della stratificazione, della discontinuità temporale, della frattura o del rifacimento si è introdotta di mese in mese e di anno in anno ogni volta un po' di più nel film, beneficiando della diversità e degli incidenti generati dalla realtà e dal tempo trascorso, come senza dubbio era stato per *Lettre à la prison*. Una estetica dunque, un linguaggio derivante forse in buona parte dalla scomodità, dalle mancanze nelle condizioni della sua realizzazione.

Il tema di un "io" mutante, che quasi "migra" da un'identità all'altra, è una caratteristica dell'opera di tuo padre, penso anche al suo romanzo in corso di stesura La machine réalité. *Non intendo nel senso classico della metempsicosi ma nel senso, piuttosto, di una sorta di intercambiabilità dell'io. Mi sembra che nella tua poetica ci sia qualcosa di simile, penso al tema di persone che si ritrovano improvvisamente in luoghi che non conoscono, in* La ballade de Quidam et Lambda, *personaggi i cui nomi sono significativi in questo senso, o al tema del tuo progetto* L'égrégore, *in cui un'identità arriva a com-*

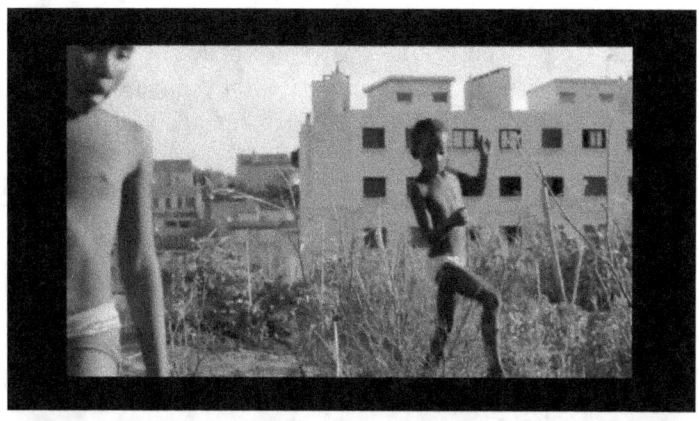

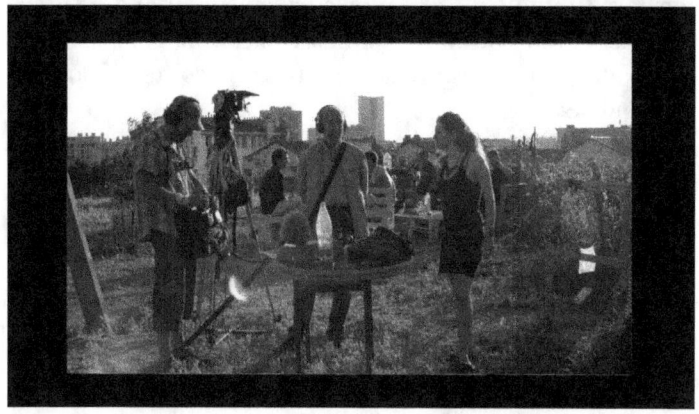

*prenderne molte altre... C'è dunque una somiglianza? O cosa
senti di diverso?*

Qualche cosa della poetica di mio padre fa parte di me, certo.
Ma da quello che mi viene da lui e da quello che mi viene da
altro catalizzo qualcosa che è sicuramente ben diverso. D'altronde, non sono certa di aver capito bene la sensazione, che
mi descrive continuamente, di un carattere fortuito del suo
"io". Mi dice di sentire che potrebbe essere una qualsiasi altra
persona, chiunque passi per strada, che per lui è un gran mi-
stero il fatto di essere "collocato" in quel corpo-lì, con

quell'"io" lì piuttosto che con quello di un altro o di un altro ancora... Questa sensazione è al centro delle sue preoccupazioni attuali di scrittura e di cinema. Hai probabilmente ragione nel parlare, a proposito del suo romanzo *La machine réalité*, di migrazione dell'"io", e la situazione iniziale del racconto – quella di un uomo che conversa con uno sconosciuto in un treno e a un tratto trova il suo "io" scambiato con quello dell'altro – è forse da collegare all'esperienza dell'esilio, che mio padre ha vissuto, mentre io no.

Poco tempo prima dell'avventura della riscoperta di *Lettre à la prison* ero andata a filmarlo, nella solitudine del suo appartamento, mentre stava scrivendo un romanzo che per qualche tempo si è intitolato *L'air entre les silhouettes* (L'aria tra le silhouette). Sotto l'occhio della mia camera, ha composto, tra l'altro, questo testo, cancellando certe frasi, correggendole, riscrivendole:

«*È perfettamente inconcepibile che io sia nato, in tale punto dell'universo e in tale momento preciso, qualche miliardo di secoli dopo l'inizio, se c'è stato un inizio. E sarebbe altrettanto inconcepibile che io nasca di nuovo. Ma non di più!*

Poiché se, dopo miliardi e miliardi di anni durante i quali io non ero, le variazioni indefinite della materia hanno potuto permettere un giorno l'avvento di questo io particolare che sono io, non vedo affatto perché, fra miliardi e miliardi di anni...

Il reale è affidabile? Quando questo io fortuito che sono io si disferà per sciogliersi in tutto l'essere, niente m'impedisce di supporre che alla lunga, da tutto l'essere, finisca per condensarsi un altro io fortuito che sarà io, annegato nella miriade degli io perpetuamente nascenti dall'essere, e per la prima volta esisterò con fragilità, come questa volta qui esisto per la prima volta. E semmai questa cosa strana mi succederà, niente impedisce neppure di pensare che succederà anche a quello o a quella tale. Sarà inverosimile come la sua stessa nascita.

Ma non di più!».

Ora gli ho appena scritto che avevo voglia d'inserire qui questo passo del suo vecchio romanzo, mai pubblicato. Mi ha risposto:

«Perché no? Almeno sarà stampato nero su bianco! Da parecchio tempo ho quell'intuizione, che, mi pare, non ha niente a che fare con la "trasmigrazione delle anime" e altre stupidaggini, l'intuizione che, da una parte, la morte di "questo io che sono io" sarà totale, definitiva, irrimediabile, assoluta, e, d'altra, che non sia affatto impossibile (non più impossibile di tante cose falsamente banali che ogni giorno avvengono) che un giorno nasca (e non ri-nasca!), che NASCA un giorno per la prima volta "questo io che sono io". Un altro. Assolutamente un altro. Ma un altro che si vivrà in quanto "io che sono io". Se fossi un filosofo, troverei forse un sistema di pensiero adeguato per esprimere questi concetti meno confusamente».

Quello che mi sta a cuore, nel tentativo di esprimere intuizioni ineffabili, per me che vengo dal documentario, è constatare che tutta una parte di quello che costituisce la nostra realtà avviene con il ricorso, diciamo, al fantastico, e trovo che l'attrito reale/immaginario sia ben più fecondo che non la classica opposizione documentario/finzione.

Inoltre, della realtà cosa si può dire?... Che è uno strumento concettuale, un consenso che ci permette di vivere in comunità, di nominare con gli stessi nomi le stesse cose. Montréal, questa parola significa Mont-royal (Monte del re), ma potrebbe anche significare Mont-réel (Monte della realtà). La parola réalité (realtà) ha la stessa radice della parola royauté (regalità)? Ad ogni modo il reale costituisce uno strumento di potere, di gestione delle coscienze e delle masse. Allora, piuttosto che quest'astrazione che viene dall'alto e che ci presentano come assolutamente incontestabile, preferisco la no-

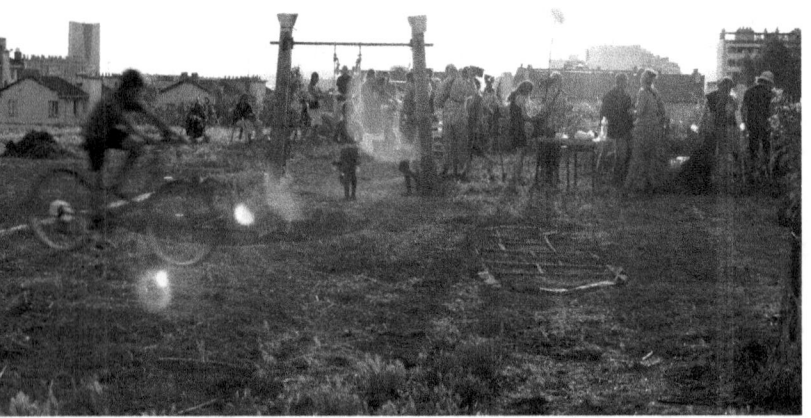

zione di *inter-soggettività*. È perché siamo in molti a testimoniare la presenza di una cosa che questa cosa esiste. Il più bell'esempio che conosca di tutto questo, e il più "celebre", è la struttura del Nuovo Testamento. Ciascuno dei vangeli (e ce ne sono ben più dei quattro che il Vaticano ha scelto di considerare veridici) contribuisce a un fascio di testimonianze che si corroborano a vicenda e che funzionano in relazione le une con le altre, come un insieme di prove, facendo emergere una figura di Cristo reale. Preciso che sto dicendo tutto questo non in quanto credente, ma come amante di quei testi mitologici, i cui principi hanno suscitato grandi moti nell'umanità attraverso i secoli.

Si potrebbe dire in altro modo: il misterioso avvenimento di cui quei testimoni hanno provato il bisogno di parlare è stato l'accadere di una svolta interiore, vissuta intimamente da ciascuno e chiamata ad agire all'interno del pensiero umano. Ci sono delle mitologie condivise che ci agitano, ci "agiscono", sono capaci di incidere su una parte delle traiettorie delle nostre vite.

I personaggi dei film su cui sto lavorando si evolvono ai "margini": precarietà, estrema solitudine. Se si paragonasse la società a un grande cervello, occuperebbero le zone d'ombra, le zone dell'inconscio. Recentemente, prolungando il nostro duetto, io e Nicolas Le Bras abbiamo terminato il montaggio del film *La ballade de Quidam et Lambda*, girato in strada presso un gruppo di persone senza (ma anche con) fissa dimora. Piuttosto che raccogliere le loro storie personali abbiamo scelto di condurre queste persone a elaborare il racconto di una leggenda collettiva. Questo ci allontanava dal melodramma delle loro vite stroncate, proteggendole inoltre dalla tentazione di confessarsi. Ricorrendo al racconto di una leggenda, ci avvicinavamo di più a quello che ci interessava scoprire: una mitologia comune attraverso la quale un gruppo evolve, e che agisce attivamente, dall'interno, sulle traiettorie personali. Inoltre c'è da dire che non ci escludevamo da quel gruppo, e probabilmente non è stato un caso se, vedendo che andavamo loro incontro come coppia di cineasti, abbiano inventato per noi, a poco a poco, con sempre nuove improvvisazioni narrative, una storia d'amore: quella di «Quidam» e di «Lambda». Sullo schermo, i visi si susseguono, ognuno raccontando un brandello della stessa storia, la storia di quella coppia di personaggi immaginari. E lo spettatore è tentato di dire tra sé e sé: forse è lui Quidam, forse è lei Lambda? Perché ciascuna delle venti persone coinvolte ha il valore della faccia di un diamante, e quello che la loro storia testimonia riguarda ciò che hanno in comune. È un racconto immaginato da una collettività piuttosto che il racconto di una somma di individui diversi. Un possibile incontro tra finzione e antropologia. ...Il carattere relativo dell'"io", l'importanza della relazione. La creazione di una realtà collettiva. Un'opera magica, perché attiva...

Si potrebbe immaginare che le civiltà, da millenni, invece di valorizzare sempre di più la tendenza all'individualizzazione, avessero costruito tutta la loro storia intorno alla valorizzazione progressiva dell'omologia tra le persone, considerando ogni progresso verso questo legame come un evento storico. In tal modo eventi e azioni si sarebbero propagate in echi molteplici, decuplicando la potenza di ognuno attraverso quella grande massa viva, per così dire, oceanica...

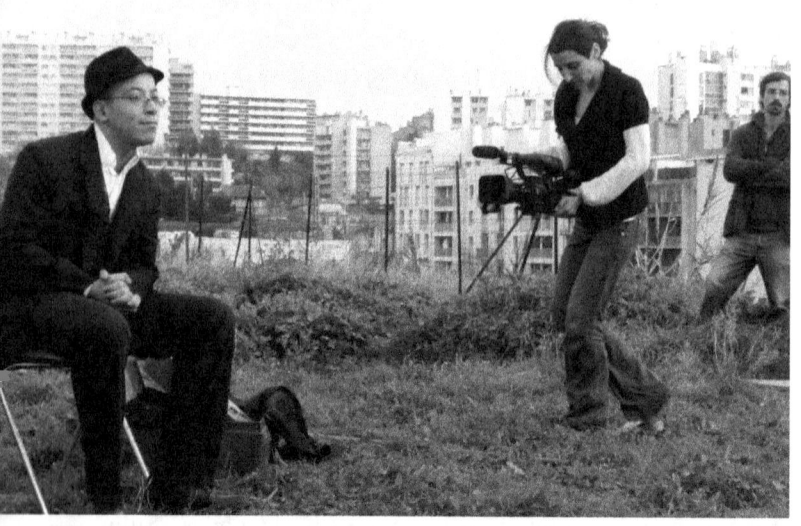

Nel 2008, con Nicolas Le Bras, fondavamo quella che sarebbe diventata una struttura di produzione. All'inizio era semplicemente una struttura di sostegno ai giovani autori: Batoutos.

«Quel nome, l'avevamo tratto da un romanzo di Edouard Glissant, Sartorius, ou le roman des Batoutos. *Si tratta della storia di un popolo "non visto" (e non "invisibile": un popolo di cui non si conserva la storia, la cui esistenza non è presa in considerazione dal potere, dai padroni della rappresentazione, dai maestri della lingua dominante, lingua parlata, o linguaggio più in generale). Quel popolo "non visto" parte da un luogo sconosciuto, in Africa, per diffondersi nel mondo a seconda degli scarti della storia (deportazioni schiaviste, migrazioni...). Il racconto di Glissant comincia 500 anni fa in un clima di pura mitologia e arriva all'epoca attuale, alla nostra Storia, acquistando un linguaggio documentario.*
Poiché rare sono le persone che nasceranno e moriranno nello stesso luogo, i movimenti migratori, naturali o subiti, costituiscono una sorte comune. Allora sì, le questioni dell'esilio,

e delle mutazioni delle identità, diventano centrali. E, in arte, implicano la creazione di canti nuovi. Che cosa possono creare queste identità esplose che sia loro comune? Come, in quanto artista, cantare la moltitudine? Come tentare di creare o di mostrare queste nuove personalità collettive?» (dixit Nicolas).

...Durante l'inverno del 2011, sulla piazza Tahrir, ogni giorno e ogni notte una gran folla era ammassata sotto l'occhio fisso delle macchine da presa dei giornalisti. Si poteva udire l'intera folla articolare distintamente le stesse frasi, con una voce fantastica...

...Potrebbe somigliare a un progetto: quello di sviluppare dei linguaggi idonei a far sentire la parola emanante dalla moltitudine, al posto della parola individuale. È una cosa difficile, perché inesplorata dal cinema e, per questo, difficilmente ammissibile da parte dei suoi finanziatori, che preferiscono la figura individuale, eroe, anti-eroe, o espressione individuale della coralità, confrontando delle situazioni vissute da personaggi ben distinti.

...Il processo non cosciente di una folla che cresce, diventa isterica, si agita "follemente" in un movimento pre-politico, è questo il soggetto del film che mi accingo a girare, *L'égrégore*.

Marc Scialom. L'Io errante

di Silvia Tarquini

> Les classifications par groupes sont toutes fausses.
> (*Le classificazioni per gruppi sono tutte false*).
> Marguerite Yourcenar, citata in *Nuit sur la mer* (2012)

Ulisse senza Itaca

Nuit sur la mer trova la sua chiave dopo la morte improvvisa e prematura dell'attore e collaboratore Mohamed Aïssa – una vita di impegno per la causa dei senza documenti. Il film è dedicato «ai senza ritorno, agli Ulisse senza Itaca che più volte muoiono e rivivono». Dopo la morte di Mohamed, Scialom riscrive completamente, insieme alla figlia Chloé, la sceneggiatura del suo progetto originario, *Le citronnier* (l'albero di limone), una storia in chiave comica sugli attriti tra Arabi ed Ebrei. Lo "rifonda", mettendosi in scena in prima persona e mettendo in campo il proprio "io" ebraico. Un io ormai molteplice, disintegrato, contraddittorio: «Che cosa sono? Un Ebreo italiano nato a Tunisi? Un cineasta? Un falso cineasta, che tenta di fare un film che aveva iniziato e abbandonato tre anni prima, mi ci rimetto adesso, si chiamava *Le citronnier*, forse cambierà titolo, e... quando ho detto tutto questo, non so nemmeno... non ho detto niente...».

Al fondo della ribellione – è una sorta di ribellione quella narrata dal film, ribellione all'oblio, alla rimozione –, è l'italiano la lingua "naturale" in cui il Marc-personaggio si esprime: «Chi sono questi? Io non sto qui... Sto marinando la scuola... Sono altrove, eh!».

Anche in Tunisia i Tedeschi, quando lui era bambino, nel '43, preparavano ghetti e forni crematori. Il padre gli intimava:

«Non dire mai che sei ebreo!». Ma non bastò a salvarsi... Dopo la guerra, durante il periodo dell'"epurazione", il padre di Scialom fu perseguitato in quanto italiano, in base all'equivoco italiano = mussoliniano, tanto che fece prendere a tutta la famiglia la nazionalità francese. E infine per Marc, da Francese, meglio abbandonare la Tunisia per la Francia dopo le atrocità commesse dai Francesi nella strage di Biserta (1961), sconfinamento del conflitto franco-algerino.

Queste mutazioni identitarie inflitte dalla Storia si riflettono in tutta l'opera di Scialom, cinematografica e letteraria. Si riflettono nell'empatia con un compagno direttamente coinvolto nella strage di Biserta, la cui tragica storia spinge Scialom a realizzare *La parole perdue* (1969). Si riflettono nell'empatia con l'esule arabo Tahar Aïbi, protagonista di *Lettre à la prison* (1969-1970), il film "mancato", "mancante" alla Nouvelle Vague, negato alla storia del cinema fino al 2008, data del suo ritrovamento, restauro e presentazione al Festival International du Documentaire di Marsiglia, dove ottiene la Mention spéciale du Groupement National des Cinémas de Recherche. Tornano ancora oggi nel romanzo in fieri *La machine réalité* (in corso di scrittura), narrazione esplicita di trasmigrazioni e scambi di identità. E si evincono dal suo rapporto con le lingue e dal suo destino di "traduttore": Scialom è traduttore francese della *Divina Commedia*, per le edizioni Le Livre de Poche (1996). «Le lingue mi attraversano e mi lasciano. La mia lingua materna, quell'italiano che ho parlato con la Nonnina, che ho poi dimenticato, ma che molto più tardi ho saputo insegnare ad alto livello all'università, lo sto perdendo di nuovo e me ne vergogno. Mi pare di possedere quasi perfettamente il francese ma, parlandolo e scrivendolo, ho talvolta l'impressione strana, affascinante, di tradurre... da quale altra lingua?». Se Dante è l'esiliato per eccellenza a cui Scialom dedica i suoi studi una volta abbandonato il cinema, e il tramite biografico profondo per ancorarsi alla propria identità italiana – la bisnonna gli recitava la *Commedia* con accento toscano –, Ulisse è il *segno* in cui, con *Nuit sur la mer*, il regista *revenant* rie-

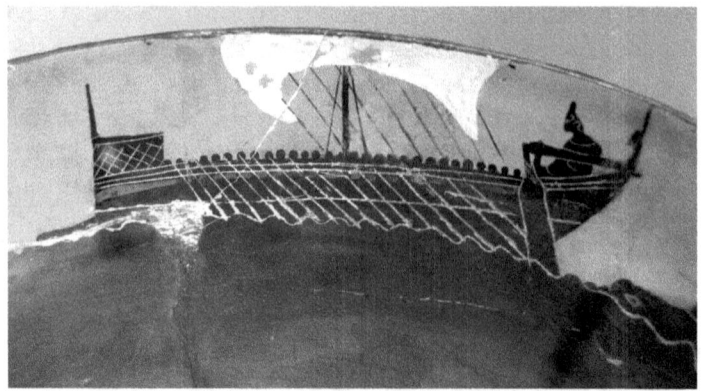

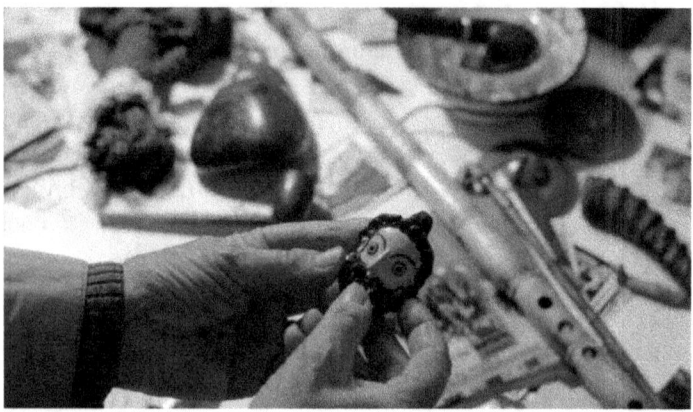

sce ad "inscriversi", a raccontarsi, a far emergere i suoi traumi.
Per "dirsi" in quanto ebreo Scialom trova un paradigma in
Ulisse, l'"errante". E sembra compiere un passaggio: da "esule",
afasico, a "viaggiatore": assetato di conoscenza, libertà, utopia. Il "viaggiatore" di Baudelaire "legge" Omero, Dante, Co-
lombo.
Come scrive Piero Boitani ne *L'ombra di Ulisse*, Ulisse è eroe
della metamorfosi e insieme della continuità, simbolo di una
civiltà fondata sul mare, è Uno, Nessuno, Altro. È eroe del
viaggio ed eroe del *nostos*, del ritorno. Ulisse è anche paradigma della conoscenza di sé e del mondo nel dolore: «Di molti

uomini vide le città e conobbe i pensieri, molti dolori patì sul mare nell'animo suo». È icona della scienza, della sapienza, dell'esperienza. E Ulisse, come Dante, scende nell'Ade, ai confini dell'occidente (la parola greca *zophos* traduce sia *occidente* che *oscurità*), attraversa la soglia[1]. Ulisse e Dante si immergono nella morte, la esplorano. Ulisse è l'eroe di un aldilà pagano, e come tale lo intende Scialom, che già in *Lettre à la prison* aveva raccontato come l'esilio sia una quasi-morte, o un viaggio nella morte. Il finale dell'*Odissea*, nota Boitani, crea una sospensione sul destino dell'eroe: la profezia di Tiresia apre una "lacuna" che nelle successive interpretazioni verrà riempita in due diverse direzioni. Secondo Licofrone la sua destinazione ultima è l'*altro* mondo: l'Ade. Secondo altri è un *novus orbis*. Sul piano esistenziale Ulisse si dirige, oltrepassando i limiti ontologici delle Colonne d'Ercole, verso il destino di tutti: trasgressore dell'essere, si avvia tragicamente al non-essere. Sul piano figurale o storico, invece, fa vela, come i navigatori moderni, verso il Nuovo Mondo. L'*altro* e il *nuovo* sono i due diversi poli. Il *nuovo mondo* rappresenta l'avvenire, un'"America" dello spirito e della vita, un paradiso che, presentandosi come terrestre, suscita un entusiasmo straordinario, collettivo ed individuale[2].

Di questa dualità respira *Nuit sur la mer*. Come ci spiega Scialom, la "notte" del titolo simboleggia la morte, l'assenza, la privazione, mentre il mare simboleggia l'apertura costante al nuovo, l'assenza di frontiere, la libertà. L'Ade da una parte, e dall'altra l'Utopia, il luogo futuro, la *nuova società*, non ancora realizzata ma che verrà, di cui Scialom ci parla nell'intervista sul film qui pubblicata. Ulisse è sospeso sul *limen* che unisce e divide le ere, tra l'oltre e l'altrove, sulla linea d'ombra che è il nostro orizzonte ontologico e storico. E in questa sospensione si attutisce la contrapposizione tra storia e poesia. Nell'opera di Scialom fatti storici e soggettivi si rispecchiano e si fondono.

L'Io a pezzi e il cinema frantumato

In *Nuit sur la mer* Marc Scialom mette in scena una crisi che è insieme perdita e rivelazione dell'io, una crisi in cui il personaggio-Marc precipita, scavando sempre più profondamente nell'io del regista. Una struttura metacinematografica – la storia di un film che si fa, o che non si fa – consente di mostrare i disordinati frammenti di girato del progetto precedente, *Le citronnier*. Difficile non pensare a *Nick's Movie* di Wenders, del '79, imperniato sulla morte, "sporcato", tra i primi, da immagini video, e "cornice" ad un film utopico, *Lightning over Water* di Nicholas Ray, "inglobato" attraverso poche immagini di una giunca cinese sull'Hudson.

Le citronnier era un insieme di interviste ad abitanti di Marsiglia, stralci documentari sui cantieri, e la piccola fiction della relazione tra l'ebrea Anne [Lévy] e l'arabo Lakhdar [Mouissette], fatta di desiderio di comunicazione e riavvicinamento, ma anche di "asprezze" (da cui il "limone" del titolo), rancore, o "repulsione" come si sottolinea in una scena. Il cineasta marocchino Ouahib [Mortada], la figlia Chloé, anche lei cineasta, la tedesca Steffi [Blasius], che insieme a Mohamed Aïssa milita a favore dei "senza documenti" e si impegna nella mediazione tra le comunità etniche marsigliesi, l'attrice ebrea egiziana Wilma [Lévy], sposata ad un esule uruguayano, e l'attore algerino Nacer Belhaouès sono presenti sia nelle immagini di *Le citronnier* (prima della morte di Mohamed) sia nelle immagini della cornice (dopo la morte dell'amico).

Come se non bastasse Scialom mette in scena tutta la sua memoria, materializzandola: nell'appartamento dove si riunisce la troupe c'è un tavolo pieno di sue fotografie di famiglia, immagini di trisavoli e bisnonni, nonni, genitori, figli, cugini, riproduzioni d'arte antica con oggetto Ulisse, una piccola maschera punica, un flauto (che evoca il suo primo film, *En silence*), foto tratte dall'*Ulisse* di Camerini, foto di Marc bambino durante la guerra, foto dell'ultima compagna di

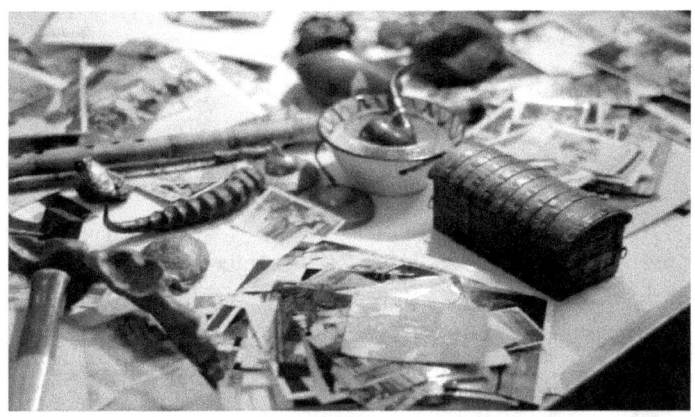

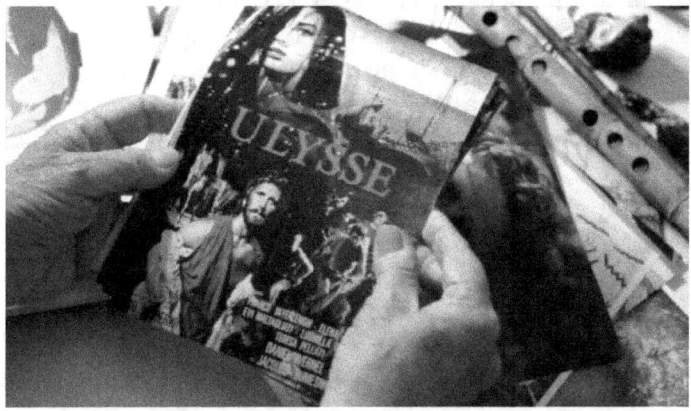

Scialom, persa quando la loro bambina, Bérengère, aveva sei anni: «Che casino, sì... Beh, senti, c'è casino perché... siccome rischio di perdere la memoria qui dentro [indica la testa], l'ho messa qua. Questa tavola è la mia zattera di salvataggio. Perché da qualche tempo sono successe troppe cose, non so più chi sono...». E questa memoria si rispecchia e raddoppia nel ricordo di Mohamed: fotografie e brani video raccolti tra gli amici dopo la sua morte, la registrazione audio di un suo spettacolo, suoi testi... Un'infinità di tessere, da cui emergono anche foto storiche della seconda guerra mondiale e dei campi di sterminio.

Dispersione e sopravvivenza

Ulisse racconta ad Alcinoo il viaggio nel regno dei morti, "con arte, come un aedo", avendo recuperato la memoria ascoltando, a sua volta, la propria storia cantata da un aedo. La poesia è memoria tenace di sé. La memoria è il tema di *Nuit sur la mer*. Torna nella suggestione di una frase di Buñuel, che in francese suona: «Je ne peux qu'attendre l'amnésie finale, celle qui effacera une vie entière, comme cela s'est passé pour ma mère», «Non mi resta che aspettare l'amnesia finale, quella che cancellerà una vita intera, come fu per mia madre». Torna nel ricordo della madre di Scialom, anche lei affetta da Alzheimer. Nel continuo *tornare* di Mohamed, evocato anche attraverso le discussioni della troupe sulle sue convinzioni: la necessità di abbattere le frontiere, l'abolizione della carta d'identità, il superamento del senso di appartenenza alle proprie radici. Nel tornare di immagini di *Lettre à la prison*, nelle considerazioni sulla storia di Marsiglia, sul suo passato e sulla sua riconfigurazione urbanistica in atto. «"Non ne so niente...". Divertente... So ancora certe cose, ma dicono che smetterò di sapere. Perderò tutto. Come mia madre... che, alla fine, non sapeva più il suo nome, non aveva più un "io". Come sarà, fra un anno o due? E fra qualche mese? io!... Bisogna far presto, vecchio mio, più presto di prima. E fra poco mi toccherà uscire dalla mia tana, mettere il naso fuori, anche se detesto la nuova Marsiglia che si sta preparando... Marsiglia... anche lei perderà la sua memoria, la Marsiglia che si sta rifacendo il look, che si sta ripulendo, il quartiere Belsunce, che sarà ripopolato di Francesi puro sangue e... merda!, avranno fatto sgobbare gli immigrati per questo... prima di espellerli... I miei esuli, i miei cittadini del mondo, feriti... più che feriti...».
Fino, dicevamo, ai campi di sterminio. In una delle più belle sequenze del film, immagini dei tedeschi in guerra e immagini dell'ingresso di Auschwitz si intrecciano alla rievocazione di Mohamed e dei suoi rischiosi viaggi senza documenti da una

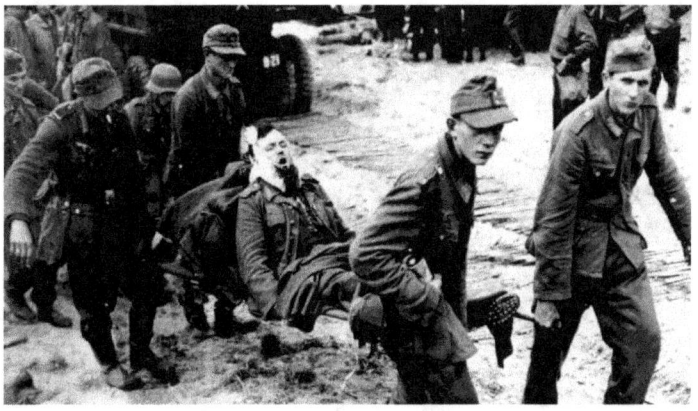

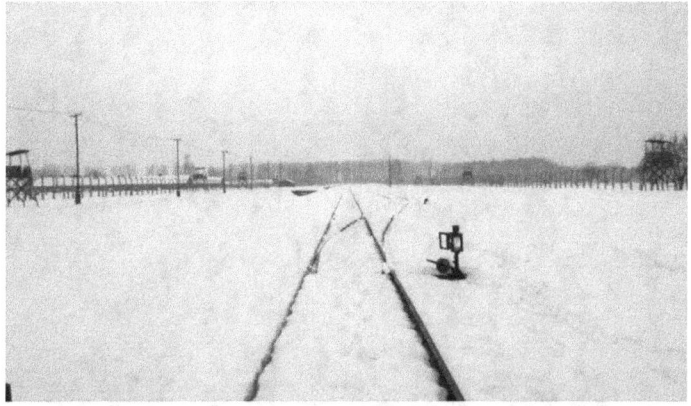

nazione all'altra. Il discorso si fa intimo e struggente nella sequenza finale del cimitero ebraico di Tunisi. Appare inconcepibile e doloroso questo cimitero abbandonato, con le tombe sconnesse e la vegetazione che le invade, così come rappresentano l'ultima frontiera dell'abisso antisemita i numerosi atti verificatisi nel tempo contro i cimiteri ebraici. Abbandono, perdita di memoria, assenza di cura e di pietà. In questa straordinaria sequenza Marc è accompagnato dalla figlia Chloé, che per mano lo aiuta a muoversi tra le tombe e a trovare la tomba del padre di Marc, Victor Scialom. C'è un passaggio generazionale.

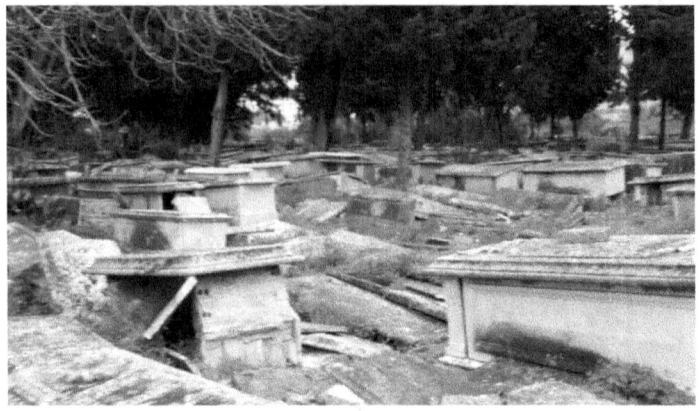

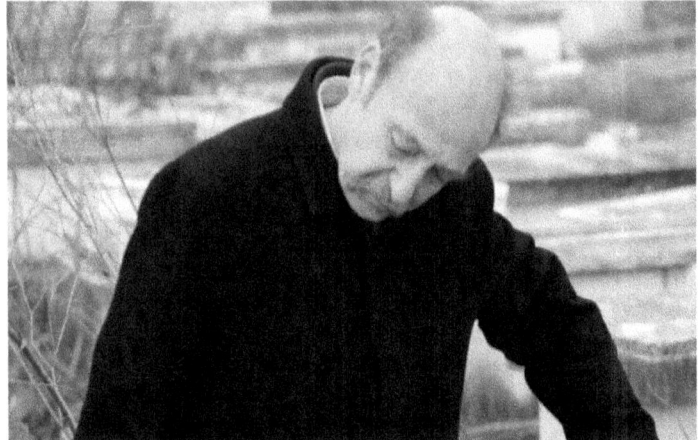

Chloé: «Cosa è successo qui? Lo capisci?».

Marc: «Beh, quello che è successo è che sono tutti andati altrove, non sono in Tunisia, hanno abbandonato tutto, nessuno se ne occupa, di queste tombe».

Chloé: «È un dannato casino, eh!».

Marc: «Non c'è più nessuno da decine... non se ne è occupato nessuno da decine di anni, e ecco... Sono tutti andati via, non c'è più nessuno».

Chloé: «Credi che nessuno venga più a visitare queste tombe?».

Marc: «Di quando in quando, ogni dieci anni, viene qualcuno,

ecco... Credo... [cercando una tomba]. Ma non ci sarà niente, di sicuro non troveremo proprio niente... Se non sbaglio, è verso la porta...».
Marc: (off) «Ah!...» [trova la tomba].
Sulla tomba si legge: «Victor Scialom, 1894-1969. Nous t'aimons». ("Victor Scialom, 1894-1969. Ti amiamo").

Gli uccelli

Marc indica a Chloé due piccole cavità ovali sul piano della tomba e spiega che nei cimiteri ebraici c'era l'usanza di scavare nel marmo queste piccole vaschette per offrire agli uccelli l'acqua, simbolo di vita. La sequenza si chiude con un'immagine fortissima, intensamente simbolica, di Marc - improvvisamente sul viale principale di Tunisi, l'Avenue Bourguiba - che rivolge lo sguardo in alto a un volo di uccelli gridanti. Questi uccelli, come in un nesso onirico, potrebbero essere gli Ebrei, perché vivono nel cielo, senza confini, o forse migrando, e perché "gridano" e quel grido ricorda la frase di David Scheinert che Scialom mette nel film: «Oggi, sono ancora i sei milioni di Ebrei di Auschwitz che sento gridare quando un solo Arabo è picchiato nella mia città o quando una scritta su un muro lo espelle». Mi confronto con Marc a proposito di questa interpretazione (che lui aspetta prima di parlarmi di quello che personalmente pensa di quest'immagine). E mi dice che gli uccelli per lui non sono gli Ebrei ma gli esuli in generale (rifletto: più volte ha detto che per lui i morti sono gli esuli "assoluti"). E aggiunge: «Ricorda che la frase di Scheinert è pronunciata in difesa degli Arabi».

1. Cfr. Piero Boitani, *L'ombra di Ulisse. Figure di un mito*, il Mulino, Bologna 1992, *passim*.
2. Ivi, p. 35.

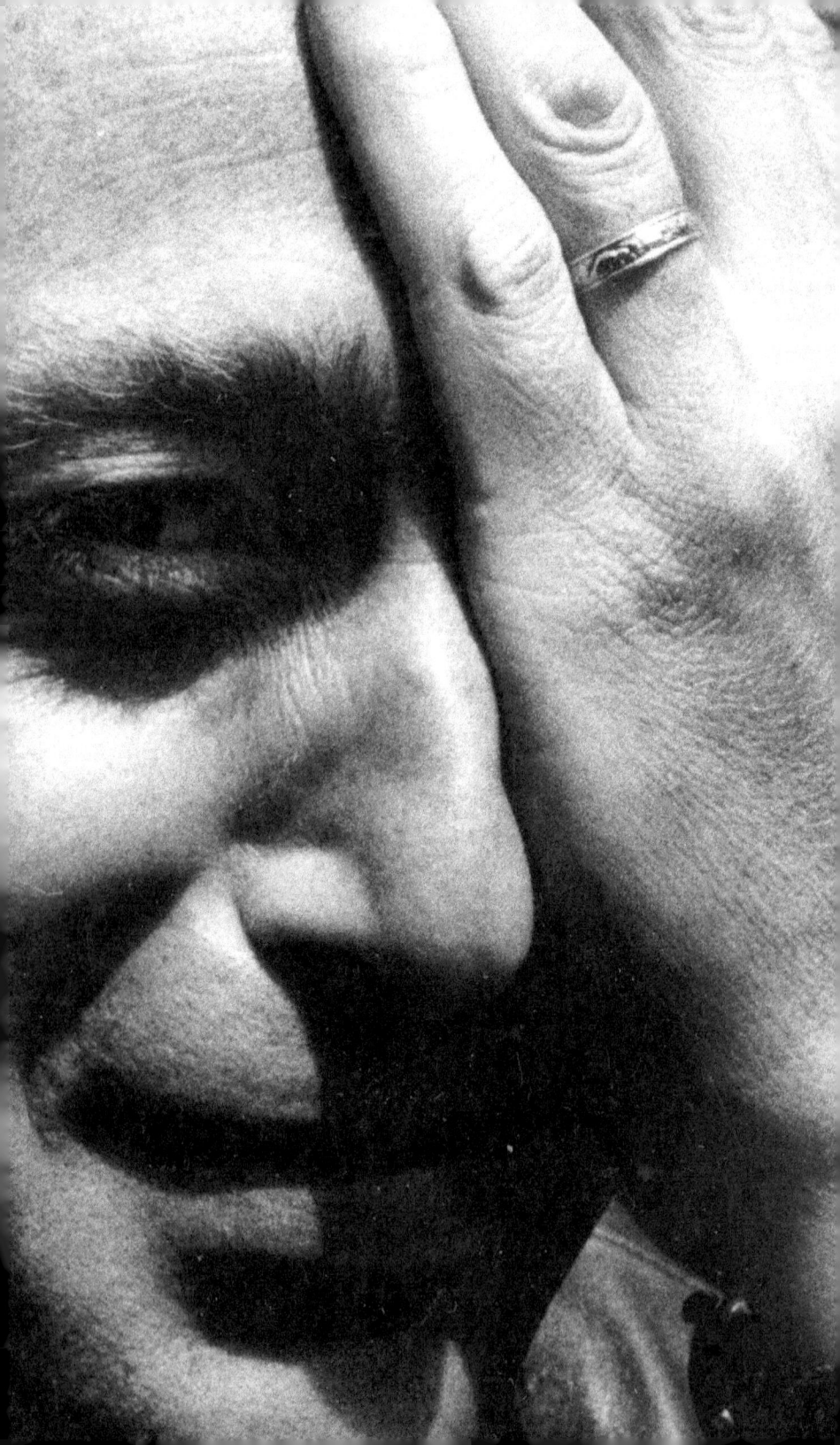

Incipit di un romanzo in fieri: «La machine réalité»

La voglia di fare un altro film ce l'ho, anche se ho 78 anni. Ho delle idee che sono vicine ai temi del romanzo che sto scrivendo. Nel romanzo un uomo (che sono io) prende il treno a Marsiglia per andare a casa sua ad Avignone. Sul treno, in uno scompartimento, si trova di fronte ad un vecchio che sta dormendo, con un giornale sul viso. Il giornale cade, l'uomo si sveglia e gli fa un sorriso, rivolgendogli delle parole cortesi di saluto. Ma il vecchio ha il viso bagnato di lacrime. Stava sognando qualcosa di molto doloroso di cui non si ricorda. Bruscamente ricorda di aver sognato delle parole. Sono parole che alludono alla morte di qualcuno e ad un senso di colpa. Parlando con quel vecchio il personaggio (che sono io) capisce che si tratta di quel suo compagno di liceo che aveva vissuto un trauma durante l'episodio di Biserta, il massacro con cui la guerra algerina sconfinò in Tunisia: una strage di civili che stavano manifestando, 6000 morti in una settimana. Lui fu costretto a sparare sulla folla, nella quale c'erano anche i suoi allievi. L'altro fa finta di niente, non sembra ricordare. Deve scendere ad Arles, la stazione prima di Avignone. Arrivati alla stazione invece di scendere il vecchio, scende il primo personaggio e lui prosegue per Avignone. È avvenuto uno scambio di identità. Io sono diventato lui e lui è diventato me. Questo è il primo capitolo. Poi ci saranno altri scambi di identità.

M.S.

MARC SCIALOM
LA MACHINE REALITE

roman

*Pendant ce temps, notre île tournoyante
chargée de vie rapace, plus ruisselante de
sang qu'un navire victime d'une mutinerie,
fonce dans l'espace à une vitesse
inimaginable et montre une joue, puis l'autre,
à la réverbération de mondes flamboyants...*
Robert L. Stevenson

I

mercredi, 16h.20

Il m'est arrivé quelque chose cet après-midi, quelque chose de violent qui me bouleverse et me fascine.

Mais qui m'échappe totalement.

Car rien, vraiment rien n'est changé, ni en moi ni autour de moi. La terre et le ciel ont leur apparence de toujours. Le vent, les bruits, les odeurs éparses, les couleurs de la ville, les regards des passants restent globalement les mêmes. Le sentiment que j'ai de mon corps est identique. Ce visage invisible que j'interroge du bout de mes doigts, je le reconnais comme étant le mien. La photo fixée sur la troisième page de mon passeport le représente à coup sûr. Le nom et les trois prénoms inscrits près de cette photo – Scialom Marc Jules Joseph – sont bien mes nom et prénoms. Sont également exactes les autres informations figurant dans le même passeport: date de naissance: 29 octobre 1934, lieu de naissance: Tunis (Tunisie), domicile: 31, avenue de la Trillade, 84000 Avignon. Tout est incontestablement en place. Le monde est bien le monde. Je suis bien moi.

Mais je sens le contraire.

Alors?

Sous peine, peut-être, de devenir fou je dois tenter de comprendre. Me souvenir, récapituler minute par minute ces deux heures, ce filandreux voyage en train, ressaisir non seulement ce que j'ai fait, ce que j'ai vu, ce qu'on m'a dit, ce que j'ai pu répondre, mais aussi ce que j'ai pensé et imaginé, mes moindres rêvasseries, les vagues éclairs de mes songeries les plus inconséquentes. Je veux m'efforcer de revivre chaque instant de ces trop longues heures et en tracer le fil aussi distinctement que possible, un fil sinueux dont je sais que parfois il se rompait, se perdait... J'écris... J'écris entre deux villes non désirées, absurdes pour moi l'une comme l'autre. Toutes deux hantées par quelqu'un que je rejette. Je suis assis à la terrasse d'un café d'Arles, d'Arles où je n'avais pas du tout l'intention de me rendre aujourd'hui, où je viens pourtant de débouler à ma propre surprise, et dans mon vieux carnet rouge couvert de notes j'écris, je n'arrête pas d'écrire. A la suite d'un autre texte que j'écrivais hier, un texte dense, affreux, encore sur Bizerte, sur Bizerte autrefois, encore sur *l'autre* à Bizerte autrefois, ça a l'air sans rapport avec ce qui m'arrive aujourd'hui mais en vérité comment savoir! Puisque maintenant tout se réveille en désordre et que toute pensée, toute image inconsidérée peut en réactiver plusieurs, sans rapport décelable avec la première, - puisque n'importe quoi, je le sens très fortement, peut faire entrer en résonance n'importe quoi...

J'écris.

Il était près de 14 heures 15. Ma sacoche brinquebalante sur l'épaule, je courais à travers le hall de la gare Saint-Charles, mon train pour Avignon allait partir d'une seconde à l'autre. Je me rappelle avoir bousculé plusieurs personnes sans m'excuser, puis avoir trébuché en montant dans le dernier wagon à l'instant même où le convoi démarrait. J'ai appuyé mon front contre une vitre vibrante, vrombissante. J'ai fermé les yeux.

(Un médecin me téléphone, il me prie de passer le voir d'urgence, il dit vouloir me parler de quelqu'un: d'une jeune femme qui est près de moi, qui entend notre échange téléphonique, qui me questionnera quand je reviendrai. Je vais voir le médecin. Après notre entretien je retarde mon retour. Je ne cesse de marcher. Vite. Fuite terrifiante de bistrot en bistrot, de verre d'alcool en verre d'alcool, à distance de mon ombre zigzaguant sur le sol, dans toute une ville devenue hideuse, maculée de phosphènes, une ville-fournaise pleine d'une sale poussière d'étoiles en négatif: vacillantes, brunâtres sur fond de ciel flamboyant. Le macadam fondait, je m'en souviens comme si c'était aujourd'hui...).

J'ai rouvert les yeux.

J'ai traversé tout le wagon pour chercher une place assise. Je n'en ai trouvé aucune de libre. Je suis passé dans le deuxième wagon, aussi plein que le premier. J'ai parcouru, de soufflet en soufflet, six ou sept wagons. Vers la tête du train j'ai enfin déniché un compartiment presque vide où j'ai pu m'asseoir à la place que je préfère, côté fenêtre et dans le sens de la marche, face à un dormeur dont le visage disparaissait sous un vaste journal ouvert que les cahots faisaient tressauter.

J'ai examiné le journal. Il était à l'envers et je n'ai pas pu l'identifier. Le dormeur respirait paisiblement. J'ai eu pourtant l'impression, à la longue, que les cahots du train ne suffisaient pas à expliquer le tremblement de ce journal sur son visage. Ses épaules aussi tressautaient. Je me suis demandé: "Est-ce qu'il rit?" A l'aspect raviné de ses mains, j'ai estimé qu'il avait à peu près mon âge: entre soixante-dix et quatre-vingts ans.

J'ai regardé par la fenêtre: nous traversions des faubourgs de Marseille illuminés par un soleil torride. Je bâillais d'ennui. J'aurais volontiers allumé ma pipe. Je lorgnais avec convoitise la bosse qu'elle faisait avec mon paquet de tabac dans la poche gauche de mon pantalon.

Je me rappelle que, pendant ces minutes de désoeuvrement, j'ai repensé à ma trouvaille d'avant-hier sur Internet: une photographie à très haute définition – plus de 10.000 pixels – du *Jardin des Délices* de Jérôme Bosch. J'avais téléchargé cette splendide reproduction et je m'étais amusé à la découper en cent cinquante détails presque aussi nets. La couleur dominante était le blanc-rose nacré des corps fragiles mais autour d'eux, quel chatoiement! De pareils verts, de tels rouges incarnat, des bleus-noirs aussi profonds, des violets aussi purs, je n'en avais vu que sur certains rochers moussus piquetés de fleurettes sauvages, au Nord-Québec. Et je m'étais dit: "Je peux maintenant explorer le triptyque de Bosch plus à fond que si j'étais au musée du Prado, face à l'objet lui-même". J'avais longuement contemplé les innombrables personnages du panneau central, ces petits êtres surréels, étrangement affairés et qu'on imagine très volubiles, tous descendants du petit Adam et de la petite Eve du panneau de gauche, tous exilés comme eux du Paradis Terrestre, tous vivant cet exil dans un climat de bonheur impensable mais sourdement menacé. Entre eux tous circulait l'amour-surprise, un amour-cruauté-douceur-inventivité-torrentielle dont je ne me souviens jamais sans presque-larmes, demi-rieur devant cette avalanche de micro-férocités courtoises, ce tohu-bohu d'ingénuités minutieusement perverses qui m'évoqueraient un peu les miennes jadis, les siennes, les nôtres, cette fin de phrase est fallacieuse, en l'écrivant je sais que j'affabule mais je me sens véridique. Et une idée de film m'était venue: pourquoi ne pas les faire parler? quels extraordinaires propos pourraient tenir de telles créatures? ne serait-il pas passionnant d'inventer leurs dialogues, de les rédiger, puis d'en proposer l'interprétation à... non, pas à des comédiens: à des anti-comédiens, à des humains ou des humanoïdes aussi atypiques que possible? Sur les images déployées sous mes yeux, une bande-son mêlant des voix très insolites ferait merveille, au sens le plus fort du mot merveille. J'avais souhaité tourner ce film - si je vivais encore quatre ou cinq ans.

Ou tirer du tableau une espèce de roman? Un roman à la première personne variable, baladeuse, celui qui dit "je" oscillant d'abord de tel personnage de Bosch à tel autre puis devenant n'importe qui – un peu moi-même c'est-à-dire toi ou lui ou elle, puisque comme eux nous sommes interchangeables, des éphémères, de brèves lueurs fortuites? La prairie du tableau serait bien sûr la terre entière, patrie provisoire, espace ouvert aux jeux d'exil. Et je me remémorais mon propre exil, mes rebondissements, mes bifurcations, mes mues, mes métamorphoses: je me rappelais qu'à différentes époques de ma vie, dans les années 2010, 2000, 1990, 1980, 1970, 1960, 1950, 1940, il m'était arrivé de me demander le matin, comme X, Y ou Z, comme ce monsieur qui passe: "Aujourd'hui je serai qui?" Mon existence n'avait rien eu de bien aventureux, je n'avais guère été plus versatile qu'un autre mais l'inconstance des choses m'avait fait zigzaguer. Tant de fois j'avais changé d'appartement, de ville, de métier, de femme! Si les chats ont neuf vies, chaque individu humain doit être à lui seul plusieurs chats. Je continue de changer aujourd'hui mais c'est surtout, bien sûr, parce que j'avance en âge, je deviens plus jeune à mesure que je vieillis. Ce qui n'a rien d'original: comme la plupart des vieux, je mourrai en enfance. Retrouverai-je alors d'anciennes paroles perdues? Il se trouve que je suis né italien. En Tunisie, jusqu'à mes cinq ans, je ne savais que l'italien et c'est en cette langue que je gazouillais amoureusement avec Carolina, notre femme de ménage sarde. Plus tard, ayant appris le français à l'école, j'ai oublié tout à fait ma langue maternelle. Plus tard encore je l'ai réapprise au lycée, à l'université; je l'ai même enseignée. Et maintenant je l'oublie de nouveau... Quant au français, je l'ai parlé avec des accents successifs: italo-tunisien candide, parisien assez bien singé puis, disons, indéfini... Selon les rencontres que je faisais, j'ai été intelligent, stupide, courageux, lâche, inculte, cultivé. Ma jovialité native a viré à la tristesse, ma tristesse est devenue angoisse agressive, mon agressivité laxisme et ironie tranquille. Mes aspects physiques n'ont cessé de varier: assez gros, plutôt maigre, chevelu et barbu, moustachu et chauve. J'ai eu tort d'être juif sous l'occupation allemande, tort d'être italien à la Libération, d'être français à Tunis quand la Tunisie a acquis son indépendance et aujourd'hui, parmi mes amis arabes, ma judéité suscite de subtils coq-à-l'âne.

Au bout d'environ un quart d'heure, le train a ralenti puis a stoppé en rase campagne. Au haut-parleur, le conducteur a annoncé un incident technique. Il a prié les voyageurs de ne pas tenter de descendre.

Et le dormeur qui me faisait face s'est réveillé.

Son visage était inondé de larmes.

J'ai dit:

- Quelque chose ne va pas?

Calmement, il a posé le journal près de lui, sur la banquette. Il ne paraissait pas conscient d'avoir pleuré. S'avisant de ma présence, il m'a salué d'un sourire aimable qui découvrait son incisive droite, tordue et empiétant un peu sur sa lèvre inférieure. C'était bien un vieillard: un vieillard maigre, aux yeux gris-acier. Cheveux entièrement blancs. Il n'avait pas l'air antipathique. J'ai grommelé dans ma moustache:

- Vos joues sont mouillées.

Il a porté la main à son visage et a poussé un léger cri de surprise. Il s'est vite essuyé.

- Excusez-moi...

- Un cauchemar?

- Mais pas du tout! Ce qui m'échappe, c'est la raison pour laquelle je me réveille dans un pareil état. Vous devez penser que...

- Oh, je ne pense rien.

Nous sommes restés un moment sans parler. Il paraissait contrarié. Puis il a entamé la conversation:

- Une panne?

- Vous n'avez pas entendu le haut-parleur?

- Vaguement. J'étais plongé dans ce drôle de rêve... Mais bon, les rêves sont toujours de drôles de rêves, n'est-ce pas? C'était un rêve auditif.

- Il n'y avait pas d'images?

- Je ne crois pas... Si, pourtant. Peut-être un peu ma propre image, ici, sur cette banquette de train. En fait, je ne dormais qu'à moitié. Je devais me voir dormir en... en transparence.

Du plat de la main, il esquissait un geste vertical évoquant une vitre. Ses manières m'amusaient un peu. Je ne me sentais pas mécontent d'avoir à dialoguer, les trajets en train Marseille-Avignon me paraissant toujours interminables. J'ai demandé:

- C'était quoi, votre rêve?

Il a souri:

- Ah... Faut-il raconter ses rêves à des inconnus? On ne sait jamais, vous pourriez me percer à jour. Vous êtes peut-être psychanalyste.

J'ai souri à mon tour:

- Aussi peu que possible.

- Mais au fond vous ne m'êtes pas inconnu. Du moins, pas tout à fait. Et j'apprécie assez votre moustache à la Brassens. Nous avons le même âge, non? Voyons, vous devez être, attendez... un retraité de l'enseignement?... Oh oh! c'est ça, n'est-ce pas?... J'ai été moi-même enseignant autrefois. Pas longtemps.

J'ai corrigé, avec une fatuité que je me suis aussitôt reprochée:

- Oui, mais maintenant je suis cinéaste. Et même un peu romancier.

Il a haussé les épaules:

- On occupe sa retraite comme on peut. Si je vous disais ce que je fais, de mon côté... Comment vous appelez-vous?

- Dites-moi d'abord ce que vous faites.

- Pas comme ça, pas de but en blanc, quand même. Mais je veux bien vous raconter mon rêve.

Il s'est avancé vers moi pour me parler plus confidentiellement. Je voyais toute la carte géographique de son visage: rides, rivières, montagnes. Ses yeux gris luisaient. Son incisive tordue remuait dans mon esprit de vagues souvenirs.

- Nous avons du temps devant nous, cette panne risque de durer. Je descends à Arles. Et vous?

- A Avignon.

- Alors écoutez. Ecoutez-moi bien... J'étais donc ici, sur cette banquette. Vous deviez être déjà là, en face de moi, mais dans mon rêve je l'ignorais encore. J'avais ce journal-ci sur mon visage. J'ai entendu des mots sans suite, prononcés par un inconnu ou par moi-même, ou les deux à la fois, je ne sais pas trop. Peut-être par le haut-parleur, qui tonitruait sans que je le comprenne. Ces mots, je me les rappelle parfaitement et je vais vous les dire.

Son ton devenu grave commençait à m'agacer. J'ai demandé, changeant brusquement de sujet pour rompre le faux charme:

- C'est quoi, votre journal?

- Ne m'interrompez pas. Voici les mots que j'ai entendus. Il y a eu d'abord comme un début de phrase: *N'oublie pas que...* Puis, rien. Rien pendant quelques secondes. Le pur silence. Et mon attente. Car j'attendais... Puis, un verbe: *...s'amorce...*

- Ce n'était pas plutôt un prénom et un nom anglo-saxons, quelque chose comme: *Sam Horse*?

- Non, non, c'était bien le verbe, j'en suis sûr. Le pronom réfléchi suivi du verbe: *...s'amorce...* Et puis, rien. Longtemps... J'entendais la rumeur du train, je ressentais les cahots des roues sur le rail, j'entendais même, distinctement, les froissements du journal sur mon visage. Je vous l'ai dit, j'étais très peu endormi. Puis, tout à coup, deux nouveaux mots, successifs: *râle... âme...* Et puis, rien. Et puis encore deux mots: *horde, lune...* Ou peut-être: *or de lune...*

Je me sentais légèrement fasciné. J'ai voulu donner le change:

- Vous n'inventez pas au fur et à mesure?

- Pensez-le si vous voulez.

- Je vois des bribes d'images. Une horde de loups sous la lune.

Il a secoué la tête.

- Il n'y a que des mots juxtaposés.

- Mais qui vous ont ému aux larmes.

- Pas si ému. Disons qu'ils m'intriguent. Mettez-vous à ma place: je me réveille on ne peut plus tranquille, mais vlan! j'ai le visage inondé, vous comprenez ça, vous? Gâtisme... On ne devrait pas vieillir. Et que je vous dise le tout dernier mot, celui que j'ai entendu quand je croyais le message fini: *...hiver...*

Il s'est tu. J'ai répété à mi-voix:

- Hiver.

Il a récapitulé:

N'oublie pas que...

...s'amorce...

...râle, âme...

...horde, lune...

...hiver...

Il a conclu:

- Vous voyez que je m'en souviens parfaitement.

- Mais vous ne vous rappelez plus votre émotion.

- Exact.

J'ai dit:

- Ça fait une sorte de poème qui n'est pas laid. En tout cas, c'est une phrase impossible.

- Pas vraiment: une phrase en miettes, plutôt. Parce que des phrases impossibles, je peux vous en citer plusieurs. Les unes, impossibles à dire. Par exemple: *Je ne sais pas que je te parle...* Hein? Qui pourrait dire une chose pareille?... Ou encore celle-ci – la plaisanterie est facile, d'accord: *Je viens de me tirer une balle dans la tête...* Une autre: *Je ne crois pas en Dieu, mais il existe...* Moi, notez bien, je dis rarement «Dieu», je trouve ça bouffon, je préfère dire «le Boeuf». «Le Boeuf cosmique»: j'aime cette image bizarre. Il nage parmi les nébuleuses et il fait *Beuh...* Plus subtil: *Je suis en train de mentir,* une phrase toute simple qui n'a l'air de rien mais qui donne le tournis si on y réfléchit un peu. Et il y a d'autres phrases qui seraient, elles, parfaitement impossibles à entendre. Tenez, est-ce que quelqu'un pourrait vous dire: *Je ne sais pas que tu me mens?*

Le train est reparti cahin-caha. Nous avons entendu, venant d'un compartiment voisin, des «ah!...» de soulagement. Le paysage se remettait à défiler. Loin au-dessus de l'étang de Berre miroitant au soleil, un avion s'inclinait sur une aile, semblait près d'atterrir.

A peine plus bas dans le ciel, j'ai alors aperçu un homme volant: des sortes d'ailes étaient fixées à son buste et il évoluait avec une prodigieuse aisance. Je ne détachais pas mes yeux de cette vision, retenant mon souffle, volant moi-même avec l'oiseau humain. Quelle fragilité! Mais quelle liberté! Cette minuscule lettre V qui vibrait dans l'air bleu, était-ce encore un homme à l'identité circonscrite, close sur sa différence intime? N'était-ce pas plutôt un pur élan, une force vide allégée de toute mémoire, ne faisant qu'un avec l'espace et la lumière? Voilà bien l'image, me disais-je, dont Bosch se serait le plus épris.

J'ai demandé à mon interlocuteur:

- C'est quoi, pour vous, ce rêve?

- Allez savoir... C'est toute ma vie, sûrement... Et c'est toute votre vie, si je puis me permettre... Alors, comme ça, vous êtes cinéaste?

- J'essaye. Je viens de terminer un tournage à Marseille.

- Hum! Ça veut dire quoi, «j'essaye»? Vraie humilité ou fausse modestie?

- Ça veut vraiment dire que j'essaye. Je suis un vieux débutant.

- Ce n'est pas votre premier film?

- Presque. Le précédent, je l'ai fait il y a quarante ans. Il s'appelait *Lettre à la prison*. Vous en avez peut-être entendu parler?

Il a secoué la tête d'un air dédaigneux:

- Connais pas ça.

- C'est l'histoire d'un jeune Tunisien qui, en arrivant en France, éprouve des sensations si étranges qu'il craint de n'être plus lui-même, de devenir quelqu'un d'autre. Le comédien, Tahar, était en fait un Algérien.

- Une histoire d'immigré, quoi.

J'ai senti un léger pincement au coeur. *Lettre à la prison* est une vieille chose plutôt inaccomplie, aujourd'hui très abîmée, que j'affectionne comme on préfère à ses autres enfants un fils infirme. Et j'ai repensé à Tahar disparu, peut-être mort, qui sait? dès son retour là-bas, dans cette Algérie de sa jeunesse dont il disait ne même pas se souvenir. Assassiné?... La mort d'un proche, maintenant que je vieillis, je la sens bien plus énorme que si c'était la mienne. Une fin du monde. J'ai dit:

- Tous les immigrés ne se ressemblent pas... Tenez, j'ai par exemple un ami marocain, Mohamed Aïssa, qui fait partie de mon équipe de tournage. Ce garçon milite depuis des années pour les sans-papiers. Eh bien, l'an dernier, il a choisi de devenir comme eux, il n'a pas renouvelé ses propres papiers, il n'en a plus! Ce qui ne l'empêche pas de franchir quand même les frontières. Clandestinement. Etes-vous pour les frontières?

- Pas d'opinion là-dessus.

- Et pour les voyageurs démunis? Ulysse est un voyageur démuni. Et le Juif errant. Et Dante.

Il s'agitait. Mes propos ne semblaient plus du tout lui convenir. De quel bord était-il? Il a dit avec répugnance:

- Vous êtes un humaniste?

La question m'a amusé.

- Pas trop, non... Le mot humanité, je le sens comme vous sentez le mot Dieu: bouffon. Je n'aime pas en bloc tous les humains.

- Soit. Et dans le film que vous faites en ce moment, vous traitez quel thème?

- L'exil. Je ne sais jamais parler d'autre chose. Quand j'écris, c'est encore sur l'exil.

Il s'est tu un instant. Puis:

- Je ne vous demande pas si vous êtes exilé.

J'ai lâché:

- Qui ne l'est pas?

A ma surprise, il a approuvé:

- Nous le sommes tous, c'est vrai. Exilés objectifs, ou... ou de l'intérieur. Parce que dites donc, mon rêve, ce n'est pas l'exil, peut-être?

Il avait claironné ces derniers mots sur un ton de défi, en cabotinant un peu. J'ai éclaté de rire. Puis je me suis dit qu'il m'avait fait cadeau de son rêve et que je lui devais bien quelque chose. Alors, je lui ai d'abord parlé de mon tournage:

- Ç'a été un tournage inquiet, pour moi comme pour mon équipe. Je tâtonnais. Nous ne savions pas où nous allions. D'ailleurs je déteste tourner, vous savez.

- Tiens! Et pourquoi donc tournez-vous?

- Pour ce qui vient après: le montage. On colle des plans ensemble et l'énergie du film naît du choc de ces collures successives. Le cinéma est fragmentation, discontinuité. Rupture. Comme la vie, qui est exil.

- Oui, bon... Et vous avez d'autres projets?

- Peut-être. J'aimerais filmer, à Madrid, au musée du Prado, *Le Jardin des Délices* de Jérôme Bosch.

- Un documentaire d'art? Sapristi, où est le rapport avec votre thème unique de l'exil?

J'ai répondu sèchement:

- Moi, je le vois.

Il souriait d'un seul coin de la bouche: une grimace. Il a dit:

- Bref dialogue dans un train. Dialogue entre deux dinosaures. Vous et moi, nous devons totaliser plus de cent cinquante ans!

Et il a siffloté un air.

Tout à coup, malgré la demi-incompréhension qui s'instaurait entre nous, avec gêne mais irrésistiblement, j'ai dit ce que j'avais besoin de dire:

- Moi non plus, je ne me rappelle pas une certaine émotion que je ressentais... Que j'ai ressentie autrefois. Très fort. Et très longtemps. Pendant au moins douze ans...

Je me suis tu. Il me regardait et attendait. J'ai repris:

- Je voudrais me rappeler. Ou plutôt je voudrais être capable de ressentir encore cette chose. Cet arrachement. Cet arrachement de chaque seconde. Jour et nuit. Jour et nuit.

Il a dit avec un peu d'agacement:

- Attention, qu'est-ce que vous allez me raconter? Nous ne nous connaissons pas du tout.

- Justement. Aux personnes que je connais je ne parlerais pas comme je vais le faire avec vous. Mais je vous ennuie?

- Ça va... Racontez.

Je sentais venir une vieille angoisse. Je me suis concentré.

- Je vous raconterai froidement. Impassiblement. Cette énorme chose s'est produite il y a plusieurs décennies, quand j'avais entre la quarantaine et la cinquantaine. J'ai maintenant entre soixante-dix et quatre-vingts ans: tout est retombé, je suis un autre... Ne vous inquiétez pas, je serai bref, je ne peux être que bref puisque de cette chose il ne me reste rien. L'histoire est d'ailleurs banale, vous savez.

- Banale?

- C'est plus de vingt ans de ma vie. A quarante-six ans je tombe très fortement amoureux d'une femme qui, elle aussi, m'aime très fortement. Elle sortait d'un enfer et moi d'un autre. Nous nous trouvons. Nous vivons ensemble littéralement éblouis pendant huit années – je crois bien que nous vivions le Jardin des Délices – puis elle meurt. Cancer. Et je me rappelle: elle risquait de trop souffrir, on l'a assommée de morphine, on a hâté sa mort. Euthanasie, ou presque... Je suis comme fou pendant douze ou treize années. J'élève seul deux enfants, une fille d'un premier lit et une seconde que nous avons faite elle et moi, j'empoisonne littéralement leur enfance avec mon deuil interminable. Figurez-vous qu'elles me le reprochent encore. Or depuis cinq ou six ans ce deuil est envolé, je ne comprends même pas comment j'ai pu le vivre, je doute parfois de l'avoir vécu, et... Voilà, j'ai fini.

- Vous pensez à cette femme avec indifférence?

- A elle et moi. A elle avec moi: à nous. Je ne sais plus rien des sentiments extrêmes que nous éprouvions. Ni de mon très long bouleversement après sa mort. Vingt ans de ma vie m'échappent... Une amnésie affective que je vis dans l'inquiétude, que je porte comme une culpabilité intime. Parce que de nous deux, si vous saviez, ce n'est pas elle qui... c'est plutôt moi qui aurais... Je n'arrête pas de me dire qu'elle était plus vivante que moi. Ce que mes filles m'ont reproché d'éprouver trop violemment, je me méprise de ne plus l'éprouver du tout.

- Vous la re-tuez.

- Je ne l'ai pas t-t... Vous êtes féroce.

- Mais c'est vrai?

- Un petit peu.

- Bon.

- Ah?... Oui, au fond: bon. Quoique... En fait, vous savez, je me rappelle tout!

- N'essayez pas de vous rattraper.

J'étais en plein malaise. Depuis le début de mon récit je ne faisais que mentir, je mentais depuis l'instant précis où tout à coup j'avais compris le sens retors de son rêve. *N'oublie pas... N'oublie pas que sa mort... que sa mort sera...* Non, je n'osais pas aller jusqu'au bout de la phrase. Il a récité avec lenteur:

- L'amour est plus fort que la mort.

J'ai tressailli désagréablement.

- Pourquoi dites-vous ça?

- Pour le plaisir du paradoxe. Parce qu'il est parfois reposant d'énoncer un proverbe. Vous n'êtes pas d'accord?

Il se moquait de moi. J'ai haussé les épaules.

- Je ne comprends pas.

- Vraiment?... Bizarre... Deux anciens enseignants, deux respectables professeurs retraités... C'est impayable... Alors, depuis une demi-heure que nous faisons la causette rien ne vous frappe, vous ne voyez rien, vous ne vous apercevez pas que nous parlons le même langage?... Nous employons les mêmes mots, vous et moi! Avec les mêmes intonations!

Maintenant il pouffait de rire:

- «Féroce»? C'est bien cela que vous me disiez: «vous êtes féroce»?

Où voulait-il en venir? Une prémonition, une certaine prémonition que je craignais de saisir apparaissait-disparaissait... J'ai fui son regard. Nous nous sommes tus plusieurs secondes. Avais-je bien fait d'évoquer de tels souvenirs devant ce personnage? Je me sentais avili. Tout en racontant je l'avais vu m'observer sans aménité et je m'étais dit: «Abrège, tu parles trop.» Je l'ai regardé de nouveau: il continuait de rire en silence, mécaniquement, les épaules tressautantes, c'était insupportable, l'envie m'a effleuré de le planter là et de m'en aller chercher une autre place. Je lui ai demandé:

- Et vous, vous avez des enfants?

Il a souri imperceptiblement.

- Monsieur, aussi curieux que ça paraisse, je suis vierge.

Il a corrigé:

- Ou presque.

- Presque?

Son sourire s'accentuait. Je me rappelle avoir pensé (j'avais déjà pensé cela de quelqu'un d'autre): «Comment est-on à l'intérieur, quand on est ce type-là?». Et avoir pensé aussitôt après: «Au fait, *est-il vraiment à l'intérieur?*».

Il s'était détourné vers la fenêtre. Sans me regarder, il a repris:

- Je suis un exilé. Je suis né à Tunis. Je suis un Corse né à Tunis.

Un voile m'a paru se déchirer brusquement. J'ai scruté son visage avec perplexité. La dent tordue... J'ai murmuré:

- Est-ce que vous avez été élève au Lycée Carnot?

- Affirmatif.

- Et vous avez à peu près mon âge... C'est comment, votre nom?

- Vous vous demandez si nous nous sommes connus, hein? Je ne tiens pas forcément à vous dire mon nom.

- Attendez, attendez... Quel est celui de mes camarades d'autrefois qui, si je le rencontrais aujourd'hui, refuserait de se laisser reconnaître?... Un Corse... Vos cheveux sont blancs depuis combien de temps?... Je crois que je sais qui vous êtes.

Il a esquissé un geste de dénégation. Son regard devenait nettement hargneux. A ce moment précis, j'avoue que j'ai eu peur. S'il y a quelqu'un que j'ai toujours redouté de revoir, c'est bien ce garçon-là, aux cheveux blanchis trop tôt. J'ai hésité, puis j'ai demandé d'une voix changée:

- Il vous arrive d'y retourner?

Il a dit sèchement:

- Non.

Nous nous taisions. J'ai repris en le fixant au fond des yeux:

- Je n'ai jamais cessé de me rappeler votre aventure. Une aventure atroce.

- Vous déraillez.

- Il ne me semble pas... Je repensais d'ailleurs à vous ces derniers jours, j'ai même écrit hier quelques pages vous concernant, je les ai dans ma sacoche. Je pourrais vous les lire.

Déjà je fouillais dans ma sacoche. J'ai murmuré simultanément:

- Gilles... N'est-ce pas?... Votre prénom est Gilles... Mais votre nom de famille, en un demi-siècle je l'ai oublié.

- Je ne m'appelle pas Gilles.

Dans le désordre de la sacoche, mes doigts ont rencontré le carnet que je cherchais. Je l'ai sorti et entrouvert, j'y ai relu des yeux quelques lignes. Et aussitôt j'ai flanché:

- Non... Je ne peux pas vous lire ça.

- Ne faites donc pas tant de simagrées! Lisez ou ne lisez pas, je m'en moque, mais décidez-vous.

- Je ne lirai pas, c'est dit.

- A la bonne heure!

Et de nouveau il a détourné son regard vers la fenêtre. Le train avait viré vers le nord-est, on ne voyait plus l'étang de Berre. Mais dans le ciel, l'homme volant - le même ou un autre - évoluait toujours, infime papillon noir au coin extrême de mon champ visuel. De là-haut, peut-être parvenait-il à distinguer notre petit train se faufilant tortueusement à travers la campagne assommée de soleil, notre train dérisoire – chenille, lombric. J'ai remis le carnet dans ma sacoche. Nous sommes restés un très long moment silencieux.

Puis je me suis levé pour aller aux toilettes. Je pensais, tout en marchant le long du couloir: «Quelle horreur... C'est bien ce type, j'en suis presque sûr... le petit jeune homme timide, dépenaillé, un peu bègue... Qui sait ce qu'il a fait depuis un demi-siècle? Est-ce qu'il a choisi d'oublier aussi *cette chose* – son affreuse jeunesse? Ou bien est-ce que, par réaction, il se bat maintenant contre toutes les barbaries? Ou bien, peut-être... est-ce que lui-même est devenu un barbare?» La phrase de son rêve me revenait: ...*sera la mort de*... Une fois enfermé dans les toilettes j'ai allumé ma pipe en douce, j'en ai tiré trois excellentes bouffées, puis je l'ai éteinte en vidant son contenu dans la cuvette et je suis sorti. En revenant vers le compartiment, j'ai vu par les fenêtres du couloir que le train entrait en gare de Miramas: la dernière gare avant Arles. J'ai hâté le pas.

Je me suis rassis en face de lui. Il m'a jeté un regard énigmatique. Je me suis risqué à dire:

- Je peux vous poser une question?

- Posez toujours.

- Le nom de Bizerte, ça vous dit quelque chose?

- Quel nom?

- Bizerte.

Je l'observais. Il semblait impassible. J'ai répété:

- Ce nom vous dit quelque chose?

- Bien sûr. C'est une ville de Tunisie. Au nord de Tunis.

- C'est une ville où, plusieurs années après l'indépendance du pays, il restait encore une base militaire française. Et, en 1961, des manifestations contre cette présence française ont dégénéré en massacre.

- Je me souviens.

Sa voix avait imperceptiblement tremblé. J'ai dit:

- Je m'étais rendu à Bizerte huit jours plus tard. Une Bizerte méconnaissable: toutes les façades étaient criblées de mitraille.

J'ai poursuivi:

- Cet événement a changé ma propre vie. Mes relations de Français avec les Tunisiens sont devenues impossibles. C'est l'une des raisons pour lesquelles j'ai dû quitter le pays.

Le train redémarrait. J'ai dit, d'une voix plus basse:

- S'il vous plaît... je pourrais vous poser une deuxième question?

Il a répondu sèchement:

- Autant de questions que vous voudrez. Bien sûr, j'y répondrai si ça me chante.

- Est-ce que vos cheveux... Est-ce que vos cheveux ont blanchi ces dernières années, ou bien... quand vous étiez encore très jeune?

Il a passé ses doigts dans sa chevelure. Ses yeux gris me fixaient intensément. Il se taisait. J'ai repris:

- J'ai fait mon service militaire à Orange, en 1961 et 62, dans une caserne de cuirassiers. J'avais environ vingt-six ans.

La guerre d'Algérie n'était pas encore finie et je craignais qu'on ne m'y envoie. Un escadron de la même caserne était déjà parti. Je me sentais pleinement solidaire des Algériens en lutte. Si l'ordre était donné à notre escadron de se préparer à son tour, j'étais décidé à faire le mur, à disparaître. Des semaines vides ont passé. J'éprouvais un sentiment de plus en plus étrange, une impression d'irréalité grandissante. Or, un matin, dans ma chambrée, j'ai vu entrer quelqu'un que je n'avais pas revu depuis mes années de lycée à Tunis, et...

Je cherchais la fin de ma phrase. Il m'a interrompu:

- Allons! Il est temps que vous me lisiez votre texte, vous en mourez d'envie.

- J'ai peur de vous blesser.

- Rien ne me blesse. Lisez.

J'ai ressorti mon carnet. J'ai dit:

- J'écrivais ça hier soir, à Marseille. Ce sera un peu long, vous savez. Il y a quatre pages.

- Je descends à Arles dans un quart d'heure. Ça suffira.

Alors, d'une voix trop forte à cause du bruit du train, j'ai commencé à lire:

«Il entre...

A sa vue je me lève d'un bond, je lui tends une main qui se retire – et de nouveau je lui tends la main.

Il entre dans la chambrée pleine de libérables en poussant avec peine son paquetage sur le sol, je remarque des gouttes de pluie apparaissant d'un coup sur ses épaules, sur le dessus de sa tête, quoique dehors il ne pleuve pas, une sensation curieuse

de réalité mensongère, *de* réalité corrompue, *sans doute éprou-*
vée jadis mais quand? Il a vingt-six ans comme moi, ses che-
veux à lui grisonnent. Difficile de savoir si je le reconnais.

Il me dévisage. Il vise à travers moi mille autres choses,
par empathie j'entre dans son cerveau: il sent monter, mêlée
aux odeurs de l'encre et de la craie, l'ancienne angoisse des
matins d'école, le faux silence de la classe en hiver, embuée
sous les lampes. Rien d'actuel, en somme... Et je revois son re-
gard d'enfant si totalement, mais si totalement naïf: plus naïf,
il me semble, plus désarmé que ne devait l'être alors le mien.
Du menton, je ne désigne pas ses mèches grises et ne lui de-
mande pas ce qui lui est arrivé.

Un peu plus tard il me dit revoir une avenue dont défi-
lent les façades. Pas du tout criblées: encore intactes - dix se-
condes avant... Quelques palmiers rabougris.

Il avale sa salive, il pense: «Je vais parler».

Cigarettes... Ses doigts tremblants les cassent, nous fu-
mons pendant qu'il parle et que moi j'imagine. Il se raconte
par bribes. Professeur débutant à Tunis, dans ce même Lycée
Carnot où nous avons été élèves ensemble. Un professeur
presque aussi jeune, presque aussi abrupt que ses élèves ac-
tuels. Entre eux et lui, une belle confiance zébrée d'accès de
rage: trop de non-dit. Le dialogue, toujours commencé avec
élan, se ponctue de rires chaleureux qui donnent une illusion
d'intimité, se poursuit dans le malaise. Il explore ce malaise.
Il s'autocritique et se promet de faire un jour, pour eux,
quelque chose de... comment dire? de salvateur. Beaucoup
d'entre eux sont aussi fragiles, aussi malingres que lui-même
naguère, quand il était assis sur ces mêmes bancs.

(Une seule fois pourtant, un matin, l'enthousiasme pur:
«Monsieur, c'est trop beau ce texte...», «Monsieur, nous aussi

*on saura écrire comme ça?»). Et au quotidien: toute la grande
histoire européenne, ouvrages fameux, hommes très illustres –
liberté, Droit, Lumières, poésie, art – avec pour fond, dans les
yeux de trente adolescents, l'avenir ouvert de ce pays neuf – et
l'écho des combats dans l'Algérie proche – plus un seul titre
d'ouvrage à présent, plus un seul nom qui illumine... Aucun!*

*Exposé d'un élève. Le monde renversé: lentement, avec
répugnance et fierté, l'élève monte s'asseoir au bureau du professeur. Le professeur va s'installer à un pupitre du fond, face
au bureau qu'il vient de quitter, où cette substitution soudaine
étonne. Il en savoure silencieusement le sens: jamais personne
n'est à sa place définitive... Bruits de chaussures, toussote-
ments préalables. La langue française classique:* Voyez tout
l'Hellespont blanchissant sous nos rames... *Chaque mot. Les
syllabes. Les cadences, le nombre. Et puis encore:* Cet amour
s'est longtemps accru dans le silence... *La rime, racinienne, de*
charmes *avec* larmes. *Et peu après, Chénier:* Les doux par-
fums n'ont point coulé sur tes cheveux... *L'élève décortique,
inventorie, lisant ces choses bizarres avec son accent à lui. La
classe ricane, ébranlée. Le professeur écoute attentivement et
redécouvre. Une fois l'exposé fini, il s'efforce de communiquer
à la classe ce qu'il a redécouvert – il est lui-même sa classe,
ses phrases émues lui semblent faibles. "Irréaliste", pense-t-il
tout en parlant... La sonnerie le délivre.*

*Il me raconte que là-bas, quelques mois plus tôt, il béné-
ficiait d'un statut spécial: mi-enseignant, mi-conscrit. Une semaine de cours à Tunis, une semaine de maniement d'armes
soixante kilomètres plus au nord, à Bizerte. Or, un lundi, comme
il se préparait à regagner son lycée, on lui annonce que la troupe
est consignée: impossible de partir. Il en demande la raison, on
allègue le secret militaire. Pas de journaux. La radio locale n'est
plus accessible. Interdiction de téléphoner à qui que ce soit. Il
passe deux jours et deux nuits sans comprendre. Des taches
blanches dans le ciel: papillons blancs qui sont des parachutes.*

A l'aube du troisième jour, ordre est donné à tous de monter dans les véhicules en vue d'une mission non communiquée. Il se retrouve assis dans une tourelle de char, aux commandes de la mitrailleuse, près d'un adjudant conduisant l'engin. Longue attente fastidieuse devant les grilles dont il a le temps de mémoriser le dessin avec précision – les grilles de la caserne s'ouvrent enfin sur la ville.

Il se voit avancer à grand fracas de chenillettes dans une avenue bordée d'immeubles. Très loin, à l'autre bout de l'avenue, une foule s'avance en brandissant des banderoles. On se rapproche les uns des autres. Quelques manifestants ramassent des pierres qu'ils menacent de lancer.

Une fois le char parvenu à hauteur de cette foule, il entend tout à coup – sans y croire – l'adjudant prononcer à son adresse ces trois mots: «Maintenant, tu tires».

Il ne bouge pas. Il n'a pas compris.

Posément, l'adjudant lui braque un revolver sur la tempe et dit: «Tire, ou c'est moi qui tire».

Il hésite, regarde le canon du revolver, comprend soudain que ce revolver est réel, que son détenteur l'est aussi, attend encore une fraction de seconde, prend peur, tire.

Il voit aussitôt tomber interminablement dans les rangs de la foule plusieurs personnes, parmi lesquelles il reconnaît certains de ses élèves.

Quatre.

Son récit s'arrête là. Sur une image presque fixe. Je demande enfin à voix basse:

- Tu te rappelles leurs noms?

Il me regarde avec méfiance, il dit:

- Je n'aurais pas dû te déballer ça.

Il n'empêche qu'il l'a fait. Il m'a décrit le piège triangulaire. Eux ne sont pas armés. L'adjudant est armé et veut les tuer, son revolver ne peut rien contre eux mais peut le tuer, lui. Lui aussi est armé, il ne veut pas les tuer, sa mitrailleuse peut les tuer mais contre l'adjudant elle ne peut rien. Fatalité du dénouement. Sauf, peut-être, si...

Alors je demande:

- Et maintenant?

Je ne sais plus trop ce qu'il me répond, il comprend que son avenir m'est tout à fait imprévisible, par exemple: est-ce qu'il lui arrivera de refaire l'amour? est-ce qu'un jour, lointain ou non, il aura des mômes? Il sourit:

- Tu me vois père?

Cette réplique-là m'est restée gravée: à cause du ton qu'il avait eu soudain, désagréablement léger, plus véridique que ne l'était par ailleurs notre angoisse. Je le regarde continuer de sourire. Et je m'interroge: comment est-il, en fait, à l'intérieur? Si tant est que l'intérieur soit plus réel que le masque... Il continue de sourire:

- Dans l'instant, j'ai senti que j'étais eux. Eux, chacun d'eux... Je ne le sens plus. Je ne sens plus rien du tout.

Je hasarde:

- On doit se dire: pourquoi je suis moi?

- C'est à peu près ce qu'on se dit.

(Mais je n'en suis même pas sûr... Je fais s'entrechoquer plusieurs mots antithétiques, je lui pose des questions consternantes, comme: responsable ou non? innocent-coupable? Surtout celle-ci, où je parlais moi aussi de substitution, je me rappelle: forcé à devenir – par un traîtreux glissement entre lui et l'autre, l'adjudant qui donnait l'ordre – forcé à être l'autre?).

Il montre les gars dans la chambrée:

- Pourquoi pas l'un de ces cons?... Ou toi, salaud, avec ton air intense? Parce que je te vois trop: tu flottes dans l'air, tu ne portes rien! Je déposerais un peu ma... toutes vos pourritures de... pffffmm... toute ta culture bonne pour le revolver...

Sans prévenir il me lance en plein visage un très violent coup de poing:

- Tu aurais fait la même chose!

Failli perdre conscience. Furieux je lui rends très rudement son coup, en trébuchant il heurte du front l'arête coupante d'une armoire métallique et se redresse blessé, nous nous regardons haleter en silence, la scène s'achève.

Mais la suite s'en écarte...».

Je me suis tu. J'avais fini ma lecture. Je caressais machinalement ma calvitie.

- La suite va bientôt s'en écarter, a dit mon interlocuteur. Je descends dans un instant, on arrive à Arles.
Le train longeait des champs de tournesols.

Je me suis levé. L'arrêt à Arles, je le savais, ne durerait pas plus d'une minute. Je me suis écrié:

- Dites-moi au moins... dites-moi ce que vous avez fait de votre vie!

Il ne m'écoutait pas. Il répétait à voix très basse, avec une lente grimace de dégoût:

- Inadmissible. Inadmissible... Vous mériteriez...

Le train entrait en gare. J'ai encore crié:

- Dites-moi au moins que c'est vous!

Il a ricané:

- Est-ce qu'on est soi?... Ce texte est odieux, il pue... Prêtez-moi votre carnet, je veux y écrire quelque chose.

Je le lui ai passé et je l'ai regardé faire, peut-être écrivait-il son nom et ses coordonnées? Le train allait repartir. Nous étions debout face à face. J'ai éprouvé une sorte de vertige pendant lequel il m'a semblé que nous pivotions, lui prenant ma place et moi la sienne: ce n'était qu'illusion, nous n'avions pas bougé d'un centimètre. Il m'a rendu le carnet - sa main pourtant le tenait encore. Il ne l'a pas remis dans sa sacoche. Je l'ai rouvert pour lire ce qu'il avait écrit, j'ai vu trembler ces seuls mots:

râle âme
horde lune

J'ai vaguement pensé que mon vertige était dû au fait que je n'avais pas été assis dans le sens de la marche du train, mais je me trompais sans doute. J'ai passé mes doigts dans mes cheveux. Dans quel sens avais-je été assis?... En riant d'incrédulité, j'ai considéré une dernière fois mon compagnon de voyage, sa moustache à la Brassens, son crâne chauve. Il se rasseyait déjà, ouvrant maintenant sa sacoche pour y ranger le carnet – je le voyais dans sa main, c'était la mienne qui le tenait. Nous ne nous sommes pas dit adieu. J'ai laissé mon journal sur la banquette, j'ai quitté le compartiment.

Je suis descendu.

Sur le quai, tout près de moi, le sifflet strident du chef de gare m'a fait sursauter et j'ai murmuré en moi-même:

- Moins fort, s'il vous plaît...

Mais dans l'écho immédiat de cette stridence s'est glissé le prénom *Gilles* que j'ai aussitôt visualisé, son orthographe se contractant en *J'il*.

J'il.

La mort de l'univers. Ma main droite était vide. Ma main droite serrait violemment quelque chose, si violemment que j'ai regardé: c'était le carnet. Le train repartait déjà pour Avignon.

Je foulais le sol d'Arles.

Je me suis dirigé en somnambule vers le centre-ville, je me suis effondré à la première terrasse de café et, dans ce carnet, voilà: je viens d'écrire tout ce qui précède.

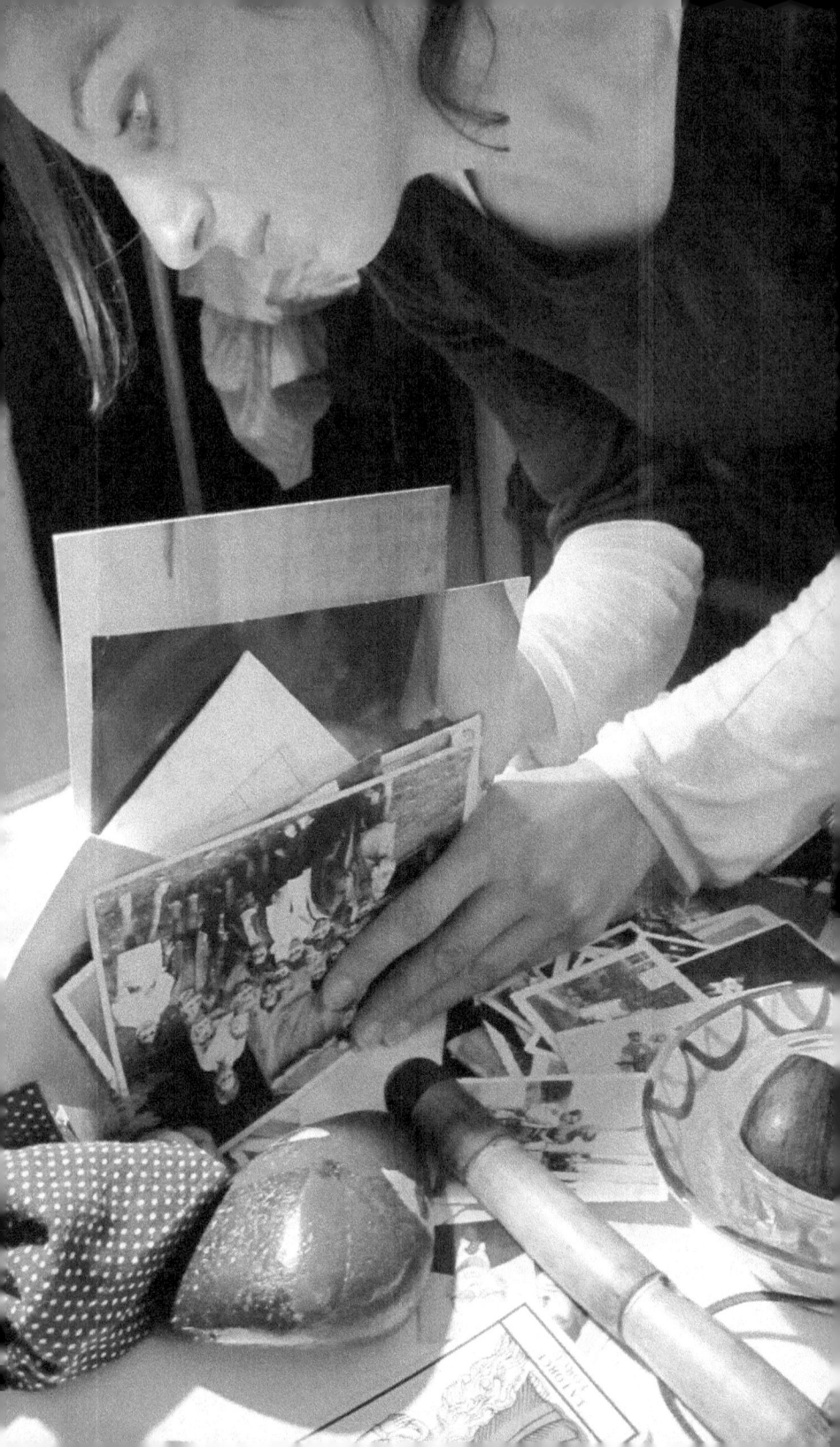

Apparati

Biografia

Marc Scialom
(1934, Tunisi)

Regista, scrittore, traduttore francese della *Divina Commedia* di Dante, insegnante, Marc Scialom nasce a Tunisi, da famiglia ebrea di origini italiane, toscane. La pacifica Tunisi accoglie questa complessità culturale, ma la vita della famiglia è presto flagellata dagli eventi storici. Alla fine del '43 i nazisti perseguono gli Ebrei anche in Tunisia, espellendo la famiglia prima dalla loro casa e poi dalla casa di uno zio. Si prepara un ghetto. Cacciate dagli Alleati, le truppe tedesche ripiegano verso l'Italia. Dopo la loro partenza Scialom, a nove anni, apprende dell'esistenza di forni crematori in costruzione vicino Tunisi. Sente che la sua identità ebraica gli nega l'esistenza. Successivamente la famiglia viene perseguitata anche a causa di equivoci sulla nazionalità italiana: nel '45, durante il periodo dell'"epurazione", il padre, per errore, viene messo dai Francesi in un campo di concentramento, a Gafsa, nel sud della Tunisia. Anche se presto liberato, ne esce debilitato e provato al punto da voler cambiare nazionalità: tutta la famiglia acquista la nazionalità francese. A scuola Marc – che da piccolissimo ha imparato prima di tutto l'italiano dalla bisnonna fiorentina e dalla governante sarda, mentre i suoi genitori parlavano il misto di italiano, francese e arabo tipico di Tunisi – impara la lingua e la cultura francesi. Da liceale frequenta il cineclub Le Paris di Tunisi e vede i film di Eizenštein e Pudovkin, che lo folgorano. Da universitario studia e lavora tra Tunisia e Francia, pubblica una raccolta di poesie dal titolo *Journal d'été* (Editions Debresse, 1955). Nel 1957 ottiene la laurea in italiano alla Facoltà di Lettere a Parigi. Lo stesso anno realizza il suo primo film, *En silence*, ora perduto, storia d'amore tra una Francese e un Tunisino, ambientato in Tunisia. La sua vita è segnata, oltre che dalla persecuzione nazista, dall'episodio di Biserta (1961), sconfinamento in Tunisia della guerra franco-algerina in cui muoiono 6.000 Tunisini, tra civili e militari. Le conseguenze sociali di questi fatti e il disagio per aver acquisito la nazionalità degli oppressori lo spingono ad abbandonare definitivamente la Tunisia per la Francia. A Parigi lavora per il Ministero dell'Educazione e alle trasmissioni geografiche dell'Institut Pédagogique National (Département de la Radio-Télévision Scolaire). Grazie ai contatti della moglie montatrice entra in relazione con l'ambiente cinematografico parigino e decide di dedicarsi al cinema. Si dimette dal Ministero dell'Educazione. È Chris Marker a incoraggiarlo, nel 1966, a realizzare il cortometraggio *Exils*, ispirato alla *Divina Commedia* di Dante – Scialom ama Dante in quanto esule e in quanto testimone dell'esilio fin all'interno del suo linguaggio poetico, frammentato, discontinuo –, che sei anni dopo, grazie all'interessamento di Enrico Fulchignoni, professore di storia del cinema a Parigi, vince il Leone d'Argento a Venezia. Nel '67 esce il romanzo *Loin de Bizerte*, che evoca la battaglia di Biserta attraverso gli occhi di un bambino ebreo (Parigi, Mercure de France). Nel 1969, insieme all'amico pittore Mélik Ouzani, Scialom realizza il suo secondo cortometraggio, *La parole perdue*, lavoro di pittura filmata sull'esempio di *Le mystère Picasso* di Clouzot, satira della vita militare e della guerra francese in Algeria. Il film allude, ancora, alla strage di Biserta. Il sogno di cinema di Scialom prosegue con il lungometraggio *Lettre à la prison* (1969-1970), storia di un Tunisino che deve recarsi a Parigi, a visitare il fratello in carcere per l'accusa di omicidio di una donna francese, ma riesce soltanto alla fine del film a oltrepassare Marsiglia, bloccato dalla paura della colpevolezza del fratello e dallo spaesamento dovuto a una cultura ostile e razzista. Scialom gira, tra Tunisi, Marsiglia e Parigi, con una camera che non registra il suono, prestata da Marker. Dopo le riprese deve mettere da parte denaro per proseguire il lavoro. Nel '70, di giorno lavora come segretario all'Università e di notte realizza il montaggio negli studi di cui la ex moglie montatrice gli passa clandestinamente le chiavi. Sceglie i suoni del film dal cestino della spazzatura e registra i pochi dialoghi in casa, con gli amici, senza avere di fronte le immagini. Realizzata con mezzi totalmente improvvisati e senza sceneggiatura (solo un bellissimo monologo, la "lettre à la prison", poi registrato in *voice over*), *Lettre à la prison* è un'opera poe-

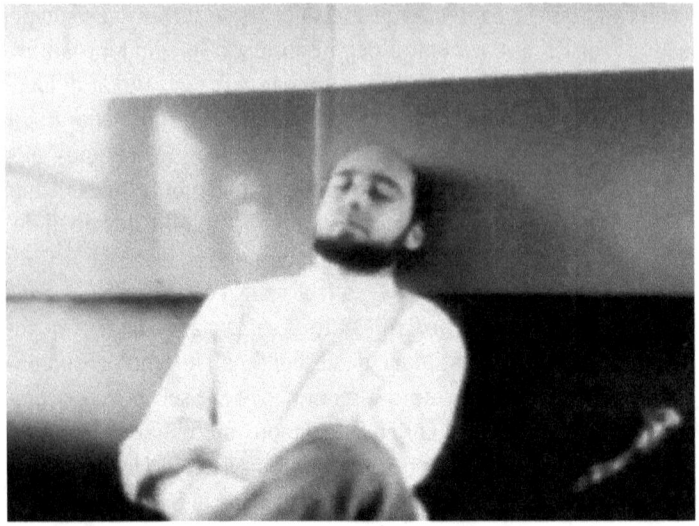

tica sulla perdita dell'identità culturale e personale. Le reazioni al film, una volta finito, tra cui il "silenzio" di Chris Marker, deludono e scoraggiano il regista, che decide di abbandonare il cinema, anche se i cineasti René Vautier e Jean Rouch apprezzano il film, pur non potendo far nulla per sostenerlo. Scialom "torna" alla lingua italiana e si dedica alla letteratura. Scrive e pubblica articoli per intraprendere la carriera universitaria e nel 1985, all'Université de Paris IV-Sorbonne, discute la tesi di dottorato dal titolo: *Les anti-traducteurs, aspects de la 'Divine Comédie' en français pendant l'entre-deux-guerres*. Vince una cattedra a Saint-Etienne, dove insegna per dodici anni. Nel 1994 collabora a una traduzione francese del *Decameron* di Boccaccio (Paris, Le Livre de Poche, Bibliothèque classique) e nel 1996 traduce la *Divina Commedia* di Dante (Paris, Le Livre de Poche, "Classiques Modernes", La Pochothèque). Più di trent'anni dopo la realizzazione di *Lettre à la prison*, in occasione del trasloco seguito alla pensione, la figlia Chloé, anche lei cineasta, trova in casa le bobine del film, e, prima di buttarle via come le chiede il padre, decide di vederle. È la rinascita di un'opera sommersa. Chloé fa vedere il film all'associazione marsigliese Film Flamme, che trova i finanziamenti per restaurarlo. Il restauro, realizzato da L'Immagine Ritrovata di Bologna, riesce a restituirci il film malgrado lo stato molto compromesso del materiale. Nel 2008 la versione restaurata viene presentata al Festival International du Documentaire di Marsiglia (FID), dove vince una Mention spéciale du Groupement National des Cinémas de Recherche (GNCR). Nel dicembre 2009 *Lettre à la prison* esce nelle sale di Parigi, Marsiglia e Lione. Comincia la vita del film nei festival di tutto il mondo, tra cui i Milleocchi di Trieste, che nel 2011 lo presenta in Italia. Grazie a questo successo Scialom riesce a realizzare un nuovo film, *Nuit sur la mer* (2012), prodotto da Shellac e vincitore del premio Anno uno assegnato dall'edizione 2012 del Festival Milleocchi. Nato da un progetto che si intitolava *Le citronnier*, basato sulle difficoltà di rapporto tra Ebrei e Arabi a Marsiglia, attraversate con sfumature comiche, il film viene interrotto dalla morte di uno degli attori. Da questo evento nasce *Nuit sur la mer*, un "non film", storia di un film che si fa o che non si fa, con in scena il regista stesso, ebreo di origine italiana nato a Tunisi e naturalizzato francese, che discute con la troupe, tutta composta da persone di nazionalità composita, problemi relativi al dialogo tra culture, alla perdita dell'amico, e al tema dell'utopia di un mondo senza frontiere. Attualmente Scialom sta scrivendo un nuovo romanzo, *La machine réalité*, il cui primo capitolo è pubblicato nel volume *Marc Scialom. Impasse du cinéma. Esilio, memoria, utopia / Exil, mémoire, utopie*, a cura di Mila Lazić e Silvia Tarquini, Artdigiland, Dublino, 2012, e sta pensando, forse, di realizzare un altro film. Marc Scialom ha tre figli, Jean-Louis, Chloé e Bérengère, avuti dalle tre compagne che si sono succedute nella sua vita, Nedjma Scialom, Marie-Christine Lefort e Marie-Paule Bernard, e una nipotina, Iris Scialom.

Biographie

Marc Scialom
(1934, Tunis)

Réalisateur, écrivain, traducteur français de la *Divine Comédie* de Dante, enseignant, Marc Scialom naît à Tunis d'une famille juive d'origine italienne, toscane. La paisible Tunis accueille ces complexités culturelles, mais la vie de la famille est vite frappée par les événements historiques. Fin 1943, les nazis persécutent les Juifs également en Tunisie, expulsant la famille de son appartement, puis de chez un oncle. Un ghetto se prépare. Chassées par les Alliés, les troupes allemandes se replient vers l'Italie et après leur départ, Scialom, à neuf ans, apprend l'existence de fours crématoires en construction près de Tunis. Il sent que son identité juive lui interdit d'exister. Par la suite, sa famille est encore persécutée en raison d'équivoques liées à sa nationalité italienne. En 1945, pendant la période de l'"épuration", son père, par erreur, est envoyé par les Français dans un camp de concentration à Gafsa, dans le sud tunisien. Quoique vite libéré, il en revient affaibli et éprouvé au point de vouloir changer de nationalité: toute la famille obtient la nationalité française. A l'école, Marc (qui dès sa petite enfance a appris l'italien et l'a parlé avec son arrière-grand-mère florentine et sa gouvernante sarde, tandis que ses parents parlaient un mélange de français, d'italien et d'arabe, typique de Tunis) s'initie à la langue et à la culture françaises. Lycéen, il fréquente à Tunis le ciné-club "Le Paris" où il découvre les films d'Eisenstein et de Poudovkine, qui l'enthousiasment. Etudiant, il travaille et se déplace entre la Tunisie et la France. Il publie un recueil de poèmes intitulé *Journal d'été* (Editions Debresse, 1955). En 1957 il obtient une maîtrise d'italien à la Faculté des Lettres de Paris. La même année, il réalise son premier film, *En silence*, aujourd'hui perdu, histoire d'amour, en Tunisie, entre un Tunisien et une Française. En 1961, sa vie est bouleversée par l'épisode de Bizerte, débordement en Tunisie de la guerre franco-algérienne, au cours duquel meurent 6000

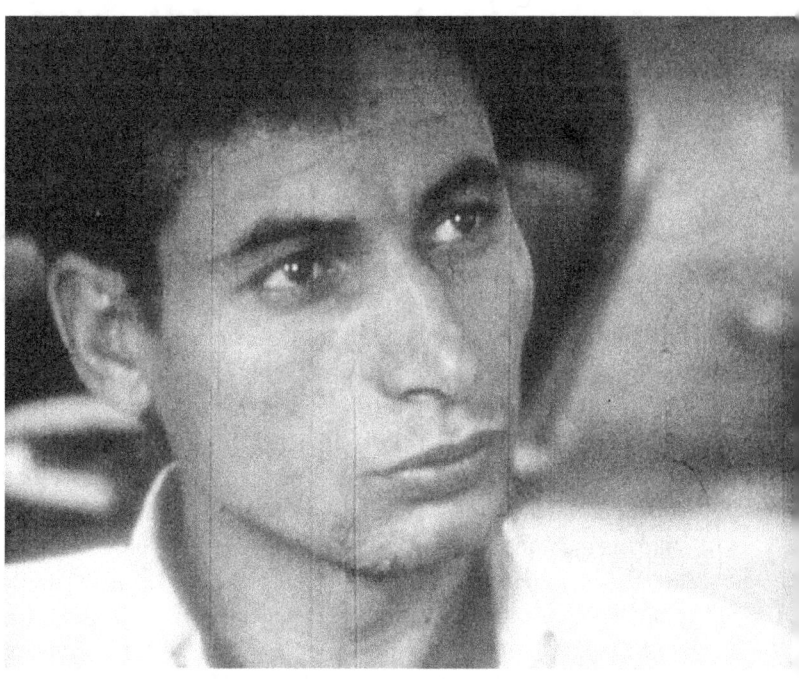

civils et militaires tunisiens. Les conséquences sociales de ces faits, ainsi que son malaise d'avoir choisi la nationalité des oppresseurs, l'incitent à quitter définitivement la Tunisie pour la France. A Paris, dans le cadre du Ministère de l'Education, il travaille aux émissions géographiques de l'Institut Pédagogique National (Département de la Radio-Télévision scolaire). Grâce aux contacts de son épouse monteuse, il s'introduit dans le milieu cinématographique parisien et décide de se consacrer au cinéma. Il démissionne du Ministère de l'Education. En 1966, Chris Marker l'encourage à réaliser son court-métrage *Exils*, inspiré de la *Divine Comédie* de Dante (Scialom aime Dante en tant qu'exilé et en tant que témoin de l'exil au coeur même de son langage poétique, fragmenté, discontinu), qui, six ans plus tard, grâce à l'intérêt porté à ce film par Enrico Fulchignoni, professeur d'histoire du cinéma à Paris, obtient un Lion d'Argent à Venise. En 1967 paraît son roman *Loin de Bizerte*, qui évoque la bataille de Bizerte vue à travers les yeux d'un enfant juif (Paris, Mercure de France).

En 1969, avec son ami Mélik Ouzani, Scialom réalise son second court-métrage, *La parole perdue*, essai de peinture filmée d'après l'exemple du *Mystère Picasso* de Clouzot, satire de la vie militaire et de la guerre française en Algérie. Indirectement, ce film fait encore allusion au massacre de Bizerte. Scialom poursuit son rêve de cinéma avec le long-métrage *Lettre à la prison* (1969-1970), histoire d'un Tunisien, Tahar, qui doit se rendre à Paris pour visiter son frère emprisonné sous l'inculpation du meurtre d'une Française: mais Tahar ne parvient que très difficilement à quitter Marseille, étant paralysé par la crainte de la culpabilité de son frère et par son propre dépaysement dans un milieu culturel hostile et raciste. Scialom tourne, à Marseille, à Tunis et à Paris, avec une caméra, prêtée par Marker, qui n'enregistre pas le son. Une fois le tournage fini, il doit mettre de l'argent de côté pour achever l'entreprise. En 1970, il travaille le jour comme secrétaire à l'Université et, la nuit, il monte son film dans des salles de montage dont son ex-épouse monteuse lui prête clandestinement les clefs. Il trouve les sons du film dans les poubelles de ces salles de montage et enregistre les quelques dialogues chez lui, avec des amis, sans pouvoir visionner les images correspondantes. Réalisé avec très peu de moyens et de manière totalement improvisée, sans scénario (excepté un très beau monologue, la "lettre à la prison", enregistré après coup en voix off), *Lettre à la prison* est une œuvre poétique ayant pour thème la perte d'identité culturelle et personnelle. Les réactions au film une fois fini, parmi lesquelles le silence de Chris Marker, déçoivent et découragent Scialom, qui décide d'abandonner le cinéma, même si les cinéastes René Vautier et Jean Rouch apprécient le film – mais Rouch ne peut rien faire pour le soutenir. Scialom revient alors à la langue italienne et se consacre à la littérature. Il rédige et publie des articles destinés à lui ouvrir la carrière universitaire. En 1985, à l'Université de Paris-IV-Sorbonne, il soutient une thèse de doctorat intitulée *Les anti-traducteurs, aspects de la "Divine Comédie" en français pendant l'entre-deux-guerres*. Il obtient un poste de maître de conférences à Saint-Etienne, où il enseigne pendant douze ans. En 1994, il est l'un des traducteurs du *Décaméron* de Boccace (Paris, Le Livre de Poche, Bibliothèque Classique) et en 1996 il traduit la *Divine Comédie* de Dante

(Paris, Le Livre de Poche, Classiques Modernes, La Pochothèque). Plus de trente ans après la réalisation de *Lettre à la prison*, à l'occasion d'un déménagement consécutif à sa mise à la retraite, sa fille Chloé, cinéaste elle aussi, trouve chez lui les bobines du film et, avant de les jeter aux ordures comme il le lui demande, décide de les visionner. C'est la résurrection d'une oeuvre enfouie. Chloé montre le film à l'association marseillaise Film Flamme, qui trouve le financement pour le restaurer. Cette restauration, réalisée par l'Immagine Ritrovata de Bologne, parvient à nous restituer le film malgré son état matériel très compromis. En 2008 la version restaurée est présentée au Festival International du Documentaire de Marseille (FID), où elle obtient une Mention spéciale du Groupement des Cinémas de Recherche (GNCR). En décembre 2009, *Lettre à la prison* sort dans les salles, à Paris, Marseille et Lyon. Le film entame une nouvelle vie dans les festivals du monde entier, parmi lesquels le Festival I Milleocchi de Trieste, qui en 2011 le fait connaître en Italie. Ce succès permet à Scialom de réaliser un nouveau long-métrage, *Nuit sur la mer* (2012), produit par Shellac, qui reçoit le prix Anno uno décerné par l'édition 2012 du Festival I Milleocchi. Né d'un projet antérieur intitulé *Le citronnier*, où étaient évoqués, dans un climat parfois comique, les rapports difficiles entre Juifs et Arabes à Marseille, ce film a été interrompu par le décès d'un des comédiens. De cet événement est né *Nuit sur la mer*, un "non-film", histoire d'un film qui se fait sans se faire, avec à l'écran le réalisateur lui-même, juif italien né à Tunis et naturalisé français, qui discute avec son équipe de tournage composée de personnes aux nationalités diverses, évoquant des problèmes liés aux relations interculturelles, à la perte de l'ami, au thème utopiste d'une planète sans frontières. Actuellement Scialom écrit un nouveau roman, *La machine réalité*, dont le premier chapitre est publié dans le volume *Marc Scialom. Impasse du cinéma. Esilio, memoria, utopia / Exil, mémoire, utopie*, sous la direction de Mila Lazić et Silvia Tarquini (Artdigiland, Dublin, 2012), et envisage peut-être de réaliser un autre film. De ses trois compagnes successives, Nedjma Scialom, Marie-Christine Lefort, Marie-Paule Bernard, Marc Scialom a trois enfants, Jean-Louis, Chloé, Bérengère, et une petite-fille, Iris Scialom.

Filmografia

En silence (1957, perduto)
Regia, fotografia, montaggio: Marc Scialom; *interpreti*: Martine Biérent, Romdane Mansour; *montaggio suono*: Marc Scialom, Lina Lorme.

«Ho girato *En silence* nel sud tunisino, nell'isola di Djerba. Il film ora è perduto ma i due attori principali si vedono brevemente in alcune scene di *Lettre à la prison*. Ho fatto il montaggio a Tunisi, da solo, su una piccola moviola che avevo comprato, e il montaggio del suono a Parigi con la montatrice Lina Lorme. La storia era semplicissima. Un ragazzo tunisino e una ragazza francese s'incontrano sulla spiaggia, si sorridono, si parlano appena. La sera, la ragazza torna a casa, suo padre seduto sta scrivendo, prende un libro ma non ha voglia di leggere, sogna. La stessa sera anche il ragazzo rientra a casa, la sua famiglia numerosissima è riunita nel cortile, lui si mette a sedere accanto a sua madre che sta macinando grano con un piccolo mulino di pietra. L'indomani mattina i due giovani s'incontrano di nuovo in un vicolo del villaggio (Houmt-Souk), passeggiano insieme, vanno in un caffè all'aperto, bevono caffè. Ad un tratto, di fronte, sulla piccola piazza, scoppia una rissa tra Tunisini e Francesi. Lui, agitato, si alza, si avvicina alla mischia. Lei è ugualmente turbata. Si scambiano uno sguardo da lontano. Anche lei si alza, esita. Lui scappa. Più tardi, s'incontrano una terza volta sulla spiaggia. Si guardano da lontano, poi si avvicinano, scambiano gesti di tenerezza timidissimi. E niente di più».

«*En silence* n'est pas perdu. Il est intégré dans le film *Lettre à la prison*. Marc a "démonté" un film qu'il n'aimait pas pour l'intégrer dans une nouvelle narration. En soit c'est un geste très moderne. C'est un geste aussi très significatif du processus de destruction et

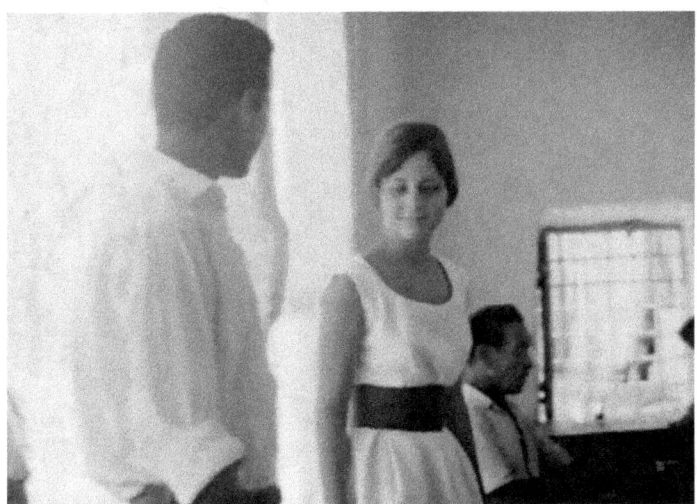

de réécriture sur une strate précédente que Marc utilise dans son nouveau film. Marc parle de ce premier film comme d'une "bleuette", c'est à dire un film naïf, innocent, et *Lettre à la prison* parle de la perte de l'innocence. En celà oui, métaphoriquement, *En silence* est le cinéma perdu». (Jean-François Neplaz)

En silence non è perduto. È integrato in *Lettre à la prison*. Marc ha "s-montato" un film che non amava per integrarlo nella nuova narrazione. Si tratta di gesto assolutamente moderno. È un gesto significativo del processo di distruzione e riscrittura su uno strato precedente che Marc utilizza per il suo nuovo film. Marc parla di quel primo film come di una "bleuette" [un tipo di bambola che ebbe larga diffusione in Francia fino al 1960], vale a dire un film naïf, innocente, et *Lettre à la prison* parla della perdita dell'innocenza. In questo senso, ovvero metaforicamente, *En silence* è il cinema perduto». (Jean-François Neplaz)

Exils (1966)
Regia, sceneggiatura: Marc Scialom (ispirato alla *Divina Commedia* di Dante); *montaggio*: Simone Scialom; *musica*: Claude Prey; *grafica*: Mi-

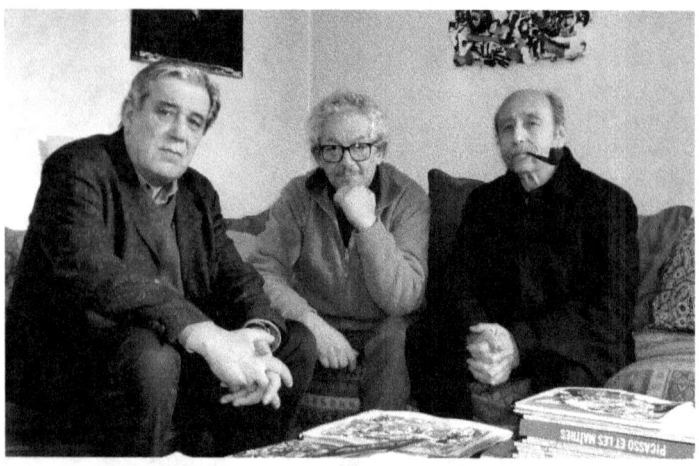

chel [Mélik] Ouzani; *suono ed effetti speciali*: Cs. Olaf DSA; *testi letti da*: Vera Finbert, Frédérique Ruchaud, Clement Bairam, Francois Chodet, René Renot; *produzione*: Argos-Films e Service de la Recherche de l'ORTF; *origine*: Francia, 1966; *formato*: 35mm; *durata*: 16'50".

«La macchina da presa era appesa al soffitto e poteva fare tutti i movimenti necessari. Si muoveva sulle immagini, in lungo in largo, a volontà. Abbiamo utilizzato riproduzioni di pitture dell'epoca di Dante, del XIII, XIV secolo, senesi e fiorentine; abbiamo ritagliato dei personaggi su fondo nero, facendo a volte una mini animazione. Volevo che nel film ci fossero due registri, quello del viaggio dantesco e la vita sulla terra, a cui i morti fanno continuamente riferimento. Una caratteristica particolare del poema dantesco infatti è che si tratta di un viaggio nel regno dei morti ma si parla quasi solo della vita. Tutti questi morti guardano verso la vita. In fondo come gli esuli, che nella loro nuova terra rivolgono sempre il pensiero alla terra d'origine.
Per questo il film si chiama *Exils*».

«La *Divina Commedia* è rapidissima, ogni volta che Dante incontra un personaggio scambia con lui poche parole e va oltre. Per questo il poema mi tocca, per questa velocità, questa frammentazione, questa impressione che tutto se ne va. Questo mi fa pensare all'esilio, perché l'esilio "taglia" un uomo, lo frammenta».

Nel 1972 *Exils* vince il Leone d'Argento alla Mostra Internazionale d'Arte Cinematografica della Biennale di Venezia, ma in quel momento Scialom ha già rinunciato al cinema e non torna sui suoi passi.

La parole perdue (1969)

Regia, sceneggiatura, camera: Marc Scialom; *dipinti*: Michel [Mélik] Ouzani; *montaggio*: Simone Scialom con Christine Lecouvette; *produzione*: Les films Armorial; *origine*: Francia, 1969; *formato*: 16mm, col.; *durata*: 8'.
titoli di testa originali: Michel [Mélik] Ouzani a exécuté; Marc Scialom a visé; Simone Scialom a sabré; Christine Lecouvette a donné le coup de grâce.
«Sono incapace, credo, di tradurre con l'indispensabile umorismo i titoli di testa del film. I verbi "a exécuté", "a visé", "a sabré", "a donné le coup de grâce", hanno infatti un doppio senso, cinematografico e militare. "A exécuté" significa "ha fatto i dipinti", ma anche "ha ucciso" (nel senso di uccidere un condannato a morte)».

«Ho deciso di fare *La parole perdue* con Mélik Ouzani, pittore e amico con cui ho fatto il servizio militare, prima a Orange e poi a Colmar. Decidemmo di girare senza denaro e senza produttore, a modo nostro, seguendo più o meno il metodo di Clouzot in *Le mystère Picasso*. Abbiamo messo fra il soffitto e il pavimento due colonne di legno, tendendo fra esse un foglio di carta trasparente. Lui disegnava e dipingeva dietro il foglio, mentre io tenevo la cinepresa dall'altra parte, filmando così non solo il disegno mentre veniva fatto, ma anche la mano del pittore, proprio come in *Le mystère Picasso*. Si tratta di una dura satira della vita militare e della guerra d'Algeria».

Lettre à la prison (1969-1970)

Regia, sceneggiatura, fotografia, montaggio: Marc Scialom; *musica*: Mohamed Matar, Mohammed Saada; *interpreti*: Tahar Aïbi, Marie-Christine Lefort, Marie-Christine Rabedon, Jean-Louis Scialom,

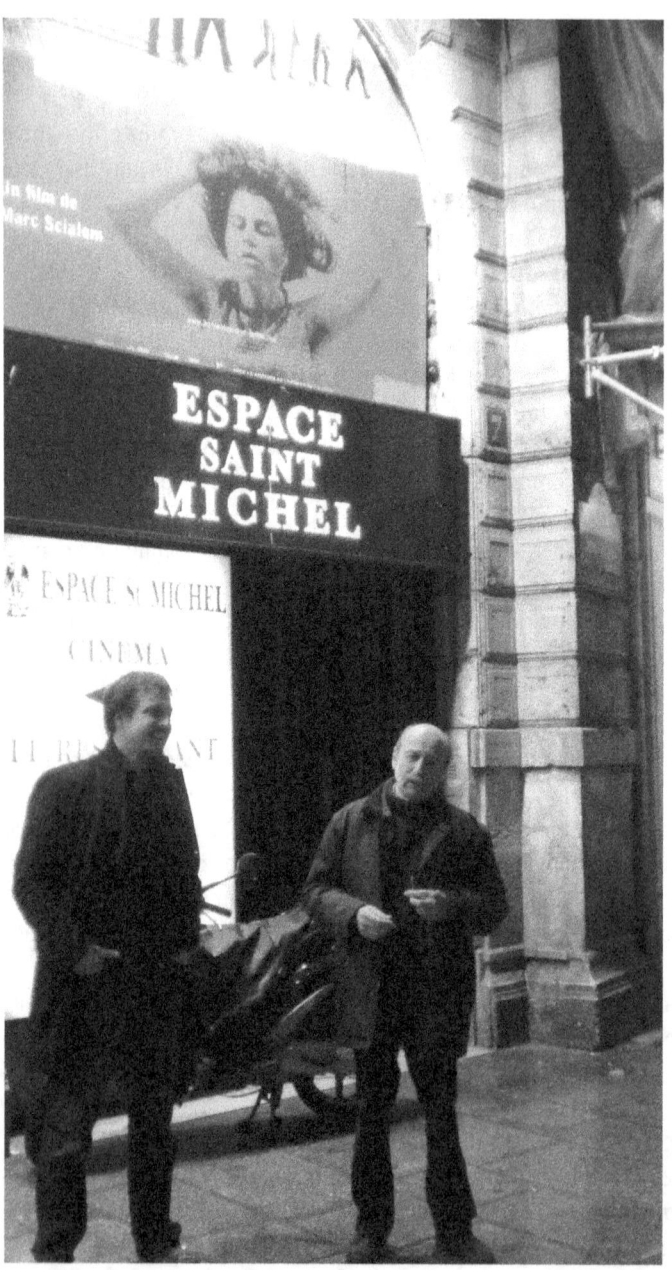

Martine Biérent, Romdane Mansour, Selim, Myriam Tuil, Jean-Louis Dupont, Marie Grech; *origine*: Francia, 1969-1970 [-2008]; *formato*: 16mm, b/n e col (inserti da *En silence*).; *durata*: 70'; *restauro*: L'Immagine Ritrovata, Bologna (2008); *distribuzione post restauro*: Film Flamme/Polygone étoilé; *prima proiezione in sala*: 2 dicembre 2009.

«Riflettendo sul contenuto e sulle ragioni per cui ho voluto fare *Lettre à la prison*, devo dire che, forse, essendo venuto in Francia a 25-26 anni, ho sempre percepito questa nazione come fredda, ostile e difficile da capire. Non sentivo mio questo paese e quando ho incontrato Tahar Aïbi, il protagonista del film, parlando con lui ho scoperto che avevamo lo stesso sentimento. Lui faceva l'operaio specializzato in un laboratorio di ottica. Molto spesso si sentiva oggetto di razzismo. Io non avevo questa sensazione più di tanto, perché non si intuiva che fossi ebreo; ma a volte mi vedevo addosso degli strani sguardi e sentivo riflessioni che non mi piacevano. Per lui era peggio, perché aveva i tratti somatici arabi. Abbiamo scambiato diverse impressioni e in particolare gli ho parlato di alcuni miei sogni. Lui replicò dicendomi che erano simili ai suoi. Così ho cominciato a mescolare le cose e a creare una sceneggiatura in cui il personaggio principale era tunisino e mussulmano, ma era un mio riflesso, in quanto ebreo e di origine italiana».

Nuit sur la mer (2012)

Regia: Marc Scialom; *sceneggiatura*: Marc e Chloé Scialom; *assistenti alla regia*: Mohamed Aïssa, Chloé Scialom; *fotografia*: Michel Dunand, Chloé Scialom, Julie Ramaioli, Frank Déglise, Ouahib Mortada; *montaggio*: Séverine Préhembaud, Christian Cuilleron, *musica*: Jean-Louis Scialom; al violino Iris Scialom; *interpreti*: Mohamed Aïssa, Nacer Belhaouès, Stéphanie Blasius, Anne Lévy, Wilma Lévy, Kiyé Simon Luang, Ouahib Mortada, Lakhdar Mouissette, Lilia Scialom, Marc Scialom; *produzione*: Thomas Ordonneau per Shellac - Sud; *origine*: Francia 2012; *formato*: video HD; *durata*: 95' 30''.

«Volevo fare un altro film a Marsiglia, un film sul melting-pot marsigliese, e volevo mettere in questo nuovo film quello che avevo omes-

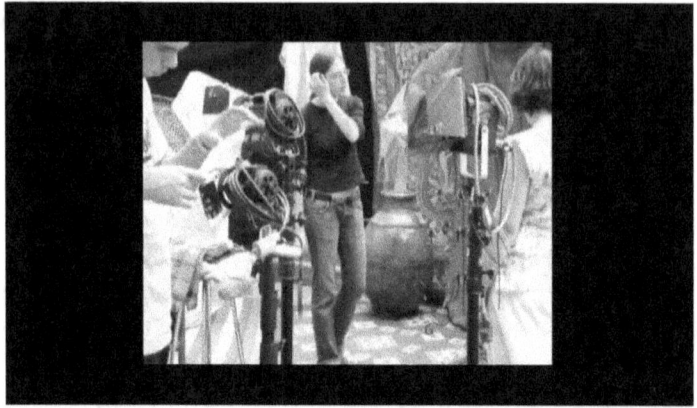

so in *Lettre à la prison*. Lì mostravo un Arabo mussulmano che arriva in Francia ma pensavo a me, che non sono arabo né mussulmano ma ebreo, nato a Tunisi, di origine italiana, poi francese. L'idea mi è venuta quando Anne, la figlia di una mia cugina, attrice di teatro, mi ha raccontato il suo arrivo a Marsiglia in un quartiere tipicamente arabo. Aveva scelto un appartamento in quel quartiere perché le piaceva l'ambiente. Le avevano parlato di un commerciante marocchino che abitava nella sua stessa strada, noto per aver fatto costruire una moschea nel quartiere. Allora aveva pensato di andarlo a trovare per presentarsi, per cominciare a entrare in relazione con la gente di lì. Quando era andata, lui sulle prime non aveva alzato il naso dai suoi conti, poi le aveva rivolto la frase: «Lei è certamente una buona Cristiana...». Dopo un attimo di esitazione lei si è fatta coraggio e gli ha risposto: «Non sono cristiana, sono ebrea». Lì c'è stato un momento di silenzio, di esitazione... Poi lui si è alzato e con un grande sorriso le ha detto: «Posso abbracciarla?». Anne mi ha raccontato tutto questo e mi sono detto che poteva essere l'inizio di un film».

Le dichiarazioni di Marc Scialom sono tratte dalle conversazioni e interviste realizzate per il libro.

Bibliografia
a cura di Mila Lazić

Testi letterari di Marc Scialom

Journal d'été, Debresse, Parigi, 1955, raccolta di poesie
Loin de Bizerte, Mercure de France, Parigi, 1967, romanzo
La machine réalité (romanzo in corso di stesura; primo capitolo pubblicato in questo volume)

Traduzioni di Marc Scialom

In collaborazione: Boccaccio, *Le Décaméron,* a cura di Christian Bec, Le Livre de Poche, "Bibliothèque classique", Parigi, 1994. Traduzione del Prologo, Introduzione alla Prima giornata e Note.

Dante Alighieri, *La Divine Comédie,* in ID., *Œuvres complètes,* a cura di Christian Bec, Le Livre de Poche, "Classiques Modernes", "La Pochothèque", Parigi, 1996, pp. 595-1024.

Testi di critica letteraria di Marc Scialom

Tesi di dottorato
Les anti-traducteurs, aspects de la 'Divine Comédie' en français pendant l'entre-deux-guerres, discussa presso l'Università Sorbona di Parigi (1985) e disponibile in microfiches (Università di Lille III, 1989), 610 pp.

Articoli
Cesare Pavese, in *Les grands écrivains du monde,* a cura di Pierre Brunel e Robert Jouanny, Nathan, "Encyclopédie Générale de l'Homme", volume VI, Parigi, 1979, pp. 214-220.

L'"Enfer" de Dante traduit par Jacqueline Risset, Encyclopaedia Universalis, "Universalia", Parigi, 1987, pp. 475-476.

Répertoire chronologique et raisonné des traductions françaises de la 'Divine Comédie' (XVe-XXe siècles), Istituto Universitario di Lingue Moderne, "Lingua e Letteratura", 7/1987, Milano, pp. 121-164.

Travail sur la langue / travail sur le texte dans quelques 'Divines Comédies' en français, «Revue de Littérature Comparée», LXI-2, aprilegiugno 1987, pp. 167-184.

Pour une typologie des 'Divines Comédies' en français, «Revue des Etudes Italiennes», 1-4/1987, pp. 197-207.

La traduction de la 'Divine Comédie', baromètre de sa réception en France ?, Atti del Convegno *Le texte étranger,* «Revue de Littérature Comparée», 2/1989, pp. 197-207.

Le thème du livre dans les adaptations théâtrales de Dante en France, in AA.VV., *Les innovations théâtrales et musicales italiennes en Europe aux XVIIIe et XIXe siècles,* Presses Universitaires de France, Parigi, 1991, pp. 237-251.

Modernité de Dante: la poétique comme traversée des siècles, in *Logique des traverses, De l'influence,* a cura di Frédéric Regard, CIEREC./ Travaux LXXVII, Università Jean Monnet, Saint-Etienne, 1992, pp. 53-73.

Dante reconstruit, in *L'édification,* a cura di Stéphane Michaud, Programme Rhône-Alpes - Recherches en Sciences Humaines, Editions Créaphis, Parigi, 1993, pp. 133-145.

Zeno: fragmentation et cohérence, in *Logiques de la fragmentation, Recherches sur la création contemporaine,* a cura di Jean-Pierre Mourey, CIEREC./ Travaux LXXXIX, Università Jean Monnet, Saint-Etienne, 1996, pp. 35-49.

Sur une nouvelle traduction de la 'Divine Comédie', in «Colloquium Helveticum» (Lausanne), 1999, p. 15.

Testi di critica cinematografica su Marc Scialom

Su *Lettre à la prison*

mensili
Eugenio Renzi, *Lettre à la prison (1969- 2009) Entre Tunis et Marseille les voyages d'exil de Marc Scialom,* «Les Cahiers du Cinéma», settembre 2008
Cyril Béghin, *En bricolant. Entretien avec Marc Scialom,* «Les Cahiers du Cinéma», "Cahier critique", 23 novembre 2009
Cyril Béghin, *Lettre à la prison de Marc Scialom. L'Exil sous un crâne,* «Les Cahiers du Cinéma», "Cahier critique", dicembre 2009
Emmanuel Cirodde, *Lettre à la prison,* «Studio-Ciné Live», dicembre 2009
Abdessamed Sahali, *Sauvé des eaux. Lettre à la prison,* «Courrier de l'Atlas», dicembre 2009
Leïla Gharbi, *Lettre à la prison de Marc Scialom,* «Les Fiches du Cinéma», dicembre 2009

settimanali
Vincent Ostria, *Lettre à la prison,* «Les Inrockuptibles», 2 dicembre 2009
Pascal Mérigeau, *Lettre à la prison, La critique de Pascal Mérigeau: Sauvé du néant,* «Nouvel Observaterur», 3 dicembre 2009
Xavier Leherpeur, *Lettre à la prison de Marc Scialom,* «Télé Obs», 3 dicembre 2009
Mathilde Blottière, *Lettre à la prison,* «Télérama», 2 dicembre 2009
Ingrid Merckx, *Retour de mémoire,* «Politis», 2 dicembre 2009
François Quenin, *Tunisie. Migration subie,* «Témoignage Chrétien», 10 dicembre 2009
M.D., *Intime migration,* «L'Hebdo des Socialistes», 9 dicembre 2009

quotidiani
Isabelle Regnier, *La beauté enfin dévoilée de Lettre à la prison*, «Le Monde», 29 novembre 2009
Didier Péron, *Esprit de la "Lettre" retrouvé*, «Libération», 2 dicembre 2009
Dominique Widemann, *Cronique incandescente de l'innocence perdue*, «L'Humanité», 2 dicembre 2009
Claude Martino, *Lettre à la prison. Après quarante ans de purgatoire et une restauration, le film choc de Marc Scialom sort sur les écrans. Un geste cinématographique essentiel.*
Le bouillonnant "brouillon", e *Marc Scialom au fil(m) des mots* (nella stessa pagina, non firmato), «La Marseillaise», 2 dicembre 2009

radio
Bahia Allouache, Intervista a Marc Scialom, RFI/ L'Actualité du Cinéma, 6 dicembre 2009
Benjamin Flores e Yann François, Dibattito sul film e intervista a Marc Scialom, Radio Campus Paris / Extérieur Nuit, 2 dicembre 2009

internet
Recensioni e articoli critici su *Lettre à la prison* usciti nel dicembre 2009
www.africultures.com, *Lettre à la prison de Marc Scialom* di Olivier Barlet, 2 dicembre 2009
www.andamedia.com, *Lettre à la prison*, di Francine Vincent
www.cinémotions.com, *Entretien avec Marc Scialom, réalisateur de Lettre à la prison*
www.critikat.com, *Vertiges de l'immigration*, di Mathieu Macheret, 2 dicembre 2009
www.ecranlarge.com / rob gordon *blog*, recensione di Thomas Messias
www.evene.fr (avec le Figaro) *Lettre à la prison de Marc Scialom*, di Marion Haudebourg, 2 dicembre 2009
www.allocine.fr, Excessif, *Un sidérant film sur le déracinement*, di Eric Vernay
www.independencia.fr, *Du divorce entre l'homme et le monde*, di Eugenio Renzi

www.independencia.fr, *Entretien avec Marc Scialom*, di Eugenio Renzi
www.notrecinema.com, di Bernard Grenier
http://blog.slate.fr/projection-publique/ *Un grand film perdu, retrouvé: "Lettre à la prison" de Marc Scialom*, di Jean-Michel Frodon
www.rfi.fr, *"Lettre à la prison": enfin arrivée à bon port*, di Elisabeth Bouvet, 1 dicembre 2009
www.newyorker.com, *Please Release Me*, di Richard Brody, dicembre 2009

Su *Nuit sur la mer*

Sergio Mattiassich Germani, *Ici et ailleurs*, postfazione/motivazione al premio Anno uno, nel catalogo I Milleocchi festival internazionale del cinema e delle arti, Trieste, 2012

mensili
Daniela Gros, *L'arte di incontrarsi. In un film ritrovato l'avventura del regista Marc Scialom, riscoperto (con gran successo) a 80 anni*, «Pagine Ebraiche», settembre 2012

quotidiani
Fayçal Métaoui, *Nuit sur la mer de Marc et Chloé Scialom projeté à Béjaïa. Une certaine "vision océanique" de l'humanité*, «El Watan», 14 giugno 2012
Silvia Tarquini, *Marc Scialom. La zattera della memoria*, (intervista e articolo), «alias» («il manifesto»), 17 novembre 2012

internet
www.critikat.com, *10èmes Rencontres Cinématographiques de Béjaïa, 9-15 juin 2012, Nuit sur la mer*, di Sylvain Baldus, 26 giugno 2012

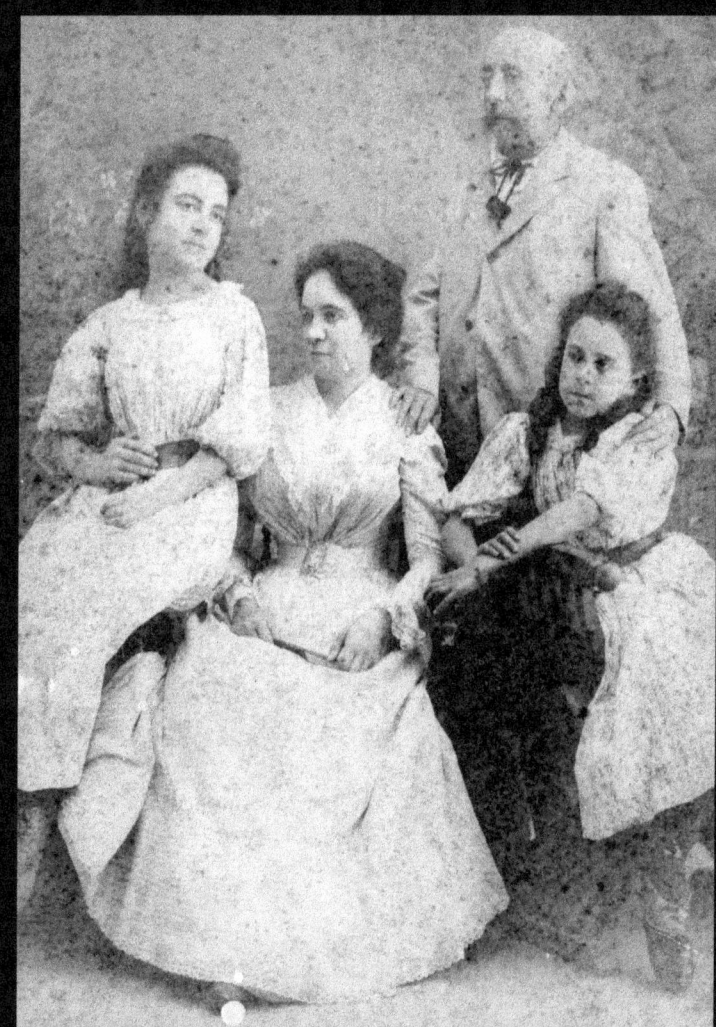

Didascalie immagini

p. 5 Marc Scialom nei pressi di Sète, in Linguadoca. Foto di Jean-Louis Dupont

p. 10 in basso la partecipazione di suoceri e consuoceri, in italiano, per il matrimonio dei genitori di Scialom e, in alto, una "posa" degli sposi (1925)

p. 12 la donna di servizio sarda Carolina e il piccolo Marc nel 1937 circa, nella casa di famiglia a Khereddine, un villaggio in riva al mare vicino Tunisi

p. 14 uno dei dipinti di Mélik Ouzani per il cortometraggio *La parole perdue*

p. 17 Al centro Giulio Attia, nonno materno di Marc Scialom, con alcuni amici tunisini, sulla soglia di un negozio di oggetti tradizionali arabi (1925/30)

p. 22 Emilia Spizzichino, bisnonna di Marc Scialom, in famiglia chiamata la "Nonnina", vissuta a Livorno e Firenze prima di trasferirsi a Tunisi (qui 1895 circa)

p. 26 Marc Scialom con i genitori, a Tunisi alla fine della seconda guerra mondiale. Alle loro spalle si vedono sulla vetrata delle strisce di nastro isolante applicate ai vetri per contenerne l'esplosione in caso di bombardamento (1943)

p. 29 le due fasi, diurna e notturna, della torre CMA-CGM a Marsiglia, progettata da Zaha Hadid, nelle prime due sequenze di *Nuit sur la mer*

p. 32 Marsiglia in *Lettre à la prison* (riprese: 1969)

p. 34 operai al lavoro a Marsiglia, in alto in *Lettre à la prison*, nel 1969, in basso in *Nuit sur la mer* (riprese effettuate nel 2009)

p. 36 Victor Scialom (a sinistra), padre di Marc Scialom e assicuratore marittimo a Tunisi, con un suo collega (anni '50)

p. 41 Marc Scialom a Parigi (anni '50)

p. 44 Marc Scialom con la prima moglie Nedjma, montatrice, e il figlio Jean-Louis a Orange, dove Marc svolgeva il servizio militare (1961)

p. 50 in alto Marc Scialom con la seconda moglie Marie-Christine Lefort, madre di Chloé (1968); in basso Marie-Christine Lefort in *Lettre à la prison*

p. 53 Marc Scialom con la sua terza moglie Marie-Paule Bernard (1981), madre di Bérengère

da p. 60 a p. 74 fotogrammi da *La parole perdue* (dipinti di Mélik Ouzani)

p. 80 elaborazione grafica di un fotogramma di *Exils*. Dipinto di Mélik Ouzani, elaborazione grafica M. Romana Nuzzo

da p. 85 a p. 124 fotogrammi di *Exils*. Dipinti di Mélik Ouzani e riproduzioni di dipinti medioevali

p. 128 Marc Scialom all'esterno del cinema Espace Saint Michel a Parigi, la sera della prima presentazione di *Lettre à la prison* (dicembre 2009)

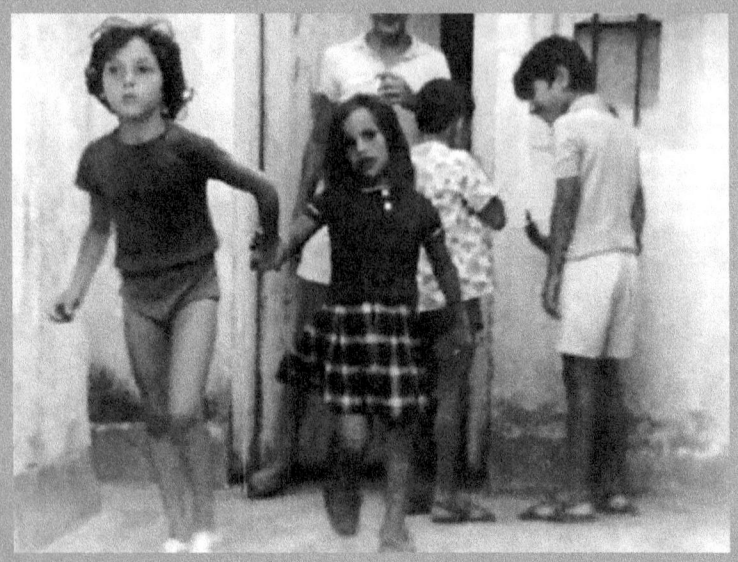

p. 380 da sinistra a destra: gli amici di vecchia data Jean-Louis Dupont, Mélik Ouzani, Marc Scialom a casa di Ouzani

p. 382 Con Marc Scialom, Thomas Ordonneau, direttore di Shellac Sud, distributore di *Lettre à la prison* e produttore di *Nuit sur la mer*. Davanti al cinema Espace Saint Michel la sera dell'uscita nelle sale a Parigi di *Lettre à la prison*

p. 384 Bérengère Scialom, figlia di Marc Scialom, sul set di *Nuit sur la mer*

p. 391 al centro Emilia Spizzichino (la Nonnina) con il marito (o padre?), e le figlie Ida (Mémé), nonna materna di Scialom, e Ada (1910 circa)

p. 396 il piccolo Jean-Louis Scialom, figlio di Marc, nella scena della terrazza, girata a Tunisi, in *Lettre à la prison* (1969)

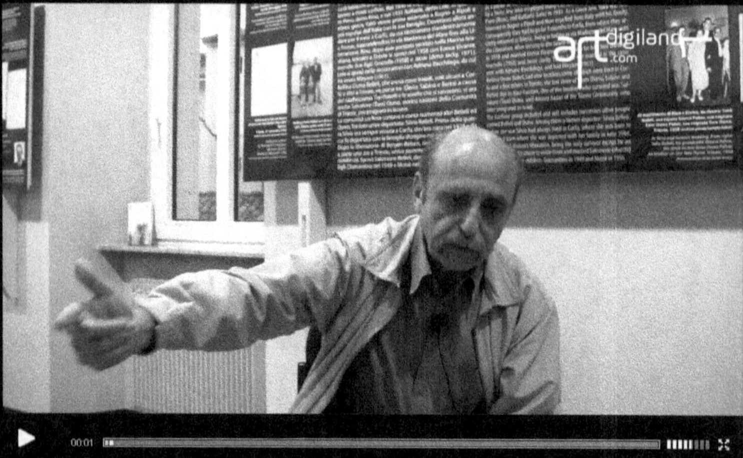
artdigiland
.com
00:01

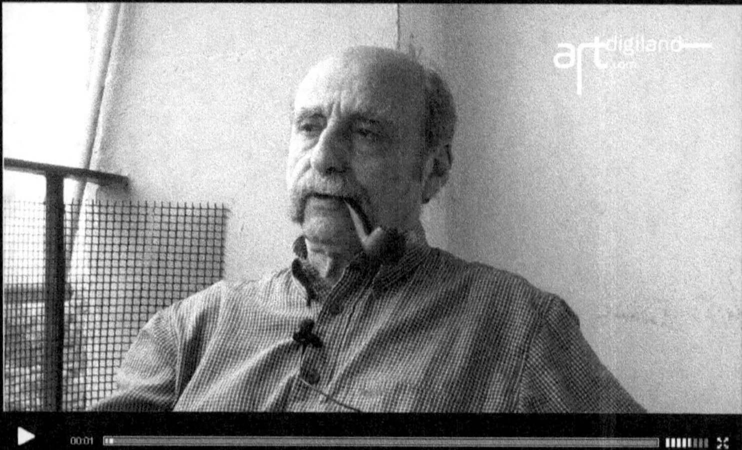
artdigiland
.com
00:01

Artdigiland è un progetto editoriale multimediale che ha come obiettivo la diffusione della parola degli artisti di ogni provenienza e di ogni ambito. L'attività editoriale offre – attraverso l'editoria digitale e il broadcasting – videointerviste esclusive ad artisti, saggi, monografie e documenti.

Le interviste a Marc Scialom a cura di Mila Lazić e Silvia Tarquini contenute nel libro saranno disponibili nelle loro versioni originali e integrali in video HD e in solo audio su artdigiland.com.

Per iscriversi alla nostra newsletter e ricevere aggiornamenti sulle attività, gli eventi e le prossime produzioni: www.artdigiland.com

Per informazioni e per collaborare: info@artdigiland.com

I nostri libri sono in distribuzione on-line, in formato cartaceo ed ebook, su Amazon.it, Amazon.com, Amazon.fr